AF743306

Der ultimative 4 in 1 Investment Guide

Intelligent investieren und handeln an der Börse wie ein Profi

Aktien für Einsteiger | ETF für Einsteiger | Daytrading für Einsteiger | Technische Analyse

INHALT

Haftungsausschluss

Ich möchte gleich zu Beginn unmissverständlich aufzeigen, dass ich es zwar als meine Aufgabe sehe, Ihnen möglichst viele Hinweise, Tipps und Ratschläge mit auf den Weg zu geben, um die Wahrscheinlichkeit eines erfolgreichen Starts ins Börsengeschäft signifikant zu erhöhen, ich jedoch gleichzeitig keine Garantie für Ihr Gelingen aussprechen kann. Es kann bei Börsengeschäften keine einhundertprozentige Garantie für Erfolg geben, letzten Endes vermag es niemand, ausschließlich korrekte Prognosen zu treffen. Es kann also vorkommen, dass Sie, obwohl Sie alle Ratschläge aus diesem Buch berücksichtigen, dann und wann Verluste machen.

Für diese etwaigen Verluste können weder ich persönlich, noch der Verlag die Haftung übernehmen, alles, was ich garantieren kann, ist, dass ich die Informationen in diesem Buch nach bestem Wissen und Gewissen recherchiert und zusammengestellt habe, um sie anschließend möglichst verständlich und übersichtlich aufzubereiten. Dennoch kann es passieren, dass plötzlich ein unerwartetes Ereignis eintritt, das kann ein Flugzeugabsturz ebenso sein wie die Wahl einer neuen Regierung in einem marktrelevanten Staat. Solche Ereignisse können, wenn sie unerwartet geschehen, sämtliche Prognosen über den Haufen werfen.

Bei den Ratschlägen in diesem Buch handelt es sich also um Handlungsempfehlungen und nicht um absolute Wahrheiten. Gäbe es diese im Bereich der Börse und der Finanzmärkte tatsächlich, wäre es schließlich einfach, denn jeder oder jede könnte sich an die eine erfolgreiche Strategie halten und damit reich werden. Letzten Endes würde dieser Gedanke vermutlich dahin führen, dass es überhaupt keine Möglichkeit gäbe, an der Börse Geld zu verdienen, denn es kann nun einmal nicht jeder nur gewinnen. Im besten Falle kommen wir niemals in die Situation, dass eine Ihrer Anlagestrategien nicht von Erfolg gekrönt wird, dann brauchen Sie dieses kleine Kapitel nie wieder aufzuschlagen.

Ich muss es dennoch an dieser Stelle einfügen, um eventuellen rechtlichen Schwierigkeiten oder Rechtsunsicherheiten direkt vorzubeugen. Doch, wie bereits erwähnt, ist alles in diesem Buch sorgsam recherchiert und nach bestem Wissen aufgearbeitet worden. Im Normalfall sollten Ihnen diese Tipps und Hinweise dabei helfen, Ihr Geld langfristig, sicher und ohne ein zu hohes Risiko zu investieren. Viel Erfolg dabei!

Aktien für Einsteiger

Profitables Anlegen leicht gemacht

Wie Sie mit sicheren Strategien und ohne Vorkenntnisse auch in Krisenzeiten an der Börse intelligent investieren und hohe Gewinne erzielen

Vorwort

Herzlich Willkommen in meinem großen Buch über Aktien. In diesem Buch werden Sie lernen, wie Sie sich dem Kapitalmarkt und speziell Aktien öffnen. Dafür ist es egal, ob Sie bereits Vorwissen besitzen oder ob Investitionen für Sie bisher ein Fremdwort waren: Hier erfahren Sie alles, was Sie für den Einstieg benötigen, und darüber hinaus noch vieles mehr.

Generell zielt mein Buch darauf ab, stets alle Seiten der verschiedenen Investitionsmöglichkeiten und Aspekte des Kapitalmarktes zu beleuchten, damit auch im Detail der Nerv getroffen wird, der Sie interessiert. Dafür erhalten Sie einen leichten Einstieg in die Grundlagen von Investments. Wie nutzen Sie den Zinseszinseffekt bestmöglich aus? Wie lassen sich aktive und passive Investments voneinander unterscheiden? Woran erkennen Sie, was ein gutes Investment sein könnte? Diese und weitere Fragestellungen sind es, die Sie durch das erste Kapitel leiten. Damit der Einstieg in das Thema Aktien erleichtert wird, habe ich die beiden Hauptkapitel aufgesplittet.

Zunächst erfahren Sie Grundlagenwissen zu Aktien, von welchem Sie an der einen oder anderen Stelle vielleicht schon gehört haben. Beispielsweise dann, wenn es um die Motivation hinter Aktien auf Unternehmensseite geht oder darum, was Aktienfonds und Aktienindizes sind. Bevor so richtig in den Kapitalmarkt eingestiegen wird, habe ich mich entschieden, den Börsen ein eigenes Kapitel zu widmen, um zwischen den vielen Erläuterungen zu Aktien und weiteren Finanzprodukten für etwas frischen Wind zu sorgen. Das bietet Ihnen die Möglichkeit, Luft zu holen und sich im Anschluss besser auf das zweite Hauptkapitel des Buches zu konzentrieren. In diesem lernen Sie, wie Sie den Alltag am Kapitalmarkt managen. Dazu gehört der Umgang mit Aktiendepots und dem Aktienchart sowie Beispiele für ein erstes Portfolio, welches ich an Sie als Empfehlung weitergebe. Sobald Sie über dieses Wissen verfügen, soll es in einem prägnanten Abschnitt darum gehen, wie ein Aktienkauf in der Praxis aussieht, damit Sie für Ihren Start am Kapitalmarkt gut vorbereitet sind.

Als Extra und Vorausschau auf weiterführende Artikel habe ich Ihnen ein Kapitel über Trading verfasst, welches den Anspruch erhebt, Sie für das Trading zu begeistern, sodass Sie einen Teil Ihres Kapitals auch dafür verwenden können. Die Vorteile dessen werden Sie aufgrund des zuvor erlangten Wissens sehr gut nachvollziehen können, das verspreche ich Ihnen. Nun bleibt mir nur noch, Ihnen viel Spaß beim Lesen, Verstehen und Umsetzen meiner Ausführungen zu wünschen!

Die Grundlagen des Investierens

WAS VERSTEHT MAN UNTER EINEM INVESTMENT?

Investments begleiten den Menschen sein gesamtes Leben lang. Dabei drücken sie sich jedoch nicht immer in Form von Geldanlagen oder anderen Kapitalerträgen aus, sondern können von ganz unterschiedlicher Natur sein. So können es beispielsweise Investitionen sein, welche vor allem Zeit als Opfer bringen, wie zum Beispiel in einer Liebesbeziehung.

Sie investieren Ihre Zeit und Mühe in die Partnerschaft, und erhoffen sich – rein nutzenorientiert gedacht – glückliche Momente und größere Zufriedenheit. Ähnlich verhält es sich bei Investitionen in materielle Gegenstände, von denen Sie keine Wertsteigerung erwarten, da Sie diese zum Gebrauch gekauft haben. So stellt der Kauf eines Autos, welches Sie hauptsächlich für den täglichen Weg zur Arbeit und für den Wocheneinkauf nutzen, eine Investition dar. Es wird in einer Weise dafür gezahlt (in diesem Fall mit Geld), dass in Zukunft etwas verbessert wird. In diesem Beispiel wird vermutlich der Fahrtweg verkürzt und eine weitreichende Erleichterung des Alltags erreicht.

Doch genug mit dieser entschieden zu pragmatischen Herangehensweise. Nicht jede Entscheidung des täglichen Lebens durchläuft einen langen Entscheidungsprozess, welcher mit der Frage abschließt, ob sich das Investitionsobjekt nun lohnt oder nicht. Lieben Sie Ihren Partner, dann möchten Sie mit ihm oder ihr zusammen sein, ganz einfach. Sie werden versuchen, die vorhandenen Hürden mit aller Macht zu meistern. Doch manche Investitionsentscheidungen bedürfen einer präzisen Abwägung darüber, ob es der Aufwand wert ist und sich die Investition rechtfertigt. Häufig befindet man sich dann im Bereich finanzieller Investitionen.

Es könnte in etwa die Frage gestellt werden, ob sich der finanzielle Aufwand für den neuen Kochtopf für die Küche lohnt, da der alte Topf an den Henkeln die Hitze leider nicht isoliert und ständig zu heiß ist, um ihn richtig anzufassen. Sie werden sich überlegen müssen, inwieweit ein neuer Topf den Geldaufwand wert ist, da der alte ja dennoch funktioniert. Ausgenommen davon sind in diesem Fall persönliche Empfindungen, da die schöne Farbe des neuen Topfes hier außen vor bleibt. Es zählt allein die Nützlichkeit, also: Lieber weiterhin die Hand am Henkel verbrennen, weil Sie vergessen haben, den Topflappen dafür zu benutzen, oder 20 Euro für einen neuen Topf aufwenden, der im Grunde genommen dieselbe

Arbeit verrichtet? Schließt man persönliche Interessen und Vorlieben aus, kann auch eine solche Entscheidung bereits schwerfallen.

Ich hoffe, Sie haben anhand meines Einleitungsbeispiels bemerkt, wie häufig Menschen im Alltag vor Entscheidungen stehen, die nichts anderes als viele kleine Investitionsentscheidungen darstellen. Sie geben etwas, und bekommen dafür etwas zurück. Ein großartiges Konzept, welches sich auch auf die finanzielle Ebene übertragen lässt.

Dabei handelt es sich bei den zu gebenden Dingen und denen, die Sie erhalten können, fast immer um Geld oder eine umgewandelte Form des Geldes, zum Beispiel in der Variante Wertpapiere oder materielle Wertanlagen. Neben Aktien, um die es in diesem Buch hauptsächlich gehen soll, möchte ich Ihnen vorab noch weitere Investmentmöglichkeiten vorstellen, die Sie zumindest einmal gehört haben sollten, bevor Sie sich in den Alltag am Kapitalmarkt stürzen. Denn Sie werden während des Lesens und Verfolgens meiner Ausführungen merken, dass das alleinige Halten von Aktien als einzige Wertanlage niemals zum größtmöglichen Erfolg führen wird. Mit Hilfe von P2P Krediten wird es privaten Anlegern ermöglicht, Kredite für Einzelpersonen mit geringem Umfang auszustellen. Das Konzept funktioniert wie folgt: Sie als Anleger investieren eine bestimmte Summe, indem Kreditnehmer einen geringen Teil davon aufnehmen. Die Renditen sind dabei im Durchschnitt vergleichsweise hoch, da das Risiko einer Insolvenz des Kreditnehmers stets mitschwingt.

Ihr investiertes Kapital wird dann meist in viele kleine Teile, oft 20 oder 50 Euro Fragmente, aufgeteilt und an verschiedene Kreditnehmer für ähnliche Zinsen verkauft. Welche Risiken bietet diese moderne Geldanlageform, welche den Job einer Bank als Kreditvermittler vollkommen auf eine Onlineplattform beschränkt?

Zum einen droht ein Komplettverlust des verkauften Kredits durch einen insolventen Kreditnehmer, insbesondere wenn das Geld nicht ausreichend diversifiziert wurde, also in genügend kleine Teile aufgeteilt worden ist. Des Weiteren ist es nicht selten, dass die Plattformen, welche oft noch junge Unternehmen sind, nicht nachhaltig gewirtschaftet haben und ihre Kosten nicht mehr decken können. Die Folge: Insolvenz und Verlust Ihres eingezahlten, aber nicht in Kredite investierten Geldes. Im Optimalfall handelt es sich hierbei um sehr geringe Summen. Diese beiden Risikofaktoren machen Investitionen in P2P Kredite zu einem sehr risikoreichen Investment, welches jedoch mit hohen Renditen oft über zehn Prozent lockt.

Sicher wissen Sie bereits, dass das Immobiliengeschäft seit Jahrzehnten von wohlhabenden Anlegern genutzt wird, um große Summen Kapital rendite- und verlustsicher anzulegen. Der Immobilienmarkt ist für sein stetiges Wachstum bekannt und birgt zudem kaum Risiken, da es sich bei Häusern und Eigentumswohnungen um ein wertvolles Gut handelt, welches – wenn überhaupt – nur langsam an Wert verliert, die Nachfrage wird kaum geringer. Doch die meisten Privatanleger können keine Summen in sechs- oder siebenstelligen Bereichen aufbringen.

Deshalb wurde das sogenannte Crowd-Funding erfunden, welches privaten Anlegern ermöglicht, bereits mit vergleichsweise wenig Kapital in den Immobilienmarkt einzusteigen. Es wird die Kraft vieler kleiner Anleger genutzt, die sich zusammen an den Immobiliengeschäften einer Agentur beteiligen. Mit Hilfe des eingezahlten Geldes werden so vielversprechende Immobilien erworben und für die Rendite der Anleger gesorgt. Geworben werden mit bis zu fünf Prozent Rendite bei Laufzeiten von meist einem bis fünf Jahren. Ein eher konservatives Geschäft also.

Weiterhin möchte ich Ihnen noch die Möglichkeit näherbringen, von Wertsteigerungen aus materiellen Anlagen zu profitieren. Was könnte das beispielsweise sein? Nun, das Feld ist sehr weit gefasst. Generell gilt, dass die Nachfrage nach dem betreffenden Produkt vorhanden sein muss und es sich deshalb erwarten lässt, dass in den nächsten Jahrzehnten eine starke Preissteigerung erfolgen könnte. Vorstellbar wäre das beispielsweise bei originalverpackten Videospielen, welche bereits heute kräftig gehandelt und nach Zustand bewertet werden. Teilweise werden dabei manche der beliebten Mario-Spiele, die noch vor dem 21. Jahrhundert erschienen sind, für mehrere Tausend Euro verkauft.

Das soll jedoch nur ein Beispiel sein und Ihnen an erster Stelle Inspiration liefern, denn möglich sind diese Wertentwicklungen bei fast allen materiellen Gegenständen. Wichtig ist, dass Sie sich als Anleger mit dem Produkt auskennen und zumindest abschätzen können, inwieweit sich eine Wertsteigerung erhoffen lässt. Weitere Beispiele sind unter anderem original signierte Autogrammkarten, Weine oder alte Bücher. Meist ist der Wert, den das Produkt für den Sammler hat, für Laien nicht begreifbar. Und das ist die große Chance dieses Investments. Nachteile zeigen sich unter anderem bei der Aufbewahrung und Unversehrtheit der Artikel nach vielen Jahren, sowie bei der Bindung des Kapitals über diese enorm langen Zeiträume.

Zu guter Letzt möchte ich noch auf Edelmetalle aufmerksam machen, welche insbesondere bei sehr wohl–habenden Anlegern einen unverzichtbaren Anteil des Portfolios darstellen. Der Grund dafür liegt auf der Hand: Sie gelten als besonders krisensicher. Experten wissen, dass die klassischen Edelmetalle, wie beispielsweise Gold und Silber, ihre Kaufkraft in den letzten 100 Jahren stets bestätigt haben und dabei Kriege, Hungersnöte und Wirtschaftskrisen überstanden haben.

Anleger nutzen diese Edelmetalle und teilweise auch Rohstoffe wie Erdöl dazu, ihr Portfolio stärker zu diversifizieren, um den Wert auch in Krisenzeiten zu erhalten. Wirkliche Renditen bieten die meisten Edelmetalle und Rohstoffe jedoch nicht – zumindest nicht, wenn man sie mit modernen Alternativen wie Aktien, Fonds oder ETFs vergleicht. Dennoch haben sie auch heute noch eine große Bedeutung für sicherheitsbewusste Anleger.

In den folgenden Kapiteln dieses Buches wird es sich nun weniger um alternative Anlagemöglichkeiten drehen als um Investitionen in Aktien. Ihnen wird sicherlich bereits bewusst sein, dass ein Aktienkauf auf verschiedene Weise erfolgen kann und mit Hilfe der unterschiedlichsten Produkte, seien es Optionsscheine, Derivate oder Exchange Traded Funds, welche meist nur kurz als ETFs abgekürzt werden. Seien Sie gespannt auf die Möglichkeiten, die Ihnen die Welt des Kapitalmarktes bietet.

DIE NOTWENDIGKEIT DES INVESTIERENS

Einführung

Es ist jeder Person selbst überlassen, ob sie finanzielle Investitionen tätigt oder nicht. Das stimmt und ist auch gut so, immerhin darf man ja selbst entscheiden, was für einen das Richtige ist und was nicht. Dennoch bin ich der Meinung, dass man von der wirtschaftlichen Gesamtsituation dazu gezwungen wird, Geld zu sparen, um so unabhängig wie möglich zu sein. Weshalb denke ich so? Einerseits ist bereits jetzt stark zu erkennen, dass die gesetzlichen Renten trotz jahrelanger Arbeit teilweise nicht ausreichen, um auch später ein erfülltes Leben zu führen und seinen Lebensabend zu genießen. Stattdessen ist es nicht selten, dass Rentner weiterhin kleinere Jobs ausüben oder gar vor dem Konzert oder dem Fußballspiel Pfandflaschen sammeln, während sich die Gesellschaft vergnügt. Mir ist bewusst, dass es sich hierbei um Extrembeispiele handelt, dennoch sieht die Realität so aus. Und Realität ist auch, dass insbesondere Politiker und politisch Engagierte eine Reform des Rentensystems fordern, welches zunehmend überlastet ist.

Denn das hat zur Folge, dass das Rentenalter weiter steigt und die gezahlten Beiträge niedriger werden. Meiner Meinung nach ist es daher nicht ausreichend sicher, sich nach seinem Berufsleben auf die staatliche Rente zu verlassen und diese mit nur wenigen Ersparnissen anzutreten. Allein die Altersvorsorge sollte deshalb ausreichen, Menschen davon zu überzeugen, Investments zu tätigen und sich ein kleines Vermögen aufzubauen.

Dennoch tickt – glücklicherweise – nicht jeder Mensch gleich und manch einer ist mehr darauf bedacht, bevor das Rentenalter erreicht ist, ausreichend Geld zu besitzen, um die Vorzüge des Lebens ausschöpfen zu können, solange man noch gesund ist. Welche Herangehensweise die Ihre ist, kann ich nicht sagen. Fest steht aber: Beide Varianten verlangen, dass nicht genutztes Kapital investiert wird. Die Folgen möchte ich Ihnen im nächsten Abschnitt genauer erläutern. Hier werden Sie bemerken, dass das Wirtschaftssystem Sie durch die schleichende Inflation regelrecht zwingt, Investments zu tätigen und Renditen zu generieren.

Die Inflation und wie Sie ihr entgegenwirken

Geld ist nicht gleich Geld. Dieses Sprichwort soll genau auf die Inflation zutreffen, doch inwiefern? Erinnern Sie sich an den Geschichtsunterricht aus der Schule, bei dem mit Sicherheit der zweite Weltkrieg und dessen Folgen behandelt wurden? Aufgrund der hohen Kriegskosten mussten die Staatsausgaben nach dem Krieg zunehmend mit gedrucktem Geld gedeckt werden, sodass sich der Wert des bereits vorhandenen Geldes drastisch verringerte. Im Jahr 1923 platzte diese Blase und eine neue Währung wurde eingeführt, die Rentenmark bzw. später die Reichsmark. Denn zuvor wurden Produkte immer mehr wert und Geld immer weniger, bis ein Brötchen beim Bäcker plötzlich mehrere Tausend Mark kostete und ein Brot sogar in den Millionenbereich hineinragte. Man hat Bilder vor den Augen, wie Menschen mit Schubkarren voller Geld einkaufen gingen und hofften, dafür eine Handvoll Lebensmittel zu erhalten.

Dieses Extrembeispiel soll Ihnen dabei helfen, die Theorie der schleichenden Inflation zu verstehen, auch wenn es bei dieser nie zu einem solchen Ausnahmezustand kommen wird. Grundsätzlich wird Geld, in diesem Fall der Euro, in Deutschland rund zwei Prozent weniger wert – und das jedes Jahr. Dies stellt einen sehr gesunden Wert dar und lässt sich darauf begründen, dass leicht steigende Einkommen den Konsum ankurbeln und mehr Geld im Umlauf für Wirtschaftswachstum sorgt.

Diese Folgen sind jedoch mit Vorsicht zu genießen, denn sinkt die Inflationsrate auf unter null Prozent, handelt es sich um eine Deflation und die Wirtschaftsleistung lässt nach, genauso wie Produkte immer günstiger werden und die Währung immer wertvoller. Doch genug der Theorie: Wir wissen, dass sich der Euro und somit das eigene Geld ständig entwertet – jährlich um knapp zwei Prozent. Welche Schlüsse zieht der Anleger daraus?

Die Rendite einer Investition soll bitte schön die Inflationsrate übersteigen und für Gewinne sorgen, anstatt dass sich das Geld entwertet. Doch wie genau wirkt sich denn diese Entwertung des eigenen Geldes aus? Nehmen Sie beispielhaft an, Sie stünden vor der Entscheidung, zum jetzigen Zeitpunkt 5.000 Euro in Aktien zu investieren oder das Geld zu behalten, weil Sie es möglicherweise in der nächsten Zeit für Notfälle brauchen könnten. Behalten Sie das Geld in bar zu Hause oder auf einem Girokonto, welches so gut wie keine Zinsen abwirft, entwertet es sich in der nächsten Zeit. Nutzen Sie es ein Jahr lang nicht, handelt es sich nach Ablauf der Zeit zwar weiterhin um 5.000 Euro, jedoch ist dessen Kaufkraft um die Inflationsrate von 1,7 Prozent (im Jahr 2019) gesunken. Gemessen wird dieser Wert traditionell anhand eines Warenkorbs aus den verschiedensten Produkten, darunter Lebensmittel, Luxusgüter und auch Autos.

Mathematisch gesehen können Sie sich nach einer Nichtverwendung von 5.000 Euro über ein gesamtes Jahr hinweg danach nur noch Waren kaufen, die Sie im Jahr zuvor bereits für 4.915 Euro hätten erwerben können, gemessen anhand der Inflationsrate von 1,7 Prozent. Für einen Zeitraum von fünf Jahren und einer angenommenen konstanten Inflationsrate von zwei Prozent würden die 5.000 Euro auf einen realen Wert von 4.519,60 Euro sinken. Errechnet wird dies durch das fünffache Multiplizieren des Starkapitals mit 0,98, also 100 Minus der Inflationsrate.

Anhand dieses einfachen Beispiels haben Sie bemerkt, wie real die Gefahr einer schleichenden und stets bestehenden Inflation ist und dass eine Rendite von zwei Prozent diese lediglich ausgleicht – also den Wert Ihres Vermögens sichert. Doch langfristig lautet das Ziel eindeutig: Vermögenszuwachs. Deshalb werde ich Ihnen im nächsten Abschnitt das Konzept des Zinseszins-Effektes erläutern.

Die Magie des Zinseszins-Effektes

Beginnen möchte ich diesen Abschnitt mit dem Fazit. Es lautet: Investieren Sie jetzt und warten Sie nicht länger! Jeder verstrichene Tag bedeutet ungenutztes Potenzial und Wertverlust Ihres Vermögens. Doch nun zur Erklärung: Wie komme ich auf so ein Fazit? Wodurch lässt es sich begründen?

Im Grunde genommen ist es ganz einfach. Je eher Sie anfangen, Geld zu investieren und Renditen zu generieren, desto eher besitzen Sie mehr Geld, um mit den erwirtschafteten Gewinnen weitere Gewinne einzufahren. Soll es sich zu einem bestimmten Zeitpunkt Ihres Lebens um ein kleines Vermögen handeln, ist jeder eher angefangene Tag von Bedeutung. Den Hintergrund bietet der Zinseszins-Effekt, welcher insbesondere zum Ende der Laufzeit dafür sorgt, dass sich das Kapital rasch vermehrt.

Ich gehe erneut von den vorhandenen 5.000 Euro als Startkapital für Investitionen aus. Des Weiteren ist es Ihnen beispielhaft möglich, aufgrund Ihrer Einkünfte monatlich 200 Euro zu sparen und in Ihr Portfolio zu investieren. Dieses besteht zu einem Großteil aus verschiedenen Aktien (Sparrate: 100 Euro monatlich), einem weltweiten ETF (Sparrate: 50 Euro monatlich) und einem Anteil an P2P-Krediten (Sparrate: 50 Euro monatlich). Das Startkapital haben Sie ebenfalls auf dieses Portfolio aufgeteilt, sodass 60 Prozent (3.000 Euro) in Aktien bzw. Aktienfonds investiert wurden, 1.000 Euro in die ETFs und mit den restlichen 1.000 Euro haben Sie über verschiedene P2P-Plattformen Kredite in kleinen Stückchen vergeben.

Sie stehen nun vor der Überlegung, wann Sie sich von Ihren Ersparnissen einen Wunsch erfüllen können und wie dieser aussehen könnte. Dafür ist es notwendig, einen Renditeplan zu erstellen, welcher Ihnen die Chancen Ihres Portfolios aufzeigt und möglichst realistisch berechnen soll, wie hoch die Gewinne ausfallen werden.

Dafür nutze ich in diesem Beispiel zum einen eine Laufzeit von zehn Jahren, danach eine Laufzeit von 20 Jahren. Mit Hilfe der gesamten Aktienstruktur lässt sich eine Rendite von durchschnittlich sechs Prozent jährlich erwarten, der ETF legte in den vergangenen Jahren eine Performance von vier Prozent Steigerung jährlich hin und die P2P Kredite können bereits halbjährlich verzinst werden, da die Laufzeiten meist recht kurz sind. Unter Einbeziehung der Insolvenz einer von vielen genutzten Plattformen und dem Ausfall von zehn Prozent aller gegebenen Kredite, erreicht diese Investition acht Prozent Zinsen – und das halbjährlich. Ein beachtlicher Wert, der dafür jedoch mit hohem Risiko verbunden ist.

Für die Berechnung des Zinseszins-Effektes wird das Portfolio nun gesplittet. Die Investitionen in Aktien erreichen jährlich sechs Prozent Zinsen, sodass im ersten Jahr bei einem Startkapital von 3.000 Euro und monatlichen Einzahlungen von 100 Euro insgesamt 4200 Euro zu sechs Prozent verzinst werden. Nach einem Jahr beläuft sich der Wert der Aktien bereits auf 4452 Euro. Es erfolgt eine erneute Einzahlung von 1200 Euro, welche ebenso jährlich verzinst wird. Einfach berechnen können Sie dies mit einem Zinsrechner oder einem herkömmlichen Taschenrechner, wobei die erstere Variante die deutlich einfachere darstellt.

Einen möglichen Zins- oder Sparrechner erreichen Sie unter folgendem Link: https://www.zinsen-berechnen.de/sparrechner.php.

Nach Eingabe der Daten erhalten Sie bei einer zehnjährigen Laufzeit ein Ergebnis von 21.703,55 Euro Ersparnis allein durch die Aktien. Die eingezahlte Summe beträgt dabei 15.000 Euro. Wie sieht das bei einer Laufzeit von zwanzig Jahren aus? Legen Sie nun einmal eine kleine Pause beim Lesen ein und schätzen Sie, wieviel es sein könnte. Als Tipp: Zusätzlich werden nun noch einmal insgesamt 12.000 Euro eingezahlt, welche jeweils jährlich verzinst werden. Des Weiteren werden auch die bereits angesparten 21.703,55 Euro verzinst. Was schätzen Sie, wie hoch wird die angesparte Summe sein?

Nach zwanzig Jahren Laufzeit und insgesamt eingezahlten 27.000 Euro beträgt die ersparte Summe unglaubliche 55.198,75 Euro. Der Wert Ihres eingezahlten Geldes hat sich nun verdoppelt. Eine meiner Meinung nach sehr beachtliche Leistung und das, obwohl Sie monatlich lediglich 100 Euro und ein humanes Startkapital aufgewiesen haben.

Die Analyse der Entwicklung der anderen beiden Investitionen möchte ich nun kürzer gestalten. Der eher risikoärmere Sparplan des weltweiten ETFs erreicht eine Summe von 8.839,99 Euro bei einer Laufzeit von zehn Jahren, nach zwanzig Jahren sind es 20.445,09 Euro. Es wurde ein Kapital von 7.000 bzw. 13.000 Euro aufgewendet. Wenig verwundern sollten Sie die nun folgenden Gewinne der P2P-Kredite, welche aufgrund Ihrer Verzinsung zwei Mal jährlich eine theoretisch doppelt so lange Laufzeit aufweisen. Bereits nach zehn Jahren haben sich 11.332,99 Euro angesammelt, nach 20 Jahren sind es sogar 33.973,85 Euro. Der Kapitaleinsatz, Sie erinnern sich, war derselbe wie bei den Sparraten für den ETF.

Weshalb also bestätigt sich mein Fazit vom Beginn dieses Abschnitts? Der Zinseszins-Effekt fängt erst richtig an zu wirken, wenn die Laufzeit entsprechend hoch ist und genug Rendite erwirtschaftet wurde, sodass sie sich weiter vermehrt. Das Geld soll sprichwörtlich „für sich selbst arbeiten". Das geht aber nur, wenn Sie auch mit kleinen Beträgen so schnell wie möglich anfangen zu investieren, ansonsten sind die Laufzeiten zu kurz. Damit Sie ein besseres Gefühl für Zinsen und Gewinne bei festen Sparraten und konstanten Zinsen erhalten – welche in der Praxis jedoch nicht in der Konstanz auftreten, wie ich sie hier vorausgesetzt habe – empfehle ich Ihnen, sich ein wenig mit dem oben verlinkten Sparrechner auseinanderzusetzen. Und übrigens: Auch eine Laufzeit von 30 Jahren und länger ist nicht undenkbar. Überlegen Sie sich einmal, welch hohen Summen dann entstehen können.

Ergänzend möchte ich noch darauf aufmerksam machen, dass die gewählten Rechnungen stark vereinfacht von mir dargestellt wurden. Die Verzinsung der monatlich eingezahlten Beträge verläuft im Normalfall nicht am Ende des Jahres, sondern monatlich. Das zieht nach sich, dass die Einzahlung aus dem Januar das gesamte Jahr über verzinst wird, die Einzahlung des Dezembers jedoch nur einen Monat lang. Da die Auswirkungen für den Zinseszins-Effekt jedoch relativ unerheblich sind, habe ich dies nicht mit in die Berechnung mit einfließen lassen.

AKTIVE UND PASSIVE INVESTMENTS

Grundsätzlich lassen sich zwei Arten von Investments unterscheiden. Wie ich bereits im Kapitel „Was versteht man unter einem Investment?" erläutert habe, kann der Begriff „Investment" sehr weit gefasst werden. Neben Finanzanlagen zählen demnach auch Zeitinvestitionen und Dinge des alltäglichen Lebens in diese Kategorie. Die Unterscheidung zwischen aktiven und passiven Investitionen grenzt nun die Kategorie der Finanzinvestitionen voneinander ab, um die es in diesem Buch hauptsächlich geht.

Passives Investieren wird oft als der Standard verstanden, wenn an der Börse Geld angelegt wird. Anleger halten gewisse Aktien oder Fonds in ihrem Portfolio und hoffen auf Wertsteigerungen des Aktienkurses und Dividenden. Das schließt ein, dass bei einem kurzfristigen Kursverlust kein Verkauf der Anlagen erfolgt, sondern ein Ausharren bzw. Warten auf höhere Kurswerte. Der Anleger verwaltet sein Portfolio somit nicht aktiv, sondern setzt auf die gesamte Wirtschaftsleistung, welche im Normalfall kontinuierlich wächst. Ein passiv verwaltetes Portfolio bedient somit meist die sogenannte Buy-and-Hold-Strategie und diversifiziert sich in den häufigsten Fällen stark. Insgesamt entsteht aus den einzelnen Anlagen des Portfolios somit ein Zinssatz, der dem allgemeinen Marktzinssatz sehr nahekommt.

Im Gegensatz dazu stehen aktive Investments. Sie werden vom Anleger aktiv verwaltet und befinden sich somit ständig in Veränderung. Das Portfolio unterliegt einer gewissen Dynamik und ihm liegt meist eine eindeutige Aktienstrategie zugrunde. Übrigens: Alles über verschiedene Aktienstrategien erfahren Sie ausführlich noch im weiteren Verlauf dieses Buches. Zurück zu den aktiven Investments. Welche Finanzprodukte lassen sich nun in diese Kategorie einordnen? Das lässt sich pauschal nicht beantworten, da mit nahezu jedem Finanzprodukt aktiv und passiv gehandelt werden kann. Ein Beispiel: Möglicherweise wissen Sie bereits, was ETFs sind. Wenn nicht, ist das nicht schlimm, denn dazu gibt es später noch mehr. Zunächst ist es lediglich wichtig zu wissen, dass diese meist eine

Übersicht verschiedener, einzelner Aktien abbilden und deshalb nicht aktiv von einem Manager verwaltet werden. Entscheidend für die Zuordnung im Index sind Kurswerte und Performance-Werte. Der größte Unterschied zu Aktienfonds besteht darin, dass hinter einem bestimmten Aktienfonds ein Manager steht, der die einzelnen Aktien ständig kauft und verkauft, um somit im Zusammenwirken der Aktien Gewinne zu erzielen.

Sie bemerken, dass ETFs generell passiv verwaltete und Aktienfonds generell aktiv verwaltete Produkte sind. Doch diese Einordnung ist nicht entscheidend für die Unterteilung von aktiven und passiven Investments, denn: Der Anleger kann dennoch selbst entscheiden, ob er einen bestimmten Fonds oder einen ETF kurz oder lang hält. Das bedeutet, ob er ihn während eines hohen Kurswertes für viel Geld verkauft und das erworbene Kapital in andere Produkte steckt, welche größere Wachstumspotenziale bieten.

Allerdings ist es ihm auch selbst überlassen, das Produkt einfach zu behalten, die Schwankungen zu akzeptieren, mal zu hohen und mal zu niedrigen Kurswerten einzukaufen, und somit im Durchschnitt den Marktzinssatz als Rendite zu generieren. Dann betreibt er ein passives Investment, um welches er sich nicht explizit kümmern muss. Merken Sie sich deshalb: Wollen Sie den Marktzins schlagen, geht dies bei passiven Investments nur mit hohem Risiko bei Anlagen, die generell ein großes Potenzial aufweisen, oder bei aktiven Investments mit Hilfe von Aktienstrategien bzw. dem sogenannten Trading.

Im Allgemeinen beschäftigen sich Experten zum Großteil mit aktiven Investments, da sie für die meisten Anleger deutlich interessanter erscheinen. Das liegt zum einen an der stärker variierenden Rendite, aber auch am individuellen gestaltbaren Risiko, welches eine große Rolle am Kapitalmarkt spielt, wie Sie im nächsten Abschnitt erfahren werden.

Das sind die Gründe, weshalb sich auch dieses Buch auf aktive Investments mit Aktien konzentriert, die passive Variante jedoch nicht vergisst. Der Hintergrund beruht darauf, dass Sie sich nicht zwischen den beiden Varianten entscheiden müssen, denn Ihr persönliches Portfolio ist vielfältig. So kann es beispielsweise einen Anteil von 50 Prozent passiver Investments enthalten, welche Ihnen zu hoher Wahrscheinlichkeit den Marktzins einbringen werden, und die andere Hälfte wird von Ihnen aktiv verwaltet, sodass auch höhere Gewinne möglich sind. Im großen Buch über Aktien soll jeder Anleger auf seine Kosten kommen.

WODURCH ZEICHNET SICH EIN GUTES INVESTMENT AUS?

In diesem Abschnitt möchte ich Ihnen eine meiner Meinung nach zentrale Theorie des Kapitalmarktes näherbringen, welche Sie stets im Kopf behalten sollten, wenn Sie selbst Investitionen tätigen und abschätzen müssen, ob sich diese für Sie lohnen. Zur besseren Visualisierung wird oftmals ein Dreieck genutzt, welches an den Ecken mit den drei wichtigen Begriffen Liquidität, Risiko und Rentabilität bezeichnet wird. Was hat es mit diesen drei Begriffen auf sich?

Die Liquidität beschreibt, wie schnell eine bestimmte Investition in bares Geld bzw. frei verfügbares Geld umgewandelt werden kann. Dieser Faktor hängt also stark mit der Laufzeit des Projektes zusammen. Haben Sie schon einmal von Festgeldkonten gehört? Diese werden von Banken oder Sparkassen angeboten und bieten auch heutzutage noch Zinsen, jedoch nicht mehr als zwei bis drei Prozent, je nach Laufzeit. Dabei wird Ihr gespartes Geld eingefroren und für Sie erst nach Ablauf der eindeutig festgelegten Laufzeit wieder zugänglich gemacht. Da Sie innerhalb dieser oftmals drei bis fünf Jahre nur unter Zahlung von hohen Gebühren Zugriff auf Ihr Geld erhalten können, ist die Liquidität stark eingeschränkt. Anders ist dies beispielsweise bei Tagesgeldkonten, welche heutzutage mit gerade einmal 0,1 Prozent verzinst werden, was nicht im Ansatz die Inflationsrate ausgleicht. Doch warum sind die Zinsen im Vergleich zum Festgeldkonto so gering? Die Antwort liefert die Liquidität, welche hierbei im vollen Umfang vorhanden ist. Sie können jederzeit und für den gesamten Wert auf Ihr Geld zugreifen und es für den Alltag oder für Notfälle nutzen.

Und wie sieht es mit der Liquidität am Kapitalmarkt aus? Eigentlich ist es recht einfach, denn auf Ihr investiertes Geld können Sie zwar zu jederzeit zugreifen, indem Sie die erworbenen Wertpapiere oder anderen Finanzprodukte verkaufen, jedoch kann der Wert der Produkte von Zeit zu Zeit stark variieren. Gelangen Sie in eine finanzielle Notlage, ist es möglich, dass die Kurswerte Ihrer Investitionen zum momentanen Zeitpunkt nicht sehr hoch sind und Sie kaum Gewinn, selten sogar Verluste generieren. Ein sofortiges Zugreifen auf die Werte wird daher nicht empfohlen, die Liquidität ist eingeschränkt.

Des Weiteren ist die Liquidität ebenso für das erneute Investieren des erwirtschafteten Kapitals wichtig. Wie Sie bereits im Abschnitt über den Zinseszins-Effekt bemerkt haben, hat sich die Investition in die risikoreichen P2P-Kredite stark gelohnt. Neben der hohen Renditen war aber auch die gute Liquidität für den Erfolg verantwortlich, da das Geld bereits nach einem halben Jahr erneut verzinst werden konnte und die Zinsperioden so deutlich kürzer waren. Aufgrund einer Halbierung der Zinsperiode konnte erreicht werden, dass das Geld doppelt so oft verzinst wurde, wie bei vergleichbaren Alternativen. Der

Zinseszins-Effekt konnte stärker genutzt werden. Dennoch bieten Aktien meist eine deutlich höhere Rendite als Festgeldkonten, obwohl sie bezüglich der Liquidität doch einen klaren Vorteil haben. Woran liegt das? Ich denke, Sie werden es bereits wissen, denn das Risiko ist allgegenwärtig. Neben der Liquidität spielt auch dieses eine enorm große Rolle, wenn es darum geht, wie viel Gewinn von der Investition erwartet werden kann. Risikoreiche Investitionen sind beispielsweise Derivate oder andere Hebelprodukte, allerdings können ebenso einzelne Aktienkäufe dazugehören.

Wieso? Stellen Sie sich vor, Ihr gesamtes Portfolio bestünde aus 100 verschiedenen Aktien, welche auf den unterschiedlichsten Märkten, in den verschiedensten Branchen aktiv sind und in denen alle denkbaren Größenklassen von Unternehmen vertreten sind, darunter Start-Ups ebenso wie Marktführer. Dieses Portfolio kann einen hohen Wertverlust einer einzelnen Aktie gut ausbalancieren, indem der restliche Teil des Portfolios Kurszuwächse verzeichnet. Was wäre nun aber, wenn Sie Ihr gesamtes Geld in lediglich eine einzige Aktie investieren und Ihr Vermögen nun davon abhängig ist, ob dieses Unternehmen erfolgreich oder weniger erfolgreich wirtschaftet? Dann handelt es sich um ein hohes Risiko, welches nicht durch weitere Aktien ausgeglichen wird.

Daraus ergibt sich, dass die Renditemöglichkeit dieser einzigen Investition deutlich höher ist als bei einem Zusammenspiel mehrerer Aktien. Und wie Sie bereits wissen, geht der Gewinn Hand in Hand mit dem Verlustrisiko. Das zuvor angesprochene Festgeldkonto bietet also deutlich weniger Zinsen als die meisten Aktien, weil kein Risiko vorhanden ist.

Nun komme ich zur Rentabilität, welche sich unweigerlich aus den beiden vorher erläuterten Faktoren zusammensetzt. Ein hohes Risiko steht für eine mögliche hohe Rendite, ebenso wie eine schlechte Liquidität dafür steht. Finden Sie also eine Investition, welche trotz hoher Liquidität eine hohe Rendite verspricht, ist davon auszugehen, dass es sich hierbei um ein enormes Verlustrisiko handelt, siehe P2P-Kredite. Doch wie einfach wäre die Welt des Kapitalmarktes, wenn dieses Dreieck immer optimal ausbalanciert wäre?

Dann wäre es egal, welche Investition Sie tätigen, da sich bei einer gewissen Anzahl an Investitionen und Dauer immer Risiko, Rentabilität und die Liquidität miteinander ausgleichen würden. Da dies jedoch nicht der Realität entspricht, ist Vorsicht geboten: Trotz verhältnismäßig niedriger Rentabilität kann eine Investition dennoch risikoreich sein, wenn bestimmte Faktoren nicht beachtet werden. Ebenso steht eine hohe Rentabilität nicht immer für Risiko im ausgeglichenen Maß.

Eine gute Investition sucht stets nach einem Zusammenspiel dieser Faktoren, welches ganz und gar nicht ausbalanciert ist, sondern auf bestimmten Seiten überwiegt. Optimalerweise ist das auf der Seite der Rentabilität. Um diese Anlagen zu finden, wurden Strategien, Kennzahlen und ganze Computersysteme entworfen, mit denen Berufstrader arbeiten.

Fühlen Sie sich schon jetzt ein wenig mehr wie ein echter Anleger am Kapitalmarkt?

Basiswissen Aktien

WAS IST DAS, EINE AKTIE?

Eine Aktie stellt ein Wertpapier da, welches die Teilhabe an einem Unternehmen bestätigt. Der Besitzer einer Aktie hält somit einen Teil an der jeweiligen Firma und hat neben dem Mitbestimmungsrecht in Form des Stimmrechts ebenso die Berechtigung zur Anteilnahme am Gewinn mittels Dividenden. Ein großer Unterschied besteht zu Gläubigern, die ihr Kapital einem Unternehmen leihen und Rückzahlungsforderungen inklusive Zinsen stellen. Dagegen sind Aktionäre Miteigentümer des Unternehmens.

Diese Eigenschaft ist jedoch durch das Aufkommen der Börsen mehr und mehr in den Hintergrund gerückt, sodass Anlegern die Mitbestimmung am Unternehmen kaum noch wichtig ist. Vielmehr geht es darum, auf Wertsteigerungen des Aktienkurses zu hoffen, um die gehaltene Aktie nach kurzer oder langer Zeit wieder abzustoßen. Davon betroffen sind auch die auszuschüttenden Dividenden, die beim Handel an der Börse deutlich an Bedeutung verloren haben, da sie sich für viele Anleger aufgrund der niedrigen Summen selten lohnen.

Dennoch existieren diverse und auch erfolgreiche Dividendenstrategien, welche insbesondere auf Sicherheit bedacht sind und eine konstante Renditemöglichkeit darstellen. Wichtig ist weiterhin, festzustellen, dass der Aktieninhaber vollständig auf das Recht verzichtet, sein investiertes Geld zurückzuerhalten.

Dieses Verhältnis besteht zwischen dem Aktionär und dem Unternehmen, jedoch bieten Zweitmärkte wie die Börse die Möglichkeit, die Aktie zu einem fairen Wert zu verkaufen.

WARUM GEBEN UNTERNEHMEN AKTIEN AUS?

Zusammengefasst lässt sich diese Frage einfach erklären: Um ihr Eigenkapital zu erhöhen und langfristig mehr Gewinn zu generieren. Doch was ist der Hintergrund dieser Überlegung? Grundsätzlich lässt sich das Vermögen eines Unternehmens (also die Passiv-Seite der Bilanz) in Eigen- und Fremdkapitel unterscheiden. Zum Fremdkapitel gehört jegliches geliehenes Geld, also alle Schulden und Verbindlichkeiten. Schulden entstehen, wenn sich die Unternehmung Geld von einer Bank oder einer Privatperson leiht und dafür Zinsen zahlt. Außerdem muss es vollständig nach Ablauf einer bestimmten Frist zurückgezahlt werden, es handelt sich also um einen Kredit.

Verbindlichkeiten entstehen, wenn ein Kunde bereits für Waren oder Leistungen gezahlt hat, diese aber noch nicht geliefert oder ausgeführt worden sind. Es handelt sich theoretisch gesehen also auch um fremdes Kapital, für welches jedoch keine Zinsen gezahlt werden müssen. Eine sehr willkommene Angelegenheit für jedes Unternehmen.

Doch viel interessanter für dieses Buch ist das Eigenkapital des Unternehmens. Es beinhaltet jegliches Geld, welches durch Miteigentümer oder Inhaber eingezahlt wurde und zusätzlich noch Teile des Gewinns, also des Jahresüberschusses der bereits erfolgreich gewirtschafteten Jahre. Sollte dieses Kapital knapp werden und können die Rechnungen nicht aus den Umsätzen gezahlt werden, meldet das Unternehmen Insolvenz an, da es unter anderem auch die Schulden aus dem Fremdkapital nicht aus eigener Kraft zurückzahlen kann.

Die Höhe des Eigenkapitals ist auch deshalb wichtig, weil es den Kern der Unternehmung darstellt und jegliche Investitionen und Projekte, welche nicht durch die Einnahmen aus Verkäufen gedeckt werden können, finanziert. Bei einer Expansion beispielsweise ist es nur in seltenen und gleichzeitig sehr erfolgreichen Fällen möglich, eine Erwei–terung der Geschäftstätigkeit vollständig aus Mitteln zu bezahlen, welche aus Gewinnen stammen.

Um dennoch expandieren zu können und währenddessen nicht auf externe Geldgeber wie Banken angewiesen zu sein, welche für ihr Geld Zinsen verlangen, muss das Eigenkapital erweitert werden. Dies kann auf verschiedene Weisen funktionieren, die Wichtigsten sind jedoch zum einen Unternehmensinhaber, die durch Antritt einer führenden Position Eigenkapital in die Unternehmung einzahlen, wie es beispielsweise bei Namenspartnern von Kanzleien üblich ist. Zum anderen bietet aber auch der Erlös aus Aktien die Möglichkeit, das Eigenkapital zu erweitern, indem Anteile am Unternehmen verkauft werden.

So werden die Aktien zu den sogenannten Nennwerten verkauft, welche nicht mit dem Aktienkurs zu verwechseln sind. Ein Nennwert multipliziert mit der Anzahl der herausgegebenen Aktien ergibt das sogenannte Grundkapital, doch dazu später mehr, wenn es um Unternehmenskennzahlen geht. Wichtig ist nur, zu wissen, dass das Grundkapital jenes ist, mit dem das Unternehmen für die Gläubiger haftet. Außerdem muss es bei Aktiengesellschaften und Gesellschaften mit beschränkter Haftung (GmbH) mindestens 50.000 Euro betragen.

Der Verkauf von Aktien sichert der Gesellschaft demnach Eigenkapital, über welches sie frei verfügen kann und das sie nicht zurückzahlen muss. Dadurch werden Projekte und andere Großinvestitionen finanziert, welche langfristig für mehr Gewinn sorgen sollen und die Wirtschaftsleistung des Unternehmens verbessern. Dem gegenüber steht der Verkauf von Anteilen am Unternehmen, welche in den meisten Fällen mit der Abgabe von Stimmrechten einhergehen. Außerdem verpflichtet sich die Gesellschaft der Zahlung einer Dividende bei Gewinnen, jedoch ist die Ermittlung des reinen Gewinns oft Unternehmenssache und unterliegt keinem eindeutigen Standard.

Aus diesem Grund sind Dividenden oftmals eine ungenaue Anlage, welche meist nur zusätzlich zu den Kursgewinnen für Freude bei den Aktionären sorgt.

ARTEN VON AKTIEN

Aktie ist nicht gleich Aktie. In diesem Abschnitt habe ich die wichtigsten Unterscheidungsmerkmale zusammengetragen. Außerdem werden Sie lernen, welche Arten von Aktien für den Kapitalmarkt und die Börse am wichtigsten sind, denn der Umgang mit Wertpapieren erfordert meiner Meinung nach eine genaue Auseinandersetzung mit den Rechten, welche dem Aktionär zustehen.

Eine Art, Aktien voneinander zu trennen, ist die **Unterscheidung nach dem Stimmrecht**.

In den vorangegangenen Abschnitten dieses Buches habe ich bereits erwähnt, dass Sie durch den Erwerb einer Aktie ebenso ein Stimmrecht auf der Hauptversammlung der Gesellschaft erwerben, mit dem Sie über die Besetzung des Aufsichtsrates sowie über die Verwendung des Bilanzgewinnes entscheiden können. Das bedeutet, dass Sie als Aktionär zu einem kleinen Teil mitentscheiden dürfen, in welche Richtung sich das Unternehmen entwickelt.

Ich persönliche halte es für sehr erkenntnisreich, wenigstens einmal selbst an einer Hauptversammlung teilzunehmen, auch wenn der eigene Aktienanteil am Unternehmen überschaubar ist. Sie werden viele Erfahrungen sammeln und auch interessante Leute treffen, deren Motive für das Erscheinen auf der Versammlung sowie das Halten der betroffenen Aktie kennenlernen. Außerdem wird Ihnen die Chance geboten, sich besser mit der Firma zu identifizieren und in Zukunft präziser einschätzen zu können, wie sich der Unternehmenswert und somit auch der Aktienkurs entwickeln könnte.

Zurück zum Thema: Die Unterscheidung nach Stimmrecht erfolgt durch die Abgrenzung von Stammaktien gegenüber Vorzugsaktien. Bei herkömmlichen Stammaktien gibt es keine Besonderheiten. Auf diese treffen die eben genannten Eigenschaften vollständig zu, das Stimmrecht entspricht dem Anteil des

Nennwertes Ihrer Aktie am Grundkapital der Unternehmung. Für private Anleger hält sich das Ausmaß der Entscheidung also sehr in Grenzen.

Interessanter, insbesondere für aktive Anleger und Händler am Kapitalmarkt, die auf Kursgewinne hoffen, sind die sogenannten Vorzugsaktien. Wer Inhaber einer Vorzugsaktie ist, verzichtet auf sein Stimmrecht, erhält dafür jedoch Vorteile bei der Ausschüttung der Dividenden in Form von meist höheren Zahlungen und bevorzugter Behandlung, wenn es um die Reihenfolge der Ausschüttung geht. Des Weiteren haben Vorzugsaktien einen höheren Wert bei der Liquidierung des Unternehmens, also bei dem Verkauf der Vermögensgegenstände als Folge einer Insolvenz, um die Schulden zumindest teilweise decken zu können.

Tritt dieser Fall ein, erhalten Aktionäre von Vorzugsaktien häufig höhere Auszahlungen für Ihre Anteile, jedoch häufig dennoch nicht den vollen Nennwert. In der Praxis werden vor allem dann Vorzugsaktien ausgegeben, wenn es sich um Familienunternehmen handelt. Die Inhaber wollen ihren Einfluss sichern und sind nicht bereit, Stimmrechte abzugeben. Bis zu einem Wert von 50 Prozent des Grundkapitals ist dies auch zulässig. Des Weiteren bieten Vorzugsaktien den Vorteil höherer Dividenden und sind oftmals günstiger als Stammaktien, wenn beide angeboten werden. Für private Anleger im kleinen Umfang also eine sehr attraktive Wahl. Stammaktien werden häufig dafür genutzt, um strategische Investments im großen Stil oder auch Unternehmensübernahmen durchzuführen.

Eine weitere Unterscheidung kann die **Trennung nach der Übertragbarkeit** von Aktien sein.

Hierbei werden drei Arten unterschieden, wobei die sogenannte Inhaberaktie mittlerweile eine deutliche Mehrheit der gehandelten Aktien, insbesondere an Börsen, einnimmt. Diese bringt die Eigenschaft mit sich, dass der Inhaber der Aktie alle Rechte und Pflichten über diese Aktie besitzt bzw. erfüllen muss. Es handelt sich hierbei um eine anonyme Form des Besitzes, da sich die gesamten Rechte und Pflichten beim Verkauf des Wertpapiers an den nächsten Besitzer übertragen. Diese Variante begrenzt den Aufwand der Übertragbarkeit und eines möglichen Aktienregisters im hohen Maße, da dieses nicht angelegt werden muss. Problematisch jedoch ist die Transparenz, welche durch die unbekannten Besitzer insbesondere bei Hauptversammlungen oft eine Herausforderung für die Gesellschaft darstellt.

Das Pendant zu Inhaberaktien stellen Namensaktien dar. Sicherlich ahnen Sie bereits, worum es sich hierbei handeln könnte, denn die Bezeichnung verrät es. Die Besonderheit von Namensaktien ist das Führen eines Aktienregisters, in welches jeder Besitzer mindestens einer Aktie der Firma beim Namen, der Adresse, dem Geburtsdatum und natürlich der Stückzahl gehaltener Aktien aufgenommen werden muss.

Dies schränkt die Übertragbarkeit deutlich ein und erhöht den Aufwand eines Verkaufs, da sich der Käufer nun in das Aktienregister eintragen lassen muss. Andernfalls ist sein Stimmrecht und das Recht auf Dividendenzahlungen nicht gewährleistet. Vorteile der Ausgabe von Namensaktien erhält das Unternehmen durch eine höhere Transparenz der Aktionäre und auch durch eine gewisse Treue: Die Hauptversammlungen sind somit weniger anonym und das Abstoßen der eigenen Aktienanteile ist mit mehr Aufwand verbunden, als bei den anonymen Inhaberaktien. Dies kann dafür sorgen, dass der Aktienkurs auch in Krisenzeiten vergleichsweise stabil bleibt.

Eine zusätzliche Variante möchte ich Ihnen nicht vorenthalten. Es handelt sich um die sogenannte vinkulierte Namensaktie, welche einen Ausläufer der herkömmlichen Namensaktie darstellt, heutzutage aber nur noch sehr selten Anwendung findet. Besonderheit ist, dass der Verkauf der Aktie nicht ohne die Zustimmung der Gesellschaft stattfinden kann. Meist entscheiden darüber die Inhaber des Unternehmens oder von Ihnen dazu Ernannte.

Ziel dieser Sonderform ist die Erhaltung des Eigenkapitals und somit eine Bewahrung der Liquidität der Gesellschaft. Dennoch ist es vor allem als Aktionär mit wenig Anteilen oft nicht schwierig, die Aktie zu verkaufen. Diese Vorsichtsmaßnahme richtet sich insbesondere an Großinvestoren, von denen das finanzielle Wohl des Unternehmens abhängig ist. Auf Zweitmärkten wie der Börse werden Sie jedoch wahrscheinlich nie auf vinkulierte Namensaktien treffen, da diese generell nicht ohne die genannten Hindernisse gehandelt werden können.

Im Allgemeinen werden an der Börse zum größten Teil nur Inhaberaktien gehandelt, Namensaktien finden sich häufig bei nicht börsennotierten Unternehmen, welche dennoch Aktien herausgegeben haben.

Wertpapiere können außerdem nach dem **Unternehmensanteil unterschieden werden**.

Dabei gibt es zwei Formen, zum einen sind das die Nennwertaktien. Zu diesen Aktien gehört ein Nennwert, der den Anteil am Grundkapital festlegt. Dieser ist wichtig, um den Wert des Stimmrechtes und die Höhe der Dividenden-zahlungen zu bestimmen. Andererseits können auch sogenannte Stückaktien ausgegeben werden, welche nichts mit dem Anteil am Unternehmen zu tun haben. Im Gegensatz zu Nennwertaktien ist hierbei der Wert jeder Aktie gleich, sodass insgesamt beispielsweise eine Million Aktien ausgegeben werden und die Inhaber der Gesellschaft oftmals bereits 500.000 davon besitzen, um ihren Einfluss nicht zu gefährden. Bei Nennwertaktien können auf einzelne Aktien höhere Nennwerte gedruckt werden, damit nicht viele kleine Teile gekauft werden müssen, um die Mehrheit der Stimmrechte der Inhaber aufrechtzuerhalten.

Die letzte Unterscheidung, die ich in diesem Abschnitt vornehmen möchte, ist die **Unterscheidung nach dem Alter** der Aktien.

Junge und alte Aktien entstehen ausschließlich durch besondere Ereignisse, meist ist das eine Kapitalerhöhung. Das bedeutet, dass die Unternehmung neues Eigenkapital mobilisieren möchte und deshalb weitere, neue Aktien verkauft. Dann wird eine Anpassung der Rechte notwendig, da die Anteile am Unternehmen der alten Aktien nun nicht mehr so ist wie vor der Kapitalerhöhung. Anhand einer einfachen Rechnung kann erläutert werden, weshalb eine Kapitalerhöhung ohne Entschädigung der Inhaber alter Aktien nicht gerecht wäre.

Angenommen ein Aktionär hält 100 Aktien einer Kapitalgesellschaft, welche insgesamt 1000 Stückaktien ausgegeben hat und ein Grundkapital von 100.000 Euro vor der Kapitalerhöhung aufweisen konnte. Nun soll das Grundkapital auf 200.000 Euro aufgestockt werden, indem weitere 1000 Stückaktien verkauft werden. Dabei ist es enorm wichtig, dass exakt 1000 Aktien verkauft werden, da sich die Werte der jungen Aktien sonst von den alten unterscheiden würden, was bei Stückaktien jedoch nicht möglich ist. Nach der Kapitalerhöhung hält der Anleger einen Anteil von 5 Prozent am Unternehmen, davor waren es noch 10 Prozent und das, obwohl er keine seiner Aktien verkauft hat. Deshalb erhalten die Inhaber alter Aktien sogenannte Bezugsrechte, die sie auf zwei Arten nutzen können: Entweder sie kaufen davon neue Aktien, noch bevor diese für alle zugänglich sind, allerdings maximal so viel, bis der alte Anteil wieder hergestellt ist, oder sie veräußern ihre Bezugsrechte für einen bestimmten Geldbetrag.

Alle Inhaber stehen somit vor der Wahl: Entweder das Unternehmen stärker unterstützen, indem weiteres Geld investiert wird, der Einfluss jedoch erhalten bleibt, oder die Minderung des insgesamten Stimmrechtes akzeptieren und die Entschädigung für den Erlös der Bezugsrechte erhalten, welcher teilweise eine beachtliche Summe ergeben kann. Für private Anleger, welche nicht auf das Stimmrecht bedacht sind, hat eine Kapitalerhöhung deshalb überwiegend Vorteile.

Es kann Geld durch das Verkaufen der Bezugsrechte eingenommen werden, es können Aktien zu einem meist recht niedrigen Startpreis erworben werden

(Die Kurspreise bei den Börsen sind nach der Kapitalerhöhung oftmals höher als die Preise mit einem Bezugsrecht) und die Gesellschaft hat nun mehr Eigenkapital zur Verfügung, um Investitionen wie große Projekte zu finanzieren, was langfristig höhere Gewinne verspricht.

AKTIENSPLIT UND AKTIENZUSAMMENLEGUNG EINFACH ERKLÄRT

Diese zwei häufig verwendeten Begriffe sorgen auch bei erfahrenen Geldanlegern am Kapitalmarkt manchmal für Verwirrung, weshalb ich Ihnen in diesem Abschnitt die Bedeutung näher bringen möchte. Grundlegend handelt es sich bei den Begriffen um Maßnahmen, welche insbesondere die Übersicht und Handelbarkeit der Aktien gewährleisten oder wiederherstellen sollen. Bei einem Aktiensplit legt das betreffende Unternehmen ein Aufteilungsverhältnis fest, nach welchem die Aktien gesplittet werden.

Besitzen Sie in Ihrem Portfolio zehn Aktien der jeweiligen Gesellschaft und lautet das Aufteilungsverhältnis 1:5, so sind Sie danach Eigentümer von 50 Aktien, welche jedoch insgesamt denselben Wert aufweisen, wie vor dem Aktiensplit. Der Nennwert wird also durch fünf geteilt. Wie Sie sich sicher vorstellen können, handelt es sich bei einer Aktienzusammenlegung um das Gegenteil eines Aktiensplits. Kommt es zu dieser Zusammenlegung und die Anzahl der von Ihnen besessen Aktien lautet zehn, während das Reverse-Verhältnis bei 5:1 liegt, befinden sich nach der Zusammenlegung nur noch zwei Aktien in Ihrem Portfolio. Der Gesamtwert bleibt aber auch hierbei unverändert.

Begründet stellen Sie sich nun wahrscheinlich die Frage, weshalb Unternehmen so vorgehen und Aktien aufsplitten bzw. zusammenführen. Dies begründet sich zum einen auf der Tatsache, dass die Aktie so besser handelbar ist. Generierte ein Unternehmen in den vergangenen Jahren stets Gewinne und stieg der Aktienkurs daraufhin stets an, ist der Preis einer einzelnen Aktie schnell so hoch, dass viele private Anleger von einem Kauf absehen. Das liegt nicht immer daran, dass sie es sich nicht leisten können, sondern viel mehr an der Tatsache, dass dann eine breite Diversifizierung nur noch schwer möglich ist. Die Gesellschaft möchte mit einem Aktiensplit demnach ihr Produkt für die breite Masse an Aktionären zugänglich machen und für einen regeren Austausch an der Börse sorgen.

Andererseits werden Aktienzusammenlegungen oftmals zur Steigerung der Übersichtlichkeit des Handels genutzt. Sie finden traditionell dann statt, wenn der Aktienkurs stark gesunken ist und es nicht zu erwarten ist, dass das vergangene Niveau in kurzer Zeit wieder erreicht wird, wie es beispielsweise nach einer

Wirtschaftskrise der Fall ist. Auslöser für Aktienzusammenlegungen sind demnach häufig große Verluste des Unternehmens durch anhaltend schwache Umsatzerlöse oder auch Skandale jeglicher Art, die den Börsenkurs abrutschen lassen.

Die Zusammenlegung sorgt dann dafür, dass nicht viele einzelne Aktien für geringe Nennwerte, teilweise sogar unter einem Euro, gehandelt werden müssen. Großinvestoren schrecken dann vor mehreren Tausend Aktien von geringem Wert zurück. Aber auch für kleinere Privatanleger sind niedrige Preise dieser Art nicht attraktiv. Eine Verringerung der Aktienanzahl muss geschehen, um für Übersichtlichkeit zu sorgen.

ALLES ÜBER AKTIENINDIZES

Wie Sie bereits wissen, existiert zu jeder gehandelten Aktie ein Aktienkurs, welcher abbildet, wie teuer oder günstig die jeweilige Aktie momentan ist. Dieser Aktienkurs setzt sich vollständig durch Angebot und Nachfrage der Anleger zusammen, sodass das Unternehmen, welche die Aktie ausgegeben hat, keinen direkten Einfluss darauf nehmen kann. Welche Einflussfaktoren es dennoch gibt, erfahren Sie im weiteren Verlauf dieses Buches im Kapitel: „Der Alltag am Kapitalmarkt“.

Welche Aufgabe haben Aktienindizes? Sie haben für Aktionäre jeder Interessensgruppe eine große Bedeutung, denn sie bilden nicht nur einzelne Aktien ab, sondern einen gesamten Markt. Das funktioniert folgendermaßen: Ein Index besteht aus mehreren Aktien, welche anhand bestimmter Eigenschaften zueinander zugeordnet worden sind. Dafür gibt es die unterschiedlichsten Kriterien, wie geographische Nähe, Branchenzugehörigkeit oder Produktähnlichkeiten. Es ist außerdem nicht ausgeschlossen, dass einzelne Aktien in mehreren verschiedenen Indizes vorkommen. Ein Aktienindex bildet also die Aktienkurse einer Gesamtheit verschiedener Aktien ab, die aufgrund bestimmter Eigenschaften zusammengehören.

Doch welchen Nutzen hat das für Kapitalmarkthändler? Sie bieten die Möglichkeit, auf einen Blick zu erkennen, wie sich ein bestimmter Markt oder eine bestimmte Region momentan entwickelt. Ein Einsturz eines Indizes, welcher ausschließlich Aktien von Technologieunternehmen abbildet, gibt Aufschluss darüber, dass diese Branche aus den verschiedensten Gründen gerade nicht gefragt ist. Die Anleger verkaufen einzelne Aktien dieser Branche, weil das Vertrauen in eine Kurssteigung nicht vorhanden ist. Essenziell wichtig ist es daher für Mitarbeiter der Börse, Berufstrader und auch Privatanleger, sich ständig mit den wichtigsten Indizes auseinanderzusetzen, welche die Geschehnisse der eigenen Aktien abbilden.

Ich möchte Ihnen dafür, ausgehend vom Beispiel des Einsturzes eines Indizes, welcher Technologieunternehmen abbildet, weitere Erklärungen liefern. Stellen Sie sich vor, Sie halten eine große Menge Aktien eines Technologiekonzerns aus Deutschland, welcher sich unter den deutschlandweit wichtigsten Unternehmen dieser Branche befindet. Sie beobachten, wie der berühmte TecDAX, ein Index, der die 30 größten Technologieunternehmen Deutschlands abbildet, deutlich an Wert verliert – eine Begründung dafür haben Sie allerdings noch nicht.

Aufgrund dieser Entdeckung rufen Sie den Aktienkurs der von Ihnen gehaltenen Aktie der deutschen Technologiebranche auf und bemerken noch keine Veränderung. Welche Entwicklung ist zu erwarten? Die weiteren Anleger werden ebenso den Einsturz des Tech-DAX beobachten und einige von Ihnen werden aufgrund von Verlustängsten ihre Aktienanteile abstoßen. Nun müssen Sie entscheiden, wie Sie vorgehen, noch bevor der große Einsturz folgt.

Eine Möglichkeit wäre es, die Anteile sofort zu verkaufen und während des kommenden Tiefs wieder einzukaufen, um von den Kursverlusten zu profitieren. Andererseits wäre es ebenso möglich, die Situation auszusitzen und auf eine schnelle Erholung bzw. nur einen niedrigen Einsturz zu hoffen. Die Entscheidung ist Ihnen überlassen – wichtig ist nur, dass Sie so schnell es geht von den Bewegungen der betreffenden Branche erfahren – und das geht zweifelsohne am besten mit Indizes.

Dennoch bieten Aktienindizes neben der Informationsfunktionen noch andere Möglichkeiten am Kapitalmarkt, die Sie insbesondere für passive Investments nutzen können. Durch die sogenannten ETFs ist es möglich gemacht worden, dass ganze Aktienindizes mittlerweile besparbar sind. Das bedeutet, dass Sie Produkte erwerben können, die exakt die Entwicklungen eines bestimmten Indizes abbilden und so ohne großen Aufwand am Wachstum bestimmter Branchen oder Regionen direkt beteiligt sein können. Des Weiteren bieten diverse Onlinebroker kostenlose Sparpläne an, welche es Ihnen ermöglichen, nahezu gebührenlos Sparpläne auf ETFs durchzuführen. Mehr dazu erfahren Sie im Kapitel „Das sollten Sie über Aktiendepots wissen." In diesem Abschnitt wird es sich nun darum drehen, welche verschiedenen Aktienindizes es gibt und wie Sie diese für sich verwenden können. Ein meiner Meinung nach essenziell wichtiges Thema, um die Welt des Kapitalmarktes besser zu verstehen, und einer der ersten Schritte im Umgang mit diesem.

Für Anleger aus dem deutschen Raum stellen der **DAX** und seine Ausläufer die wichtigsten Indizes dar. Der deutsche Leitindex DAX bildet die 30 größten deutschen, börsennotierten Unternehmen ab und ordnet sie nach der Marktkapitalisierung. Diese errechnet sich durch die Multiplikation der Anzahl an herausgegebenen Aktien und des Preises, also des momentanen Aktienkurses. Im DAX gibt es keine branchenspezifischen Bestimmungen, theoretisch kann es jedes Unternehmen in diesen Index schaffen – vorausgesetzt, die Marktkapitalisierung ist hoch genug. Derzeit belegen SAP und Linde Group Platz eins und zwei des Deutschen Aktien Index als einzige Gesellschaften mit einer Marktkapitalisierung von über 100 Milliarden Euro. Weitere Branchen sind insbesondere die Autoindustrie, welche durch Volkswagen, Daimler und BMW prominent besetzt ist. Aber auch die Medizin- und Pharmabranche macht durch Bayer einen beachtlichen Anteil des deutschen Leitindizes aus.

Was können Anleger aufgrund der Entwicklung des DAX ablesen? Experten sind sich einig, dass jeder Aktionär, der auf dem deutschen Markt handelt, einen permanenten Überblick über die Schwankungen des DAX haben sollte. Das liegt vor allem an der Tatsache, dass er durch die verschiedenen Branchen breit diversifiziert ist und deshalb die Lage der deutschen Wirtschaft sehr treffend abbildet. Des Weiteren hängen vom DAX ebenso die Tochterindizes ab, welche ich im Folgenden vorstellen möchte. Der DAX ist zwar ein eigenständiger Index, bietet allerdings auch weitere Ausläufer, welche ebenso für Anleger auf dem deutschen Markt interessant sind.

Zunächst einmal gibt es den **MDAX** und den **SDAX**. Sie werden als die Erweiterung des Leitindex angesehen, da sich speziell der MDAX direkt an den DAX anschließt. Geordnet nach Marktkapitalisierung sind hier also weitere 30 Unternehmen zu finden, welche direkt in den DAX aufsteigen könnten. Ähnlich verhält es sich mit dem SDAX, welcher sich lückenlos an den MDAX anschließt und sich somit auf noch kleinere Unternehmen konzentriert, von denen manche vielleicht viel Potenzial zu bieten haben. Interessant ist, dass die beiden Ausläufer des DAX direkt von ihm abhängig sind, obwohl sie unterschiedliche Aktien beinhalten. Die Entwicklung des DAX schlägt sich nahezu immer direkt auf den MDAX und SDAX wieder, weshalb diese drei Indizes ähnlichen Schwankungen unterstehen. Der Grund für dieses Phänomen liegt auf der Hand: Durch die breite Diversifizierung des DAX und die Beachtung nahezu aller für den Kapitalmarkt wichtigen Branchen, sind die Gründe für den Einbruch dieses Index meist auch bei kleineren Unternehmen spürbar. Sie sind ebenfalls von wirtschaftlichen Tiefphasen einzelner Branchen oder der Gesamtwirtschaft betroffen.

Über die Zusammenhänge dieser drei Indizes könnten ganze Doktorarbeiten verfasst werden, ich möchte es dabei erst einmal belassen und noch auf zwei weitere Ausläufer des DAX aufmerksam machen, die allerdings nicht so stark mit diesem zusammenhängen, wie die beiden eben genannten das tun.

Der **TecDAX** beschränkt sich auf die 30 größten deutschen Technologieunternehmen und steht aufgrund des langanhaltenden Booms dieser Branche auf jedem Zettel von Berufstradern und Mitarbeitern der Börse. Ebenso wie den DAX sollten Anleger auf dem deutschen Aktienmarkt auch diesen Index stets unter Beobachtung haben. Denn auch direkte Investitionen mittels ETFs haben sich in den letzten Jahren massiv bewährt: Beachtliche Kurssteigerungen und wenige Konsolidierungsphasen stehen zu Buche.

Weiterhin interessant ist ebenso der **DivDAX**. Dieser interessiert vor allem langfristige Anleger, welche mit Hilfe von Vorzugsaktien auf die Dividenden der Unternehmen hoffen, denn hier werden die 30 dividendenstärksten Unternehmen Deutschlands betrachtet. Gemessen wird dieser Wert anhand der jährlichen Ausschüttung meist kurz nach der Hauptversammlung, die jedoch bei vielen Unternehmen zu unterschiedlichen Zeitpunkten stattfindet. Das war übrigens die Veranstaltung, bei der Sie ebenfalls Ihr Stimmrecht nutzen können – vorausgesetzt, Sie haben keine Vorzugsaktien erworben. Anhand solcher Indizes werden Dividendenstrategien deutlich vereinfacht und erreichen mehr Anleger.

So viel zum deutschen Markt, nun soll es um den amerikanischen Markt gehen. Auch heutzutage setzen deutsche Anleger nach dem deutschen Markt am liebsten auf den Amerikanischen. Das hat neben der wirtschaftlichen Verbindung zu den USA auch logische Ursachen, betrachtet man das dortige Wirtschaftswachstum.

Ich beschränke mich auf die drei wichtigsten Indizes, welche meiner Meinung nach in Ihrer Gesamtheit als Leitindizes betrachtet werden sollten. Dennoch wird in den meisten Fällen der **S&P 500** als der Leitindex der Vereinigten Staaten von Amerika bezeichnet. Der Name verrät es bereits: Hier werden sage und schreibe 500 Unternehmen gelistet, welche, ebenso wie beim DAX, nach der Marktkapitalisierung geordnet werden. Vertreten sind neben Technologieunternehmen auch die Finanzbranche und die Autoindustrie.

Konkurrenz erhält der „Standard and Poor's 500" durch den historischen **Dow-Jones-Index**. Wer war Dow Jones? Dow Jones ist keine einzelne Person, denn es handelt sich hierbei um die Zusammensetzung zweier Männer. Einerseits Charles Dow, welcher als Journalist und Wirtschaftswissenschaftler Bekanntheit erlangt hatte. Eine zentrale Theorie dieses Finanzgenies über die

Trendstruktur von Aktienkursen werden Sie im Kapitel „Der Alltag am Kapitalmarkt“ kennenlernen. Edward Jones, zweiter Namensgeber des berühmten Index, war Schriftsteller und brachte zusammen mit Charles Dow das Wall Street Journal heraus. Soweit zur Geschichte, doch was ist das Interessante an diesem Index? Anders als die meisten ordnet dieser die Unternehmen nicht nach Marktkapitalisierung, sondern traditionell nach dem Preis. Die Problematik erkennen Sie auf einen Blick: Wird ein Aktiensplit durchgeführt, sinkt der Preis, ohne dass sich am Unternehmenswert oder anderen aussagekräftigen Kennzahlen etwas verändert. Ähnlich verhält es sich bei der Aktienzusammenlegung, nur dass sich dabei der Preis erhöht.

Es hat demnach auch schon Gesellschaften gegeben, die diese Praxis allein aus dem Grund durchgeführt haben, damit sie weiter oben im Dow-Jones-Index gelistet werden. So erlangt man viel Aufmerksamkeit und gewinnt potenzielle neue Investoren. Weitere Eigenschaften dieses Indizes sind beispielsweise, dass insgesamt lediglich die 30 größten Unternehmen gelistet werden, ähnlich wie beim DAX. Der Unterschied: Die Volkswirtschaft USA ist deutlich größer als die Deutsche, weshalb eine höhere Anzahl an abgebildeten Aktien durchaus sinnvoll erscheint. Des Weiteren spricht man beim Dow-Jones-Index so gut wie immer vom Dow Jones Industrial Average. Ausgeschlossen von ihm sind nur die Branchen Transport und Versorgung, welche jeweils einen eigenen Index erhalten haben, den Dow Jones Transportation Average und den Dow Jones Utility Average.

Eingangs war die Rede von drei wichtigen Indizes aus den USA, welche in ihrer Gesamtheit einen Leitindex darstellen. Den dritten bin ich noch schuldig, gemeint ist der **NASDAQ 100**. Die US-Amerikanische Börse Nasdaq hat diesen Index ins Leben gerufen, um die 100 größten an dieser Börse gehandelten Aktien abzubilden, geordnet nach Marktkapitalisierung. Dabei wurden jedoch nur Unternehmen der Technologie–branche beachtet. Der Index erfreut sich erst seit einigen Jahren an großer Bedeutung, denn er schlummerte im Jahr 2010 noch auf 2000 Punkten. Heutzutage befindet sich dieser auf einem beachtlichen Höchstwert von 9000 Punkten, was eine enorme Wertsteigerung darstellt. Würde ich mich im Jahr 2010 befinden und wissen, wie dieser Index durchstartet – er würde ganz sicher zu meinem Portfolio gehören. Vergleichen lässt er sich relativ gut mit dem TecDAX, wobei sich hier deutlich mehr Unternehmen finden, worunter auch wahre Riesen des weltweiten Technologie-Marktes sind. Dennoch konzentrieren sich die gelisteten Aktien insbesondere auf Start-Ups der Technologiebranche.

Nachdem ich mich dem deutschen Markt und dem US-amerikanischem Markt gewidmet habe, möchte ich nun auf Indizes anderer wichtiger Länder eingehen, die Sie ebenfalls kennen und verstehen sollten. Dazu gehört unweigerlich der **MSCI Japan**. Zwar sind japanische Aktien für deutsche Anleger noch größtenteils ein Fremdwort, dennoch ist die wirtschaftliche Bedeutung dieser Volkswirtschaft keinesfalls abzustreiten. Mittlerweile wird es durch viele Onlinebroker möglich gemacht, ohne hohe Zusatzkosten weltweit zu investieren oder sogar zu traden – und damit ist nicht nur Europa gemeint. Speziell auch, wenn es um Investments in weltweite ETFs geht, welche ich im nachfolgenden Absatz erläutern möchte, spielen japanische Aktien eine entscheidende Rolle. Dieser Index konzentriert sich auf etwas mehr als 300 japanische Unternehmen, welche in Branchen wirtschaften, die keine essenziellen Konsumgüter beinhalten. Dazu zählen neben der Modeindustrie auch beispielsweise Autos und Finanzen.

Das Pendant zum MSCI Japan stellt der **Nikkei 225 Index** dar. Hier werden ebenfalls ausschließlich japanische Unternehmen gelistet, ähnlich wie beim Dow-Jones-Index aber nach dem Preis sortiert. Eine besondere Stellung nimmt in diesem Index die Technologiebranche mit knapp der Hälfte aller Anteile ein. Insbesondere im asiatischen Raum wird dem Nikkei 225 eine bedeutende Stellung zugetragen.

Zurück nach Europa, wo jeder Aktionär früher oder später auf den **SMI**, den Swiss Market Index, stößt. Leicht zu vergleichen lässt sich der SMI mit dem DAX, wobei hier lediglich 20 Unternehmen gelistet sind – im DAX sind es ja bekanntlich 30. Ebenso nimmt die Gesundheitsbranche einen Großteil des Indizes ein, danach folgen Finanzen und Konsumgüter. Der Leitindex der Schweiz ist besonders für Anleger interessant, die auf kontinuierliches Wachstum und präzise Arbeit stehen, wofür die Schweiz bekannt ist. Ein weiteres Beispiel für einen regionalen Index in Europa ist der **FTSE 100**, welcher der Leitindex Großbritanniens ist. Die 100 größten Unternehmen des Vereinigten Königreiches lassen sich hier finden. Andere europäische Leitindizes heißen beispielsweise **CAC 40** aus Frankreich und **FTSE MIB** aus Italien.

Doch damit nicht genug: Eine letzte wichtige Kategorie an Indizes fehlt noch in dieser Übersicht. Die Rede ist von überregionalen Indizes, allen voran drei Stück. Beginnen möchte ich mit dem wahrscheinlich wichtigsten Index überhaupt. Er bildet sämtliche Unternehmen aus den größten Industrieländern der Welt ab, darunter auch Blue Chips, also Marktführer. Gemeint ist der **MSCI World**, welcher seit einiger Zeit in fast jedem Portfolio passiver Aktienanleger zu finden ist. Mit Hilfe von ETFs wird es ermöglicht, diesen Index auf vielen Brokerplattformen kostenlos zu besparen – und das lohnt sich. Die Balance zwischen Risiko und Rendite ist hier so harmonisch wie bei kaum einem anderen Finanzprodukt.

Es ist kaum möglich, eine noch größere Diversifizierung bzw. Breite der Anlage zu erhalten als mit diesem Index. Als kleiner Bruder des MSCI World wird oftmals der **MSCI Emerging Markets** bezeichnet. Wie es der Name bereits verrät, sind hier ausschließlich die größten Unternehmen aus Schwellenländern verzeichnet. Dazu gehören neben Indien und Südafrika beispielsweise auch Argentinien, Brasilien und Südkorea. Die Natur der wirtschaftlichen Entwicklung in Schwellenländern sorgt dafür, dass dieser Index traditionell größeren Schwankungen unterworfen ist, als es bei seinem „großen Bruder" der Fall ist. Dennoch zeichnen die beiden Indizes oftmals einen ähnlichen Verlauf ab, da Ereignisse der Weltwirtschaft nur selten zwischen Schwellen- und Industrieländern unterscheiden. Eine Kombination dieser beiden Indizes ist also bei fast jedem Anleger am Kapitalmarkt Pflicht und wird auch von mir als essenziell in nahezu jedem Portfolio eingeschätzt. Nicht zuletzt liegt dies auch an den beachtlichen Entwicklungen, die diese beiden Indizes in den letzten Jahren zurückgelegt haben – insbesondere der MSCI Emerging Markets sticht hier hervor.

Als vorletztes Beispiel möchte ich Ihnen den **Stoxx 600** näherbringen. Dieser europäische Index ist deshalb so interessant, weil er neben Blue-Chip-Unternehmen auch mittlere und sogar kleine Unternehmen aufführt: Insgesamt 600 Firmen aus 17 Ländern Europas, darunter Deutschland, Österreich und auch Griechenland. Anders als bei anderen Indizes ist die Reihenfolge bzw. die Zusammensetzung der vertretenen Unternehmen relativ starr und wird nur aktiv verändert, wenn es wirklich nötig wird. Als realitätsnahe Übersicht über die europäische Wirtschaftslage eignet sich dieser Index daher optimal.

ETFS: DIE MODERNEN RENDITEBRINGER

Keinesfalls zufällig stoßen Sie direkt nach dem großen Thema „Aktienindizes" auf diesen Abschnitt, welcher sich mit ETFs beschäftigt. Sogenannte Exchange Traded Funds sind kein herkömmliches Finanzprodukt wie Aktien und haben deshalb auch keine so weitreichende Historie. Dennoch erfreuen Sie sich insbesondere heutzutage an großer Beliebtheit unter Anlegern. Woran das liegt und was ETFs auszeichnet, erfahren Sie im Folgenden.

Grundsätzlich machen ETFs nichts anderes, als einen Index abzubilden. Sie erinnern sich: Indizes stehen für eine Gesamtheit verschiedener Aktien und ihre Performance ist deshalb allein von derer der enthaltenen Aktien abhängig. Des Weiteren werden ETFs, ebenso wie Aktien, täglich an der Börse gehandelt und sind somit einmalig erwerbbar oder besparbar. Im Gegensatz dazu stehen Aktienfonds, welche meist über spezielle Gesellschaften oder Banken vertrieben werden, sodass häufig Gebühren entstehen, die die eines ETF-Kaufes deutlich übersteigen. Aufgrund der Tatsache, dass ein ETF einen Index abbildet, handelt es sich also nicht um ein aktiv verwaltetes Produkt, hinter dem beispielsweise ein Manager steht, der je nach Analysen und Kurswerten neue Aktien erwirbt und abstößt. Hierfür sind allein Werte entscheidend, nach denen der Index bestimmt wird.

Zuvor habe ich Ihnen erläutert, dass dieser Wert meist die Marktkapitalisierung ist, jedoch in seltenen Fällen auch der Preis einer Aktie entscheiden kann, an welcher Stelle sie in einem Index platziert wird und wie viel Einfluss sie somit auf ihn hat. Dennoch möchte ich Ihnen nicht vorenthalten, dass es auch ETFs gibt, welche sich nicht an einem Index orientieren. Stöbern Sie einmal durch einen Onlinebroker oder lassen Sie sich von einem Experten beraten, werden Sie nicht ausschließlich auf Index-ETFs stoßen. Es können nämlich außerdem noch ganze Branchen, Regionen oder Rohstoffe- und Edelmetallmärkte abgebildet werden. Wichtig ist dabei, dass es sich um exakt definierte Größen handelt und somit zu jeder Zeit vorbestimmt und transparent ist, welche Aktien wann in den ETF aufgenommen werden. Das gewährleistet die passive Verwaltungseigenschaft und spart ungemein Kosten, da keine Manager engagiert werden müssen.

Wie können Sie nun ETFs für sich nutzen? Ich empfehle stets, einen gewissen Prozentanteil an ETFs in das eigene Portfolio aufzunehmen. Dabei ist es nicht nötig, sich auf spezielle Indizes oder ähnliches zu beschränken. Ein gutes Portfolio partizipiert ebenso an der Weltwirtschaft, wie es auch von den Gewinnen einzelner Branchen profitiert. Von den zuvor vorgestellten Indizes rate ich uneingeschränkt zu den beiden weltweiten Produkten von MSCI. Gemeint ist zum einen der MSCI World Index, zum anderen der MSCI Emerging Markets Index.

Einen Anteil von insgesamt 20 bis 30 Prozent am Gesamtportfolio sorgt für Sicherheit in der Kapitalbewahrung, ebenso wie für Sicherheit bezüglich der Rendite. Große Schwankungen sind nur bei einem mehr oder weniger großen Einbruch der Weltwirtschaft zu erwarten, wie es beispielsweise in Wirtschaftskrisen der Fall ist. Sie können jedoch sicher sein, dass wenn diese beiden Indizes einbrechen, längst die meisten anderen Ihrer Produkte ebenfalls eingebrochen sind. Als Basis ist deshalb eine Mischung aus beiden Indizes als oftmals kostenfreier ETF-Sparplan unausweichlich.

Die weitere Gestaltung des Portfolios hängt ganz von Ihrem persönlichen Risikoprofil und dem investierten Geld ab – noch risikoärmer sind eigentlich nur noch auf Sicherheit ausgelegte Fonds, der Immobilienmarkt und Edelmetalle, welche größtenteils ihren Wert halten. Ich möchte nicht zu viel vorwegnehmen:

Die Portfoliogestaltung wird noch einen eigenen Abschnitt in diesem Buch einnehmen.

Weitere besparbare Indizes habe ich Ihnen im vorherigen Kapitel aufgezählt, welche sich allesamt als passives Investment eignen. Achten Sie jedoch stets auf historische Entwicklungen in der kurzen und der langen Frist, je nachdem, wie lang Ihr Investitionshorizont ist. Beispielsweise rein europäische Indizes haben in den letzten Jahren bezüglich der Rendite nicht überzeugen können, weshalb sie auch nur einen kleinen Teil des Abschnittes eingenommen haben. Demgegenüber sind und bleiben US-Amerikanische Indizes ein heißes Eisen am Kapitalmarkt, denn sie schaffen es immer wieder, fast versunkene Schiffe noch einmal zum Leben zu erwecken. Das und vieles weitere sind Gründe, weshalb sich die amerikanischen Kapitalmärkte an der Wirtschaftsleistung ihres Landes erfreuen.

WAS SIND AKTIENFONDS?

Wie jetzt, noch ein Finanzprodukt, welches es lohnt, kennenzulernen? Reichen ETFs, Indizes und Wertpapiere nicht langsam aus? Vermutlich würden sie das, in einer Welt, in der es die anderen Produkte nicht gäbe. Glücklicherweise leben Sie nicht in einer solchen und können sich zwischen den verschiedensten Finanzprodukten entscheiden. Einen wichtigen Teil bei dieser Auswahl sollten auch Aktienfonds spielen.

Hierbei handelt sich um aktiv verwaltete Fonds, welche von einem sogenannten Fondsmanager in ständiger Beobachtung und Dynamik stehen. Dieser ändert die Zusammenstellung der Aktien fast täglich und bedient sich dabei an Prognosen, seinem eigenen Expertenwissen und den Performances vergleichbarer Aktienkurse. Den Anlegern wird somit die Chance gegeben, ein passives Investment zu betreiben, bei welchem das Portfolio nicht ständig selbst überarbeitet werden muss, und dennoch ein aktives Produkt zu erhalten. Langfristig lautet das Ziel also eindeutig: Den Markt schlagen und höhere Renditen als beispielsweise regionale Indizes erzielen.

Und das funktioniert? Ja, und zwar sehr gut. Fondsmanager sind absolute Experten und haben oft eine zweistellige Anzahl an Mitarbeitern im Team, welche sich allein um die betreuten Fonds kümmern. Entscheidungen, bestimmte Aktien zu erwerben und sie zu gegebenem Zeitpunkt wieder abzustoßen, geschehen stets auf fundiertem Wissen und nicht nach Bauchgefühl, wie bei einigen Privatanlegern. Dennoch gibt es deutliche Unterschiede zwischen den einzelnen

Fonds, sodass Anleger die Auswahl an ihr persönliches Risikoprofil anpassen müssen, worüber Sie im weiteren Verlauf dieses Buches noch einiges lernen werden.

Aktienfonds arbeiten mit den investierten Beträgen vieler einzelner Anleger, welche dann zu Anteilen von einer positiven Kursentwicklung profitieren. Das Besondere ist, dass je mehr Investoren gefunden werden, das heißt je attraktiver der Aktienfonds ist, desto wahrscheinlicher ist es auch, dass das Projekt Erfolg hat. Das liegt ganz einfach daran, dass mit mehr verfügbarem Kapital stärker diversifiziert werden kann und es in der Kursentwicklung kaum erkennbar ist, wenn eines der unterstützten Projekte scheitert. Dafür wird zu gegebener Zeit ein Projekt durchstarten und den Kurs deutlich anheben. Der Spielraum des Fondsmanagers ist somit weniger eingeengt und er kann sich ausleben.

Möglicherweise fragen Sie sich, inwieweit der Manager von steigenden Kursen profitiert, oder ob es ihm sogar egal sein kann, wie der von ihm verwaltete Aktienfonds abschneidet. Es stimmt, dass der Manager nicht direkt von steigenden Kursen profitiert, da er ja nicht sein eigenes Geld investiert hat. Bezahlt wird er durch die Gebühren der Anleger, welche sie durch jeden Kauf tragen und auch beim Verkauf der Anteile übernehmen. Anders als bei Onlinebrokern entstehen beim Geschäft mit Aktienfonds nämlich häufig Gebühren, da grundsätzlich auch höhere Kosten entstehen.

Diese haben ihren Ursprung zum einen in der Bezahlung des Fondsmanagers und seines Teams, der Vermittlung durch eine bestimmte Gesellschaft, in Deutschland beispielsweise „Deka", die Zusammenarbeit der Banken mit den Gesellschaften, welche ebenso ihre Mitarbeiter bezahlen müssen und zusätzlich noch Werbung und Kommunikation für das Produkt. Insbesondere handelt es sich dabei zwar um Werbung für die herausgebende Gesellschaft der Aktienfonds, jedoch stellt dies einen großen Unterschied zu den meisten anderen Finanzprodukten dar.

Werbungen für ETFs, Indizes oder einzelne Aktien gibt es so gut wie nie, weil beispielsweise Volkswagen die Anleger nicht dazu bewegt, Aktienanteile ihres Unternehmens zu erwerben. Und das hat auch einen Sinn, denn Volkswagen selbst hat nicht wirklich etwas davon. Die Aktien sind bereits verkauft und ein hoher Aktienkurs hat keine direkte Auswirkung auf das Eigenkapital oder die verfügbaren finanziellen Mittel des Unternehmens. Ein hoher Aktienkurs beeinflusst zwar das Ansehen des Unternehmens nach außen und sorgt dafür, dass bei einer weiteren Ausgabe von Aktien in Form einer Kapitalerhöhung ausreichend Käufer gefunden werden, allerdings bedeutet dies dann auch ein weiterer

Verkauf von Unternehmensanteilen. Wie dem auch sei: Der Kostenfaktor Werbung, Vermarktung und Kommunikation spielt bei Fondsgesellschaften und Banken eine große Rolle, weshalb teils hohe Gebühren für Anleger anfallen.

Wie können Sie als künftiger Aktionär mit diesen Informationen umgehen? Wichtig ist, stets zu wissen, dass für Investitionen in Aktienfonds Kosten für etwas anfallen, was keinen Einfluss auf die Performance oder die Leistung des Produktes hat. Bei passiv verwalteten ETFs hingegen entstehen oftmals lediglich Kosten für den Verkauf in Form von einstelligen Euro-Beträgen und selten geringe Kosten für den monatlichen Kauf. Beachten Sie immer, dass die Kostenstruktur der Investition direkt Ihre Rendite beeinflusst und ihr deshalb große Beachtung geschenkt werden sollte. Mehr zu Kosten beim Erwerb und Verkauf von Aktien und anderen Finanzprodukten erfahren Sie im Kapitel „Der große Broker-Vergleich“.

Fazit: Aktienfonds haben zweifelsohne das Potenzial, den Marktzins zu schlagen und tun das in der Regel auch. Aber aufgepasst, das gewählte Risiko beeinflusst die Rendite maßgeblich. Ein gesunder Mix ist immer ratsam, sodass Aktienfonds durchaus einen Teil des Gesamtportfolios ausmachen können. Die Kostenstruktur solcher Fonds ist nie zu vernachlässigen und sollte ein Kriterium bei der Kaufentscheidung sein. Generell gilt, dass etwa 20 bis 30 Prozent des eigenen Portfolios aus Aktienfonds bestehen sollten, welche vergleichsweise hohe Renditen generieren können. Aufgrund der stets großen Diversifizierung sind auch diese Fonds relativ verlustsicher und bieten enorme Chancen. Ich persönlich bin ein Fan dieser Produkte, solang sie nicht mehr als die Hälfte des Portfolios einnehmen. Ebenso halte ich es übrigens mit ETFs.

WEITERE INVESTITIONSMÖGLICHKEITEN AM KAPITALMARKT

Nachdem Sie nun bereits die wichtigsten Finanzprodukte des Kapitalmarktes kennengelernt haben, können Sie bereits auf umfassendes Wissen zurückgreifen. Die vielfältigen Möglichkeiten sind jedoch noch lange nicht ausgeschöpft, weshalb ich in diesem Abschnitt auf zwei besondere Finanzprodukte eingehen möchte. Insbesondere im Fokus stehen dabei Anleihen und Derivate.

Nicht zufällig habe ich diese beiden Kategorien zusammengefasst, obwohl sie von so unterschiedlicher Natur sind. Der Grund dafür ist, dass sie für Privatanleger, insbesondere auch für Anfänger an der Börse, nicht zu empfehlen sind und ich sie deshalb auch nicht in den Plan für das erste Portfolio eingearbeitet habe, was in einem späteren Kapitel folgen wird. Dennoch halte ich es für unausweichlich, sich mit diesen Produkten zu beschäftigen und diese zumindest auf dem Schirm zu haben, wenn besondere Kaufentscheidungen bevorstehen.

Zunächst möchte ich Ihnen die Möglichkeiten von **Anleihen** erläutern. Was hat es damit auf sich? Anleihen sind nichts anderes als festverzinsliche Wertpapiere, zumindest in den meisten Fällen. Möglicherweise kennen Sie diese bereits unter den Begriffen Rentenpapier oder Obligation, im Alltag wird auch häufig der englische Begriff „Bonds" genutzt. Anleihen dienen der Finanzierung von Staaten oder auch Unternehmen. Die Staatsanleihe der Bundesrepublik Deutschland wird beispielsweise Bundesanleihe genannt. Im Grunde genommen leiht sich demnach Deutschland von Privatpersonen oder Großinvestoren Geld und gibt dafür fest vorgeschriebene Zinsen heraus.

Wie funktionieren Anleihen bei einem Unternehmen? Neben der Möglichkeit der Kapitalbeschaffung für Projekte und anderweitige Investitionen durch den Verkauf von Aktien, können Gesellschaften ebenso Anleihen verkaufen. Dann werden externe Geldgeber gesucht, die sich nicht wie bei Aktienkäufen am Unternehmen beteiligen und Anteile erwerben, sondern Fremdkapital stellen und dafür Zinsen verlangen. In der Bilanz der betroffenen Firma lassen sich Anleihen also nicht beim Eigenkapital, sondern unter der Kategorie des Fremdkapitals finden. Das wird später noch wichtig sein, wenn es um Aktienkennzahlen geht und beispielsweise um die sogenannte Verschuldungsquote.

Ebenso wie Aktien gibt es bei Anleihen auch einen Nennwert. Dieser gibt an, wie hoch das herausgegebene Kapital des Anlegers ist und stellt somit gleichzeitig dar, wieviel Geld der Anleger nach Ablauf der Laufzeit, beispielsweise nach zehn Jahren, zurückerhält. Zusätzlich werden dazu noch Zinsen gezahlt, welche in der Fachsprache als Kuponzinsen bezeichnet werden. Meist sind diese jedoch nicht so hoch wie die erwarteten Renditen bei herkömmlichen Aktienkäufen, denn die Zinsen werden garantiert und müssen jährlich gezahlt werden.

Zum besseren Verständnis möchte ich diese Erklärung mit Hilfe eines Beispiels verdeutlichen. Angenommen ein risikoaverser Anleger möchte Geld am Kapitalmarkt anlegen, kann sich einen Verlust seines Kapitals jedoch nicht leisten und möchte nach Ende der Laufzeit auf eine Summe zugreifen können, die zum Abschluss des Geschäfts bereits fest vorgeschrieben ist. Der konservative Anleger investiert nun 1.000 Euro in eine Unternehmensanleihe bei einem festen Kuponzinssatz von zwei Prozent jährlich. Die Laufzeit beträgt fünf Jahre. Bereits jetzt kann exakt errechnet werden, wie hoch die jährlichen Zinsen sind und so auch der Gewinn des Anlegers. Der jährliche Gewinn lautet bei den gegebenen

Daten demnach 20 Euro jährlich. Das investierte Geld erhält der Anleger nach Ablauf der Laufzeit vollständig zurück und hat einen insgesamten Gewinn von 100 Euro erwirtschaftet, da der zweiprozentige Kuponzinssatz jährlich ausgeschüttet wird. Berechtigterweise stellen Sie sich jetzt möglicherweise die Frage, weshalb das vorhandene Geld dann nicht einfach auf einem Festgeldkonto investiert werden sollte, wenn es dort keinerlei Risiko gibt, während hier eine Unternehmenspleite eintreten könnte.

Das liegt daran, dass Anleihen ebenso wie Aktien börsengehandelt sind, sonst wären sie eben auch keine Investitionsmöglichkeit am Kapitalmarkt. So wie jedes andere börsengehandelte Produkt haben auch Anleihen einen Kurs an der Börse, welcher sich in diesem Fall Anleihenkurs nennt. Dieser bestimmt den Preis, zu dem Sie Ihr investiertes Kapital an der Börse zurückkaufen können. Sie bemerken, dass die Liquidität im Vergleich zu Festgeldkonten deutlich erhöht ist, da das investierte Kapital nicht eingefroren wurde.

Der Unterschied zu herkömmlichen Aktienkursen ist jedoch, dass der Anleihenkurs in Prozent statt in Euro gemessen wird. Befindet sich der Kurs auf einem Niveau von 100 Prozent, so muss der volle Preis gezahlt werden, zu dem die Aktie erworben wurde. Befindet er sich darunter, zum Beispiel bei 97 Prozent, müssen lediglich 97 Prozent des eigentlichen Wertes gezahlt werden, um die Anleihe zum vollen Wert zurückzuerhalten. Es ist hierbei also positiv für Sie, wenn der Kurs fällt und nicht, wenn er steigt. Diese Möglichkeiten des Börsenhandels mit Anleihen stellt neben den Zinsen ein zweite Einkommensquelle dar, falls diese gewünscht ist.

Es ist jedoch nicht ungewöhnlich, dass sich Anleger ausschließlich auf die Zinszahlungen konzentrieren und diese jährlich einstreichen. Das hat folgenden Grund: Wie Sie bereits bemerkt haben, sind Anleihen im Vergleich zu Aktien oder anderen Finanzprodukten nicht besonders rentabel. Eine zwei- bis dreiprozentige Rendite liegt im Durchschnitt unter dem Marktzins und weckt deshalb nicht besonders viel Begehren unter den Anlegern. Dennoch investieren viele Personen häufig eine Menge Geld insbesondere in Staatsanleihen, welche oftmals noch weniger Zinsen und teilweise sogar Negativzinsen bieten, sodass nach Ende der Laufzeit weniger Geld ausgezahlt wird, als investiert wurde. Der Grund liegt bei der Erhaltung des Geldwertes. Besonders reiche Investoren finden in Anleihen eine enorm sichere Möglichkeit, Geld zu verwahren und dennoch ständig auf dieses zugreifen zu können. Beispielsweise in Währungskrisen haben Staatsanleihen Bestand, während Bargeld in einem gut geschützten Tresor möglicherweise deutlich an Wert verliert – denken Sie an die Inflation von 1923.

Womit ich außerdem zum zweiten Punkt kommen möchte: Die Gefahr, welche von der schleichenden Inflation ausgeht. Hält Deutschland und Europa eine Inflationsrate von in etwa zwei Prozent, so verliert Geld auf einem Tagesgeldkonto oder in einem Tresor jährlich an Wert. Um den eigenen Reichtum zu sichern, fragen insbesondere vergleichsweise junge Millionäre unter 50 Jahren Produkte nach, welche die Inflation umgehen. Eine Investition in beispielsweise deutsche Staatsanleihen sorgt momentan zwar für Negativzinsen, bietet jedoch eine Laufzeit von teilweise 25 Jahren. Innerhalb von dieser großen Zeitspanne kann die Inflation deutlich ansteigen und auch Anleihen somit teurer werden lassen. Sie sind deshalb bei besonders wohlhabenden Anlegern, welche auf die Werterhaltung des eigenen Geldes bedacht sind, sehr beliebt.

Machen Sie sich einmal bekannt damit, welche Staaten wie viele Zinsen auf ihre Anleihen herausgeben. Maßgeblich dafür sind in den meisten Fällen die Verschuldungsgrade der Länder, aber auch Faktoren wie die eben angesprochene Inflationsrate oder die Währungsstärke. Dass Deutschland heutzutage Negativzinsen auf Staatsanleihen ausgibt, ist ein gutes Zeichen im Hinblick auf die Finanzstärke des Landes.

Eine Übersicht über Staatsanleihen und wo Sie diese erwerben können finden Sie beispielsweise auf dieser Seite: https://www.comdirect.de/inf/anleihen/toprenditen.html

Die zweite in diesem Abschnitt vorgestellte Anlageklasse sind sogenannte **Hebelprodukte**. Diese verhalten sich im Gegensatz zu den eben besprochenen Anleihen sehr risikoreich und sind mit Bedacht zu nutzen – wenn überhaupt. Sie werden gleich bemerken, weshalb eine gesunde Distanz zu jeglichen Produkten mit Hebelwirkung äußerst ratsam ist. Mit Hilfe von sogenannten CFDs können Anleger auf Kursbewegungen wetten, wobei das eingesetzte Kapital im Ergebnis vervielfacht wird. Diese Vervielfachung wird Hebelwirkung genannt. Gefährlich ist vor allem, dass eine Rückzahlungspflicht besteht, falls die Wette nicht aufgeht. So können innerhalb kürzester Zeit hohe Schulden entstehen, die Anleger teilweise nicht aufbringen können. Doch nun noch einmal langsam.

Die Abkürzung CFD steht für „Contract for Difference", es handelt sich also um einen sogenannten Differenzvertrag. Um dieses zusammengesetzte Substantiv besser zu verstehen, lohnt es sich, die beiden Wörter einzeln zu betrachten. Mit der Differenz ist die Differenz innerhalb der Wette gemeint, also in welchem Umfang Sie bezüglich der Entwicklung des Aktienkurses richtig oder falsch liegen. Der Vertrag beschließt die Wette und verpflichtet den Anleger bzw. den

Herausgeber des CFDs zur Zahlung der ausstehenden Differenz. Grundsätzlich wird also ein Vertrag des Anlegers mit einer Gegenpartei, meist ist das der genutzte Onlinebroker, auf die Entwicklung eines Kurswertes abgeschlossen. Die Kurse, auf welche Sie wetten können, reichen von Aktien bis hin zu Rohstoffen oder Währungen – nahezu der gesamte Kapitalmarkt steht dafür offen. Wie Sie also mitbekommen haben, erwerben Sie bei diesem Finanzprodukt keine Aktien, Anteile oder andere Werte, sondern geben Ihren Einsatz an den Broker ab.

Zur weiteren Erklärung sollen nun zwei einfache Beispiele helfen. Sie entscheiden sich, mit der Aktie Y zu handeln. Dafür schließen Sie einen CFD mit Ihrem Broker ab. Der Broker gibt nun vor, wie hoch die sogenannte „Security Margin" ist, welche Sie im Laufe des Beispiels verstehen werden. In diesem Fall beträgt die Security Margin drei Prozent. Ihr eingesetztes Kapital, mit dem Sie auf die Aktie Y wetten wollen, beträgt 300 Euro. Anhand dieser beiden Werte, lässt sich nun berechnen, wie hoch Ihre tatsächliche Positionsgröße ist, mit der gehandelt wird.

Dazu wird das eingesetzte Kapital durch die Security Margin, welche der Broker für jede Aktie vorgibt, geteilt. 300 Euro durch 0,03 ergibt 10.000 Euro, sodass der theoretische Wert, mit dem nun gehandelt wird, 10.000 Euro ist. Doch was bedeutet dieser hohe Wert für das Geschäft? Die Wette läuft nun und der Aktienkurs entwickelt sich über den Tag. Angenommen, der Kurs hat am Ende des Tages einen Gewinn von drei Prozent generiert. Dann bedeutet das für Sie, dass Sie drei Prozent des eingesetzten Kapitals erwirtschaftet haben, jedoch nicht von den 300 Euro, die Sie gesetzt haben, sondern von der durch die Security Margin erzeugten Größe von 10.000 Euro.

Ihr Gewinn beträgt somit 300 Euro bei eigentlich 300 eingesetzten Euro. Sie haben eine Rendite von 100 Prozent erzeugt, obwohl die Aktie nur um drei Prozent gestiegen ist. Die Hebelwirkung beträgt somit 33,33. Sie können sich nun 600 Euro auszahlen lassen. Für wen das nicht verlockend klingt, der hat vermutlich noch nie richtig am Aktienmarkt investiert.

Eine Verdopplung des Startkapitals erfolgt bei herkömmlichen Renditen normalerweise nach frühestens fünf bis zehn Jahren, teilweise dauert es sogar noch länger. Das ist auch der Grund, weshalb eine ständige Einzahlung durch monatliche Sparraten so beliebt ist, da kaum ein Anleger sein Kapital für eine so lange Zeit einfrieren möchte.

Mittlerweile wissen Sie jedoch, woraus sich eine wirklich gute Investition zusammensetzt. Es handelt sich stets um ein Zusammenspiel aus Liquidität,

Risiko und Rendite. Die Liquidität ist, wie Sie bereits gesehen haben, phänomenal. Innerhalb eines oder weniger Tage erhalten Sie Ihr Geld zurück und das Geschäft läuft auch sonst sehr schnell. Außerdem sind die Renditechancen so hoch wie bei kaum einem anderen Produkt auf dem Kapitalmarkt. Der Haken muss also beim Risiko liegen – und genau dieses möchte Ich Ihnen nun genauer erläutern.

Im Falle eines Sinkens des Aktienkurses besteht nun die Gefahr, nicht nur das eingesetzte Kapital vollständig zu verlieren, sondern noch weiteres Kapital nachzahlen zu müssen. Aufgrund der im CFD festgeschriebenen Nachschusspflicht wird der Broker von Ihnen die Differenz des Kurswertes verlangen, der das eingesetzte Kapital übersteigt. Ich möchte bei dem Beispiel des obigen Absatzes bleiben und nun einmal beleuchten, was passiert, wenn der Aktienkurs um fünf Prozent fällt. Der theoretische Wert von 10.000, welcher die Handelsgröße darstellt, sinkt nun auf 9.500 Euro. Ein fünfprozentiger Verfall des Kurses bei großen Aktien ist zwar verhältnismäßig selten, kommt jedoch früher oder später vor. Das real eingesetzte Kapital ohne Hebelwirkung wird nun nicht mehr zurückgezahlt und aufgrund der Tatsache, dass der Kurs nicht nur um drei Prozent, sondern sogar um fünf Prozent gefallen ist, müssen Sie noch weitere 200 Euro „nachschießen", um die Nachschusspflicht zu erfüllen. Innerhalb eines Tages hätten Sie in diesem Fall 500 Euro mit einem einzigen Geschäft verloren, dabei sollte es doch immer das Ziel von Investments sein, langfristig Kapital aufzubauen.

Meiner Meinung nach sind solche Hebelprodukte wie CFDs, aber auch Derivate und Optionen, welche mit denselben Prinzipien agieren, nicht mit Investitionen in Aktien und herkömmliche Finanzprodukte vergleichbar. Die Zielsetzung, über einen langen Zeitraum ein kleines Vermögen zu erwirtschaften, wird aus den Augen verloren. Kritiker vergleichen diese Art des Handels mit Zocken in einem Casino und sehen die begründete Gefahr der Sucht. Auch diese Gründe sorgen dafür, dass ich stark von diesen Produkten in einem guten Portfolio abrate.

Möglicherweise kommt nun bei Ihnen die Frage auf, mit welchen Instrumenten Anleger in CFDs bestimmen, ob der Kurs steigen wird oder nicht. Dazu erhalten Sie im Kapitel zur Einführung in das Trading detaillierte Informationen. Neben der technischen Chartanalyse spielen hierbei allerdings auch Aktienkennzahlen und weitere Einflussfaktoren eine Rolle, welche Sie im fünften Kapitel „Der Alltag am Kapitalmarkt" kennenlernen. Meine Kritik richtet sich insbesondere an die Hebelwirkung und die damit verbundene Nachschusspflicht, welche Grundsätze des Investments am Kapitalmarkt außer Acht lassen. Im Gegensatz dazu finde ich es ungemein wichtig, sich mit den Grundlagen des Tradings auseinanderzusetzen und zu wissen, wie die einzelnen Anleger handeln, was ihre Motive sind und wie sich der Kurswert darauf aufbauend entwickeln wird.

Es ist meiner Meinung nach nicht schädlich, sich auch als Anfänger im Tradingbereich auszuprobieren und einen Teil seines Investitionskapitals dafür zu nutzen, weshalb auch ich persönlich sehr aktiv mein Portfolio mit Methoden des Tradings verwalte.

Das Einmaleins der Börse

WIE FUNKTIONIEREN BÖRSEN?

Schon so oft wurde in diesem Buch über die Börse gesprochen, wie wichtig sie sei und welche Möglichkeiten sie Ihnen als Aktionär bietet. Um dieses Wissen zu konkretisieren, halte ich dieses Extra-Kapitel für notwendig, vor allem im Hinblick auf den Aktienkauf in der Praxis. Denn eines kann ich Ihnen bereits verraten: Ohne Börsen funktioniert heute so gut wie nichts mehr am Kapitalmarkt. Dennoch war es früher üblich, als es noch keine alles überragenden Börsen gab, die offizielle Preise ausgegeben und zwischen Käufer und Verkäufer vermittelt haben, dass Aktien ohne Börsen gehandelt worden sind.

Dazu ist es wichtig, zu verstehen, dass sich der Aktiengang vom Börsengang klar unterscheiden lässt, obwohl dies heutzutage häufig zusammengelegt wird. Der Aktiengang allein betrifft nur die Entscheidung des Unternehmens, weiteres Eigenkapital zu erhalten und dafür Unternehmensanteile herauszugeben. Dann wird der frei zugängliche Aktienanteil bestimmt, um welche Form der Aktien es sich handeln soll (früher wurden größtenteils Namensaktien herausgegeben, Inhaberaktien sind erst seit dem Beginn der Börsen im Onlinehandel beliebt) und der Nennwert der einzelnen Aktien bestimmt.

Nun war es möglich, direkt vom Unternehmen die Anteile zu erwerben und sie auch an das Unternehmen wieder zu verkaufen, denn eine Sekundärplattform wie die Börse war nicht zwischengeschaltet. So ist es auch heutzutage noch manchmal, insbesondere Familienunternehmen geben häufig Aktien heraus, möchten sich aber nicht am Börsengeschehen beteiligen und sind auch nicht an der dadurch erzeugten Aufmerksamkeit interessiert, welche oftmals gut fürs Geschäft ist. So haben Anleger auch außerhalb der Börse die Möglichkeit, Aktien direkt vom Unternehmen zu erwerben, nicht selten in Höhe des Nennwertes. Eine exakte Berechnung des Preises wird dann schwieriger, sodass eher auf Dividenden und Unternehmenswachstum spekuliert wird als auf einen steigenden Börsenkurs.

Jedoch werden Sie mit dieser Praxis vermutlich nicht besonders viel zu tun haben, denn an der Börse lässt sich so gut wie alles finden, was das Herz begehrt. In Zeiten von digitalen Börsen, in denen das Börsengebäude hauptsächlich Büros für Mitarbeiter stellt und kaum Besucher empfängt, welche Aktien oder andere Finanzprodukte erwerben möchten, kommen Sie online an der Börse so gut wie nicht mehr vorbei.

Welche Aufgaben übernimmt eine Börse? Im Grunde genommen vermittelt sie zwischen Käufer und Verkäufer einer Aktie. Dafür ist es wichtig zu wissen, woraus sich der Aktienkurs zusammensetzt: Und zwar ausschließlich aus Angebot und Nachfrage. Herrscht aus egal welchen Gründen momentan keine Nachfrage, sinkt der Preis und Käufer können die Aktie günstiger erwerben. Grundgedanke dahinter ist, dass bei geringerem Preis die Nachfrage nach dem Produkt deutlich steigt. Deshalb kommt es nicht vor, dass der Aktienkurs plötzlich stark abfällt und keiner weiß, weshalb das passiert, ohne dass er wieder ansteigt. Gibt es keinen ersichtlichen Grund für einen Abfall des Kurses, werden Anleger die Aktie für den günstigeren Preis erwerben, da es wahrscheinlich ist, dass der Kurs wieder steigt.

Wie setzt sich der Börsenkurs zusammen? Diesen bestimmen ebenso allein Angebot und Nachfrage der Händler. Die Börse ermittelt den Durchschnittspreis und der Kauf kommt zustande, wenn ein Anbieter eine Aktie für den Preis verkaufen möchte, zu dem ein Käufer sie erwirbt. Der Aktien- oder Börsenkurs gibt dann lediglich an, wie sich der Preis über die verschiedenen Zeiträume entwickelt hat, innerhalb eines Tages bis hin zu Jahrzehnten.

Welche Vorteile bietet eine Börse für Aktionäre? Zunächst einmal sind die Börsen stark reguliert und standardisiert. Im Gegensatz zu außerbörslichem Handel von Aktien, welchen man übrigens „over the counter" oder kurz „OTC" nennt, gibt es hier eine neutrale Vermittlerpartei. Der zumeist computergesteuerte Markt wird von kompetenten Mitarbeitern bewacht und überprüft. So wird gewährleistet, dass Käufer und Verkäufer stets einen fairen Preis bei diesen brisanten Geschäften erhalten.

Die Alternative dazu wäre ein Vertragskauf von Aktien direkt bei Unternehmen, wo die Konditionen selbst bestimmt werden könnten. Für Aktienanfänger und Privatanleger keine wirkliche Ausweichmöglichkeit. Des Weiteren verursachen die computergestützten Abwicklungen der Transaktionen und Käufe deutlich weniger Kosten als eine nicht-standardisierte Variante. Das liegt daran, dass täglich bis zu mehrere Millionen einzelne Trades und andere Transaktionen durchgeführt werden, welche sich nur minimal voneinander unterscheiden.

Der letzte, meiner Meinung nach essenzielle Vorteil einer Börse, ist die Umsetzung des Gläubigerschutzes. Gläubiger, das sind alle Anleger bzw. Investoren in Eigenkapital des Unternehmens mit Hilfe von Aktien, haben laut dem Handels–gesetzbuch eine Berechtigung dazu, Quartalsberichte aller börsennotierten Unternehmen einzusehen. Diese werden zu genauen Terminen öffentlich gestellt und für jeden zugänglich gemacht. Enthalten sind darin beispielsweise

Umsatzerlöse und Zukunftsprognosen. Nicht-kapitalmarktorientierte Unternehmen, also jene, deren Aktien nicht an der Börse gehandelt werden, sind gesetzlich lediglich zu einem Jahresabschluss einmal jährlich verpflichtet.

Nun habe ich Ihnen erläutert, welche Funktionen und Vorteile die Börse als Tauschplatz für Investoren hat, also für Anleger wie Sie. Damit diese Geschäfte jedoch zustande kommen können, müssen genügend Aktien vorhanden sein, welche als eigentliche Produkte gehandelt werden und als Basis für weitere Produkte dienen, siehe CFDs.

Eine weitere wichtige Funktion der Börse ist die Möglichkeit der Eigen- und Fremdkapitalbeschaffung für Unternehmen. Dies funktioniert an der Börse wesentlich leichter als früher, als es noch keine neutralen Vermittler gab. Deshalb möchte ich Ihnen im nächsten Kapitel die Funktionsweise und die Motivation eines Börsengangs näherbringen.

DER BÖRSENGANG EINFACH ERKLÄRT

Die Hintergründe für einen Börsengang sind eindeutig: Die gehandelten Aktien müssen nicht mehr unreguliert „over the counter" verkauft werden, sondern können der breiten Bevölkerung zugänglich gemacht werden. Zum einen erreicht das Unternehmen so eine größere Nachfrage nach den Aktien, sodass der Startpreis und die Nennwerte höher ausfallen. Zum anderen erzeugt ein Börsengang viel Aufmerksamkeit und die Gesellschaft gelangt in den Fokus vieler Experten und auch privater Anleger. Zusammengefasst lässt sich behaupten, dass der Verkauf von Aktien mit Hilfe eines Börsengangs deutlich erleichtert wird. Doch wie funktioniert nun dieser Börsengang?

Was nach außen recht einfach wirkt, ist unternehmensintern ein großer politischer Akt. Zunächst wird eine Investmentbank damit beauftragt, das betreffende Unternehmen so exakt wie möglich zu bewerten.

Dazu werden sämtliche Unterlagen betrachtet, Maschinen genau untersucht und jegliche Geheimnisse den Angestellten der Investmentbank offengelegt. Problematisch ist das für das Unternehmen nicht wegen vermeintlicher Straftaten oder Rechnungsbetrug, falls Sie daran denken, sondern bezüglich seiner Strategien im Wettbewerb. Einen gewissen Grad an Selbstständigkeit und Unberechenbarkeit wünscht sich jedes Unternehmen, um erfolgreicher am Markt agieren zu können. Aufgrund der Veröffentlichung von später folgenden Quartalsberichten und exakten Vorgaben zu Gewinnprognosen und Schulden, ist dies nach dem Börsengang nur noch eingeschränkt möglich.

Nachdem die Investmentbank einen Unternehmenswert ermittelt hat, wird von ihr ein Einführungskurs für die Börse festgelegt. Dieser Kurs ist wichtig, um die Aktien des Unternehmens an Großinvestoren zum Einführungskurs zu verkaufen. Als sogenannte „Road Show" werden Treffen zwischen Vorstandsvorsitzenden des Unternehmens und dem Investmentbanker mit potenziellen Investoren bezeichnet, die sozusagen ihr Produkt verkaufen wollen. Der Einführungskurs wird auch deshalb etwas niedriger als der erwartete Börsenkurs gelegt, damit die Investoren einen Anreiz haben, in das Unternehmen einzusteigen.

Nachdem diese Besuche vorbei sind, unterbreiten die betroffenen Großinvestoren Angebote mit Preis und Menge der Aktien, die sie erwerben möchten. Traditionell sinkt dabei der Preis pro Stück, je mehr Aktien erworben werden. Das Unternehmen hofft dabei, dass mehr Angebote zur Verfügung stehen, als Aktien ausgegeben werden. Dann kann es sich für die besten Geschäfte entscheiden und mehr Eigenkapital erzeugen. Wurden alle Aktien verkauft, wird der Börsengang mit dem ersten Tag an der Börse beendet. An der größten Börse Deutschlands in Frankfurt am Main dürfen die frisch börsennotierten Unternehmen dann die Glocke läuten, welche den Beginn des ersten Handelstages signalisiert. Nun kann der Handel beginnen, indem die Großinvestoren ihre erworbenen Aktien an der Börse anbieten und die breite Masse einsteigen kann.

Der eingenommene Wert an Geld durch das börsennotierte Unternehmen ist also mit dem Abschließen des Börsengangs beendet und wird von den Preisen an der Börse nicht mehr beeinflusst. Diese sind lediglich für den Tausch zwischen den Investoren von Relevanz und bestimmen gleichzeitig den Börsen- bzw. den Aktienkurs.

DAS SIND DIE WELTWEIT WICHTIGSTEN BÖRSEN

Insbesondere sehr große Börsen bestimmen das weltweite Geschehen der Kapitalmärkte. Das liegt daran, dass eine große Kluft zwischen den kleineren und den größeren Börsen herrscht, weshalb davon ausgegangen wird, dass ein sehr großer Anteil des weltweiten Marktvolumens allein bei den 60 größten Börsen umgesetzt wird.

Gemessen wird diese Ordnung anhand der sogenannten Marktkapitalisierung, welche sich aus der Anzahl der angebotenen Aktien multipliziert mit dem jeweiligen Preis ergibt. Einer der Gründe, weshalb ich mich dafür entschieden habe, diese Übersicht in mein Buch aufzunehmen, ist, dass anhand von Börsen sehr einfach gemessen werden kann, wie gut die wirtschaftliche Lage des Landes ist. Nicht zufällig sind die USA Vorreiter, wenn es um hochkarätige Börsen geht, aber auch die Volksrepublik China steht nicht schlecht da. Mit Hilfe von Börsen lässt sich die Stärke des inländischen Finanzmarktes erkennen, welcher umso größer ist, je höher die Beschäftigungszahlen und somit auch der Lebensstandard der breiten Bevölkerung sind. Ein guter Maßstab also, um einen Überblick darüber zu bekommen, ob sich die Wirtschaftsleistung eines Landes gut entwickelt und ob Sie als Privatanleger vielleicht ein genaueres Auge auf die ein oder andere Volkswirtschaft werfen sollten.

Insgesamt habe ich in dieser Übersicht zehn Börsen zusammengetragen, die Sie neben der Frankfurter Börse unbedingt kennen sollten. Zur Frankfurter Börse folgt im Anschluss ein eigenes Unterkapitel. Sämtliche Daten dieser Übersicht beruhen auf einer Messung vom März 2018.

Den zehnten Platz der weltweit größten Börsen belegt die Frankfurter Börse, davor befindet sich die kanadische Toronto Stock Exchange mit einer Marktkapitalisierung von 2,29 Billionen US-Dollar. Platz Acht belegt die Shenzhen Stock Exchange. Sie befindet sich in China und umfasst eine Marktkapitalisierung von 3,49 Billionen US-Dollar, was sie jedoch nur zur drittgrößten Börse des Landes macht. Dies gibt bereits eine kleine Voraussicht auf die Größe der Volkswirtschaft des Landes China. Die meisten hier gehandelten Aktien sind chinesische Unternehmen und werden in der Landeswährung Yuan gehandelt, was den Zugriff für Anleger aus dem Ausland erschwert.

Platz sieben belegt die Euronext Stock Exchange mit Sitz in Amsterdam. Wie es der Name bereits verrät, werden hier jedoch nicht nur niederländische, sondern hauptsächlich europäische Aktien aus verschiedenen Ländern gehandelt, dazu gehören neben Frankreich, Großbritannien und Irland auch Belgien und Portugal. Positiv für deutsche Anleger ist, dass in der Währung Euro gehandelt wird, obwohl nicht alle involvierten Staaten den Euro als Währung nutzen. Die Hauptursache der Gründung aus dem Jahr 2000 lässt sich mit der Repräsentation der europäischen Wirtschaft nennen. Beachtlich ist, dass es insgesamt 30 verschiedene Aktienindizes gibt, welche die Performance der über 1300 gehandelten Unternehmen dieser Börse abbilden. Das liegt an der weiten Vernetzung durch ganz Europa. Zusätzlich sind auch die Aktien der Börse selbst als Unternehmen an der Börse handelbar, was mittlerweile keine Seltenheit mehr ist. Auch beispielsweise an der Frankfurter Börse können sich Anleger am Unternehmen Deutsche Börse AG beteiligen und Aktien erwerben.

Den sechsten Platz belegt die London Stock Exchange mit einer gesamten Marktkapitalisierung von 4,38 Billionen US-Dollar. Damit erreicht sie fast doppelt so viel wie die Frankfurter Börse und darf sich zurecht die bedeutendste Börse Europas nennen. Lange Zeit war sie außerdem die Größte der Welt. Dies lässt sich auf ihre lange Geschichte zurückführen, da sie bereits 1801 gegründet wurde und erst nach dem ersten Weltkrieg um 1918 durch die New York Stock Exchange von Platz eins abgelöst wurde. Mit Hilfe des im Kapitel „Alles über Aktienindizes" erklärten FTSE 100 Index kann die Marktbewegung der Börse und gleichzeitig auch die Wirtschaftsleistung Großbritanniens verfolgt werden. Besonders ist außerdem, dass hier mit Aktien aus über 70 Ländern gehandelt wird, was sie zur internationalsten Börse weltweit macht. Als international interessierter Anleger am Kapitalmarkt führt also eigentlich kein Weg an der London Stock Exchange vorbei.

Noch größer ist jedoch die Hong Kong Stock Exchange mit einer Marktkapitalisierung von 4,46 Billionen US-Dollar. Zu erwähnen ist, dass sich diese Börse zu großen Teilen auf Hongkong konzentriert und deshalb auch in der besonderen Währung Hongkong Dollar gehandelt wird.

Die Shanghai Stock Exchange belegt mit einer Marktkapitalisierung von 5,01 Billionen US-Dollar Platz Nummer vier dieser Liste. Sie ist die größte der drei bedeutendsten chinesischen Börsen. Als ausländischer Investor erhalten Sie hier lediglich Zugriff auf B-Aktien, welche in US-Dollar gehandelt werden und größtenteils den chinesischen Markt abdecken. Die Bezeichnung B-Aktien soll allerdings nicht bedeuten, dass diese Aktien einen Nachteil gegenüber den in Yuan gehandelten A-Aktien mit sich bringen. Es handelt sich lediglich um eine Bezeichnung, um sie eindeutig voneinander zu trennen.

Der im Kapitel über Aktienindizes erläuterte Nikkei 225 bildet die drittgrößte Börse der Welt ab, welche mit über 3500 gehandelten Aktien eine Marktkapitalisierung von 6,22 Billionen US-Dollar erreicht und in Japan ansässig ist. Die Rede ist von der Tokyo Stock Exchange. Ihre Größe und Bedeutung für den asiatischen Raum sind auch deshalb so beachtlich, weil Japan noch immer als Schwellenland gilt und sich sonst beinahe nur Industrieländer in dieser Liste wiederfinden.

Nun möchte ich zu den beiden Schwergewichten der weltweiten Börsen kommen.

Platz zwei wird durch die NASDAQ vertreten, welche insbesondere in den letzten Jahren einen starken Aufschwung erlebt hat. Grund dafür ist die Konzentration der Börse auf Start-Ups der Technologiebranche, mittlerweile beträgt ihre Marktkapitalisierung erstaunliche 10,93 Billionen US-Dollar. Besuchern der

Stadt New York empfehle ich, am berühmten Times Square einmal genauer hinzusehen und das Gebäude der NASDAQ zu erkennen, welche im Übrigen die erste vollkommen elektronische Börse der Welt war. Im Gegensatz zur geschichtsträchtigen London Stock Exchange kann sie also nicht auf einen großen Erfahrungsschatz in Zeiten vor dem Internet zurückgreifen.

Eine wichtige Börse fehlt noch und ich denke, auch wenn sie bisher noch keine großen Erfahrungen mit Börsen gemacht haben sollten, werden Sie wissen, um welche es sich handelt. Platz eins der weltweit größten Börsen belegt keine geringere als die New York Stock Exchange, welche ebenfalls wie die NASDAQ in den USA ansässig ist und ihren Hauptsitz in New York an der Wall Street hat. Unfassbare 23,12 Billionen US-Dollar umfasst die Marktkapitalisierung der gelisteten Unternehmen, dabei sind hier mit 2400 Unternehmen vergleichsweise wenige involviert. Die meisten davon stammen aus der Finanz- oder Gesundheitsbranche, aber auch beispielsweise der Energiesektor bildet einen großen Anteil. Manche Aktien lassen sich von Anlegern jedoch an den beiden großen New Yorker Börsen handeln, weshalb Sie sich nicht zwischen ihnen entscheiden müssen. Hier werden Sie vermutlich jegliche US-amerikanische Aktie finden, die Ihr Herz begehrt.

Vorgestellt: Die Frankfurter Börse

Deutsche Anleger vertrauen ihr, deutsche Anleger nutzen sie. Die Frankfurter Börse, ansässig in Frankfurt am Main, wurde 1820 gegründet, so sagt man. Jedenfalls wurde um diese Zeit die erste Aktie an der Börse gehandelt. Heute befindet sie sich am Börsenplatz 4 in der Innenstadt Frankfurts, davor lässt sich eine berühmte Statue entdecken. Sie zeigt einen Bullen und einen Bären, welche auf dem Börsenmarkt eine umgangssprachliche Bedeutung haben. Bullenmärkte stehen für steigende Kurse, während Bärenmärkte sich durch fallende Kurse auszeichnen. Dies begründet sich auf diversen Trendtheorien, welche primäre und sekundäre Trends bezeichnen. Die bekannteste dieser Theorien, erfunden von Charles Dow, erfahren Sie innerhalb dieses Buches, wenn es darum geht, einen Aktienchart richtig zu lesen und zu interpretieren.

Zurück zur Börse Frankfurts: Mit einer Marktkapitalisierung von 2,22 Billionen US-Dollar ist sie die zehntgrößte Börse der Welt und dem neunten Platz, der Toronto Stock Exchange, dicht auf den Fersen. Der überwiegende Aktienhandel Deutschlands erfolgt über diese Börse, weshalb Sie von nahezu jedem Broker aus auf sie zugreifen und über sie handeln können. Der professionelle Handel läuft über den elektronischen Marktplatz Xetra, welchen jedoch auch

Privatanleger nutzen können. Insbesondere im Bereich des Tradings ist dieser von Bedeutung, das hängt allerdings vom genutzten Broker ab.

Die Deutsche Börse AG ist Inhaber der Frankfurter Börse und selbst an ihr gelistet, sodass auch mit Aktien dieses Unternehmens an der größten deutschen Börse gehandelt werden kann. Wichtig für Anleger sind außerdem die Öffnungszeiten der Börse, da es in Deutschland nicht möglich ist, rund um die Uhr zu handeln. Wer das möchte, muss zu den Schließzeiten auf ausländische Börsen umsteigen, welche ich im vorhergehenden Abschnitt erläutert habe.

Aufgrund der Zeitverschiebung lassen sich so immer mehrere Börsen gleichzeitig finden, die für den Handel offenstehen. Gründe für diese Öffnungszeiten sind die Überwachung und Regulierung des Marktgeschehens, sodass gewährleistet werden kann, dass alle Transaktionen und Geschäfte transparent und fair ablaufen. Dafür sind neben den Hochleistungsrechnern ebenso eine Menge Mitarbeiter im Einsatz. Traditionell öffnet die Frankfurter Börse von Montag bis Freitag ab 08:00 Uhr bis 20:00 Uhr die Türen für Händler. Die Öffnungszeiten der Plattform Xetra sind leicht verkürzt, von 09:00 Uhr bis 17:30 Uhr. Außerdem können auch Anleihen nur bis 17:30 Uhr gehandelt werden, dafür aber bereits ab 08:00 Uhr. Das bedeutet für Sie als Anleger, dass Sie sich stets an diese Zeiten halten müssen und geplante Transaktionen bis dahin abgeschlossen sein sollten – oder Sie haben Geduld und lassen die Order am nächsten Handelstag automatisch ausführen. Haben Sie diese Zeiten daher stets fest im Blick.

Wer sich dafür interessiert, kann das Geschehen der Frankfurter Börse täglich im Fernsehen beobachten und live dabei sein. Insbesondere die „Teleborse" berichtet auf dem Fernsehsender n-tv intensiv über den Alltag in der Börse aus dem Handelssaal. Wem diese Berichterstattung zu ausführlich ist und wer sich zum größten Teil für die deutsche Wirtschaft und deren Aktienkultur interessiert, kann alternativ auch wochentags kurz vor der Tagesschau einschalten, um die Sendung „Börse vor acht" zu sehen. Hier wird kurz und prägnant eine Übersicht über die wichtigsten Geschehnisse des Tages gegeben.

Was Sie über Aktiendepots wissen sollten

WAS SIND AKTIENDEPOTS?

Viele Aktienanleger, welche noch nicht über sehr viel Erfahrung am Kapitalmarkt verfügen, verwechseln häufig den Begriff des Aktiendepots mit dem Aktienportfolio. Bevor ich richtig in dieses Kapitel einsteige, möchte ich deshalb erst einmal den Unterschied hervorheben.

Das Aktienportfolio beschreibt die Zusammensetzung der einzelnen Aktien und Wertanlagen, die ein Anleger besitzt. Dazu gehören neben herkömmlichen Aktien auch ETFs, Anleihen, P2P-Kredite oder Edelmetalle, je nachdem. Es wird also das insgesamt investierte Kapital in einem Portfolio zusammengefasst und daraus dann die Liquidität, das Risiko und die Rendite bestimmt. Ein Aktiendepot hingegen verwaltet das Portfolio. Es bietet die Plattform zum Erwerb und Verkauf von Aktien und weiteren Finanzprodukten über eine Börse. Es lässt sich demnach sagen, dass zwischen dem Aktien-herausgebendem Unternehmen und dem Anleger mindestens zwei Faktoren eingeschaltet sind: Zum einen die Börse, über die die Aktien vertrieben werden, und zum anderen das Aktiendepot, welches den Zugang zu den Börsen ermöglicht.

Aktiendepots werden häufig auch Broker, Onlinebroker oder nur kurz Depots genannt. Unterschiede zwischen den Bezeichnungen im allgemeinen Sprachgebrauch gibt es so gut wie keine. Das liegt daran, dass ein Aktiendepot immer mit einem Broker in Verbindung steht und andersherum. Ihr persönliches Aktiendepot lässt sich demnach wie ein Konto vorstellen, auf welchem die erworbenen Wertpapiere zusammengefasst und gespeichert sind. Es listet wie bei einem Girokonto in Übersichten auf, welche Transaktionen wann stattgefunden haben und lässt Sie stets den Überblick darüber bewahren, wie Ihr Depot momentan aufgebaut ist.

Diese Eigenschaft ist insbesondere im Tradingbereich, aber auch bei der Anwendung von Aktienstrategien enorm hilfreich. Der zugehörige Broker ist sozusagen ein Assistent, der es Ihnen ermöglicht, auf verschiedene Börsen weltweit zuzugreifen. So können Sie über eine Plattform Ihr Portfolio verwalten und gleichzeitig neue Aktien kaufen oder nicht mehr gewollte Aktien verkaufen. Worin unterscheiden sich die einzelnen Aktiendepots voneinander? Im abschließenden Abschnitt dieses Kapitels werden Sie in Form des großen Depotvergleichs die Kategorien genau kennenlernen, auf welche es zu achten gilt. Grundsätzlich lässt sich jedoch sagen, dass sich Aktiendepots insbesondere bezüglich der Kostenstruktur, der Zugriffsmöglichkeiten und der Performance voneinander unterscheiden.

Mit Zugriffsmöglichkeiten sind insbesondere die Zugänge zu den Börsen gemeint und die damit verbundenen Kosten, denn nicht von jeder Plattform aus kostet es gleich hohe Geldsummen, mit Aktien am anderen Ende der Welt beispielsweise über die Hong Kong Stock Exchange zu handeln. Außerdem ist es für Trader von großem Interesse, dass die Transaktionen schnell und problemlos ablaufen, damit nicht aufgrund von Zeitverzögerungen Verluste generiert werden.

Des Weiteren befinden sich Trader oftmals mehrere Stunden am Stück auf der Plattform, sodass die allgemeine Funktionstüchtigkeit der Features eine große Rolle spielt. Vergleichen lässt sich das mit der Tatsache, ein neues Handy zu kaufen, weil das alte Smartphone zu langsam in der Bedienung ist. Bekanntlich ist die Performance bei Apple-Produkten oder anderen vergleichsweise teuren Geräten deutlich verbessert, weshalb diese auch am teuersten sind. So in etwa verhält es sich auch bei der Auswahl der Brokerplattform für Trader, die diese Plattform teilweise täglich nutzen.

WESHALB SIE SICH FÜR EIN ONLINE AKTIENDEPOT ENTSCHEIDEN SOLLTEN

Generell stehen Ihnen immer mehrere Möglichkeiten zur Verfügung, wie und wo Sie Aktien erwerben können. Dazu gehört neben dem Onlinedepot mit Hilfe eines Brokers auch traditionell eine Bank, welche meist mit bestimmten Plattformen zusammenarbeitet. Außerdem besteht für außerbörslichen Handel auch die Variante, Aktien direkt beim Unternehmen zu erwerben. Die Nachteile gegenüber einer Börse habe ich bereits im Abschnitt „Wie funktionieren Börsen?" erklärt. Um für ausreichend Diversifizierung zu sorgen, bleibt Ihnen also nur noch die Alternative, mit Hilfe einer Bank Aktien zu kaufen.

Das bietet den Vorteil, dass Sie eine Beratung erhalten. Ihnen wird ein von der Bank ausgebildeter Experte zur Seite gestellt, der Ihnen die Produktoptionen erklärt und der volle Übersicht über Ihre Finanzen erhält. Das senkt das Risiko einfacher Fehler, da diese oftmals durch den unüberlegten Einsatz von Kapital entstehen. Problematisch ist, dass die Beratung nicht immer neutral erfolgt. Viele Banken belohnen Ihre Mitarbeiter bei sämtlichen Verkäufen in Form von

Beteiligungen oder setzen eine bestimmte Verkaufsquote voraus, die erfüllt werden muss. Ihr persönlicher Berater steht deshalb nicht selten unter Druck, seinen Kunden Produkte zu verkaufen.

Das schränkt meiner Meinung nach die Objektivität ein, insbesondere, wenn Sie dabei sind, sich für ein Produkt zu entscheiden, welches objektiv betrachtet nicht empfehlenswert ist. Des Weiteren können sich die Beteiligungen von Produkt zu Produkt unterscheiden. So erhält ein Bankberater für bestimmte Verkäufe mehr Anteile als bei anderen Verkäufen, wo möglicherweise weniger Gebühren entstehen. Auch dies führt zur Einschränkung der Objektivität durch den Experten.

Ein Vorteil bei der Entscheidung für eine Bank liegt für viele Aktionäre in der Übersichtlichkeit Ihrer Anlagen bzw. Ihres Portfolios. Nutzen Sie für Ihre Investitionen denselben Partner wie für Ihr Girokonto des täglichen Gebrauchs und für die Rücklagen in Krisenzeiten, sehen Sie Ihr Vermögen stets auf einem Blick im Onlinebanking. Praktisch ist das für die Organisation und die Verfolgung der Entwicklung der erworbenen Aktien. In den Zeiten meiner Anfänge am Kapitalmarkt, habe ich diese Geschäfte ebenfalls über eine herkömmliche Bank geführt. Versprochen hatte ich mir von der Übersichtlichkeit vor allem, dass ich besser mit den Investitionen zurechtkomme und stets den Überblick behalte. Zu dieser Zeit waren jedoch Onlinebroker auch noch nicht so beliebt und geschätzt, denn es gab zugegebenermaßen vieles zu verbessern.

Seit sich insbesondere die Designs und die Möglichkeiten für Übersichten, Berechnungen und Informationen ins Positive verändert haben, sehe ich bezüglich der Übersichtlichkeit mittlerweile sogar einen Vorteil gegenüber Banken. Aufgrund der Tatsache, dass Sie als Anleger selbst die Aktien erwerben und dafür keine Hilfe weiterer Personen benötigen, wissen Sie auch genau, wo Sie welche Informationen finden.

Die Transparenz steigt. Bei herkömmlichen Geschäften in Banken erhalten Sie in den meisten Fällen nicht solche exakten Überblicke und Informationen über Ihre Anlagen bzw. müssen diese erfragen. Deshalb finde ich, dass ebenso die Übersichtlichkeit durch den Einsatz von leicht zu bedienenden Onlinebrokern deutlich erhöht wurde. Und übrigens: Innerhalb dieses Buches lernen Sie außerdem noch, wie Sie Aktien in der Praxis erwerben, damit Sie auch schon am Anfang stets die Kontrolle über Ihr Depot behalten.

Vor kurzer Zeit noch waren Banken durch Ihre Partnerschaften mit Fondsgesellschaften bezüglich des Verkaufs von Aktienfonds sehr beliebt. Dies hat sich zwar weiterhin nicht geändert, jedoch bieten mittlerweile auch die meisten

Onlinebroker Aktienfonds und Sparpläne für die Produkte an, welche kostengünstig besparbar sind. Damit wurden die Zugänge zu Finanzprodukten, in denen Banken gegenüber Onlinebrokern überlegen waren, umgekehrt. Heutzutage sind es die Broker, welche die große Welt der Finanzprodukte für die breite Masse öffnen. Dabei ist es egal, ob es sich um Aktien, ETFs, CFDs, Derivate, Fonds, Währungen oder weltweite Investitionen handelt: Die Broker bieten häufig mehr Möglichkeiten.

Viele Anleger sind davon überzeugt, dass angelegtes Kapital unter Nutzung einer Bank sicherer ist als bei Investitionen mit Hilfe von Onlinebrokern. Diese gefühlte Sicherheit lässt sich durch die Präsenz von Banken begründen. Sie bieten die physische Komponente, welche Onlinebroker aufgrund von Kostengründen einsparen. Es gibt Berater, Ansprechpartner nicht nur am Telefon und zu guter Letzt die Bank als Gebäude und Marke, welche nicht selten mit einem guten Ruf glänzt. Das schafft Vertrauen.

Dieses jedoch unbegründet: Investiertes Kapital in die meisten Finanzprodukte, dazu gehören Aktien, ETFs, Fonds und vieles mehr, sind Teil des sogenannten Sondervermögens. Dieses bleibt auch bei Insolvenz des Plattformbetreibers oder der Bank bestehen, da es nicht in die Bilanz des Unternehmens aufgenommen werden darf, welches das Kapital bzw. Ihre Einlagen verwaltet. Es ist daher nicht von Relevanz, ob die Onlineplattform zahlungsunfähig wird und ihre Kunden verliert: Ihre Aktien verlieren Sie dadurch nicht.

Das Einzige, was sich in Gefahr befindet, ist nicht investiertes Kapital auf dem persönlichen Konto der Plattform. Deshalb gilt als oberste Regel: Niemals Geld überweisen und unnötig lang mit der Investition warten: Die Plattform könnte Insolvenz anmelden und muss Ihnen das Geld dann nicht zurückzahlen. Dennoch ist dies kein Grund, auf den Onlinebroker zu verzichten, denn überwiesenes Geld wird meist entweder sofort genutzt oder direkt per Lastschriftverfahren eingezogen, sobald Sie eine Investition tätigen. So landet quasi zu keinem Zeitpunkt nicht-investiertes Kapital auf Ihrem Konto bei der Brokerplattform.

Das Beste kommt zum Schluss: Wer bisher noch nicht von der Onlinevariante überzeugt ist, der wird es spätestens nach dem Gesichtspunkt „Kosten" sein. Denn diese unterscheiden sich auf lange Sicht gewaltig. Wie Sie sich vorstellen können, lassen sich gezahlte Gebühren direkt von der Rendite der Investition abziehen. Eine Rendite von 20 Prozent nützt niemandem etwas, wenn dabei 18 Prozent Gebühren fällig werden – außer dem Verkäufer des Deals. Aus diesem Grund gilt generell: Die Kostenstruktur so gering wie möglich halten und so individuell auf Sie und Ihr Anlageverhalten zuschneiden, wie es nur geht.

Banken befinden sich hier klar im Nachteil. Ihre Kostenstruktur ist vergleichsweise starr und für Kleininvestoren ähnlich wie für Großanleger. Außerdem fallen für jegliche Transaktionen Gebühren an, sei es der Aktienkauf, der Aktienverkauf oder nicht selten auch die monatliche Depotverwaltung. Grundsätzlich lässt sich von einem Kostenfaktor von zwei bis vier Prozent bei Investitionen mit Hilfe von Banken ausgehen.

Anders ist es bei Onlinebrokern: Hier fallen lediglich Gebühren für den Kauf bestimmter Aktien an und manchmal auch für den Verkauf. Depotführungsgebühren wurden bei nahezu allen Betreibern abgeschafft. Außerdem sind die Gebühren denkbar gering: Heutzutage kosten jegliche Transaktionen auf der Plattform TradeRepublic exakt einen Euro – denkbar gering, wenn der Preis der Aktie mehrere Hundert Euro beträgt. Außerdem werden Sparpläne für ETFs häufig komplett kostenlos angeboten, weil kaum Kosten entstehen.

ETFs werden, wie Sie bereits wissen, passiv von Computersystemen verwaltet. Es fallen somit weder Kosten für Beratung oder Verwaltung an, lediglich für die Vermittlung und die Betriebskosten der Plattform, welche sich offensichtlich mit sehr niedrigen Beiträgen decken lassen. Bei Onlinebrokern liegt der Kostenfaktor häufig unter einem Prozent. Ein Argument, welchem die wenigsten Anleger widerstehen wollen und dies auch nicht müssen – in den weiteren Aspekten haben online Aktiendepots ja auch bereits die Nase vorn.

DER GROẞE AKTIENDEPOTVERGLEICH

Die Kriterien für einen aussagekräftigen Vergleich

Damit ein solcher Vergleich möglichst viel Nutzen für Sie hat, ist es wichtig zu unterscheiden, wie investiert wird, also beispielsweise, ob das Portfolio aktiv verwaltet wird oder nicht. Das liegt ganz einfach daran, dass Trader andere Anforderungen an den Broker haben, als es passive ETF-Sparer haben.

Aus diesem Grund werde ich zum Ende des Abschnitts kein allgemeingültiges Fazit geben, sondern eines für die verschiedenen Anlagekategorien. Ziel sollte es natürlich dennoch sein, sein eigenes Depot übersichtlich zu gestalten, weshalb ich außerdem noch auf das beste Gesamtpaket eingehen möchte. Die Kriterien für diesen Vergleich werden bei den verschiedenen Anforderungsprofilen der Anlageklassen zwar unterschiedlich gewichtet, sind von den Kategorien her aber weitgehend dieselben.

Zum einen spielt die Verfügbarkeit der verschiedenen Finanzprodukte eine große Rolle, also die **Auswahl** an Aktien, ETFs, Sparplänen und auch an Handelsplätzen, falls Sie zwischen Börsen switchen möchten. Dazu zählt dann auch die Internationalität und die hiermit verbundenen Extrakosten.

Das zweite Kriterium soll die allgemeine **Kostenstruktur** für den Alltag am Kapitalmarkt sein. Da Sie sich höchstwahrscheinlich ein breit gestreutes Portfolio mit passiven und aktiven Strategien zulegen werden, gilt es auf die Gesamtkosten zu achten, welche beispielsweise je Order oder sogar für die Kontoführung anfallen können.

Ein weiterer Aspekt sind die vorgegebenen **Mindestsparraten** bzw. Mindestorderraten. Insbesondere Anleger, welche noch keine großen Erfahrungen mit dem Kapitalmarkt gemacht haben, verfügen häufig über vergleichsweise wenig Kapital. Dagegen gehen Broker vor, indem hohe Mindestsparraten gesetzt werden, häufig im Bereich von 100 oder mehr Euro. Problematisch ist dabei, dass dennoch eine breite Diversifizierung gewollt ist, das monatlich verfügbarem Kapital von beispielsweise 200 Euro aber lediglich auf zwei Anlagen verteilt werden kann. Dem kann jedoch auf bestimmten Plattformen entgegengewirkt werden.

Schlussendlich spielt aber auch noch die **Performance** der Plattform eine Rolle. Dazu gehört neben schneller Ausführung von Käufen und Verkäufen auch eine schnelle Vollziehung von Überweisungen in beide Richtungen, sodass die Wartezeit wegen nicht verfügbarem Geld deutlich verkürzt wird. Nicht selten kommt es vor, dass insbesondere junge Plattformen aufgrund geringer Kostenstrukturen für die Anleger schnell überlastet sind, weil die tatsächliche Nutzung die Erwartungen deutlich übersteigt. Das ist dann nicht nur nervig, sondern kostet wertvolle Zeit in einem sehr schnelllebigen Business.

Des Weiteren gehört zur Performance auch das Design der Seite und die Übersichtlichkeit beispielsweise von getätigten Transaktionen, Gewinne und Daten über die jeweiligen Aktien.

Bevor es nun so richtig los geht, möchte ich noch anmerken, dass es sich hierbei um ein sehr dynamisches Konstrukt handelt. Brokerplattformen erfreuen sich erst seit einigen Jahren an großer Beliebtheit und erlangen insbesondere durch den Tradingbereich Zuspruch. Das liegt ganz einfach daran, dass Trading erst durch diese Plattformen so wirklich möglich gemacht worden und nun der breiten Masse zugänglich ist. Daher ist es nicht verwunderlich, dass viele Onlinebroker sich an ihre Kunden anpassen und die Plattform für das Trading attraktiver gestalten. Das soll insbesondere bedeuten, dass bei vielen Plattformen mittlerweile gleichbleibende geringe Summen je Aktienkauf- und Verkauf anfallen, sodass ein Trade immer gleich teuer ist. Das schafft Übersichtlichkeit, vor allem für unerfahrene Trader. Dass das für Sie als aktiver Anleger keinesfalls schlecht ist, haben Sie wahrscheinlich bereits gemerkt. Viele Plattformen behandeln Sie somit als Trading-Kunden und stellen Ihnen die nötigen Werkzeuge zur Verfügung, Sie nutzen die Plattform jedoch auf Ihre Art und zahlen noch weniger Gebühren.

Vergleich ausgewählter Broker

Innerhalb dieses Vergleichs möchte ich auf die Aktiendepotanbieter TradeRepublic, Flatex, Consorsbank und justTRADE eingehen. Diese Auswahl erfolgt aufgrund meiner persönlichen Erfahrungen, da ich selbst bereits diese Plattformen genutzt habe und gleichzeitig andere Plattformen ausschließen konnte, die mich leider nicht überzeugt haben. Sie können also mit einem guten Gewissen davon ausgehen, dass jede dieser vier Plattformen bereits eine gute Wahl ist und es sich nun zum Großteil um feine Unterschiede handelt. Sie können die gewählte Plattform so an Ihr Profil anpassen.

Beginnen möchte ich mit der Anzahl an angebotenen Finanzprodukten, allen voran ETFs. Insgesamt bietet justTRADE und Flatex über 1.000 verschiedene ETFs an, was eine beachtlich hohe Zahl ist. Hier werden Sie mit Sicherheit auch unbekanntere ETFs zum besparen finden. Dagegen liegen die Consorsbank und TradeRepublic mit in etwa der Hälfte an angebotenen ETFs deutlich dahinter.

Was jedoch für viele Privatanleger deutlich interessanter ist, betrifft die Anzahl der kostenlos sparfähigen ETFs. Das liegt daran, dass es heutzutage kaum noch nötig ist, Gebühren für Sparpläne dieser Art zu zahlen, weil viele bereits kostenlos sind und sich quasi immer ein geeigneter Sparplan auf einer Plattform findet, welcher keine Gebühren verlangt. Bei den kostenlos angebotenen ETF-Sparplänen hat weiterhin justTRADE die Nase vorn, denn es bleiben 1.000 dafür Verfügbare, somit sind alle auf dieser Plattform angebotenen Sparpläne mit ETFs kostenlos besparbar. Bei TradeRepublic handelt es sich um über 400 Stück, was dennoch eine meist ausreichende Auswahl ist und nicht unterschätzt werden sollte. Die beiden anderen beiden Plattformen reihen sich mit in etwa 250 Stück dahinter in diese Liste ein.

Die Verfügbarkeit von Börsen aus dem europäischen Ausland ist bei keinem dieser Broker wirklich eingeschränkt. Je nach Plattform fallen hier jedoch hohe Gebühren an. Ich empfehle deshalb eindeutig, sich zumindest am Anfang auf den deutschen oder europäischen Markt zu konzentrieren und erst nach gesammelter Erfahrung auf den weltweiten Markt auszuweichen. Das soll jedoch nicht bedeuten, dass nicht beispielsweise auch weltweite ETFs bespart werden sollen, denn diese können Sie ja bereits mit diesen Brokern kostenlos besparen und Ihr Portfolio diversifizieren.

Nun möchte ich auf den nächsten, meiner Meinung nach wichtigsten Faktor eingehen: die Kostenstruktur der jeweiligen Anbieter. Bezüglich ETFs habe ich bereits ausgewertet, dass es hierbei nicht nötig sein wird, Gebühren zu zahlen. Ist der gewünschte Sparplan bei einem Anbieter nicht verfügbar, suchen Sie sich für den Sparplan einen bestimmten Anbieter, der ihn im Sortiment hat. Das funktioniert auch deshalb so einfach, weil es mittlerweile so gut wie keine Kontoführungsgebühren mehr gibt. Ein Grund, weshalb ich mich für einen Vergleich dieser vier Plattformen entschieden habe, ist genau dieser Faktor. Die hohe Konkurrenz an Brokern macht es für einzelne Plattformen fast unmöglich zu bestehen, wenn Depotführungsgebühren verlangt werden. Deshalb fallen sie bei den vorgestellten Plattformen vollständig weg. Wo liegen dann die großen Unterschiede bezüglich der Kostenstruktur? Den mit Abstand bedeutendsten Teil machen hierbei die Ordergebühren aus. Je Transaktion, also Kauf und teilweise auch Verkauf, werden je nach Anbieter niedrige oder hohe Gebühren fällig, welche als fixe oder variable Positionen auftreten können. Fixe Gebühren beschreiben dabei eine festgeschriebene Summe je Order – unabhängig von der Höhe der Transaktion. Variable Kosten passen sich der Orderhöhe an und werden deshalb in Prozent angegeben. Grundsätzlich gilt, dass insbesondere hohe Summen von einer fixen Struktur profitieren, für niedrige Summen empfiehlt sich eine variable Kostenstruktur.

Auf der Plattform Consorsbank wird diese Kostenstruktur jedoch noch einmal zusätzlich gemischt. Je Trade fallen standardgemäß 4,95 Euro an und 0,25 Prozent der Orderhöhe. Limitierte Angebote können diese Summen zwar verringern, auf lange Sicht erzeugt dies aber keinen großen Unterschied.

Der Anbieter Flatex kann sich hierbei leider nicht wirklich von Consorsbank abheben. Je nach Partner, welcher die Aktien anbietet, fallen 3,90 Euro oder 5,90 Euro Gebühren an. Die meisten der gehandelten Produkte fallen zwar unter die teurere Kategorie, jedoch gibt es auch mehr als genug Möglichkeiten, mit der günstigeren Kategorie, den sogenannten Gold-Partnern, zu handeln. Konzentrieren Sie sich auf die zweite Kategorie, schränkt Sie das in Ihrem Handeln dennoch ein.

Die beiden weiteren Plattformen stechen deshalb klar heraus. Zum einen TradeRepublic, auf welcher für jede Order ein Euro fällig wird, unabhängig von der Höhe oder Dauer, wie lang die Aktie gehalten wird. Bei justTRADE können

Sie sogar vollständig kostenlos traden, handeln, investieren und verkaufen. Klare Sieger sind in der Kategorie Kostenstruktur also diese beiden Plattformen. Falls Sie sich fragen, weshalb ich dennoch Consorsbank und Flatex zu dieser Übersicht hinzugefügt habe, kann ich Sie beruhigen. Die Antwort darauf werden Sie noch erfahren. Wie sieht es bezüglich der Mindestorder bei den einzelnen Anbietern aus? Besonders für Investoren, die breit diversifizieren wollen und keine enorm hohen Summen als Investitionskapital bereitstellen können, ist dieses Kriterium ebenso enorm wichtig. Hier wird das große Defizit der Plattform justTRADE offensichtlich, denn die Mindestorder beträgt 500 Euro je Kauf. Verkäufe sind dabei nur theoretisch beschränkt – bereits ab einem Euro ist der Verkauf möglich. Ebenso verhält es sich bei Flatex, welche auch nur Order ab 500 Euro Volumen annehmen. TradeRepublic und Consorsbank arbeiten in dieser Kategorie ohne Beschränkung.

Und die Mindestsparraten? Vermutlich noch wichtiger als die einzelne Order sind für Sie als Langzeitanleger die Mindestsparraten, um nicht das gesamte Kapital in einen ETF oder einen Aktienfonds investieren zu müssen, wenn auch teilweise ohne Gebühren. Miserabel schneidet die Plattform justTRADE auch in dieser Kategorie ab. Aufgrund der Tatsache, dass erst gar nicht die Möglichkeit geboten wird, Sparpläne auszuführen, müssen die Anteile monatlich oder quartalsweise manuell erworben werden. Das geht zwar ohne Gebühren, setzt jedoch die Mindestorder von 500 Euro voraus.

Diese ist meist nur leistbar, wenn quartalsweise gespart wird, sodass nur vier Mal jährlich Geld eingezahlt wird anstatt monatlich. Dann ist eine Summe von monatlich mindestens 167 Euro zwar realistisch, aber nicht wirklich erstrebenswert. Häufig wird eine breitere Diversifizierung gewünscht und auch von mir empfohlen. Deshalb hat die Konkurrenz die Nase vorn: Flatex bietet Sparraten ab 50 Euro an, TradeRepublic und Consorsbank bereits ab 25 Euro monatlich. Besonders die Abstufung auf 25 Euro scheint für viele Anleger sehr interessant zu sein, denn sie ist erfahrungsgemäß sehr beliebt.

Selbst ich halte bei etwas risikoreicheren Sparplänen Summen von 40 Euro, wobei die Erhöhung auf 50 Euro sicherlich kein großes Problem wäre. Dennoch freue ich mich, dass das bei diesen Anbietern problemlos und bei vielen ETFs sogar kostenlos möglich ist. Nun bleibt noch die Performance über, die im besten Fall hohe Kostenstrukturen ausgleichen sollte. Insbesondere wohlhabende Investoren mit einem hohen zur Verfügung stehenden Investitionskapital legen auf diese Kategorie viel wert. Das liegt logischerweise daran, dass die Gebühren von teilweise fünf Euro nicht ins Gewicht fallen. Wie Sie sich vermutlich bereits vorstellen können, schneiden in dieser Kategorie die Broker besser ab, welche höhere Gebühren verlangen.

Das eingenommene Geld wird dann idealerweise dazu verwendet, das Design zu verbessern, die Server zu warten und zu stabilisieren und möglichst viel Kundenservice zu bieten. So ist es jedenfalls bei der Plattform Flatex, welche aufgrund des ansprechenden Designs und der einfachen Bedienung sehr beliebt unter deutschen Anlegern ist. Nicht zutreffend ist diese Aussage bei Consorsbank, welche trotz der hohen Gebühren häufig von Kunden in die Kritik genommen wird. Speziell die Mobile-App steht im Fokus der Kritiker. Zwar hatte ich persönlich keine großen Performanceprobleme beim Nutzen der Plattform, jedoch lässt sich im Vergleich zur vorgestellten Konkurrenz begründet behaupten, dass die Aufmachung und das Design langsam, aber sicher erneuert werden könnten. Doch wie sieht das bei den beiden kostengünstigen Brokern dieses Vergleichs aus? JustTRADE wirkte auf mich solide und zum Trading geeignet, jedoch habe auch ich bemerkt, dass das Budget für die Performance und die Desktopversion verhältnismäßig knapp ist.

Das Design ist schlicht und die Plattform verfügt nur über die nötigsten Informationen, welche dem Verbraucher auch an die Hand gegeben werden. Wirkliche Besonderheiten waren nicht zu finden. Wichtig zu erwähnen ist außerdem, dass man als Anleger erst einmal in die Welt von justTRADE einsteigen muss, um die Plattform wirklich zu verstehen. Nach einigen Stunden auf der Seite und den ersten Ordern war die Bedienung jedoch kein großes Problem mehr. Noch besser jedoch habe ich die Performance bei TradeRepublic empfunden. Die App läuft flüssig und ist gut strukturiert, legt den Fokus jedoch sehr stark auf den Tradingbereich. Das liegt daran, dass diese Plattform hauptsächlich mit Transaktionen Gewinn generiert und die Kunden deshalb zu häufigen Trades ermutigen möchte. Vor diesem Hintergrund ist vermutlich auch die Idee entstanden, TradeRepublic ausschließlich als Mobile-App zur Verfügung zu stellen, was die Nutzer an das Smartphone bindet. Ein klassische Onlineseite zum Handeln gibt es deshalb für diese Plattform nicht, sodass ich von der Nutzung des Laptops abrate.

Hierfür ist wirklich das Smartphone am besten. Dieser Kritikpunkt ist meiner Meinung nach die größte Schwäche von TradeRepublic, das Gesamtpaket stimmt aber dennoch. Wenn Sie aufmerksam gelesen und meine Ausführungen verfolgt haben, werden Sie sicher bereits bemerkt haben, welche beiden Aktiendepots ich am stärksten empfehle. Grundsätzlich machen Sie mit der Nutzung keines der vier Unternehmen etwas falsch – jedes hat nun mal seine Stärken und Schwächen.

Am meisten überzeugt hat mich allerdings TradeRepublic. Insbesondere in den letzten zwei Jahren ist aus dieser Plattform der heutige Marktführer für deutsche Anleger im Tradingbereich entstanden, aber auch langfristige Investoren werden hier glücklich. Stört es Sie nicht, dass es sich hierbei nur um eine App handelt, welche nicht auf dem Laptop genutzt werden kann, sehe ich keinen Grund, TradeRepublic nicht zu nutzen.

Sind Sie jedoch eher der physische Typ und benötigen Ihren Laptop, speziell um Order mit hohen Summen durchzuführen, ist das vollkommen verständlich. Dann nutzen Sie je nach Belieben justTRADE, Flatex oder Consorsbank. Aufgrund der nicht vorhandenen Mindestorder sehe ich die Consorsbank jedoch an stärkster Position – hinter TradeRepublic.

Testen Sie außerdem die unterschiedlichen Aufmachungen der Plattformen aus, vielleicht überzeugt Sie die Performance eines Anbieters und Sie haben trotz Gebühren nicht mehr das Bedürfnis, zu einer günstigen Plattform wechseln zu wollen.

Der Alltag am Kapitalmarkt: Lernen, mit Aktien umzugehen

DEN AKTIENKURS VERSTEHEN

Jeder an der Börse notierten Aktie wird ein individueller Aktienkurs zugeordnet, welche den Preis der Aktie wiedergibt. Der Aktienkurs ist somit nichts anderes als eine Übersicht über die Preisentwicklung einer bestimmten Aktie. Bestimmt wird dieser Preis jedoch nicht durch das Unternehmen oder aufgrund von Einfluss durch die Börse, sondern ausschließlich aufgrund von Angebot und Nachfrage durch die Aktionäre, also unter anderem auch durch Sie höchstpersönlich. Fragt ein Anleger eine Aktie nach, kann die Börse nur einen Preis herausgeben, wenn mindestens eine Person bereit ist, seine Aktienpakete zu diesem Preis zu verkaufen. Dann versucht die Börse, einen möglichst fairen Preis zu berechnen, sodass sich Anbieter und Käufer sozusagen in der Mitte treffen.

Mit Hilfe eines einfachen Beispiels möchte ich dieses Tauziehen um den fairsten Preis einmal genauer erläutern. Die Aktien der X AG sind momentan sehr gefragt. Die Börse erhält viele Anfragen von Käufern, die zu unterschiedlichen Preisen die Aktien kaufen möchten. Darunter befinden sich zehn Personen, die nur maximal bereit wären, 50 Euro pro Aktie zu bezahlen. Weitere zehn Nachfrager würden sogar 60 Euro je Aktie zahlen und fünf Personen sind so reich, dass sie sogar 65 Euro je Aktie zahlen würden. In Wirklichkeit würden diese Zahlen jedoch deutlich näher beieinander liegen.

Da die Börse die Interessenten und deren maximale Zahlungsbereitschaft nun kennt, widmet sie sich der Anbieterseite. Ziel der Verkäufer ist es natürlich immer, das Produkt zu einem möglichst hohen Preis zu verkaufen, damit viel Gewinn entsteht. In diesem Fall ist es so, dass fünf Personen je eine Aktie bereits für 48 Euro verkaufen würden. Weitere zehn Personen fordern einen Preis von mindestens 58 Euro und zusätzliche zehn Anbieter schätzen den Wert einer Aktie der X AG so hoch ein, dass sie erst ab einem Preis von 70 Euro verkaufen würden. Was ist nun das Ziel der Preissetzung? Da die Börse als Vermittler sämtliche Zahlungsbereitschaften der potenziellen Käufer und die Mindestpreise der Verkäufer kennt, wird sie aufgrund dieser Transparenz versuchen, so viele Deals wie möglich abzuschließen.

Der Hintergrund dieses Gedankens ist, dass jeder abgeschlossene Deal für zwei zufriedene Nutzer steht. Der Aktienbesitzer oder der Aktienkäufer ist zufrieden, sobald die gewünschten Daten eingehalten worden sind. Das bedeutet, dass stets versucht wird, die Anzahl der Deals zu maximieren und somit die dabei entstandenen Renten klein zu halten. Mit Rente ist die Differenz des Preises zwischen der Zahlungsbereitschaft des Kunden bzw. der minimalen Verkaufshöhe des Anbieters gemeint. Hierbei handelt es sich um einen volkswirtschaftlichen Fachbegriff.

Auf welchem Niveau wird die Börse nun den Preis festlegen? Nehmen wir an, der Preis würde 48 Euro betragen, sodass sich zehn Verkäufer finden. Die Nachfrage wäre in diesem Fall enorm hoch, da jeder der potenziellen Käufer bereit wäre, mehr Geld für eine Aktie zu bezahlen, als es der Preis tatsächlich vorgibt. Es kommt zu einem Nachfrageüberschuss, da nicht alle Interessenten bedient werden können.

Der Preis muss also erhöht werden. Was passiert jedoch bei einem Preis 70 Euro, den zehn Verkäufer der Aktie der X AG als Mindestpreis verlangen? Es findet sich leider kein Käufer – ein Angebotsüberschuss entsteht, da alle Verkäufer bereit wären, zu diesem Preis zu verkaufen. 25 Verkäufer treffen auf keinen einzigen Käufer, das kann nur eine logische Folge haben: Der Preis muss gesenkt werden. Möglicherweise haben Sie sich selbst schon errechnet, wie hoch der optimale Preis ist, damit möglichst viele Deals zustande kommen. Es handelt sich hierbei um einen Preis von 59 Euro. Für diesen Preis sind 15 Verkäufer bereit, ihre Aktien zu verkaufen, da fünf von ihnen mindestens 48 Euro gefordert haben und zehn von ihnen mindestens 58 Euro forderten. 15 Verkäufer treffen hierbei auf 15 Käufer, und zwar auf alle die, welche bereit waren, bis zu 60 Euro je Aktie zu bezahlen. So kommen 15 Deals zustande, was für dieses Beispiel der maximalen Anzahl entspricht.

Die Preisbildung an der Börse können Sie sich also so vorstellen, dass zu jeder Aktie ständig diese Berechnungen ausgeführt werden, bis mindestens ein Deal zustande kommt. Dann wird dieser zum jeweiligen Preis ausgeführt und als Wert in den Aktienkurs übernommen. Auf kurz oder lang entsteht so eine gezackte Linie, welche innerhalb eines Tages mit kleinen Veränderungen versehen wird, aber auch über einen langen Zeitraum betrachtet werden kann, etwa über mehrere Jahre.

Was sind die Einflussfaktoren auf den Aktienkurs?

In diesem Abschnitt möchte ich nun darauf eingehen, was Anleger dazu bewegt, Aktien zu kaufen oder diese verkaufen zu wollen. Das geschieht nämlich nur selten aufgrund eines Bauchgefühls und hat meist klare Gründe. Welche dabei eine große Rolle spielen und an welche Sie vielleicht denken, die aber gar nicht auftauchen, erfahren Sie im Folgenden.

Eine zentrale Rolle spielt dabei die **Gewinnentwicklung des Unternehmens**. Veröffentlicht wird sie im Zuge der Quartalsberichte vier Mal jährlich. Generell lässt sich jedoch nicht behaupten, dass der Aktienkurs steigt, wenn auch die Zahlen eine positive Entwicklung prognostizieren. Das liegt vor allem an den Erwartungen der Anleger. Denkt ein Großteil der Aktionäre, dass sich der Gewinn im nächsten Quartal verdoppelt, die Prognosen jedoch „nur" eine Gewinnsteigerung von 70 Prozent vorhersagen, wird der Aktienkurs sinken, weil die Erwartungen der Anleger nicht erfüllt worden sind. Es ist deshalb essenziell wichtig, stets die herausgegebenen Prognosen mit den Erwartungen der Aktionäre zu vergleichen, um begründete Schlüsse auf den Aktienkurs ziehen können. Sollte die Gewinnprognose die Erwartungen sogar noch übersteigen, wird sich das positiv auf den Aktienkurs auswirken, da viele am Erfolg teilhaben wollen.

Eine weitere Einflussgröße sind **Unternehmensfusionen**. Eine Fusion findet statt, wenn ein Unternehmen ein anderes erwirbt und somit übernimmt, ein Konzern gebildet wird und diese Gesellschaften nun keine Konkurrenten mehr sind, sondern gemeinsam am Markt agieren. Ein berühmtes Beispiel hierfür sind beispielsweise die zwei Riesen des Elektronik-Einzelhandels Saturn und Media-Markt, welche nach außen hin in Konkurrenz stehen, in Wahrheit aber einen Konzern bilden. Vorteile von Fusionen sind unter anderem das Teilen von Fähigkeiten und Know-How im produzierenden Gewerbe, aber auch Kostensenkung durch das Senken des Aufwands für Verwaltung und Vertrieb.

Des Weiteren resultiert die Kaufentscheidung der Übernahme so gut wie immer aufgrund von Analysen von Experten und einer Durchleuchtung des Unternehmens, welches übernommen werden soll. Das erwerbende Unternehmen muss also im kleineren Unternehmen Potenzial sehen, sonst würde es nicht zu der Fusion kommen. Die Folge für den Aktienkurs sind so gut wie immer steigende Preise, insbesondere beim kleineren Unternehmen. Das liegt zum einen an den hohen Erwartungen der Anleger, aber auch daran, dass das Mutterunternehmen Aktien des Tochterunternehmens kaufen muss, um dieses übernehmen zu können. Steht deshalb eine Fusion an, ist es stets hilfreich, davon als einer der Ersten zu erfahren und mit Aktienkäufen zu reagieren.

Der **generelle Trend am Markt** lässt sich meist vom entsprechenden Leitindex ablesen. In Deutschland bestimmt deshalb der DAX, wie die momentane Stimmung der Anleger ist. Verunsichert werden Aktionäre dann, wenn der DAX sinkt und nur aufgrund der Regionalität die eigenen Aktien abbildet, die eigene Branche aber nicht schneidet. Dennoch wird auch diese Aktie sinken, eben aufgrund der generellen Stimmung. Das könnte ein guter Zeitpunkt sein, weitere Anteile günstig zu erwerben und große Gewinne einzufahren.

Wie bereits im vorangegangenen Abschnitt erläutert, bestimmt nichts anderes den Marktpreis als Angebot und Nachfrage. Und da Menschen nicht immer rational handeln, lassen sich viele Steigerungen des Aktienkurses auf **Trends** zurückführen, welche die Anleger im alltäglichen Leben beeinflussen. Dann beurteilen manche Aktionäre den Medieneinfluss sehr stark und lassen dies den Aktienkurs spüren, indem sie je nach positiven oder negativen Meldungen entweder kaufen oder verkaufen. Sehr anfällig für solche Stimmungsschwankungen sind Marken oder Modelabels. Oft geraten diese scharf in die Kritik, wenn ein neues Modell nicht positiv bei der Öffentlichkeit ankommt. Doch sobald es wieder neue Aufreger über andere Marken gibt, über die berichtet und sich der Kopf zerbrochen werden kann, ist die alte Geschichte wieder vergessen. Der Aktienkurs ist jedoch in der kurzen Zeit stark gesunken. Logisch, denn die betroffene Marke war ja stark in der Kritik. Nur war diese völlig unabhängig von Verkaufszahlen und Bekanntheitsgrad, welcher aufgrund der durch die Kritik erhaltenen Aufmerksamkeit meist sogar erhöht werden kann. Die Aktienkurse erholen sich von kurzen Aussetzern durch kleinere Skandale häufig sehr schnell: Nutzen Sie diese Eigenschaft für sich aus.

Politische Ereignisse können den Kapitalmarkt ebenfalls beeinflussen oder sogar ganz auf den Kopf drehen. Die Besetzung wichtiger Ämter, allen voran das Amt des Finanzministers, hat großen Einfluss auf die Entwicklung des gesamtdeutschen Marktes. Beispielsweise eine Ablösung des amtierenden Bundesfinanzministers Olaf Scholz durch einen anlagefreundlichen Kandidaten einer konservativeren Partei wie der CDU oder FDP hätte zur Folge, dass möglicherweise Unternehmenssteuern gesenkt werden. Die Folge: Die Aktienkurse erleben einen Aufschwung, weil Unternehmen effizienter wirtschaften können und höhere Gewinne einfahren.

Weiterhin wird durch **Feiertage im Zeichen des Konsums** auf Aktienkurse Einfluss genommen. Gemeint sind Boomphasen für nahezu alle Unternehmen zu festen Zeiten: In der Weihnachtszeit und nach dem Neujahr, wenn die verschenkten Gutscheine und das Geld für Konsumgüter genutzt werden. Weitere Beispiele sind aber auch der Black Friday oder Ostern und Muttertag für die Floristikbranche. Die Unternehmen generieren stärkere Umsätze und prognostizieren höhere

Gewinne, ein klarer Fall für die traditionelle Wertsteigerung der Aktienkurse zum Jahresende und zu den weiteren besonderen Anlässen, je nach Branche.

Dies hat jedoch noch einen weiteren Grund, welcher sich bei den **Fondsmanagern** finden lässt. Diese sind stets bemüht, das Jahr mit Erfolgen abzuschließen und eine saubere Bilanz für die betreuten Fonds zu erzeugen, damit sie für Anleger attraktiver wirken. Aus diesem Grund werden zum Jahresende insbesondere Aktien gekauft, welche in der kürzeren Vergangenheit stark gewachsen sind und einen hohen Preis aufweisen. So kann die Performance des Aktienfonds poliert werden. Dahinter versteckt sich jedoch mehr Schein als Sein.

Den letzten in dieser Übersicht vorgestellten Einflussfaktor sind die **Zinsen**, welche die Europäische Zentralbank kontrolliert. Die EZB entscheidet darüber, wie viele Zinsen für Kredite und herkömmliche Finanzprodukte zum Sparen bei den Banken herausgegeben werden. Höhere Zinsen bedeuten für den Aktienmarkt, dass sich viele Anleger zurückziehen und ihr Kapital lieber auf sichere Weise, beispielsweise auf einem Sparbuch, anlegen. Zusätzlich müssen nun auch die Unternehmen höhere Zinsen für Fremdkapital, also Kredite von Banken, zahlen, was den Gewinn schmälert. Die Erhöhung der Zinsen durch die EZB wirkt sich demnach doppelt schlecht auf den Aktienmarkt aus, weshalb Anleger berechtigterweise Angst vor diesem Ereignis haben. Momentan ist jedoch noch nicht abzusehen, wann die Tage der Nullzinspolitik vorüber sind, sodass Sie noch keine Vorbereitungen dafür treffen müssen.

DER AKTIENCHART

Den Aktienchart richtig lesen

Der Aktienchart stellt mit Hilfe eines Diagramms dar, wie sich der Aktienkurs über einen bestimmten Zeitraum verändert hat. Dabei werden ausschließlich die jeweiligen Preise erfasst, die zu Ausführungen eines Deals zwischen Käufer und Verkäufer führten. Für Sie als Anleger ist es daher essenziell, zu wissen, wie Sie mit dem Aktienchart umgehen können und dass Sie ihn verstehen.

Der erste Schritt ist die Einstellung des gewünschten Zeitfensters. Es reicht von einem Tag bis hinzu zur maximalen Zeit, in der die jeweilige Aktie, der Index oder der Fonds für den Handel verfügbar waren. Achten Sie dabei stets auf die Bezeichnung der Skalen, wie wenn Sie ein anderes Diagramm lesen würden. Zwar wirken die Schwankungen binnen eines Tages aufgrund des Formats ähnlich groß wie die Schwankungen innerhalb eines Monats, jedoch ändert sich der Punktewert an der vertikalen Achse des Diagramms kaum.

Der Abstand zwischen einzelnen Punkten beträgt bei der Intraday-Ansicht, welche die Geschehnisse eines Tages erfasst, oftmals mehrere Zentimeter. Innerhalb eines Monats schrumpft dieser Abstand auf Millimeter zusammen. Ein Austesten der Bedienung des jeweiligen Tools in Ihrem Broker hilft dabei, es besser kennenzulernen. Es ist daher ratsam, einfach mal ein bisschen mit dem Chart zu spielen, um ein besseres Gefühl für das Format und das Verhalten des Aktienkurses zu bekommen.

Des Weiteren existieren drei essenziell wichtige Linien, welche Sie sich meist ganz einfach per Mausklick vom Programm anzeigen lassen können. Zum einen handelt es sich um die sogenannte **Widerstands-linie**. Diese Linie verläuft an den Spitzen des Charts und verbindet somit die maximalen Hochs eines bestimmten Zeitraums miteinander. Üblicherweise wissen die Beobachter des Charts um diese Linie und werden die Aktie verkaufen, wenn der vermeintlich höchste Punkt der Vergangenheit erreicht ist. Das hat zur Folge, dass auch diesmal die Höhe erst einmal nicht übertroffen wird. Sie erhalten so eine Übersicht darüber, wann der höchste Punkt des Charts erreicht ist und somit auch, wann Sie für viel Geld verkaufen können. Empfehlenswert ist die Betrachtung dieser Linie innerhalb unterschiedlicher Zeiträume, je nachdem, wie langfristig Ihre Investition aufgebaut ist. Auch während eines generellen Tiefs lässt sich eine Widerstandslinie betrachten, dann jedoch über einen deutlich kürzeren Zeitraum. Erst wenn die Mehrheit der Anleger davon überzeugt ist, dass die Aktie das Potenzial hat, deutlich weiter als über den Widerstandspunkt zu steigen, wird der Aktienkurs diese Marke überwinden.

Ähnlich verhält es sich mit der **Unterstützungslinie**. Im Gegensatz zur eben erläuterten Gerade verläuft die Unterstützungslinie an der unteren Seite des Charts und verbindet die Tiefs. Sie legt fest, wie weit die Aktie im Normalfall fallen wird, bis Anleger wieder einsteigen und die Aktie kaufen, sodass der Aktienkurs zu steigen beginnt. Außerhalb von Krisen und Skandalen geschieht es selten, dass der Kurs unterhalb dieses Niveaus sinkt und wenn doch, haben Sie die Aktie dennoch zu einem günstigen Preis erworben, auch wenn sie danach noch ein kleines Stück weiter fällt. In den allermeisten Fällen fängt sich der Kurs dann wieder und es folgen kleinere Gewinne. Nach solchen Tiefphasen dauert es oftmals eine Weile, bis sich der Kurs auf sein ursprüngliches Niveau zurückkämpft.

Die letzte essenziell wichtige Linie für den Einstieg in den Aktienchart ist die **200-Tage-Glättung**. Wie es der Name bereits verrät, handelt es sich hier um einen Durchschnittswert über 200 Tage, welcher sich durch den Aktienchart schlängelt. Die Marke von 200 Tagen wurde von Experten als optimales Maß für die Bestimmung von kurzfristigen sowie langfristigen Entwicklungen ausgerufen und hat sich seitdem etabliert. Dennoch ist es nicht ungewöhnlich, dass auch weitere Durchschnittswerte über veränderte Zeiträume genutzt werden. Mit Hilfe dieser Werte lässt sich auf einen Blick erkennen, ob sich der aktuelle Preis über oder unter dem Durchschnittswert befindet, also ob er momentan vergleichsweise hoch oder niedrig ist.

Wichtig für Berufstrader und Experten sind schnelle Überblicke über das Marktgeschehen, weshalb Durchschnittswerte und Indizes eine enorme Rolle in ihrem Alltag spielen. Für Sie ist es vorerst nur notwendig, das Konzept sowie die Logik hinter den verschiedenen Linien zu verstehen, um daraus eine Schlussfolgerung für Ihr Handeln abzuleiten. Jetzt kaufen oder noch warten? Jetzt verkaufen oder noch halten? Das sind typische Fragen, die Sie insbesondere im Tradingbereich beschäftigen, Ihnen aber auch bei der Anwendung von Aktienstrategien begegnen werden.

Die Trendlinientheorie nach Dow

Der berühmte Wirtschaftsjournalist Charles Dow, nach dem zum einen Teil der berühmte Dow-Jones-Index benannt wurde, gilt als Urvater der Trendlinien-Theorie und war bekannt für seine passiven Anlagestrategien. Charles Dow interessierte sich nicht für kurzfristige Schwankungen oder Panikverkäufe, das zeigt auch diese Theorie. Sie ist meiner Meinung nach zentral für ein besseres Verständnis des Aktiencharts und wird Ihnen dabei helfen, sich gezielter mit diesem auseinanderzusetzen.

Außerdem wird hiermit der Grundstein des Tradings gelegt, welchen Sie benötigen, um die einzelnen Trading-Strategien nachvollziehen zu können, die im Zusatz-Kapitel zum Thema Trading am Ende des Buches folgen.

Die Trendlinientheorie, oftmals auch als Dow-Theorie bezeichnet, ist eine Erklärung des Aktiencharts. So gut wie jeder Trader kennt sie, aber auch jeder erfolgreiche Aktionär sollte schon einmal von ihr gehört haben. Sie dient zur Grundlage der technischen Chartanalyse, auf welche Sie zumindest zum Teil als langfristiger Anleger zurückgreifen werden.

Charles Dow beschreibt die Schwankungen des Aktiencharts als die Bewegungen auf dem Meer. Der primäre Trend wird mit der Ebbe und Flut gleichgesetzt, welche sich sozusagen abwechseln und nur schwer aufzuhalten sind.

Kommt die Flut, wird sie alles überstrahlen. Ist momentan Ebbe, gibt es für Anleger nicht viel zu holen. Sekundärtrends werden durch die Wellen im Ozean verkörpert, welche also deutlich kleiner als die Flut bzw. die Ebbe sind und deshalb nicht ansatzweise so große Auswirkungen haben.

Zu guter Letzt gibt es noch die tertiären Trends, welche die nahezu unbedeutenden kleinen Bewegungen auf den einzelnen Wellen sind und auf die Wellen geschweige denn die Flut so gut wie keine Auswirkungen haben. Des Weiteren gibt Charles Dow in seiner Theorie noch ungefähre Zeiträume an, an die sich die jeweiligen Trends orientieren. Primärtrends können von einem bis zu mehreren Jahren andauern, sekundäre Trends einige Wochen und tertiäre Trends können bereits nach einem Tag schon wieder der Vergangenheit angehören.

Da sich Dow hauptsächlich mit den primären Trends auseinandersetzte und diese für sich zu nutzen wusste, gliederte er sie zusätzlich noch einmal in drei Phasen. Wichtig ist, vorher zu erwähnen, dass ein Trend laut Dow immer gilt, bis er vollständig umgekehrt ist und somit der entgegengesetzte Trend eingesetzt hat. Solange dieser nicht eindeutig Bestand hat, gilt für Charles Dow der vorherige Trend weiterhin. Die erste Phase des aufsteigenden Primärtrends wird als Akkumulationsphase bezeichnet. Der Trend befindet sich in der Entwicklung und insbesondere gut informierte Experten kaufen die Aktie zu einem noch niedrigen Preis. Im Anschluss folgt die sogenannte „öffentliche Beteiligung", in der sich informierende Anleger in die Aktie einsteigen und somit den Trend so richtig eröffnen. In der letzten Phase folgt der Einkauf durch die breite Masse, genannt Distributionsphase. Der Preis der Aktie erreicht enorm hohe Summen und die Experten, welche bereits sehr zeitig eingestiegen waren, verkaufen ihre Anteile aufgrund von zu hohem Risiko eines Absturzes wieder. Der Trend kehrt sich um und die Anleger verkaufen ihre Anteile in umgekehrter Reinfolge. Ist die Unterstützungslinie erreicht, kann das Trend-Spiel von neuem beginnen.

Selbstverständlich stellt sich dieses Phänomen in der Praxis nicht so eindeutig dar, wie es hier beschrieben ist. Aufgrund vieler Konsolidierungen während eines Trends herrscht oftmals Unsicherheit über die exakte Entwicklung des Kurses. Wenn jedoch die Distribution einsetzt und der Aktienkurs innerhalb kurzer Zeit stark ansteigt, wird es höchste Zeit, das vermutlich bald sinkende Boot zu verlassen.

AKTIENKENNZAHLEN FÜR INVESTITIONEN

Da Sie es bereits bis hier hin in meinem Buch geschafft haben, wissen Sie nun schon eine ganze Menge über Aktien und wie Sie mit Ihnen Renditen generieren können. In den folgenden beiden zentralen Abschnitten des Hauptkapitels „Der Alltag am Kapitalmarkt" wird dieses Wissen nun abgerundet und durch Kennzahlen sowie Strategien erweitert, damit Sie erfolgreich am Kapitalmarkt bestehen können.

Aktienkennzahlen dienen sozusagen als Grundlage für Aktienstrategien, sind aber auch unabhängig davon nützlich. Mit Hilfe dieser Statistiken lässt sich ohne weiteres Vorwissen über ein Unternehmen oft bereits herauslesen, ob sich eine Investition lohnen könnte. Selbstverständlich muss vor dem Kauf der Anteile noch eine exakte Analyse stattfinden, ob die Aktie nun wirklich erworben wird. Dennoch ist es essenziell wichtig, sich mit Hilfe dieser Daten einen Überblick über verschiedene Branchen und einzelne Unternehmen zu verschaffen. Zunächst gebe ich Ihnen eine Übersicht über ausgewählte Kennzahlen und die Berechnungen dazu, damit Sie stets in diesem Buch nachschlagen können. Die Erklärungen folgen im zugehörigen Fließtext unterhalb der Übersicht.

BEZEICHNUNG DER KENNZAHL	**ERKLÄRUNG**
MARKTKAPITALISIERUNG	Aktienkurs x Anzahl herausgegebene Aktien
UMSATZ	Produktpreis x Anzahl verkaufter Produkte
STREUBESITZ	Anteil der an der Börse verfügbaren Aktien
PROFITABILITÄTSKENNZAHLEN	
GEWINN	Umsatz – Kosten = Jahresüberschuss
GEWINNWACHSTUM	Historische sowie prognostizierte Gewinnentwicklung
EIGENKAPITALRENDITE	Gewinn / Eigenkapital
STABILITÄTSKENNZAHLEN	
EIGENKAPITALQUOTE	Eigenkapital / Bilanzsumme

FREMDKAPITALQUOTE	Fremdkapital / Bilanzsumme
VERSCHULDUNGSGRAD	Fremdkapital / Eigenkapital
BEWERTUNGSKENNZAHLEN	
KGV	Aktienkurs / Gewinn je Aktie
KBV	Aktienkurs / Buchwert je Aktie
DIVIDENDENRENDITE	Dividende / Aktienkurs

Die schon oft erwähnte **Marktkapitalisierung** werden Sie mittlerweile wahrscheinlich kennen, sie darf jedoch in keiner Übersicht fehlen. Zur Beurteilung der Größe eines Unternehmens ist sie unausweichlich und findet deshalb in den meisten großen Indizes Anwendung. Die alleinige Betrachtung lässt noch keine Aussage über die Marktentwicklung einer Anlage zu, der historische Vergleich hingegen schon. Wer anhand der Marktkapitalisierung erkennen möchte, wie positiv oder negativ die Performance eines Unternehmens war, muss stets einen Vergleich mit der Marktkapitalisierung der vergangenen Zeitfenster anstellen.

Ähnlich wie die Marktkapitalisierung sagt auch der **Umsatz** eines Unternehmens etwas über die Größe aus, jedoch nicht beispielsweise über die Profitabilität. Er setzt sich aus der Anzahl aller verkauften Produkte multipliziert mit deren Preis zusammen, sodass mit Hilfe dieser Größe jegliche Kosten der Unternehmung gedeckt werden müssen, bevor ein Gewinn erwirtschaftet werden kann. Konstante Umsätze auch in wirtschaftlich schweren Zeiten deuten auf einen sicheren Stand der Gesellschaft hin, welche die Aktienkurse vermutlich auf hohem Niveau halten kann.

Eine weitere Größe ist der sogenannte **Streubesitz**. Er gibt an, wie viele Aktien aktuell an der Börse gehandelt werden, allerdings in Prozent. Die absolute Anzahl ist bei weitem nicht so relevant, denn der prozentuale Anteil lässt eine Aussage darüber zu, wie viel Prozent der herausgegebenen Aktien des Unternehmens in den Händen von Großinvestoren wie beispielsweise den Gründern oder speziell dafür gegründeten Fonds sind. Ein hoher prozentualer Anteil ab in etwa 50 Prozent deutet auf eine enorme Marktdichte hin und somit auch auf eine gute Handelbarkeit. Außerdem kann es bedeuten, dass bei der Ausgabe von Stammaktien eine Unternehmensübernahme bevorsteht, da der überwiegende Anteil an Stimmrechten nicht mehr bei den Gründern bzw. ursprünglichen Inhabern liegt.

Nun möchte ich mich den Kennzahlen widmen, welche etwas über die Profitabilität aussagen. Anders als die drei eben besprochenen Größen erlauben die nun Folgenden ein Urteil über den Gewinn bzw. den wirtschaftlichen Erfolg des Unternehmens am Markt. Die wichtigste dieser Größen ist der **Gewinn**. Traditionell wird er berechnet, indem alle Kosten vom Umsatz abgezogen werden. Dazu gehören neben Personal- und Materialkosten auch Steuern, Abschreibungen und beispielsweise die zu zahlenden Zinsen für Fremdkapital. Im Handelsgesetzbuch wird eindeutig festgelegt, welche Größen für die Gewinnberechnung zulässig sind. Diese Größe wird dann im Jahresabschluss veröffentlicht, sodass es zu einer einheitlichen Berechnung kommt. Im internen Rechnungswesen kann der Gewinn anders ausfallen, da es hierfür keine vorgeschriebenen Regeln gibt, an die sich gehalten werden muss. Wie das Unternehmen intern rechnet, ist ihm überlassen, weshalb solche Zahlen mit einem gesunden Abstand betrachtet werden sollten.

Der offizielle Gewinn wird im Jahresabschluss veröffentlich und ist nach Standards genormt berechnet worden. Als Anleger erhalten Sie mit Hilfe des Gewinns eine Aussage darüber, wie erfolgreich das Unterneh–men im vergangenen Jahr gewirtschaftet hat und können diese Größe auch mit den vergangenen Jahren vergleichen. Ein sich dort abzeichnender Gewinnzuwachs geht meist mit einem stetigen Wachstum des Aktienkurses einher. Einfacher lässt sich dieser Vergleich mit dem **Gewinnwachstum** feststellen. Aufgrund der Vorgabe dieser Größe können Anleger auf einen Blick erkennen, wie das Gewinnwachstum zum einen in den nächsten Jahren prognostiziert wird, zum anderen aber auch, wie es sich in den letzten Jahren entwickelt hat. Experten vergleichen dazu nicht nur die unternehmensspezifischen Größen untereinander, sondern vergleichen diese auch beispielsweise mit der Branche oder der Region. Eine ziemlich nützliche Größe also, damit nicht einzelne Geschäftsjahre vieler Unternehmen betrachtet werden müssen.

Die letzte zur Kategorie der Profitabilitätskennzahlen gehörende Größe ist die **Eigenkapitalrendite**. Aktionäre können anhand dieser Zahl erkennen, wie rentabel das eigene Geld im Unternehmen eingesetzt wird. Es wird dafür der erwirtschaftete Gewinn des aktuellen Jahres durch das gesamte Eigenkapital geteilt, zu dem unter anderem auch die verkauften Aktien gehören. Eine hohe Eigenkapitalrendite regt Anleger auch deshalb dazu an, weitere Aktien zu erwerben, weil das Unternehmen das eingesetzte Geld sehr effizient nutzt. Eine Kapitalerweiterung eines Unternehmens mit hoher Eigenkapitalrendite ist daher sehr beliebt unter Anlegern, weil die Nachfrage nach neuen Aktien hoch ist.

In diesem Absatz werde ich auf die Aktienkennzahlen eingehen, welche Aussagen über die finanzielle Stabilität des Unternehmens erlauben. Dazu gehört zum einen die sogenannte **Eigenkapitalquote**. Sie errechnet sich, indem das gesamte Eigenkapital der Unternehmung durch die Bilanzsumme, also die Summe aus Eigen- und Fremdkapital, geteilt wird. Es ergibt sich ein Wert, der nicht unter 30 bis 40 Prozent sinken sollte, denn dann ist die finanzielle Absicherung stark gefährdet.

Ähnlich verhält es sich mit der **Fremdkapitalquote**. Wie Sie sich bereits denken können, wird nun das Fremdkapital durch die Bilanzsumme geteilt. Ein Wert oberhalb von 70 Prozent hat dieselben Auswirkungen wie ein Wert unterhalb von 30 Prozent der Eigenkapitalquote. Ist die Fremdkapitalquote jedoch sehr niedrig, bedeutet das eine gute Stabilität des Unternehmens, insbesondere in Krisenzeiten. Aktien solcher Firmen sind vor allem bei sicherheitsbewussten Anlegern beliebt, da nicht zu erwarten ist, dass sie großen Schwankungen unterliegen werden.

Eine weitere Möglichkeit, finanzielle Stabilität der Passivseite der Bilanz auszudrücken, bietet der **Verschuldungsgrad**. Fremdkapital wird nun direkt durch das Eigenkapital geteilt, die Schlussfolgerungen bleiben jedoch dieselben. Ein hoher Grad an Verschuldung senkt die Kreditwürdigkeit, sorgt somit auch für höhere Zinsen und generell für Schwierigkeiten bei der Kapitalbeschaffung. Von Unternehmen mit einem Verschuldungsgrad von über 400 Prozent würde ich persönlich die Finger lassen, denn dann übersteigen die Schulden das Eigenkapital um das Vierfache.

Das Beste kommt immer zum Schluss, denn nun folgen drei enorm wichtige Kennzahlen, die Ihnen im Umgang mit Aktien vermutlich täglich begegnen werden. Das Kurs-Gewinn-Verhältnis, kurz **KGV**, gibt an, wie hoch der Preis einer Aktie im Verhältnis zu ihrem Gewinn ist. Ein KGV von acht bedeutet, dass Sie beispielsweise 80 Euro für eine Aktie zahlen, während der Gewinn zehn Euro jährlich beträgt. Zwar klingt ein niedriges KGV nun ziemlich verlockend, da Sie bereits nach acht Jahren den Preis der Aktie mit Gewinn ausgeglichen hätten und Sie dennoch zum aktuellen Preis verkaufen könnten, jedoch geht dies auch mit hohem Risiko einher. Deshalb sind unter Anlegern insbesondere mittlere bis hohe KGVs beliebt, es handelt sich um einen Bereich von zehn bis zwanzig. Aktionäre der Value-Strategie hingegen setzen eher auf niedrige KGVs unter zwölf, da hier die Wertentwicklung unsicher ist und sich die Aktionäre eine hohe Wertsteigerung erhoffen – doch dazu im nächsten Abschnitt mehr.

Des Weiteren ist das Kurs-Buch-Verhältnis, genannt **KBV**, eine sehr interessante Kennzahl. Dabei wird der Preis einer Aktie durch den Buchwert, welcher meist sehr ähnlich zum Eigenkapital ist, geteilt. Mit Hilfe des KBV wird angegeben, wie hoch das Vermögen des Unternehmens ist, welches auf einen einzelnen Euro fällt, der investiert wird. Liegt der Buchwert nun über eins, gilt das Unternehmen als tendenziell zu hoch bewertet, da die Preise das Vermögen übersteigen. Ein KBV unter eins deutet eine zu niedrige Bewertung an, sodass Anleger für einen Euro Investitionskapital beispielsweise 1,10 Euro Unternehmenskapital erhalten. Legitimiert wird dies durch Verlusterwartungen der kommenden Jahre, die aber nicht immer eintreten müssen. Manche Investoren hoffen auf eine Umkehr und investieren in diese hochrisikovollen Aktien mit einem Buchwert unter eins.

Zuletzt möchte ich noch kurz auf die **Dividendenrendite** eingehen. Mit Hilfe dieser Kennzahl wird angegeben, wie hoch die Dividendenzahlungen je investiertem Euro in den vergangenen Jahren gewesen ist. Das bedeutet bei einem Aktienkurs von 50 Euro und einer ausgeschütteten Dividende von zwei Euro eine Dividendenrendite von vier Prozent, was in etwa einem guten Durchschnittswert entspricht. Eine hohe Dividendenrendite wird insbesondere für die Dividendenstrategie von Bedeutung, denn hierbei legen es Anleger gezielt darauf an, hohe Dividenden zu erwirtschaften.

AKTIENSTRATEGIEN FÜR DIE EINFACHE ANWENDUNG

Aktienstrategien verfolgen langfristig ein gemeinsames Ziel: Die Kriterien eines guten Investments bestmöglich erfüllen, um so über einen angemessenen Zeitraum hinweg hohe Renditen mit ausgeglichenem Risiko zu erzielen. Ein solches Investment ist zwar vorher nicht abzusehen, aber dennoch kann versucht werden, so nah wie möglich an diese Idealvorstellung heranzukommen. Dazu werden Aktienstrategien genutzt und auch ich empfehle Ihnen, die ein oder andere in Ihr eigenes Portfolio aufzunehmen, denn viele von ihnen klingen zugegebenermaßen sehr verlockend.

Ich persönlich habe noch nicht jede dieser vorgestellten Strategien selbst ausprobiert, dennoch habe ich viele Erfahrungen gesammelt und verstanden, wie sich der Kapitalmarkt in bestimmten Situationen verhält. Aus diesem Grund kann ich sehr gut einschätzen, welche Strategie es wert ist, ausgetestet zu werden. Deshalb habe ich jene Strategien, in denen ich kein Potenzial sehe und die in der historischen Analyse auch keine entsprechenden Ergebnisse erzielt hätten, nicht in diese Übersicht aufgenommen. Ich bin mir sicher, dass ich dennoch genügend Möglichkeiten zusammengetragen habe, die sich für Ihr Portfolio eignen.

Die bekannteste aller Aktienstrategien ist zweifelsohne die **Buy-and-Hold-Strategie**. Bestimmte Aktien werden zu einem bestimmten Zeitpunkt erworben und lange gehalten, sodass sie ihr Potenzial zu hoher Sicherheit ausschöpfen. Die Auswahl der Aktien erfolgt dabei mit Hilfe einer Konzentration auf bestimmte Regionen, Branchen oder Unternehmensgrößen. Beliebt ist beispielsweise eine Mischung aus Blue-Chip-Aktien, welche als Marktführer oder Monopole gelten und deshalb wenig Konkurrenz zu befürchten haben. Möglich sind aber auch Value-Aktien, welche einen hohen Kursgewinn erwarten lassen, jedoch erst nach einigen Jahren zünden könnten.

Dies ist aber nicht direkt Bestandteil der Strategie, welche zugegebenermaßen sehr simpel ist. Die Auswahl der Aktien und auch die Anzahl wird nämlich nicht vorgeschrieben. Kern der Überlegung ist, dass jegliche Schwankungen, wirtschaftliche Tiefphasen und sogar Krisen ausgesessen werden. Essenzielle Voraussetzung dafür ist jedoch, dass die gewählten Unternehmen als krisensicher und finanziell eigenständig gelten, zum Beispiel durch eine hohe Eigenkapitalquote oder einen geringen Verschuldungsgrad. Dann ist es wahrscheinlich, dass die Unternehmung auch nach vielen Jahren noch Bestand hat und aufgrund des Wirtschaftswachstums sicher im Börsenkurs steigen wird. Vorteile dieser Strategie sind bei breiter Diversifizierung mit Blue-Chip-Aktien eine konstante Wertsteigerung des Aktienkurses sowie jährliche Dividenden. Gehemmt wird die Buy-and-Hold-Strategie durch die Liquidierung des eingesetzten Kapitals, welches meist erst nach einem Jahrzehnt ausgezahlt wird. Außerdem schwingt ein gewisses Risiko mit, wenn nicht wenigstens mit mindestens fünf bis zehn Aktien diversifiziert wird.

Die **Dividendenstrategie** orientiert sich an Dividendenzahlungen durch Unternehmen, welche hohe Gewinne erwirtschaften, und zielt auf ein passives Einkommen ab, da die Dividenden über das Jahr hinweg auf dem Konto des Aktionärs landen, welcher nach dem Kauf der Aktien keine weiteren Kosten hat, da Aktiendepots mittlerweile kaum noch gebührenpflichtig sind, wenn keine Transaktionen getätigt werden. Diese Strategie schließt sich deshalb direkt an die Buy-and-Hold-Strategie an und gibt einen genauen Fahrplan vor, welche Aktien erworben werden. Man orientiert sich an Dividenden-Indizes wie beispielsweise dem DivDAX, welcher die 30 dividendenstärksten Unternehmen Deutschlands abbildet, gemessen anhand der kürzeren Vergangenheit.

Werden die obersten Aktien ausgewählt, muss häufig viel Kapital aufgewendet werden, um die einzelnen Aktien zu erwerben. Aufgrund der hohen Marktkapitalisierung sind auch die Preise entsprechend hoch. Dafür wird der Anleger mit zukunftssicheren, meist Blue-Chip-Aktien, entlohnt. Ich empfehle außerdem, unterschiedliche Dividenden-Indizes zu nutzen, um nicht von einer Region abhängig zu sein. Vorteile dieser Strategie sind durch das passive Einkommen offensichtlich, denn die Liquidität wird erhöht, wobei das Risiko überschaubar bleibt. Fraglich ist die erwartete Rendite durch den Verkauf der Aktien nach einiger Zeit, da sich in der kurzen Frist die Kurse bei Blue-Chip-Aktien nur selten stark verändern. Werden jedoch, ähnlich wie bei der Buy-and-Hold-Strategie, wirtschaftliche Tiefs über viele Jahre ausgesessen, wird die erwartete Rendite vermutlich erreicht und Sie werden neben den Dividenden ebenso Rendite durch den Verkauf der Aktien erhalten.

Ein Ausläufer dieser Strategie nennt sich **Dividend-Low-5-Strategie.** Hierbei werden die untersten fünf gelisteten Unternehmen eines Dividenden-Indizes erworben und es wird neben den hohen Dividendenzahlungen ebenfalls auf eine Wertsteigerung gehofft. Der Grund für diese Wertsteigerung soll durch die hohen Zahlungen an Dividenden legitimiert sein, denn Dividendenzahlungen können sich nur Unternehmen leisten, welche hohe Gewinne erwirtschaften und sich deshalb im Aktienkurs nach oben kämpfen werden. Eine sehr wacklige Theorie, die auch in die andere Richtung ausschlagen kann. Der Kurs könnte auch stagnieren. Deshalb empfehle ich, Abhilfe zu schaffen, indem für diese Strategie kein großer Anteil am Investitionskapital genutzt wird, oder sie ausgeweitet wird und noch mindestens zwei weitere Dividendenindizes herangezogen werden, optimalerweise aus unterschiedlichen Regionen. So sollten Unternehmen erworben werden, die nicht in denselben Branchen aktiv sind.

Die Dividend-Low-5-Strategie baut neben den Dividenden auch auf der sogenannten Value-Strategie auf, welche es auf langfristige Wertsteigerungen abgesehen hat, dazu erfahren Sie gleich mehr. Zuvor möchte ich noch auf Gefahren hinsichtlich den unterschiedlichen Dividendenstrategien eingehen. Nicht alle Unternehmen solcher Dividenden-Indizes sind aufgrund ihrer Großzügigkeit oder enorm hoher Gewinne gelistet, sondern damit Anleger geworben werden. Mit Hilfe von hohen Dividenden erlangen Firmen die Aufmerksamkeit von Aktionären, was dafür sorgt, dass der Aktienkurs steigt und die Nachfrage nach Aktien dieses Unternehmens vorhanden ist, sodass eine Kapitalerweiterung stattfinden kann. Der Verkauf weiterer Aktien wird aufgrund des Bekanntheitsgrades und Anlegern der Dividendenstrategie gut angenommen. Das neugewonnene Kapital wird dann oftmals in Projekte gesteckt, die eine gewisse Unsicherheit mit sich bringen und die konservative Aktionäre nicht glücklich machen werden. Der Aktienkurs bricht mehr oder weniger stark ein und die Firma muss sich beweisen, denn nun hat sie mehr Kapital zur Verfügung. Gelingt das Projekt und es werden weiterhin Gewinne generiert, wird sich das auch auf den Aktienkurs auswirken. Ebenso verhält es sich jedoch auch bei Verlusten.

Die Konsequenz meiner Ausführung ist demnach, dass Verfolger insbesondere der Dividend-Low-5-Strategie über das Risiko informiert sein sollten, dass manche der Unternehmen große Investitionen planen, deren Erfolg nicht gesichert ist, die aber notwendig für das wirtschaftliche Bestehen der Unternehmung sind. Diese Strategie bürgt demnach im Gegensatz zum Erwerb von Blue-Chip-Aktien ein gewisses Risiko, welches nicht zu unterschätzen ist.

Die eben angekündigte **Value-Strategie** zeichnet sich dadurch aus, dass Anleger insbesondere auf langfristige Kurssteigerungen hoffen – und mit langfristig, meine ich wirklich sehr langfristig. Nicht ungewöhnlich ist, dass manche Aktienkurse bis zu zehn oder sogar 15 Jahre brauchen, bis sie durchstarten oder sich die Anleger mit Value-Strategie dazu entscheiden, die Aktie abzustoßen.

Was ist die Grundlage der Strategie? Zum einen sind es bestimmte Kennzahlen, die erwarten lassen, dass das Unternehmen möglicherweise bald so richtig zündet. Dazu zählen beispielsweise ein KBV unter eins und ein KGV unter zehn, aber auch eine Eigenkapitalquote über 30 Prozent sowie ein konstantes Gewinnwachstum geben Aufschluss darüber, welche Unternehmen eine goldene Zeit erwartet. Neben diesen festen Kriterien, auf die sich die Anleger selbst festlegen, indem sie Prioritäten setzen, gibt es auch andere Möglichkeiten, wie Anleger eine Value-Aktie auswählen können. Meist handelt es sich dann um das Gebiet, in dem sich der Anleger gut auskennt und weiß, wie das Geschäftsmodell funktioniert. Aufgrund von fundiertem Wissen wegen beispielsweise beruflicher oder privater Involvierung in den Bereich, kann dann genauer eingeschätzt werden, welche Aktien viel Potenzial versprechen.

Insbesondere bei Start-Ups in der Technologiebranche hat sich diese Strategie in der Vergangenheit bewährt, wie es unter anderem der NASDAQ-100-Index zeigt. Nachteile der Value-Strategie sind die schwache Liquidität und die Unsicherheit der Anlage. Es ist nicht abzusehen, ob die ausgewählten Aktien sich alle gut entwickeln oder keine von ihnen. Für Sicherheit ist eine breite Diversifizierung notwendig, die jedoch die mögliche Rendite deutlich schmälert: Doch genau darauf haben es Verfolger dieser Strategie eben abgesehen.

Eine sehr beliebte und auch von mir geschätzte Strategie beruht auf der **Theorie der relativen Stärke** von Lewy. Mit Hilfe der relativen Stärke wird berechnet, wie sich einzelne Aktien im Vergleich zu einem gesamten Markt, abgebildet anhand eines Indizes, verhalten. Zu Beginn wird sich ein Index herausgesucht, mit dem diese Strategie durchgeführt werden soll. Zu empfehlen sind insgesamt zwei Indizes, ein regionaler und ein weltweiter beispielsweise. Denkbar ist jedoch auch ein Branchen-Index und ein branchenübergreifender Index. Weil die Verwendung dieser beiden so nahe liegt, könnte ich mir gut vorstellen, diese Strategie mit dem DAX und dem MSCI World oder dem MSCI Emerging Markets durchzuführen, aufgrund der höheren Schwankungen würde ich mich für zweiteren entscheiden, was ich in der Realität sogar getan habe. Wie dem auch sei, um mich soll es nicht gehen, sondern um die Berechnung der relativen Stärke. Aufbauend auf dem Prinzip, dass Gewinner weiterhin gewinnen und Verlierer nicht plötzlich dann aufhören zu verlieren, wenn Sie in die Aktie einsteigen, werden bei dieser Strategie deshalb die performancestärksten Unternehmen gekauft, gemessen anhand der vergangenen Entwicklung.

Anfang oder Ende jeden Monats müssen Sie als Aktionär nun aktiv werden und sich Notizen machen, denn die Ausführung dieser Strategie erfordert etwas mehr Arbeit als es bei den bisher Vorgestellten der Fall war. Notieren Sie sich zu den gelisteten Aktien des herangezogenen Index die Schlusskurse der letzten 15 Monate. Bilden Sie nun einen Durchschnittswert und teilen Sie den aktuellen Kurswert der Aktie durch den durchschnittlichen Kurswert.

Errechnen Sie einen Wert unter eins, hat die Aktie in der Vergangenheit verloren und Sie können sie für diese Strategie nicht gebrauchen. Führen Sie diese Berechnung mit allen Aktien des Index durch und küren Sie Ihre fünf Gewinner. Von diesen erwerben Sie nun in gleichem Maße Aktien – und das jeden Monat. Nach Ablauf des Monats errechnen Sie neu, sollten Sie neue Gewinner feststellen, müssen Sie Ihr Depot laut der Strategie entsprechend überarbeiten und die Anteile umschichten. Auf einer Laufzeit von maximal drei Jahren würde ich diese Strategie ausprobieren und sie mit anderen Indizes vergleichen. Waren Sie nach Ablauf von drei Jahren von der Rendite enttäuscht, lohnt es sich oft, auf einen anderen Index umzusteigen.

Was sind die Nachteile dieser Strategie? Zum einen erfordert sie im Gegensatz zu den Alternativen viel Aufwand, der meiner Meinung nach dennoch im Rahmen bleibt. Des Weiteren sorgt das häufige Umschichten dafür, dass Gebühren für den Erwerb der Aktien und häufig auch für den Verkauf anfallen, abhängig von der Plattform. Wie lässt sich dem entgegenwirken? In dem Kapitel „Was Sie über Aktiendepots wissen sollten" habe ich Ihnen verschiedene Broker vorgestellt, welche mit unterschiedlichen Kostenstrukturen arbeiten. Ich empfehle

Ihnen, diese Strategie insbesondere bei hohen Summen an verfügbarem Kapital einzusetzen, damit die Gebühren nicht ins Gewicht fallen. Des Weiteren ist es bei einigen Plattformen möglich, ab bestimmten Summen vollkommen kostenlos Aktienhandel zu betreiben.

Übrigens: Diese hohen Summen kommen schnell zusammen, da einzelne Aktien oftmals recht teuer sein können, insbesondere wenn Sie sich auf einen Index konzentrieren. Dann kann es sein, dass die teuerste Aktie jene mit der größten relativen Stärke ist und Sie diese erwerben müssten. Ein ausreichendes Grundkapital ist deshalb stets empfehlenswert, wenn Sie diese Strategie befolgen möchten.

Nun zu einer weiteren Strategie, welche jedoch keine Berechnungen und häufige Umschichtungen von den Anlegern verlangt. Ich möchte Ihnen die **Saisonalitäten-Strategie** näherbringen, da Sie Ihnen eine wichtige Aussage über den Kapitalmarkt vermittelt. Und zwar geht es schlicht um die Tatsache, dass Aktienmärkte je nach Jahreszeit unterschiedlich genutzt werden. In den Sommermonaten von April bis August hängt die Wirtschaftsleistung Mitteleuropas traditionell in einem Tief. Das liegt zum einen an teils ungewohnter Hitze, die die Arbeitsleistung hemmt, aber auch an häufigeren Urlauben als im Winter. Deshalb ist es nicht unüblich, dass in diesen Monaten der Aktienmarkt ein wenig durchhängt und nicht die Renditen schafft, die Anleger normalerweise gewohnt sind. Die Schlussfolgerung für viele Aktionäre ist deshalb, sich im Sommer nicht am Aktienmarkt zu beteiligen, sondern das Geld anderweitig anzulegen, beispielsweise in Privatkredite auf P2P-Plattformen. Das sorgt zusätzlich dafür, dass die Kapitalmärkte sich nicht entfalten können.

Was bedeutet das speziell für Sie? Überlegen Sie sich, ob Sie Ihre Strategien ebenfalls im Sommer ausführen, oder sich lieber vom Aktienmarkt zurückziehen. Insbesondere beim Handeln mit geringen Summen und vergleichsweise hohen Gebühren wird Ihre Rendite somit zusätzlich geschmälert. Alternativen sind daher klar zu empfehlen, wenn Sie aktiven Handel betreiben, zum Beispiel durch Trading, Aktienstrategien oder anderweitige Umschichtungen des Portfolios. Passiven Anlegern rate ich nicht dazu, in den renditeschwachen Monaten die Anlagen zu verkaufen, da dies unnötige Kosten verursacht. Teilweise sind die Kurse dann sehr niedrig und die Ausführung des Sparplans im Sommer zahlt sich im Winter doppelt aus, weil Sie die geringen Preise ausgenutzt haben.

Zum Abschluss dieses Kapitels möchte ich noch auf eine Strategie eingehen, die bereits in den Tradingbereich hineinragt und eine stetige Pflege des Portfolios voraussetzt. Die **Trendfolger-Strategie** nutzen vor allem Daytrader, welche

Aktienanteile am selben Tag wieder abstoßen, an dem sie sie erworben haben. Eine längerfristige Auslegung dieser Strategie möchte ich Ihnen vorstellen, da ich bereits selbst gute Erfahrungen damit gemacht habe.

Erinnern Sie sich an die zentrale Theorie Charles Dows zur Beschreibung der Trends innerhalb eines Aktiencharts? Der primäre Trend wurde dabei in die Akkumulationsphase, die Phase der öffentlichen Beteiligung und in die Distributionsphase unterteilt. Ein Einstieg in einen primären Trend noch während der Akkumulationsphase ist zwar theoretisch möglich, jedoch nur mit vergleichsweise hohem Risiko zu rechtfertigen. Ich empfehle daher die Phase der öffentlichen Beteiligung zu nutzen, wenn die Aktie etwa ein Drittel des erwarteten Kursgewinnes verzeichnet. Dann ist der primäre aufsteigende Trend sehr wahrscheinlich bestätigt und Sie steigen noch ein, bevor in der Distributionsphase die breite Masse die Aktie erwirbt, fast wie in einem Kaufrausch.

Der Ausstieg erfolgt stets direkt nach diesem Kaufrausch und dem Erreichen der Widerstandslinie, damit kein unnötiges Risiko eingegangen wird. Steigt der Kurs danach weiter an, ist das zwar schade, aber nicht wirklich vorhersehbar – zumindest nicht mit Hilfe der Charttechnik, die der Strategie zugrunde gelegt wird. Die abgestoßene Aktie wird nun erst wieder interessant, wenn Sie einen neuen Tiefststand erreicht hat und sich ein positiver primärer Trend abzeichnet.

Da diese Vorgehensweise sehr viel Zeit in Anspruch nehmen kann, bis neue Kurstiefen erreicht sind, befinden sich stets 30 oder mehr Aktien auf Ihrer Beobachtungsliste. Nach und nach werden die richtigen Einstiegszeitpunkte folgen – verpassen Sie jedoch auch nicht die Möglichkeiten des Ausstiegs. Für diese Strategie ist ein wenig Erfahrung am Aktienmarkt nötig, welche jedoch nur kommen kann, wenn Sie sich ausprobieren. Der Aufwand wird durch erwartungsgemäß hohe Renditen und vergleichsweise schnelle Liquidität entschädigt. Folgen Sie den Trends und seien Sie mittendrin, wenn die Distributionsphase einsetzt!

IHR PERSÖNLICHES START- UND INVESTITIONSKAPITAL BESTIMMEN

Um dauerhaft mit Investitionen in Aktien erfolgreich zu sein, ist eine gezielte Auswahl des Kapitals, welches Sie innerhalb einer gewissen Laufzeit investieren werden, zwingend notwendig. Zum einen hilft Ihnen diese Auswahl dabei, eine gezielte Prognose über die Gewinnmöglichkeiten zu erhalten, andererseits entsteht dadurch der erste Schritt zu einem detaillierten und an Ihr persönliches Risiko angepassten Portfolio. Wichtig ist, dass Sie nicht von dem im Folgenden erstellten Sparplan abweichen und nur in Ausnahmefällen, beispielsweise wenn sich Ihre finanzielle Situation stark verändert, eine Veränderung an den Sparraten vornehmen.

Zu unterscheiden ist das Startkapital und das monatlich eingesetzte Kapital, welches ich Sparrate nenne. Zusammen ergeben diese beiden Faktoren das gesamte Investitionskapital über einen bestimmten Zeitraum. Das **Startkapital** bezeichnet die Summe, die Sie zum sofortigen Zeitpunkt zur Verfügung haben und womit Sie eine einmalige Investition tätigen können. Es bildet den Grundbaustein des Portfolios und sollte daher nach einem strengen Plan auf die einzelnen Positionen im Portfolio aufgeteilt werden. Doch wie hoch sollte dieser Betrag gewählt werden?

Das hängt ganz davon ab, wie viel Geld Sie im Moment zur Verfügung haben und „entbehren" können. Das Startkapital sollte unabhängig vom monatlichen Einkommen gewählt werden und sich lediglich an den zurzeit verfügbaren liquiden Mitteln orientieren. Experten raten dazu, zwei bis drei Monatsgehälter als stille Reserve auf einem permanent verfügbaren Konto zu besitzen, damit in finanziellen Notfällen nicht das Aktiendepot zu einem potentiell niedrigen Kurswert verkauft werden muss. Dieser Gedankengang ist auch deshalb so logisch, weil der Grund für finanzielle Not neben privaten Aspekten auch eine Wirtschaftskrise und im schlimmsten Fall der Verlust des Arbeitsplatzes sein kann. Liegt der Grund deshalb bei einer Krise für die gesamte Gesellschaft, sind die Aktienkurse oft sehr niedrig, weshalb Sie dann keinesfalls verkaufen sollten. Im Gegenteil: Ein weiterer Erwerb von Aktienpaketen ist dann die richtige Reaktion.

Wie dem auch sei, besitzen Sie Kapital oberhalb der Drei-Monatsgehälter-Marke, welches keine Rendite verspricht und innerhalb kurzer Zeit liquide ist, so empfehle ich Ihnen, dieses vollständig als Startkapital zu nutzen. Selbstverständlich gehören zu Ihrem Portfolio auch solche Investitionen, welche in Zeiten von Wirtschaftskrisen nicht zu stark an Wert verlieren, dafür aber auch weniger Rendite versprechen, sodass Sie im Notfall über einen Teil dieses Kapitals mit abgesichertem Wert verfügen können. Ausgewogenheit ist das A und O eines guten Portfolios.

Nun soll es um die jeweiligen **Sparraten** gehen, welche das Startkapital ergänzen. Während bei ersterem ein günstiger Zeitpunkt für den Erwerb der Aktie gesucht wird, um niedrige Kurse auszunutzen, bietet die Ratenzahlung den Vorteil, dass über einen längeren Zeitraum die Aktienanteile zu verschiedenen Kurswerten erworben werden, sodass ein Mittelwert entsteht. Des Weiteren sorgen Sparraten für kontinuierlichen Depotzuwachs, welcher zur Folge hat, dass der

Wert nahezu unbemerkt über Jahre hinweg ansteigt. Ich persönlich empfehle eine monatliche Sparrate, welche direkt mit Ihren monatlichen Einkünften verrechnet werden kann. Der Nachteil an Quartalsraten, also vier Aktienkäufen jährlich, liegt auf der Hand: Ihr Durchschnittspreis könnte deutlich höher sein als bei monatlichen Einkäufen. Außerdem wird dann eine vergleichsweise hohe Summe von Ihrem Konto abgebucht, welche stärker ins Gewicht fällt, als dieselbe Summe auf drei Monate verteilt.

Und wie hoch sollte nun dieser Betrag sein, nachdem das Startkapital möglicherweise bereits eine beachtliche Summe darstellt? Ich rate stets dazu, eine so hohe Sparrate wie möglich zu wählen, sodass sich über den Zeitraum von einem Jahr kein großer Betrag ansammelt, welcher nicht investiert wurde. Beispielhaft könnte angenommen werden, dass einer Person monatlich 2200 Euro netto zur Verfügung stehen und sie davon fixe Ausgaben für Miete, Auto, Strom und Lebensmittel in Höhe von 1400 Euro hat. Dazu kommt, dass sich die Person monatlich 300 Euro für Urlaube und das Hobby zur Seite legt, sodass noch 500 Euro übrigbleiben.

Damit die Rechnung nicht zu sehr auf Kante genäht ist und der Einkauf im Supermarkt auch mal etwas mehr kosten darf, empfehle ich eine Sparrate von 300 Euro. Mir ist bewusst, dass eine solch strikte Einteilung des Geldes nicht jedem liegt, jedoch wird sie langfristig dabei helfen, ein eigenes kleines Vermögen aufzubauen. Und sollten Sie sich fragen, mit welchem Geld kurzfristige Reparaturen am Auto oder der Waschmaschine durchgeführt werden sollen, denken Sie an Zuschüsse beispielsweise durch ein dreizehntes Gehalt. Dieses habe ich nicht in die Kalkulation aufgenommen, da es als Zusatzeinnahmen gilt und bei Auszahlung ebenfalls auf die einzelnen Kostenpositionen – je nach Bedarf – aufgeteilt werden kann.

Sie sehen, dass bereits bei einem Einkommen von in etwa 2000 Euro eine Menge Geld für Investitionen und Ersparnisse übrigbleiben kann, wenn eine vereinfachte Kostenanalyse durchgeführt wird. Ich bitte Sie deshalb eindringlich darum, zur Auswahl Ihrer Sparrate eine solche Analyse für Sie persönlich durchzuführen und das vorhandene Geld nahezu vollständig zu verplanen, auch wenn es sich um Hobbys oder den Urlaub handelt. Es ist stets wichtig, zu wissen, wie viel Geld für die einzelnen Positionen zur Verfügung steht.

SO KÖNNTE IHR ERSTES PORTFOLIO AUSSEHEN

Die Gestaltung Ihres ersten Portfolios ist eine der Hauptaufgaben, wenn es um den Einstieg am Kapitalmarkt geht und schließt die Einführung in die Welt der Aktien ab. Wenn Sie nachvollziehen können, weshalb die einzelnen Entscheidungen bzw. Aufteilungen innerhalb dieses Beispiel-Portfolios von mir so ausgewählt worden sind, haben Sie bereits eine Menge im Umgang mit Aktien und anderen Finanzprodukten gelernt. In gewisser Weise können Sie hier also Ihr Wissen testen.

Zunächst möchte ich anmerken, dass der Kapitalmarkt, wie Sie bereits sehr häufig gehört haben, neben Aktien auch noch aus sehr vielen anderen Finanzprodukten besteht. Ziel Ihres Portfolios soll es jedoch nicht sein, den Kapitalmarkt mit all seinen Besonderheiten und Ausprägungen in Ihrem Portfolio widerzuspiegeln. Damit meine ich, dass es nicht sinnvoll sein wird, einen Anteil von beispielsweise 30 Prozent Aktien in Ihr Portfolio aufzunehmen, weil der gesamte Kapitalmarkt auch nur aus 30 Prozent Aktien besteht. Aufgrund der Tatsache, dass Sie sich nun mit dem Produkt Aktien deutlich besser auskennen als mit den einzelnen Nischen des Marktes, beispielsweise Derivate oder Optionen, übernimmt der Anteil an Aktien einen überdimensional großen Posten Ihres Portfolios, der so nicht der Realität am Kapitalmarkt entspricht. Zielführend ist es daher nicht, diesen abzubilden und so eine breite Diversifikation zu erzeugen, sondern insbesondere mit Hilfe von Aktien und ähnlichen Produkten zu diversifizieren. Und das geht mindestens genauso gut.

Weil die Zusammensetzung des Portfolios maßgeblich von der Höhe des verfügbaren Kapitals abhängt und es sowieso keine allgemeingültige „richtige" Zusammensetzung der Anteile gibt, habe ich für diesen Abschnitt zwei fiktive Größen für das verfügbare Kapital herausgesucht. Zum einen erkläre ich, wie ich empfehlen würde, Startkapital in Höhe von 2.000 Euro sowie eine monatliche Sparrate von 300 Euro zu investieren. Diese Daten orientieren sich am Beispiel aus dem Abschnitt zuvor, als es um die Festlegung des persönlichen Start- und Investitionskapitals ging. Das zweite Beispielportfolio baut auf einem Startkapital von 10.000 Euro und einer monatlichen Sparrate von 800 Euro auf. Damit möchte ich erreichen, dass Sie sich mit Ihrem eigenen Budget möglichst gut zuordnen können und aufgrund der Unterschiede legitimierte Entscheidungen treffen werden, wie mit den jeweiligen Summen umgegangen wird.

Das erste Beispielportfolio bedient sich also einem verfügbaren **Startkapital von 2.000 Euro** und einer **monatlichen Sparrate von 300 Euro**. Wie bereits eingangs erläutert, setzen beide Portfolios den Kern auf Investitionen in Aktien, da dies auch der Hauptbestandteil dieses Buches ist und sich somit ein meiner Meinung nach sehr vielversprechendes Portfolio aufbauen lässt.

Wie gehe ich nun vor? Zunächst werden die einzelnen Anteile an Produkten festgelegt, auf welche dann das Startkapital nach Prozenten verteilt wird. In die Produkte, auf denen der Fokus liegt, wird auch prozentual mehr investiert. Im Anschluss wird die Sparrate verteilt und Fristen festgelegt, wann das Portfolio zum ersten Mal und in welchen Bereichen überprüft werden sollte.

Zunächst einmal habe ich bereits unter dem Kapitel „ETFs: Die modernen Renditebringer“ erläutert, welche Vorteile diese mit sich bringen. Meiner Meinung nach gehört ein weltweiter ETF-Sparplan in jedes Portfolio dieser Größenklasse, da er zum einen kostenfrei besparbar ist und zum anderen eine optimale Basis darstellt. Aufgrund der vergleichsweise geringen Summe von 2.000 Euro Startkapital ist es nicht notwendig, noch weniger Risiko in Kauf zu nehmen und somit auch geringere Renditen als die Marktrendite mit Hilfe des weltweiten ETFs zu erreichen. 30 Prozent an ETFs gehören bei dieser Höhe an Investitionskapital deshalb fest zum Portfolio. Speziell ist der MSCI World oder der MSCI Emerging Markets zu empfehlen, eine Splittung von 20/10 lässt sich gut vereinbaren, da der MSCI Emerging Markets mit deutlich mehr Schwankungen agiert als der MSCI World.

So werden demnach bereits ETF-Anteile im Wert von 600 Euro sofort geordert, monatlich kommen insgesamt 90 Euro dazu, wovon 60 Euro auf den MSCI World fallen und 30 Euro auf den MSCI Emerging Markets. Sollten Sie einen Broker nutzen, der Sparraten erst ab 50 Euro erlaubt, ist entweder eine Rate aller zwei Monate oder sogar quartalsweise für den MSCI Emerging Markets nutzbar, die monatliche Summe jedoch auch leicht änderbar, indem die Summe für die Sparrate auf den MSCI Emerging Markets um 20 Euro auf 50 Euro erhöht wird.

Das Renditerisiko steigt somit und der Analgenhorizont sollte etwas langfristiger gewählt werden, damit sich das Potenzial des „kleinen“ MSCI-Index wirklich entfalten kann. Ich empfehle eine Laufzeit von fünf Jahren – Schließlich bildet dies die Basis Ihres Portfolios. Danach können Sie sich selbstverständlich wieder dafür entscheiden oder eine andere Zusammensetzung wählen. Der Großteil dieses Portfolios wird durch eine Aktienstrategie vertreten. Ich empfehle dafür die Aufbringung von in etwa der Hälfte des verfügbaren Kapitals, also 1.000 Euro als einmalige Zahlung sowie weitere 150 Euro monatlich. Ungeeignet sind aufgrund des geringen Investitionskapitals meiner Meinung nach die Dividenden-Strategien sowie die Strategie der relativen Stärke. Umsetzbar wären diese nur dann, wenn quartalsweise gekauft wird, dann wird jedoch der Kern der

Theorie der relativen Stärke missachtet, und zwar der, dass monatlich neu bewertet und gekauft werden soll.

Die Dividendenstrategie lohnt sich erst ab einem höheren Investitionskapital, damit das entstehende passive Einkommen überhaupt spürbar ist. Eher zu empfehlen ist beispielsweise die Trendfolger-Strategie, welche bereits mit dem vorhandenen Kapital sehr gut durchführbar ist. Generell lässt sich diese Strategie auch mit deutlich höheren Summen durchführen, wobei der Zeitaufwand dann auch entsprechend angepasst werden sollte, da viel Geldeinsatz eine hohe Überwachung bedeutet. Weiterhin empfehlen möchte ich die Value-Strategie, in welcher die Summe durch monatliche Einzahlungen langsam wachsen kann.

Insbesondere geeignet ist diese für junge Anleger, die langfristig anlegen wollen und nicht sofort auf die Renditen angewiesen sind. Wie bereits im Abschnitt über die einzelnen Aktienstrategien erwähnt, ist diese Strategie bezüglich der Liquidität im Nachteil, welche in jungen Jahren jedoch noch nicht sehr wichtig ist. Entscheiden Sie sich für eine Strategie, bei der Sie sich sicher fühlen und Potenzial sehen. Es bringt nichts, wenn Sie der Strategie nicht vertrauen, sie aber dennoch nutzen. Schließlich sollen Sie weiterhin ruhig schlafen können.

Zu guter Letzt folgt noch die risikoreichste Anlage des Portfolios, die Mitte wurde durch die Aktienstrategie abgedeckt. Speziell bei der Verwendung der Value-Strategie empfiehlt sich nun zum Ausgleich ein Investment, welches mit hoher Liquidität glänzt, um stets Ergebnisse zu sehen. Vorreiter im Bereich hoher Liquidität ist zweifelsohne das Trading bzw. das Daytrading, welches ich Ihnen am Ende dieses Buches kurz und prägnant vorstellen möchte, damit Sie sich entscheiden können, ob Sie Teil dieses Geschäftsmodells werden möchten oder lieber die Finger davon lassen. Andererseits geben auch P2P-Kredite die Möglichkeit, Kapital innerhalb von einigen Monaten bereits zu verzinsen.

Diese Risikoanlage sollte jedoch keinesfalls mehr als die noch verbleidenden 20 Prozent des Portfolios ausmachen. Eine weitere Möglichkeit sind auch Derivate, Zertifikate oder Optionsscheine, welche allesamt mit der von mir als Schuldenfalle bezeichneten Hebelwirkung arbeiten. Insbesondere in den Anfängen am Kapitalmarkt rate ich hiervon eindeutig ab. Um Ihnen auch diese Möglichkeit nicht vorzuenthalten, möchte ich nicht unerwähnt lassen, dass Sie auch in Kryptowährungen wie dem Bitcoin investieren können, dies aber meist ähnlich zum Trading funktioniert, da eine genaue Überwachung stets notwendig ist. Jedoch wird hierfür meist ein höheres Investitionskapital vorausgesetzt, nicht selten in Bereichen von mehreren Tausend Euro.

Ich füge diesem Beispielportfolio einen 20-prozentigen Kapitaleinsatz mit P2P-Krediten hinzu, auch deshalb, weil die Renditen auf die Laufzeit gesehen gut vorhersagbar sind und ein Kapitalverlust dennoch unwahrscheinlich bleibt, auch wenn er theoretisch möglich ist.

Im Folgenden gebe ich Ihnen noch eine Übersicht über dieses erste erarbeitete Beispielportfolio, in der ich neben der Laufzeit auch die erwartbaren Renditen ergänzt habe. Die Laufzeit stellt hier lediglich dar, nach wieviel Zeit die Anlage erstmals verwaltet und womöglich in der Höhe des eingesetzten Kapitals oder der Zusammensetzung der einzelnen Investitionen geändert und überprüft werden sollte. In vielen Fällen entsteht allerdings auch dann noch kein Bedarf zur Änderung, vor allem wenn die erwarteten Renditen erfüllt worden sind. Insbesondere bei starken Abweichungen nach oben sollten Sie vorsichtig sein, da sich das Risikoprofil der Anlage möglicherweise verändert hat und es nicht mehr Ihren Wünschen entspricht.

Beispielportfolio 1

ANTEIL	PRODUKTNAME	LAUFZEIT	RENDITE
20 %	MSCI-World-Index-ETF	5 J.	4 - 6 % p.a.
10 %	MSCI-Emerging-Markets-ETF	5 J.	5 - 7 % p.a.
50 %	Value-Strategie mit Aktien	3 J.	5 - 15 % p.a.
20 %	P2P-Kredite	6 Mon.	9 – 12 % p.a.

Nun möchte ich mich dem zweiten Beispielportfolio dieses Buches widmen, welches sich insbesondere durch deutlich mehr verfügbares Investitionskapital auszeichnet als das erste Portfolio. Was ist grundsätzlich aufgrund des höheren Kapitaleinsatzes zu beachten? Das Startkapital in Höhe von 10.000 Euro stellt in diesem Fall nicht die enorm hohe Summe dar, sondern vielmehr die Sparrate in Höhe von 800 Euro. Diese wirkt auf den ersten Blick kleiner als sie ist, denn innerhalb eines Jahres werden so ganze 9600 Euro gespart.

Eine meiner Meinung nach sehr hohe Summe, bei der sich jeder Anleger glücklich schätzen kann, wenn er diese zur Verfügung hat. Wichtig bei diesen Summen ist es, dass das Portfolio im Risikocharakter gegenüber dem ersten Portfolio eine Stufe zurückgestellt wird. Das bedeutet konkret, dass die unterste Risikostufe nun nicht mehr die weltweiten ETFs sind, sondern zusätzlich noch andere Produkte genutzt werden, die den Wert des gesparten Geldes sichern. Denkbar sind dafür beispielsweise Edelmetalle wie Gold oder Silber, aber auch

Unternehmens- oder Staatsanleihen sind eine gute Alternative. Weiterhin existieren ebenso spezielle Fonds, welche Aktien von Unternehmen beinhalten, die sich auf Güter des täglichen Gebrauchs konzentrieren. Durch den Vertrieb von beispielsweise herkömmlichen Drogerieartikeln wie Toilettenpapier oder Seife, aber auch Lebensmitteln wie Reis oder Kartoffeln wird sichergestellt, dass der Kurswert so gut wie nie stark absinkt.

Insbesondere während Finanzkrisen beweisen diese Fonds ihre Stärke und können das ursprüngliche Niveau aufrechterhalten.

Von Anleihen rate ich bei dem vorgegebenen Budget ab, da das Startkapital im Verhältnis zur Sparrate nicht hoch genug ist. Ab einer Summe von 20.000 Euro würde ich persönlich darüber nachdenken, ein Teil davon in festverzinsliche Unternehmens- oder Staatsanleihen zu investieren, sodass innerhalb von etwa zehn Jahren zumindest die schleichende Inflation ausgeglichen wurde.

Aus diesem Grund rate ich innerhalb dieses Beispiels zum Erwerb von Immobilien mittels Crowdinvesting. Dabei werden Immobilien mit Hilfe der Finanzstärke vieler kleiner Anleger erworben, die zusammen eine große Einheit bilden. Im Allgemeinen gelten diese Investitionen als sehr krisen- und renditesicher und erreichen Renditen in Höhe von zwei bis vier Prozent jährlich. Alternativ wäre auch einer der angesprochenen Fonds wählbar, die Konditionen sind in etwa gleich. Je nachdem, ob Sie dem Immobilienmarkt oder Waren des täglichen Gebrauchs mehr vertrauen. Eine Mischung dieser beiden empfehle ich deshalb nicht, weil für beide Varianten jeweils Gebühren anfallen. Aktienfonds gebührenfrei zu besparen ist nur selten möglich und auch die Gesellschaft, welche das Crowdinvesting betreibt, generiert vor allem durch Gebühren Gewinne.

Insgesamt sollten für diesen Sicherheitsfaktor in etwa 20 Prozent des Gesamtkapitals aufgewendet werden. Das ist ein geringerer Anteil der risikoärmsten Stufe als im ersten Portfolio, wo 30 Prozent in weltweite ETFs investiert wurden. Der Grund lässt sich anhand der zweiten Investition finden, welche gleichzeitig auch den mit Abstand größten Anteil an Portfolio ausmacht. Mit Hilfe des vorhandenen Kapitals lässt sich die im Abschnitt über Aktienstrategien vorgestellte Dividendenstrategie ideal umsetzen. Neben Kurssteigerungen erwarten Sie ebenso Dividenden, welche aufgrund der Höhe des eingesetzten Kapitals als passives Einkommen gelten. Wichtig ist, dass Sie sich bei der Ausführung dieser Strategie auf Blue-Chip-Aktien konzentrieren. Damit sind Marktführer oder Monopole gemeint, die in absehbarer Zeit keine wirkliche Konkurrenz am Markt erwartet. Ausschlaggebend dafür ist beispielsweise eine marktbeherrschende Stellung, der alleinige Zugriff auf eine Technologie oder ein generell nur unter hohem

Kostenaufwand möglicher Eintritt in den Markt durch andere Unternehmen. Diese Aktien gelten als besonders krisensicher und sorgen traditionell für konstante Renditen. Bis zu 50 Prozent des vorhandenen Kapitals können in diese Aktien investiert werden, dabei sollten jedoch mindestens fünf, maximal fünfzehn Unternehmen bedient werden, damit eine gute Diversifizierung erfolgt. Das Risiko eines Komplettverlust des Investitionskapitals ist hier so gut wie nicht gegeben.

Nun bleiben noch 30 Prozent des Kapitals übrig, welche risikoreicher angelegt werden können. Welche Möglichkeiten es dafür gibt, habe ich bereits im ersten Beispielportfolio erläutert. Je nachdem, wie risikovoll Sie agieren möchten, eignen sich unter anderem auch Investitionen in Start-Ups, vorwiegend aus der Technologiebranche. Möchten Sie dies mit Hilfe eines Indizes machen, kommen Sie vermutlich nicht am NASDAQ 100 vorbei.

Denkbar ist jedoch auch, dass 20 Prozent des Kapitals für die Trendfolger-Strategie mit Aktien genutzt werden, und dann je nach Situation kurzfristig oder längerfristig gehandelt wird. Hierbei wird jedoch viel Aufwand und Engagement vorausgesetzt. Die restlichen 10 Prozent lassen sich schlussendlich noch in P2P-Kredite oder Derivate investieren, wobei zweiteres für Börsenanfänger nicht zu empfehlen ist. Ich empfehle jedoch stark, sich auf die Technologiebranche zu konzentrieren und dafür entweder einen Index oder einen vergleichsweise risikoreichen Aktienfonds zu nutzen, oftmals werden diese mit den Risikostufen eins bis sieben bewertet. Die Auswahl einer fünf oder sechs ist hierfür durchaus denkbar.

ANTEIL	**PRODUKTNAME**	**LAUFZEIT**	**RENDITE**
20 %	Crowdinvesting Immobilien / Aktienfonds Risikostufe 2	5 - 8 J. 5 – 10 J.	3 – 4 % p.a. 2 – 3 % p.a.
50 %	Dividenden-Strategie mit Blue-Chip-Aktien	5 - 8 J.	4 – 5 % p.a.
20 %	Trendfolger-Strategie langfristiges Trading	1 Mon.	8 - 12 % p.a.
10 %	Start-Up-Aktien Technologiebranche	1 J.	5 - 25 % p.a.

DIESE FEHLER SOLLTEN SIE UNBEDINGT VERMEIDEN

Generell werden am Kapitalmarkt alle möglichen Fehler gemacht, bei denen man sich teilweise gar nicht vorstellen kann, dass Aktionäre so agieren. Aufgrund dessen existiert insbesondere im Internet eine Flut an möglichen Fehlern, Hinweisen und Warnungen, dies und jenes nicht zu tun oder davon die Finger zu lassen. Ich bleibe bei der Meinung, dass Sie als Anleger die Erfahrungen sammeln müssen, die nötig sind, um verschiedene Märkte zu verstehen. Deshalb habe ich diesen Abschnitt bewusst verkürzt und prägnant zusammengefasst, damit Sie nicht von möglichen Fehlern überladen werden und sich nur die allerwichtigsten Regeln merken, denn ohne diese können Investitionen am Kapitalmarkt schwerwiegende Folgen haben. Prägen Sie sich die nun aufgezählten fünf häufigsten Fehler daher sehr gut ein.

Man hört immer wieder von diesem Fehler und nicht selten verlieren Anleger deshalb den Großteil Ihres Kapitals: **Das Risiko wurde nicht gestreut**. Diversifikation stellt einen Grundsatz erfolgreichen Aktienhandels dar und wurde deshalb auch in den zuvor aufgeführten Beispielportfolios ausführlich betrachtet. Setzen Sie niemals Ihr gesamtes Kapital auf eine Aktie, einen Trade und auch nicht in einen Fonds oder einen einzigen ETF, obwohl diese mehrere Aktien abbilden. Das liegt daran, dass immer nur ein Markt betrachtet wird: Regional oder branchenspezifisch. Diese können schnell in einer Krise stecken und es dauert sehr lang, bis sich der Kurs wieder erholt – wenn er es überhaupt tut. Bei einzelnen Aktien ist dies nämlich nicht gesichert, prominentestes Beispiel ist der Fall Wirecard, welcher insbesondere deutsche Aktionäre hart getroffen hat.

Fehler Nummer zwei: **Sie nehmen einen Kredit auf, um in Aktien zu investieren**. Es klingt verlockend, denn die erwartete Rendite übersteigt oftmals die festgelegten Zinsen, welche durch Investitionen am Kapitalmarkt entstehen. Was bei einem großen Kursverlust folgt, wird hierbei jedoch nicht bedacht. Dann ist nicht nur das gesetzte Geld weg, sondern gleichzeitig auch der Anleger unfähig zur Zahlung der Zinsen, welche zu einem exakt festgelegten Datum fällig werden. Des Weiteren ist das Eintreten der Renditen niemals sicher, zumindest nicht über einen bestimmten Zeitraum. Keiner wird Ihnen sagen können, ob Sie innerhalb eines bestimmten Zeitraums eine bestimmte Zinsvorgabe erwirtschaften werden. Aktien sind generell als langfristige Wertanlagen konzipiert wurden, die nicht auf Knopfdruck Renditen generieren.

Sie verfolgen keine Strategie oder weichen von ihr ab. Oft höre ich von diesem Phänomen beim Umsetzen der Theorie der relativen Stärke, indem Anleger der Performance einiger Anlagen nicht mehr vertrauen, da Sie bereits in den vergangenen Wochen stark gestiegen waren. Wer sich auf diese Strategie einlässt, weiß genau, worum es sich handelt: Man setzt auf das weitere Gewinnen des Gewinners, weshalb eine Abweichung von der Strategie niemals zielführend sein kann und wenn, handelt es sich um glückliche Ausnahmefälle. Noch fataler ist es hingegen, wild drauf los verschiedene Aktien zu erwerben, bei denen Sie ein gutes Gefühl haben. Dies sollten Sie am besten niemals ausprobieren – wenn doch, werden Sie auch merken, weshalb es nicht zu empfehlen ist. Wo ich schon bei Fehler Nummer vier angekommen bin:

Sie lassen sich von Gefühlen leiten. Jeglicher Aktienkauf muss stets sachlich begründbar sein und darf nicht aufgrund eines Bauchgefühls erfolgen. Lassen Sie sich zu sehr von Emotionen leiten, weil Sie beispielsweise eine gute Erfahrung mit einem Lieferdienst gemacht haben und deshalb investieren, ohne zu wissen, wie momentan die Kennzahlen aussehen oder das Geschäftssystem des Unternehmens überhaupt funktioniert, wird das auf kurz oder lang nicht funktionieren. Agieren Sie stets ohne persönliche Meinungen oder Gefühle am Kapitalmarkt, es handelt sich hierbei nicht um Glücksspiel oder Sportwetten.

Der letzte elementare Fehler dieser Übersicht ist, dass Sie **das erwirtschaftete Geld nicht reinvestieren**. Möglicherweise erinnern Sie sich an den Anfang dieses Buches, wo ich erklärt habe, wie die Magie des Zinseszins-Effektes funktioniert. Speziell bei Aktien kommt diese zum Tragen, aber eben nur bei langen Laufzeiten und insbesondere, wenn das Kapital reinvestiert wird. Ein kleines Vermögen lässt sich nicht aufbauen, wenn die Rendite jährlich oder alle fünf Jahre abgeschöpft wird, um sich etwas zu leisten. Eine langfristige Anlage wie Aktien sollte auch so behandelt werden, weshalb der insgesamte Zeithorizont stets viele Jahre umfassen sollte, auch wenn im Beispielsportfolio eine Investition über maximal fünf Jahre empfohlen wird. Diese Laufzeit gibt lediglich an, ab wann die Investition auf ihre Rendite und das Risiko überprüft werden sollte, sodass eine begründete Entscheidung getroffen werden kann, ob beispielsweise die Sparrate verändert werden muss oder die Investition gänzlich ersetzt wird. Das weitere Verfolgen der Investitionsziele steht jedoch außer Frage.

DER AKTIENKAUF IN DER PRAXIS: WIE SIE AKTIEN ÜBER IHREN BROKER ERWERBEN

Mittlerweile verfügen Sie neben dem Grundwissen über Aktien auch praktisches Wissen, welches Ihnen im Alltag am Kapitalmarkt maßgeblich weiterhilft. Somit ist es auch notwendig, dass Sie erfahren, wie ein Aktienkauf in der Realität stattfinden wird, sodass Sie sich nicht unsicher fühlen, wenn Sie diesen im Anschluss selbst durchführen. Eines kann ich Ihnen bereits verraten: Es wird nicht so spektakulär, wie Sie sich das möglicherweise vorgestellt haben.

Für dieses Beispiel möchte ich den Marktführer in Deutschland nutzen, welcher ebenso als Sieger aus dem Aktiendepotvergleich dieses Buches hervorging: TradeRepublic. Auf dieser Plattform ist es üblich, dass jede Order einen Euro kostet, sowohl beim Kauf als auch beim Verkauf. Sparpläne hingegen werden überwiegend kostenlos ausgeführt, weshalb viele Anleger direkt auf TradeRepublic nicht nur Trading betrieben, sondern gleichzeitig auch die eigenen Sparpläne verwalten. Aus diesem Grund finde ich es wichtig, dass ich Ihnen innerhalb dieses Abschnittes ebenfalls erkläre, wie Sie einen Sparplan ausführen können.

Zunächst müssen Sie sich per Videoidentifikation auf der Plattform anmelden, was innerhalb von nicht einmal einer halben Stunde erledigt ist. Theoretisch können Sie nun direkt anfangen zu investieren, es fehlt jedoch noch an verfügbarem Geld. Dieses muss manuell von Ihnen überwiesen werden. Dafür senden Sie es von Ihrem Girokonto an das Verrechnungskonto, welches Sie in den Einstellungen finden. Der Eintrag bei Verwendungszweck und Empfänger ist nicht wichtig, ich benutze immer meinen eigenen Namen.

Ihr Verrechnungskonto bei TradeRepublic nimmt nur Zahlungen entgegen, die von diesem Konto aus erfolgt sind, es sei denn, Sie registrieren ein weiteres Girokonto. Ist das gesendete Geld nach spätestens zwei Werktagen angekommen, können Sie so richtig anfangen, Aktien zu kaufen. Ich nehme nun beispielhaft an, Sie haben sich für eine Aktienstrategie entschieden und befolgen diese, weshalb Sie genau wissen, welche Aktie nun gekauft werden muss. Beispielhaft nutze ich nun die Aktie Lufthansa, welche im Folgenden erworben wird. Auf die gleiche Weise lässt sich diese Anleitung jedoch auch auf alle anderen Aktien übertragen. Zunächst geben Sie in der Suchleiste am oberen Bildschirmrand „Lufthansa“ ein, sodass Ihnen sofort unter der Überschrift „Aktien“ die Lufthansa-Aktie vorgeschlagen wird. Bei den weiteren Suchergebnissen handelt sich um andere Finanzprodukte, die jeweils in der Überschrift stehen, beispielsweise Derivate oder ETFs, falls Sie nach Indizes suchen.

Klicken Sie auf die Aktie, erhalten Sie eine Übersicht des Aktiencharts, den Sie sich bezüglich des Zeitraums so einstellen und analysieren können, wie Sie möchten. Zusätzlich empfehle ich noch, in der oberen rechten Ecke auf „Watchlist“ zu klicken, damit die Aktie direkt auf dem Startbildschirm der App angezeigt wird. Nun klicken Sie auf das grüne Feld „Kaufen“ in der unteren Mitte der App, woraufhin Ihnen meist drei Möglichkeiten angeboten werden. Sie möchten die Aktie sofort kaufen, weshalb Sie sich für „Marktpreis“ entscheiden.

Der „Limit-Preis" legt einen Maximalpreis fest, bis zu dem der Kauf ausgeführt wird und der „Stopp-Preis" sorgt dafür, dass die Order bei einem bestimmten Preis automatisch verfällt. Nach einem Klick auf „Marktpreis" werden Sie zu einem Bildschirm weitergeleitet, bei dem die Anzahl der Aktien angegeben werden soll, die Sie kaufen möchten. Je nach Budget und Aktienstrategie ist das natürlich individuell. Außerdem wird für Sie die Kaufsumme anhand des aktuellen Marktpreises errechnet. Bestätigen Sie mit Hilfe der Taste „Kaufen", müssen Sie noch Ihre persönliche Pin eingeben, die Sie zum Start der App benötigen und welche Sie in diesem Zuge festgelegt haben, oder Sie bestätigen den Kauf durch Ihren Fingerabdruck. Der Verkauf funktioniert übrigens auf die gleiche Weise, nur dass Sie dann nicht die Aktie über die Suchleiste finden, sondern Sie direkt auf dem Startbildschirm unter „Ihre Investments" vermerkt ist. Sie merken, der Kauf einer Aktie über TradeRepublic ist alles andere als kompliziert.

Weiterhin möchte ich Ihnen noch erklären, wie Sie einen ETF-Sparplan erstellen. Dazu suchen Sie ebenfalls über die Suchleiste nach dem gewünschten ETF, beispielsweise dem MSCI-World-ETF. Wichtig ist nun, dass Sie für einen kostenlosen Sparplan den „Core MSCI World" nutzen und nicht den normalen „MSCI World". Dieser verlangt als Sparplan nämlich deutlich höhere Gebühren, da er nicht vom Anbieter Core herausgegeben wurde. Nachteile dieses Produktes gegenüber dem anderen gibt es keine. Nun wählen Sie erneut die Schaltfläche „Kaufen", dann „Marktpreis" und stoßen nun auf die Möglichkeit des Sparplans an vierter Stelle.

Diesen möchten Sie nutzen, wählen Ihn also aus und entscheiden sich auf der nächsten Seite, wie oft Sie den Sparplan ausführen möchten. Ich empfehle monatlich, zur Auswahl stehen jedoch noch zwei Mal im Monat oder quartalsweise. Die nächste Unterscheidung erfolgt zwischen Anfang des Monats und Mitte des Monats. Dieses Detail macht bei einem langfristigen Investment keinen Unterschied, weshalb Sie frei wählen können, welche Variante Ihnen besser gefällt. Bedenken Sie, dass zu dieser Zeit auch immer der Betrag von Ihrem Girokonto abgebucht wird und es sichergestellt sein sollte, dass sich ausreichend Geld darauf befindet. Ist dies nicht der Fall, kann der Auftrag nicht ausgeführt werden und wird um einen Monat verschoben.

Manuell können Sie danach natürlich dennoch das Produkt einmalig erwerben, um den Monat auszugleichen. Schlussendlich geben Sie nun den monatlich investierten Betrag ein und bestätigen die Eingaben anhand der Pin oder mit Hilfe Ihres Fingerabdruckes.

Übrigens: Eine exakte Kosteninformation finden Sie in der abschließenden Übersicht vor dem Bestätigen, aber auch danach auf der Übersichtsseite des Sparplans unter „Ihren Investments".

Extra: Einführung in das Trading

Was ist Trading? Als Trading bezeichnen Aktionäre die schnelle Form des Aktienhandels, sodass innerhalb kurzer Zeit Aktien gekauft und wieder verkauft werden. Dabei entstehen idealerweise kleine Gewinne mit hoher Liquidität, da das erwirtschaftete Kapital sofort wieder eingesetzt werden kann. Nicht selten ist es so, dass beim Trading sehr hohe Summen gesetzt werden und mit einer sogenannten Stop-Loss-Order gearbeitet wird. Diese legt fest, zu welchem Kurs die Aktie spätestens automatisch verkauft wird, damit kein großer Verlust entsteht. Als Pendant existieren auch bestimmte Order, die den Gewinn begrenzen, wenn ein bestimmter Preis erreicht ist. Diese Grenzen legen Trader oftmals auf Höhe oder etwas unterhalb der Widerstandslinie fest, damit die Gefahr des Kursverfalls nicht zu hoch wird.

Was ist der Unterschied zum Daytrading? Daytrading lässt sich als eine Spezialform des Tradings bezeichnen, bei der jegliche Geschäfte innerhalb eines Tages abgeschlossen werden und Aktien somit niemals über Nacht gehalten werden, da das bei vielen Daytrading-Plattformen Extrakosten verursacht. Diese Plattformen zeichnen sich unter anderem auch dadurch aus, dass jegliche Order einen sehr geringen Mindesteinsatz von teilweise einem bis zehn Euro verlangen und ebenso keine Gebühren entstehen. So wird eine zweistellige Anzahl an Trades pro Tag ermöglicht.

Welche Strategie verfolgen Trader? Grundsätzlich sind Trader Trendfolger. Das bedeutet, dass Sie sich stark anhand der Trendlinientheorie von Charles Dow orientieren, nur dass Sie diese anders für sich nutzen. Im Gegensatz zu passiven Anlegern sind Trader nicht am primären Trend interessiert, sondern nutzen insbesondere die kleineren Trends, wobei sich sagen lässt, dass sich Daytrader auf die Tertiärtrends spezialisiert haben. Mit Hilfe der technischen Chartanalyse wird nun versucht, vorherzusagen, wie sich die Aktie in den kommenden Minuten, Stunden, Tagen oder in seltenen Fällen auch Wochen entwickeln wird. Trader steigen zu Konsolidierungsphasen in Aktien ein, also dann, wenn der primäre aufsteigende Trend eine Pause macht und neuen Schwung holt. Anhand von genauen Kennzeichen wird erkannt, dass der Aktienkurs im Folgenden steigt und so Gewinne generiert werden.

Auf welchen Märkten lässt sich Trading anwenden? Neben dem Aktienmarkt sind Trader auch stark am Devisenmarkt interessiert. So nennt sich der Markt, an dem Währungspaare gehandelt werden.

Aufgrund von deutlich erhöhtem Kapitalumlauf und der Anzahl an teilnehmenden Tradern gegenüber dem Aktienmarkt gewinnt der Währungsmarkt immer mehr an Bedeutung, weil die Order so schneller und exakter ausgeführt werden können.

Was sind die Chancen und Risiken des Tradings? Ein gutes Investment zeichnet sich auch im Tradingbereich durch Liquidität, Risiko und Rendite aus. Die Rendite ist in dieser Form der Kapitalanlage auch deshalb so hoch, weil die Liquidität insbesondere bei Daytradern kürzer als einen Tag ist. Diese Eigenschaft ermöglicht es, dass erwirtschaftetes Kapital direkt reinvestiert wird und der Zinseszinseffekt bei kontinuierlichen Erfolgen bereits innerhalb von wenigen Wochen von aktivem Trading höher ist, als er es nach zwei Jahren mit Hilfe herkömmlicher Aktienstrategien wäre.

Die Risiken sind dafür jedoch enorm hoch. Ohne Erfahrung und ausreichende Kenntnis über den Kapitalmarkt besteht die Chance, auf Dauer Geld zu verlieren. Das Problem sehe ich vor allem darin, dass hierbei, ähnlich wie beim Handel mit CFDs, die Grundsätze einer Investition übergangen werden, indem das Geschäftsmodell einem Zocken im Casino ähnelt. Insbesondere Daytrader berichten nicht selten über Suchtgefühle bezüglich dieses Onlinehandels, auch wenn stetig Verluste generiert werden. Die Glücksgefühle nach einem erfolgreichen Trade, bei Anfängern nicht selten durch Glück zustande gekommen, ähneln denen eines guten Bildes am Glücksspielautomaten.

Ich empfehle Ihnen deshalb eindeutig, zunächst Aktienerfahrung in der Praxis zu sammeln, bevor Sie sich mit dem Trading intensiver auseinandersetzen. Denn fest steht zweifelsohne: Wer die Technik beherrscht, generiert durch höheren Aufwand auch höhere Renditen als mit den meisten Aktienstrategien.

Schluss

Ich hoffe sehr, dass Sie beim Lesen dieses Buches mindestens so viel Spaß hatten, wie ich beim Verfassen. Aktien sind für mich eine Herzensangelegenheit, da ich bereits als Kind den Umgang mit ihnen zumindest in Ansätzen lernen sollte, auch wenn ich gar keine Ahnung hatte, woher diese Wertpapiere eigentlich kommen und weshalb sie so wichtig für meine Eltern waren. Ihnen geht es nun glücklicherweise anders: Sie wissen mittlerweile so einiges über Aktien und sind in der Lage, Experten bei Analysen und Prognosen zuzuhören, deren Rat zu überdenken und nachvollziehen zu können, aber auch selbst zu entscheiden, ob ein jenes Investment zu Ihnen und Ihrer Strategie passt.

Hauptziel dieses Buches ist es, Sie auf Ihr erstes eigenes Portfolio vorzubereiten, sodass Sie begründet erkennen, welche Anlagen sich dafür eignen und von welchen Sie lieber noch die Finger lassen sollten, bis Sie das Risiko einschätzen können und auch Verluste verkraften. Dafür haben Sie gelernt, wie Aktien grundsätzlich funktionieren und weshalb Unternehmen diese überhaupt ausgeben. Die Antwort kennen Sie sicherlich: Eigenkapitalbeschaffung zur Finanzierung von Großinvestitionen bzw. Projekten und nebenbei auch noch ein sicherer finanzieller Stand des Unternehmens. Logisch, denn die Eigenkapitalquote steigt, wenn Aktien ausgegeben werden, und diese gibt ja an, wie finanziell sicher und unabhängig ein Unternehmen ist.

Ich hoffe, dass meine Idee, die typischsten Fehler mit als einen der letzten Abschnitte in das Buch zu integrieren, aufgegangen ist, damit sie Ihnen noch lange im Gedächtnis bleiben. Und auch deshalb erinnere ich in diesem Schlusskapitel noch einmal daran: Halten Sie sich stets an die von mir aufgeführten Grundregeln, damit Sie langfristig Erfolg am Kapitalmarkt haben.

Weiterhin wünsche ich Ihnen, dass meine Ausführungen Ihnen weitergeholfen haben und Sie nun mit fundiertem Wissen in die Welt des Kapitalmarktes eintauchen können, speziell, indem Sie Ihr erstes eigenes Portfolio erstellen. Möglicherweise hat Ihnen ebenso der Teaser zum Trading gefallen und Sie haben Spaß daran gefunden, auch diesen Teil des Kapitalmarktes näher kennenzulernen.

Ich wünsche Ihnen – ob mit oder ohne Trading-Strategien – viel Erfolg beim Umsetzen meiner Ratschläge und hoffe, dass Sie sich schon bald an den ersten Renditen oder sogar Dividenden erfreuen können.

Notizen

Gerade als Einsteiger verliert man bei so einer Informationsflut schnell den Überblick. Doch meistens hat man keinen Block oder Zettel dabei, um sich etwas zu notieren. Ist man zuhause, hat man es oft schon wieder vergessen. Deswegen sehe ich es als sehr sinnvoll an, Ihnen ein paar Notiz-Seiten bereitzustellen. So werden Sie nichts mehr vergessen.

AKTIE	EINSTIEGSZEIT (DATUM UND UHRZEIT)	AUSSTIEGSZEIT (DATUM UND UHRZEIT)	KURSLEVEL (EINSTIEG)	KURSLEVEL (AUSSTIEG)	ANGEWENDETE STRATEGIE	KOMMENTARE

PLATZ FÜR NOTIZEN:

AKTIE	EINSTIEGSZEIT (DATUM UND UHRZEIT)	AUSSTIEGSZEIT (DATUM UND UHRZEIT)	KURSLEVEL (EINSTIEG)	KURSLEVEL (AUSSTIEG)	ANGEWENDETE STRATEGIE	KOMMENTARE

PLATZ FÜR NOTIZEN:

AKTIE	EINSTIEGSZEIT (DATUM UND UHRZEIT)	AUSSTIEGSZEIT (DATUM UND UHRZEIT)	KURSLEVEL (EINSTIEG)	KURSLEVEL (AUSSTIEG)	ANGEWENDETE STRATEGIE	KOMMENTARE

PLATZ FÜR NOTIZEN:

ETF
für Einsteiger
Intelligent investieren an der Börse

Wie Sie die Krisenzeiten jetzt zu Ihrem eigenen Vorteil nutzen und mit den Strategien der Profi-Investoren maximale Rendite erzielen

Ein paar Worte vorab

„Als ich klein war, glaubte ich, Geld sei das Wichtigste im Leben.

Heute, da ich alt bin, weiß ich: Es stimmt".

(Oscar Wilde)

Viele Menschen haben, auch aufgrund der Finanzkrise in den Jahren 2008 und 2009, Berührungsängste mit dem Thema Börse. Zu unsicher sei der Handel mit Wertpapieren, Derivaten oder Optionen. Allein die Begriffe sind für Einsteiger*innen bereits oft verwirrend. Und natürlich sind diese Einwände nicht vollkommen unbegründet. Es gibt hochspekulative und dementsprechend risikobehaftete Produkte, die an der Börse gehandelt werden und bei manchen Akteuren auf dem Parkett ist eine gewisse Profitgier sicherlich nicht von der Hand zu weisen. Allerdings gibt es auf der anderen Seite auch Finanzprodukte, die relativ sicher sind und mit denen Sie langfristig zwar keine horrenden Gewinne einfahren, dafür aber ziemlich sicher, auf lange Sicht, Kapital gewinnen werden.

Eines dieser Finanzprodukte sind die sogenannten ETFs (kurz für *Exchange Traded Funds*). Sie gelten im Allgemeinen als sehr sicher und wenig risikoreich. Insbesondere für Neueinsteiger*innen sind sie daher besonders empfehlenswert. In den folgenden Kapiteln möchte ich Ihnen erklären, was ETFs genau sind, wie sie funktionieren und mit welchen Anlagestrategien Sie zum Erfolg kommen können. Neben theoretischem Hintergrundwissen ist es mir besonders wichtig, Ihnen praktische Tipps und Hinweise mit auf den Weg zu geben, um Ihnen die bestmöglichen Optionen für Ihr potenzielles Investment aufzuzeigen.

Zunächst werden wir einige Begriffe klären, damit im weiteren Verlauf des Buches keine Verständnisfragen aufgrund unklarer Begrifflichkeiten auftreten, auch wenn ich mich bemühen werde, nicht zu sehr in einen Fachjargon abzudriften. Anschließend werden wir uns ausführlich mit dem Thema ETFs befassen, werden die Vorteile sowie die Chancen dieser Anlagemethode erläutern, ohne allerdings die Risiken zu verschweigen. Schließlich werden wir in den Hauptteil, den praktischen Teil, dieses Buches übergehen.

Dort werde ich Ihnen verschiedene Möglichkeiten vorstellen, die sich Ihnen beim Investieren in ETFs bieten. Seien Sie sich dessen bewusst, dass es auf dem Finanzmarkt keine einhundertprozentige Sicherheit gibt.

Auch bei vergleichsweise sicheren Produkten besteht immer ein Restrisiko, dass sich leider nicht ausmerzen lässt. Dennoch erhöhen Sie mit der Lektüre dieses Buches Ihre Chance auf ein erfolgreiches Investment deutlich.

Daher sollten Sie nun an dieser Stelle mit der Lektüre beginnen. Benjamin Franklin, einer der Gründerväter der amerikanischen Verfassung, wusste bereits: *Zeit ist Geld*. In diesem Sinne sollten wir also direkt ins Geschehen einsteigen und keine weitere Zeit mehr durch große Vorrede verlieren. Ich wünsche Ihnen viel Spaß beim Lesen und viel Erfolg bei Ihren zukünftigen, hoffentlich erfolgreichen Investments!

Begriffserklärungen

„Der Beginn der Weisheit ist die Definition der Begriffe".

(Sokrates)

Bevor wir in die Materie einsteigen, ist es zunächst unerlässlich, einige wesentliche Begriffe zu klären, von denen Sie möglicherweise schon einmal gehört haben, die Sie jedoch auf Nachfrage hin nicht definieren könnten. Gerade die Begriffe sind aber zentral, um jederzeit zu verstehen, worüber wir uns hier unterhalten. Daher definiere ich direkt zu Beginn einige der wichtigsten Fachausdrücke, die im weiteren Verlauf des Textes Erwähnung finden werden. Sollten Sie bei der weiteren Lektüre der nun folgenden Kapitel über unbekannte Worte stolpern, schauen Sie doch am besten direkt in diesem Kapitel nach, vielleicht wird der Ausdruck hier erklärt.

Sollte dies nicht der Fall sein, können Sie natürlich auch im Internet nach den Begriffserklärungen suchen. Ich empfehle Ihnen hierbei allerdings, besonders gut auf die Quellen zu achten. Im Internet finden sich schließlich auch unseriöse Seiten, die sich auf den ersten Blick nicht immer von den seriösen Quellen unterscheiden lassen. Manche Webseiten vermitteln den Eindruck, es handele sich um ein Informationsangebot, in Wahrheit geht es aber darum, bestimmte Produkte zu bewerben oder zu verkaufen. Daher aufgepasst! Insbesondere, wenn es um Begriffe aus dem Bereich der Börse und der Finanzen geht, ist das Gabler Wirtschaftslexikon eine ausgezeichnete Quelle. Auch das Börsenlexikon der Frankfurter Allgemeinen Zeitung ist eine gute Option.

- **Aktien:** Den Begriff Aktie kennt fast jede*r, doch was verbirgt sich genau hinter ihm? Eine Aktie ist ein Wertpapier, das heißt, sie hat einen bestimmten Wert, der in Geld ausgedrückt wird. Eine Aktie kann also zum Beispiel 20 Euro wert sein. Die Aktie verbrieft einen Anteil an einer Aktiengesellschaft, also an einem Unternehmen, welches an der Börse gehandelt wird (Berwanger, 2018). Der Sportartikelhersteller Adidas oder Pharmakonzern Bayer beteiligen beispielsweise ihre Aktionär*innen an den Gewinnen und auch Verlusten des Konzerns. Wenn Sie also eine Aktie von Adidas oder Bayer kaufen, erwerben Sie einen kleinen Teil an dem Unternehmen. Nach dem Gesamtwert des Unternehmens richtet sich auch der Wert Ihres Anteils, also der Kurs der Aktie.

- **Anleger*in**: Sobald Sie eine Aktie oder auch ein anderes Finanzprodukt kaufen, sind Sie ein Anleger oder eine Anlegerin. Sie deponieren Ihr Geld nicht unter dem Kopfkissen, sondern legen es an den Finanzmärkten an, man spricht auch von Investitionen.

- **Broker:** Ein Broker ist ein Finanzdienstleistungsunternehmen und wird zu Deutsch auch Börsenmakler genannt. Sie geben bei Ihrem Broker Transaktionen an der Börse in Auftrag und dieser führt sie in Ihrem Sinne durch. Ein Broker ist also nicht unbedingt eine reale Person, sondern ein Unternehmen (Heldt, Gabler Wirtschaftslexikon, 2018). Jeder Broker arbeitet dabei mit seiner eigenen, speziellen Software, die Ihnen den Handel von Wertpapieren binnen Sekunden ermöglicht.

- **Depot:** Das Wertpapierdepot, auch Wertpapierkonto genannt, ist das Konto, über welches Ihre Transaktionen abgewickelt werden, das heißt, der Kauf und Verkauf von Aktien oder anderen Finanzprodukten läuft über Ihr Depot. Die Wertpapierbestände werden auf dem Depot verbucht, es handelt sich also im Grunde um ein gewöhnliches Konto, ähnlich wie das Konto bei einer Bank, nur, dass anstelle von Geldbeträgen Wertpapiere gebucht und abgebucht werden. (Heldt, Gabler Wirtschaftslexikon, 2018).

- **Devisen:** Devisen sind Ansprüche auf Geldzahlungen in einer fremden Währung. Devisen können zum Beispiel Guthaben bei ausländischen Banken sein. Jede Form von Guthaben in fremder Währung, zum Beispiel US-Dollar, Peso oder Yen, ist also eine Devise (Geßner, 2018). Der Devisenmarkt gilt als idealer Markt, insbesondere für Einsteiger*innen, da man hier bereits mit kleinen Geldsummen handeln kann und der Markt diverse Möglichkeiten für Investitionen eröffnet. Trotzdem ist auch der Devisenmarkt schwankend und von vielen professionellen Börsenhändler*innen bevölkert und daher, wie alle Märkte am Börsenparkett, mit Vorsicht zu genießen.

- **Dividende:** Die Dividende ist ein Teil des Gewinns, den eine Aktien- oder eine Fondsgesellschaft jährlich an alle Anleger*innen ausschüttet. Es handelt sich also um Ihren persönlichen Anteil am Gewinn der Organisation, des Unternehmens, in welches Sie investiert haben (Böcking, 2018).

- **Hebel**: Um die mögliche Gewinnspanne zu erhöhen, bedienen sich Trader*innen oftmals sogenannter Hebel. Dies bedeutet, dass Sie sich Geld leihen, zum Beispiel von einem Broker, um damit die Menge ihres Kapitals zu erhöhen. Sie können also zum Beispiel 20 Aktien von Ihrem eigenen Kapital, das heißt Ihrem eigenen Geld, kaufen, aber 100 weitere mit dem geliehenen Geld, also *auf Pump*. Somit haben Sie eine höhere Chance auf Gewinne, tragen aber auch ein höheres

Risiko, da Sie eventuell geliehenes Geld verlieren könnten (IG.com, 2020).

• **Investmentfonds**: Ein Investmentfonds ist in erster Linie die Ansammlung von Vermögen, das heißt von Geld. Hinter diesen Fonds stehen Kapitalgesellschaften, also Unternehmen. Diese Unternehmen rufen einen Fonds mit einer bestimmten Summe ins Leben, um mit diesem Geld in Aktien, Anleihen, Rohstoffe oder Derivate (*siehe oben*) zu investieren. Manche dieser Fonds sind sogenannte offene Fonds, das heißt jede*r kann sich daran beteiligen. Ein Fonds ist deswegen risikoreicher als eine einzelne Aktie, weil er in mehrere mögliche Anlagen gleichzeitig investiert. Dementsprechend höher ist aber auch die Chance auf hohe Gewinne (FAZ.net-Börsenlexikon, 2020).

• **Kapital**: Ihr Kapital sind, zusammengefasst, alle Mittel, die Ihnen zum Handeln zur Verfügung stehen. Meistens handelt es sich beim Kapital um Geld, aber auch ein Computer oder dessen Software ist eine Form des Kapitals. Kapital ist also alles, was Ihnen für die Durchsetzung Ihrer Ziele zur Verfügung steht (Pfitzer, 2018). Wenn Sie erfolgreich an der Börse handeln möchten, benötigen Sie Kapital in Form von Geld, es ist oftmals auch von Startkapital die Rede. Wenn Sie Erfolg haben und Ihr Geld durch den Börsenhandel vermehren können, erhöht sich Ihr Kapital.

• **Long Position**: Eine Long Position setzt darauf, dass die Kurse eines Wertpapiers steigen. Sie kaufen also eine Aktie und hoffen darauf, dass der Wert jener Aktie im Laufe des Tages steigt und Sie somit am Ende des Handelstages einen Gewinn erzielt haben. Long Positionen sind insbesondere bei privaten Anleger*innen und Trader*innen beliebt, sie sind auch weniger risikoreich als *Short Positionen* (Kaufman, 2003).

• **Short Position**: Wenn Sie auf fallende Kurse einer Aktie setzen möchten, sollten Sie eine *Short Position* aufbauen. Man spricht auch vom *Short Selling*. Hierbei verkaufen Sie zunächst eine Aktie, die Sie noch gar nicht besitzen zu einem bestimmten Preis. Dann spekulieren Sie darauf, dass deren Wert im Laufe des Börsentages sinkt, später können Sie die Aktie dann tatsächlich kaufen, allerdings ist der Preis nun geringer als der ursprüngliche Preis, für den Sie diese zuvor verkauft haben. Es handelt sich also eigentlich um eine Art Leihgeschäft, man spricht auch von *Leerkäufen* beziehungsweise *Leerverkäufen* (Kaufman, 2003).

• **Transaktionen**: Eine Transaktion ist als Transfer von Geld oder von Gütern zu verstehen. Dies meint nichts anderes, als dass zum Beispiel der Verkauf oder der Kauf einer Aktie jeweils eine Transaktion darstellen. In einem Fall geht Ihre Aktie in den Besitz eines anderen über, der Ihnen dafür eine entsprechende Summe an

Geld bezahlt. Im anderen Fall geht eine Aktie vom Besitz eines anderen in Ihren Besitz über, wofür Sie wiederum Geld bezahlen (Peukert, 2018). Im Grunde findet bei jedem Ihrer Einkäufe, ob Sie nun den Wocheneinkauf für die Familie übernehmen oder sich ein Päckchen Kaugummi kaufen, ein Tausch von Geld gegen Ware statt. Das Prinzip funktioniert auch bei Dienstleistungen, wenn Sie also zum Beispiel einen Handwerker dafür bezahlen, dass er Ausbesserungsarbeiten in Ihrer Wohnung vornimmt, handelt es sich im klassischen Sinne um eine Transaktion.

Warum sich langfristiges Investieren lohnt

„Wer Geduld sagt, sagt Mut, Ausdauer, Kraft".
(Marie von Ebner-Eschenbach)

DER MYTHOS BÖRSE

Die Börse als Umschlagplatz für Zocker?

Beeinflusst durch mediale Berichterstattung, insbesondere in Zeiten der Finanzkrise, herrscht mittlerweile in der Bevölkerung eine negative Assoziation mit dem Begriff „Börse" vor. Oftmals werden die dort getätigten Geschäfte als spekulativ und unsicher wahrgenommen, ganz so, als würde man sein Geld in einem Spielcasino einsetzen. Doch das ist nur bedingt richtig. Natürlich gibt es an der Börse eine Vielzahl von Möglichkeiten, sein Geld zu verzocken, risikoreiche Geschäfte zu tätigen, es fällt nicht schwer, unvernünftig zu sein. Allerdings gibt es auf der anderen Seite ebenso die Möglichkeit, sein Geld langfristig und ohne große Risiken anzulegen.

Um exakt solche Anlagen soll es in diesem Buch gehen. ETFs sind langfristige Anlagen, die im Regelfall keine exorbitante Rendite versprechen, dafür aber ein geringes Risiko in sich tragen und, auf lange Sicht gesehen, sehr wahrscheinlich profitabel sind. Steter Tropfen höhlt den Stein, sagt der Volksmund – und er hat in diesem Fall recht. Denn welchen Vorteil bietet Ihnen eine Anlage, bei der Sie zwar innerhalb weniger Tage oder gar Stunden Tausende von Euro verdienen können, diese von einer auf die andere Sekunde aber auch wieder verlieren können? Ich möchte Ihnen daher zu Beginn die Berührungsangst mit dem Thema Börse nehmen. Börse und Zockerei, das ist nicht dasselbe und wir werden im weiteren Verlauf dieses Ratgebers genau sehen, warum. Haben Sie also keine Angst, Ihr Geld an der Börse anzulegen! Sie müssen nur das richtige Produkt finden, dann können Sie ohne schlechtes Gewissen investieren.

Allein schaffe ich das nicht

Ohne einen professionellen Berater geht es nicht, ansonsten blicken Sie niemals allein durch. Genau das werden Ihnen Anlageberater*innen zu vermitteln versuchen. Doch auch das ist nicht ganz richtig. Je nachdem, wie kompliziert die Geschäfte sind, die Sie planen zu tätigen, genügt es vollkommen, sich selbst in die Materie einzulesen. Es gibt genügend Möglichkeiten, sich selbst über Finanzprodukte, Anlagestrategien und geschicktes Management zu informieren, eine dieser Möglichkeiten halten Sie gerade in Ihren Händen. Darüber hinaus gibt es weitere Ratgeber, Internetseiten und auch einige sehr gute Videos, sogenannte Tutorials, auf Videoplattformen wie YouTube. Sie brauchen also nicht zwangsweise einen Anlageberater oder einen Fondsmanager, um an der Börse erfolgreich zu sein.

Ohne Moos nichts los?

Ein weiterer Börsenmythos, der sich hartnäckig hält, ist der, dass man schon viel Geld braucht, um überhaupt mit dem Börsenhandel anfangen zu können. Es ist wahr, ohne ein gewisses Startkapital ergibt es keinen Sinn, sich am Börsenparkett zu betätigen. Dies würde ich Ihnen auch ausdrücklich nicht empfehlen, ich würde Ihnen sogar ausdrücklich davon abraten! Verwenden Sie kein Geld für Ihr Investment, das Sie an anderer Stelle dringend benötigen. Geld, auf das Sie nicht verzichten können, eignet sich nicht für ein Investment, denn selbst, wenn Sie die sicherste aller Varianten auswählen, besteht zu jeder Zeit ein Restrisiko.

Sie können allerdings bereits mit kleinen Summen erfolgreich sein, wenn Sie langfristig investieren, kommt Ihnen der Zinseszinseffekt zugute, diesen werde ich gleich an einem Rechenbeispiel verdeutlichen. Es kommt beim Investieren an der Börse viel weniger auf das Startkapital an als auf die richtige Anlagestrategie. Mit einer geschickten Anlagestrategie können Sie aus wenig viel machen, Sie müssen also nicht bereits vermögend sein, um Ihr Vermögen zusätzlich mehren zu können.

Fazit

Die Mythen, die sich rund um das Thema Börse ranken, sind also nicht unbedingt zutreffend. Wichtig ist vor allem, dass Sie sich gut informieren und sich trauen, Geld an der Börse zu investieren. Wenn Sie den Einstieg erst einmal geschafft haben, kommt die Erfahrung im Laufe der Zeit automatisch und im besten Fall entwickeln Sie sich stetig weiter. Fangen Sie klein an, mit einer geringen Summe Geld, deren Verlust Sie im Notfall verschmerzen könnten. Wählen Sie eine möglichst risikoarme Anlagestrategie. Wenn Sie genügend Erfahrung gesammelt haben, können Sie Ihr Portfolio erweitern und sich unter Umständen auch anderen Anlagestrategien widmen, zu Beginn sollten Sie jedoch tatsächlich jedes unnötige

Risiko vermeiden.

Info Börse: Zahlen, Daten, Fakten

Die erste Börse wurde bereits im Jahre 1409 im heute belgischen Brügge gegründet. Gehandelt wurden sogenannte Wechsel, also Papiere mit einem Auftrag zur Auszahlung an eine bestimmte Person. Heute würde man vermutlich Überweisungsträger dazu sagen. In Augsburg und Nürnberg wurden die ersten deutschen Börsen im Jahr 1540 gegründet. Der Handelsplatz befand sich damals noch unter freiem Himmel, erinnerte also tatsächlich eher an einen Wochenmarkt als an unsere heutige Vorstellung von einer Börse. Das erste Börsengebäude der Welt wurde 1613 in Amsterdam eingeweiht.

In Deutschland gibt es im Jahr 2020 acht verschiedene Börsen. Die mit Abstand wichtigste und bekannteste ist in Frankfurt am Main zu Hause. Etwa 90 Prozent des Wertpapierhandels in Deutschland werden über Frankfurt abgewickelt (Börse, 2017). Das dortige Parkett bietet Platz für Wertpapiergeschäfte sowohl für Privatanleger*innen als auch professionelle Händler*innen. Für Profis gibt es den elektronischen Handelsplatz Xetra.

NIEDRIGZINSEN

Seit der Finanzkrise in den Jahren 2008 und 2009 geht der Trend in der Eurozone zu niedrigen Zinsen. Die Europäische Zentralbank (EZB) bestimmt über diesen Leitzins und hält ihn bewusst niedrig, um die Konjunktur innerhalb des Euroraums anzukurbeln. In Krisenzeiten neigen die Menschen vermehrt dazu, ihr Geld beisammenzuhalten, sie legen es auf Sparbücher oder auf ihr Konto und geben es nicht aus, da sie Angst vor der Krise haben und befürchten, ihr Wohlstand könnte sich verringern. Hohe Zinsen sind ein weiterer Anreiz dafür, das Geld auf den Konten und Sparbüchern zu belassen, schließlich vermehrt sich das Geld durch die monatlichen Zinszahlungen auch noch. Wenn es aber keine Zinsen gibt, vermehrt sich das Geld nicht. Im Gegenteil. Durch die Inflation, das heißt die Teuerung der Preise, sinkt der Wert des Geldes de facto sogar.

Folgendes Beispiel verdeutlicht den Effekt der Inflation:

Rechenbeispiel

Sie haben hundert Euro zur Verfügung und möchten sich eine Hose kaufen, die sechzig Euro kostet. Sie geben also sechzig Euro von Ihrem Geld aus und haben dafür die Hose erworben, die sie gerne haben wollten. Wenn Sie die hundert Euro noch eine Weile auf Ihrem Konto liegen lassen und die Inflation in dieser Zeit zwei Prozent beträgt, wird die Hose in diesem Zeitraum um zwei Prozent teurer, kostet also nun 61,20 Euro. Sie haben zwar immer noch hundert Euro, aber das Geld ist weniger wert, da die Waren teurer geworden sind. Nun ist 1,20 Euro sicherlich kein enormer Betrag, wenn wir aber über eine höhere Inflationsrate oder über eine Ware mit einem höheren Preis sprechen, zum Beispiel über ein Auto, werden die Unterschiede deutlicher. Es ist also in Ihrem Fall ökonomisch sinnvoller, die Hose sofort zu kaufen, anstatt das Geld für einen längeren Zeitraum auf dem Konto liegen zu lassen.

Genau diesen Effekt beabsichtigt auch die EZB mit ihrer Niedrigzinspolitik. Die Menschen sollen Geld ausgeben und damit die Wirtschaft stärken, denn jeder Euro, der in die Wirtschaft fließt, kommt über Steuern, wie zum Beispiel die Mehrwertsteuer, auch dem Staat zugute. Für Staaten ist es also grundsätzlich besser, wenn die Bürger konsumieren und kaufen, anstatt zu sparen. Ist der Anreiz zum Sparen nicht vorhanden, geben die Leute mehr Geld aus, das auf diese Art und Weise in die Wirtschaft fließt und die Konjunktur ankurbelt. Lieber jetzt kaufen, denken die meisten, bevor mein Geld in ein paar Wochen weniger wert ist. Diese Politik der EZB ist also nachvollziehbar, sie führt allerdings dazu, dass sparen in der Tat keine besonders ertragreiche Alternative mehr darstellt. Gerade deshalb können Geldanlagen an der Börse zurzeit eine besonders gute Alternative darstellen!

Auch an der Börse werden Investitionen getätigt. Sie gaben also zunächst einmal Geld aus, allerdings in der Hoffnung, dafür einen Wert zu erhalten, der unter Umständen sogar mehr wiegt als das Geld an sich. Nehmen wir erneut ein Beispiel aus dem Textilbereich. Nehmen wir an, Sie möchten sich ein Paar Schuhe kaufen. Wenn Ihnen dieses Paar Schuhe derartig gut gefällt, dass Sie es unbedingt haben möchten oder die Marke derzeit so stark in Mode ist, dass Sie unbedingt ein Kleidungsstück von dieser Marke haben wollen, dann ist Ihnen das entsprechende Paar Schuhe vermutlich mehr wert, als die achtzig oder hundert Euro, die es kostet.

Im Falle der Schuhe können Sie sich aber ziemlich sicher sein, dass das Geld zunächst einmal weg ist, Sie werden Ihr Geld nicht durch den Kauf der Schuhe vermehren, sondern, im Gegenteil, erst einmal reduzieren. Beim Investieren, zum Beispiel in ETFs, ist aber genau das möglich. Sie stecken Geld in Ihr Portfolio hinein und bekommen, wenn alles gut läuft, mehr Geld wieder heraus, als Sie eingezahlt haben.

Info: Zinsen

Die ursprüngliche Idee des Zinses war es, dass das Geld auf diese Art und Weise zu denjenigen Menschen und insbesondere Unternehmer*innen zugutekommen sollte, die das Beste aus dem Geld machen. Außerdem wollte man verhindern, dass Geld in sinnfreie Projekte investiert würde. Schließlich muss man für einen Kredit Zinsen bezahlen, da ist man doppelt und dreifach vorsichtig, für welche Projekte man tatsächlich einen Kredit aufnimmt. Ob dieser Effekt durch Zinsen tatsächlich erreicht wird, ist wissenschaftlich aber bisher nicht belegt.

Zinsen wachsen exponentiell. Das liegt daran, dass die ursprünglich eingezahlte Summe verzinst wird und damit wächst. Im nächsten Monat wird dann diese angewachsene Summe wiederum verzinst, und so weiter. Man spricht auch von *Zinseszinsen*. Legt man also ein Geldvermögen mit 3,5 Prozent Zinsen an, hat es sich innerhalb von nur 20 Jahren verdoppelt. Derjenige, der Zinsen nehmen kann, verdient also enorm daran, wohingegen diejenige, die Zinsen bezahlen muss, einen ziemlich starken Verlust erleidet.

Jeder Mensch muss mehr oder weniger häufig Zinsen zahlen. Produzent*innen und Dienstleister*innen rechnen nämlich im Normalfall die Zinsen in ihre Preise mit hinein. Der Preis für die Wasserversorgung beispielsweise enthält im Durchschnitt 15 Prozent Zinskosten, dasselbe gilt für Mietzahlungen oder Pachten. Man schätzt, dass etwa 30 Prozent des Geldes, das jede*r von uns im Jahr ausgibt, versteckte Zinskosten sind. In den antiken Religionen gab es fast immer ein Zinsverbot, um die soziale Ungleichheit nicht Übergebühr zu erhöhen, doch mittlerweile haben wir uns alle mehr oder weniger an das Zinssystem gewöhnt (Krol, 2018).

JE FRÜHER, DESTO BESSER

Vielleicht stellen Sie sich, nachdem Sie die einleitenden Worte nun gelesen haben, die Frage: Warum soll ich bereits jetzt mit dem Investieren beginnen? Ihre Rente scheint weit entfernt zu sein und vielleicht ist die Börse doch, auch wenn manches Vorurteil über sie nicht stimmen mag, ein Ort für erfahrene Manager in maßgeschneiderten Anzügen. Vielleicht überlegen Sie, doch noch ein wenig länger zu warten und die Entwicklung der Finanzmärkte erst einmal in Ruhe zu beobachten. Doch lassen Sie sich nicht täuschen. Tatsächlich gilt: je früher, desto besser.

Früh übt sich ...

Erstens ist es niemals zu früh, um Erfahrungen zu sammeln. Wenn Sie frühzeitig anfangen, haben Sie mehr Zeit dazuzulernen und wenn Sie unter Umständen eines Tages auf Ihren wohlverdienten Ruhestand zugehen und weiterhin an der Börse investieren möchten, verfügen Sie bereits über einen wertvollen Schatz an Erfahrung, den andere Investor*innen in Ihrem Alter noch nicht haben, im besten Falle haben Sie bis dahin natürlich Ihre Schäfchen ins Trockene gebracht. Außerdem fällt es Ihnen leichter, neue Informationen aufzunehmen und zu verarbeiten, je jünger und frischer Sie geistig sind.

Im hohen Alter noch eine neue Sprache zu lernen, ist ungleich schwieriger, unser Gehirn hat dann eine geringere Aufnahmekapazität, wir können im Alter neue Informationen immer langsamer verarbeiten (BrainYoo-Team, 2014). Dasselbe gilt auch für das Erlernen des Börsenhandels. Natürlich ist es auch mit 40 oder 50 Jahren noch nicht zu spät, sich in ein solches Thema einzuarbeiten, aber besser ist es, wenn man früh damit anfängt, die Grundlagen zu legen und dieses grundlegende Wissen nur noch punktuell zu erweitern.

Außerdem macht es einen riesengroßen Unterschied, ob Sie anhand von Börsenspielen oder Simulationen versuchen, etwas über den Finanzmarkt zu lernen, oder ob Sie tatsächlich mit eigenem Geld eigenständig Entscheidungen treffen müssen. Es ist also entscheidend „Skin in the Game" zu haben, um mit dem Finanzmathematiker Nassim Nicholas Taleb zu sprechen. Taleb meint damit, dass man das Investieren an der Börse nur dann gut lernen kann, wenn wirklich etwas auf dem Spiel steht, wenn man wirklich etwas riskiert (Scheu, 2018). In diesem Fall nämlich Geld. Fangen Sie lieber jetzt damit an, indem Sie kleine Summen Geld einsetzen und mithilfe dieses Geldes Erfahrungen sammeln, anstatt später mit viel Geld und ohne Erfahrung an den Start zu gehen.

Das Schachbrett und die Reiskörner. Der Zinseszinseffekt

Ein weiterer Grund ist der schon kurz angerissene Zinseszinseffekt. Wir haben bereits gelernt, dass die Zinsen im Moment niedrig sind, dass sie in der Realwirtschaft, das heißt auf Konten und Sparbüchern, momentan nicht einmal existieren. Wann die Nullzinspolitik der EZB endet und es wieder Zinsen geben wird, ist mehr als unklar. Bei einigen Finanzprodukten, wie zum Beispiel ETFs, die ich Ihnen im nächsten Kapitel noch detaillierter vorstellen werde, gibt es allerdings die Möglichkeit, Zinsen zu erwirtschaften. Wenn Sie die Chance haben, auf Ihre Anlagen Zinsen zu erhalten, tritt der gewünschte Zinseszinseffekt ein.

Rechenbeispiel:

Nehmen wir an, Sie investieren 500 Euro in einen ETF und erhalten darauf fünf Prozent Zinsen, haben also im Folgejahr bereits 525 Euro auf Ihrem Anlagedepot, ohne etwas dafür getan zu haben. Auf diese Summe erhalten Sie nun abermals fünf Prozent Zinsen, das bedeutet, im nächsten Jahr sind es bereits 551,25 Euro und so weiter. Nun mögen diese Summen nicht besonders hoch erscheinen, aber bedenken Sie, dass sich dieser Effekt immer weiter fortsetzt, dass die Summen irgendwann durchaus eine beachtliche Höhe erreichen.

Außerdem müssen Sie für dieses Geld nicht arbeiten, es vermehrt sich quasi von allein. In zehn Jahren wird Ihr Anlagekapital nur durch das Prinzip von Zins und Zinseszins von 500 Euro auf 823,50 Euro angewachsen sein, ohne dass Sie irgendetwas dafür tun müssen, ohne dass Sie Zeit hätten investieren müssen. Über Anlagen an der Börse können Sie sich also die Zinsen und Zinseszinsen verdienen, welche die EZB Ihnen im Moment verwehrt.

In zehn Jahren haben Sie also 323,50 Euro nur an den Zinsen verdient. Wenn Sie fünf Jahre später mit dem Investieren anfangen, das heißt anstelle eines Zeitraums von zehn Jahren nur über einen Zeitraum von fünf Jahren Zinsen erhalten, stehen am Ende bloß 641,68 Euro zu Buche. Sie haben also statt 323,50 Euro lediglich 141,68 Euro verdient, weniger als die Hälfte. Darum lohnt es sich, möglichst frühzeitig mit dem Investieren zu beginnen, Zinsen bedeuten immer exponentielles Wachstum, das heißt konkret, dass die Kurve immer steiler ansteigt.

Ein schönes Beispiel für exponentielles Wachstum ist die Geschichte des Kaisers von China und seinem Hofmathematiker. Für dessen jahrelangen, treuen Dienst wollte ihm der Kaiser ein Geschenk machen. Der Mathematiker überlegte kurz und äußerte dann seinen Wunsch. Er wolle ein Schachbrett haben, auf dem ersten Feld dieses Schachbretts solle ein Korn Reis liegen, auf dem zweiten Feld zwei Körner, auf dem dritten vier, auf dem vierten sechzehn und so weiter. Der Kaiser wunderte sich über die Bescheidenheit seines Mathematikers und ordnete an, den Wunsch zu erfüllen.

Das Wachstum ist exponentiell, es wird schließlich immer die größer gewordene Anzahl der Reiskörner mit sich selbst multipliziert. Genau dasselbe Prinzip gilt bei den Zinseszinsen. Das aufgrund der Verzinsung angewachsene Vermögen wird wiederum verzinst und so weiter. Das Ende der Geschichte aus dem alten China ist schnell erzählt. Der Hofmathematiker wurde aufgrund seines unverschämten Wunsches in den Kerker gesteckt. Schließlich würde die Anzahl der Reiskörner, die sich gemäß seinem Wunsch auf dem 64. Feld befinden würde, ganz Deutschland unter einer ein Meter hohen Schicht aus Reis begraben, so viele Reiskörner kämen am Ende zusammen. Exponentielles Wachstum ist für den menschlichen Geist kaum real vorstellbar, weshalb ich bewusst ein einigermaßen anschauliches und überschaubares Beispiel mit den Zinseszinsen geliefert habe.

DIE RENTE IST SICHER?

Das deutsche Rentensystem basiert auf der Idee des sogenannten Generationenvertrags. Bestimmt haben Sie diesen Begriff schon einmal irgendwo gehört, schließlich wird in diversen Medien gerne über die drohende Rentenlücke berichtet. Ich möchte das Prinzip des Generationenvertrags an dieser Stelle dennoch kurz erläutern.

Sie sind fest angestellt, Ihre Eltern sind gegebenenfalls bereits in Rente, sie bestreiten ihren Lebensunterhalt also durch die Zahlungen der gesetzlichen Rentenversicherung. Die Deutsche Rentenversicherung kann Ihren Eltern nur deshalb dieses Geld auszahlen, weil Sie selbst in die Rentenkasse einzahlen. Jeden Monat wird ein gewisser Anteil Ihres Gehaltes vom Arbeitgeber einbehalten und an die Rentenversicherung gezahlt. Wenn Sie später einmal in Rente gehen, zahlen Ihre Kinder wiederum Beiträge für Sie.

Das System ist also gerecht und scheint auf den ersten Blick auch enorm stabil zu sein. Im Vergleich zu anderen Modellen, zum Beispiel zu einer rein privaten Altersvorsorge, hat sich der Generationenvertrag über Jahrzehnte hin bewährt und galt lange Zeit als Musterbeispiel für ein gelungenes System der Alterssicherung. Doch auch das deutsche Rentensystem ist alles andere als perfekt, dies tritt in den letzten Jahren vermehrt zutage. Zum einen zahlen nicht alle Erwerbstätigen in die Rentenkasse ein. Selbstständige sind zum Beispiel von dem System der gesetzlichen Rentenversicherung ausgeschlossen. Sie müssen keine Beiträge zur Rentenversicherung zahlen, erhalten aber im Alter auch keine Auszahlungen aus dem Rententopf. Wenn Sie also beispielsweise selbstständiger Handwerker sind, fallen Sie aus diesem System heraus. Sie müssen sich privat um Ihre Altersvorsorge kümmern.

Die Zahl der Selbstständigen, insbesondere der sogenannten Kleinselbstständigen, oft auch Englisch als Freelancer bezeichnet, wächst in Deutschland seit Jahren kontinuierlich an.

Diese Kleinselbstständigen haben keinen Betrieb im klassischen Sinne, sie haben keine Angestellten und keine Gebäude mit Büroräumen gemietet. Sie haben aber auch keine feste Anstellung, sondern arbeiten bei verschiedenen Firmen für einen bestimmten Zeitraum oder arbeiten an einem bestimmten Projekt mit. Ist dieses abgeschlossen, arbeiten sie gegebenenfalls für einen neuen Auftraggeber, sie erhalten daher kein festes Gehalt, sondern schreiben Rechnungen, ähnlich also wie ein Handwerker oder eine Steuerberaterin. Dementsprechend zahlen diese Kleinselbstständigen nicht in die Rentenkasse ein. Je mehr es von ihnen gibt, desto weniger Beitragszahler*innen gibt es, desto weniger Geld landet im Rententopf. Vermutlich erkennen Sie das Problem hier bereits. Die aktuellen Rentner*innen sind schließlich darauf angewiesen, dass es genügend Beitragszahler*innen gibt, die für die Stabilität der gesetzlichen Rente sorgen. Andernfalls gerät der Generationenvertrag aus dem Gleichgewicht.

Hinzu kommt ein Problem, welches unter dem Begriff *demografischer Wandel* Einzug in die öffentliche Diskussion gehalten hat. Jede Gesellschaft hat eine bestimmte Bevölkerungsstruktur. Wenn man sich ausschließlich das Alter betrachtet, bedeutet das, es gibt in jeder Gesellschaft eine gewisse Anzahl an sehr jungen Menschen, an Menschen im mittleren Alter und an älteren Menschen. Über einen langen Zeitraum hinweg, wurde die Altersstruktur, man spricht auch von der demografischen Struktur, als Zwiebel dargestellt. Eine Zwiebel ist in der Mitte dick und bauchig und wird an den Enden immer schmaler. Übertragen auf die Bevölkerung bedeutet dies, dass in der Mitte mit Abstand die meisten Menschen abgebildet wurden, die Menschen zwischen zwanzig und sechzig Jahren stellten die große Mehrheit der Bevölkerung.

Diese Menschen sind es auch, die im Normalfall in die Rentenkasse einzahlen. Die sehr jungen, das heißt minderjährigen Menschen, die logischerweise weder Rente erhalten, noch in die Rentenkasse einzahlen, waren ein kleiner Teil an einem Ende der Zwiebel, die älteren Menschen, die einst gearbeitet haben und nun von den Rentenzahlungen leben, waren der kleine Teil am anderen Ende der Zwiebel.

Seit einiger Zeit jedoch ist die Geburtenrate in Deutschland rückläufig. Das heißt, die Menschen in diesem Land bekommen immer weniger Kinder. Gründe dafür gibt es viele, manche Menschen können sich keine Kinder mehr leisten, da ihr Gehalt zu niedrig ist und die Lebenshaltungskosten, das bedeutet Miete, Lebensmittel, etc. zu hoch sind. Andere möchten sich voll und ganz auf ihren Beruf konzentrieren und haben daher keine Zeit für Kinder und wieder andere finden schlicht keinen Partner oder keine Partnerin, mit dem oder der man Kinder bekommen könnte. Im Gegenzug leben die Menschen in Deutschland immer länger, da, dank des medizinischen Fortschritts heute Krankheiten gut behandelt werden können, die noch vor dreißig oder vierzig Jahren tödlich gewesen wären. Für die Rentenkasse ergibt sich aus dem Zusammenwirken dieser Faktoren allerdings ein Problem.

Immer weniger Kinder bedeutet, dass in den nächsten Jahren immer weniger Beitragszahler*innen in die gesetzliche Rentenkasse einzahlen können. Die Kinder von heute sind die Beitragszahler*innen von morgen, um es einmal herunterzubrechen. Wenn aber gleichzeitig immer mehr Menschen eine Rente beziehen, bedeutet das, dass immer weniger Beitragszahler*innen für immer mehr Rentner*innen aufkommen müssen.

Das System des Generationenvertrags ist auf das Zwiebelmodell ausgelegt, nur wenn die Beitragszahler*innen gegenüber den Rentner*innen klar in der Überzahl sind, kann eine ausreichende bis gute Rente gezahlt werden. Sieht die Situation aus wie aktuell, bräuchte es Bestrebungen der Politik, die gesetzliche Rente zu retten oder etwas an ihrer Konzeption zu verändern. Man könnte zum Beispiel Selbstständige ebenfalls in die Rentenkasse einzahlen lassen. Auch Menschen, die monatlich ein sehr hohes Gehalt verdienen (etwas über 6.000 Euro), zahlen nicht in die Rentenkasse ein. Auch sie könnte man dazu verpflichten, um das System aufrechtzuerhalten.

Allerdings ist es im Moment nicht absehbar, dass unsere Politiker*innen leidenschaftlich um den Generationenvertrag kämpfen. Vielmehr empfehlen sie eine zusätzliche private Altersvorsorge. Und so fußt das deutsche Rentenmodell mittlerweile auf drei Säulen. Der gesetzlichen Rente, also dem Generationenvertrag, der privaten Altersvorsorge und der betrieblichen Altersvorsorge. Manche Betriebe richten zusätzliche Rentenfonds für ihre Mitarbeiter*innen ein, diese zahlen einen kleinen Anteil ihres Gehaltes in diesen Fonds ein und erhalten dann, wenn sie das Rentenalter erreicht haben, zusätzlich zur gesetzlichen Rente noch ein wenig Geld von ihrem ehemaligen Betrieb. Insbesondere die Bedeutung der privaten Altersvorsorge wird von den Politiker*innen gerne betont. Wir können also davon ausgehen, dass sie in naher Zukunft vermehrt dieses Modell unterstützen werden.

Aktien oder auch Fonds, die an der Börse gehandelt werden, können eine gute Möglichkeit zur privaten Altersvorsorge darstellen. Wie wir bei der Widerlegung der Mythen rund um die Börse gesehen haben, ist es zudem nicht richtig, dass Aktien oder andere Anlagemöglichkeiten sich nicht als Altersvorsorge eignen. In der Tat gibt es einige gute Alternativen am Börsenparkett, die sich besser für die Altersvorsorge eignen als das berühmte Sparschwein. Wir werden uns diese Alternativen im weiteren Verlauf des Buches noch ansehen. Zunächst einmal war es mir wichtig, Ihnen aufzuzeigen, warum es überhaupt wichtig sein kann, privat für Ihr Alter vorzusorgen. Eines Tages wird der Zeitpunkt gekommen sein, an dem Sie in das Rentenalter kommen, auch wenn Sie es sich aktuell vielleicht noch nicht vorstellen können oder wollen.

Zusammenfassend kann man sagen, dass der Generationenvertrag, auf dem die gesetzliche Rente aufgebaut ist, ein sicheres und gerechtes Konzept ist, das allerdings, wie beinahe alle Konzepte, gewisse Schwächen hat. Diese werden durch den demografischen Wandel und die damit einhergehende Veränderung der Bevölkerungsstruktur offensichtlich. Eine Stärkung und leichte Anpassung der gesetzlichen Rente an die demografischen Realitäten wäre notwendig. Offenbar scheint die Politik aktuell aber eher die private Altersvorsorge zu stärken. Und so scheint der Satz, den der bereits verstorbene CDU-Politiker Norbert Blüm einst im Wahlkampf plakatieren ließ: *„Denn eines ist sicher: Die Rente"* nicht mehr uneingeschränkt zu gelten. Sie sollten sich also zumindest Gedanken über eine private Altersvorsorge machen.

Info: Rente

Bereits im Jahr 1889 spannte der damalige Reichskanzler Otto von Bismarck erstmals ein, wenn auch recht dürftiges, soziales Netz über Deutschland, zu dem auch die gesetzliche Rentenversicherung zählte. Anfangs war die Struktur der Versicherungen noch dezentral und den Landesversicherungsanstalten vorbehalten, bis schließlich 1913 das Versicherungsgesetz für Angestellte in Kraft trat. Für diese war fortan die neu gegründete Reichsversicherungsanstalt in Berlin zuständig. Durch die Jahre des Ersten Weltkriegs (1914 – 1918) wurde die Rentenversicherung stark gebeutelt, die hohen Todeszahlen bei der Gruppe der jungen Männer und der enorme Verfall der Mark nach dem Ende des Krieges sorgten für leere Kassen. Unter der Herrschaft der Nationalsozialisten von 1933 bis 1945 wurde die Rentenversicherung der Staatsgewalt unterstellt. Jede Versicherungsanstalt wurde ab sofort von einem regierungstreuen Mitarbeiter geleitet. Nach dem Ende des Zweiten Weltkriegs wurde auch die Rentenversicherung neu aufgebaut, der oben bereits beschriebene Generationenvertrag bildete die Grundlage für den Erfolg des neuen Systems (Rentenversicherung, Die Geschichte der Deutschen Rentenversicherung, 2019).

Stand Juli 2020 beträgt der Beitrag, den Arbeitnehmer*innen zur gesetzlichen Rentenversicherung entrichten müssen, 18,6 Prozent des Bruttolohns. Es gibt etwa 18,25 Millionen Bezieher*innen von Altersrente in Deutschland. Im Schnitt betrug eine Rente 1.219 Euro, wobei es einen deutlichen Unterschied zwischen Männern und Frauen gibt. Männer erhalten im Durchschnitt eine Rente von 1.362 Euro im Monat, Frauen lediglich 991 Euro (Rentenversicherung, Werte der Rentenversicherung, 2020). Das liegt daran, dass Frauen meist weniger verdienen als Männer und, insbesondere in der aktuellen Rentner*innengeneration, häufig noch Hausfrauen ohne eigenes Einkommen waren.

Das Rentenniveau ist in Deutschland weit unter dem Schnitt der Staaten der Europäischen Union. Es betrug zuletzt 50,5 Prozent, das bedeutet, dass die Rente 50,5 Prozent, also gut der Hälfte des zuletzt gezahlten Lohns entspricht (OECD, 2018). Wer also vor Renteneintritt 2.500 Euro verdient hat, kommt auf eine Rente in Höhe von 1.262,50 Euro. Die Bundesregierung verabschiedete jüngst ein Gesetz, das ein Absinken des Rentenniveaus unter 48 Prozent verhindern soll (Spiegel-Online, 2018).

WAS WIR IN DIESEM KAPITEL GELERNT HABEN:

- Nicht alles, was man sich über die Börse erzählt, stimmt. Man kann an ihr sowohl risikoreiche als auch sehr sichere Geschäfte tätigen. Also keine Angst vor der Börse! Vergessen Sie Ihre Berührungsängste und trauen Sie sich an Ihr erstes Investment heran!

- Auf Zinsen von der Bank können Sie im Moment nicht bauen. Sie sind einfach zu niedrig, beziehungsweise nicht existent. Auch im Alter ist Ihr Wohlstand durch die gesetzliche Rente nicht mehr garantiert. Langfristige Investitionen sind eine gute Alternative!

- Je früher Sie anfangen zu investieren, desto besser. Denken Sie an den Matheunterricht und an das Schachbrett mit den Reiskörnern. Der Zinseszinseffekt sorgt für exponentielles Wachstum, das heißt, er macht sich umso bemerkbarer, je früher Sie anfangen!

- Legen Sie sich einen gut überlegten Plan zurecht und starten Sie nicht Hals über Kopf in den Börsenhandel. Beantworten Sie die wichtigsten Fragen für sich im Voraus! Wo wollen Sie genau hin, wann möchten Sie Ihr Sparziel erreichen und was möchten Sie dafür tun, das heißt, wie viel Zeit und Energie möchten Sie für Ihr Investment investieren?

Der Handel mit ETFs

„Ein Geschäft, das nur Geld einbringt,

ist ein schlechtes Geschäft".

(Henry Ford)

WAS SIND ETFS?

ETF ist die Abkürzung für den englischen Begriff *Exchange Traded Fund*, zu Deutsch: börsengehandelter Fonds. Es handelt sich also schlicht und ergreifend um einen Investmentfonds, der an einer Börse gehandelt wird. Die meisten Fonds, die an der Börse gehandelt werden, sind *passiv verwaltete* Fonds. Passive Verwaltung oder auch passives Management ist eine Strategie zur Verwaltung von börsennotierten Vermögenswerten. Dabei wird durch einen Fonds der Verlauf eines Börsenindexes nachgebildet, daher spricht man bei passiv gemanagten Fonds auch oftmals von *Indexfonds*. Bekannte Indizes sind zum Beispiel der Deutsche Aktienindex (DAX) oder das US-amerikanische Pendant, der Dow Jones.

Der Fonds bildet exakt den Verlauf des Indexes ab, steigt also der DAX um drei Prozentpunkte, so steigt ein Index, der den DAX nachbildet, ebenfalls um drei Prozent. Sinkt der DAX um zwei Prozentpunkte, trifft dies auch auf den Index zu. Der DAX soll hier nur zur Veranschaulichung der Funktionsweise dienen, da es sich um den wahrscheinlich bekanntesten deutschen Börsenindex handelt, unter dem Sie sich sehr wahrscheinlich etwas vorstellen können.

Tatsächlich gibt es Indices, die sich deutlich besser für eine Abbildung in Form eines ETFs eignen und für Investor*innen daher empfehlenswerter sind. Dazu werden wir an späterer Stelle noch einmal zurückkommen, nun möchte ich zunächst erklären, wie ein ETF entsteht.

WIE ENTSTEHEN ETFS?

Grundsätzlich können ETFs auf zwei verschiedene Arten entstehen.

Physische Abbildung

Bei der physischen Abbildung wird zuerst eine eigene Gesellschaft gegründet, welche die Wertpapiere physisch, also tatsächlich einkauft. Als physisch wird der Kauf deshalb bezeichnet, weil man früher nicht über die notwendige Computersoftware verfügte, um diese Käufe über ein automatisiertes, technisches System abzuwickeln. Man ging also tatsächlich zur Börse und kaufte ein Wertpapier, zum Beispiel eine Aktie, wie man ein Comicheft oder eine Zeitung in einem Zeitschriftenladen kauft. Das Wertpapier lag dann nicht nur digital, sondern tatsächlich physisch vor. Heute werden derartige Käufe überwiegend automatisiert abgewickelt. Bei der physischen Abbildung werden also Wertpapiere von der Fondsgesellschaft eingekauft. Logischerweise schwankt der Wert der Gesellschaft in genau dem gleichen Ausmaß, wie der Wert der in der Gesellschaft enthaltenen Wertpapiere. Man nennt diese auch Titel.

Ziel der Gesellschaft ist es, Anteile dieser Titel an die Anleger*innen auszugeben, diese also am Risiko, aber auch an den Gewinnchancen zu beteiligen. Zu diesem Zweck gibt die Gesellschaft ETFs heraus. Der Wert der ETFs richtet sich ebenfalls nach dem Wert der enthaltenen Titel, womit der Index eins zu eins abgebildet ist. Der Vorteil dieser physischen Abbildung ist, dass das sogenannte Emittentenrisiko wegfällt. Der Emittent ist das Unternehmen, welches Wertpapiere herausgibt. Wenn Sie also einen ETF auf den DAX kaufen, der von der Commerzbank herausgegeben wurde, machen Sie selbst dann keinen Verlust, wenn die Commerzbank Konkurs anmeldet, sondern nur, wenn der gesamte DAX Verluste macht (Finanzfluss, ETF Erklärung: Was sind ETFs? In nur vier Minuten erklärt! Finanzlexikon, 2016).

Die Orientierung an klassischen Börsenindices ist die häufigste Form der Ausgestaltung eines ETFs. Allerdings gibt es auch noch andere Varianten, manche ETFs orientieren sich zum Beispiel an ganzen Branchen, zum Beispiel der Finanz-, der Medien- oder Pharmabranche. Auch Rohstoffe können unter dem Dach von ETFs gehandelt werden, zum Beispiel Gold oder Erdöl. Zudem gibt es die Möglichkeit, den Wert der Fonds an die wirtschaftliche Entwicklung ganzer Staaten oder Regionen zu knüpfen. Der ETF folgt dann beispielsweise den Konjunkturdaten der USA oder der sogenannten Schwellenländer (Finanzfluss, ETF Erklärung: Was sind ETFs? In nur vier Minuten erklärt! Finanzlexikon, 2016).

Die Ausrichtung eines ETFs an den Wirtschaftsdaten eines oder mehrerer dieser Staaten verspricht auf der einen Seite Gewinne, da das Wachstum in den Schwellenländern meist höher ist als in den Industriestaaten, die ihre Wachstumspotenziale oft bereits größtenteils ausgeschöpft haben. Auf der anderen Seite sind diese Staaten oft politisch instabil. Dies kann wiederum zu größeren Schwankungen und gegebenenfalls zu Kursverlusten führen. Zu empfehlen sind solche ETFs also nur bedingt. Wie bereits erwähnt, richten sich die meisten ETFs nach Börsenindices. Im Folgenden werde ich das Prinzip der Exchange Trading Funds daher auch am Beispiel eines Börsenindexes erklären.

Synthetische ETFs

Wenn der Anbieter eines ETFs den DAX physisch abbilden will, dann ist das kein Problem. Es handelt sich um eine begrenzte Anzahl an Unternehmen, außerdem haben all diese Unternehmen eine gewisse Größe und eine gewisse Position auf dem Weltmarkt. Möchte man aber andere Indizes abbilden, beispielsweise den MSCI World Index, der eine wesentlich größere Anzahl an Unternehmen auf der ganzen Welt beinhaltet, ist das physisch kaum möglich.

Dies wäre enorm teuer und würde zu hohen Transaktionsgebühren für die Anleger*innen führen. Um ETFs für solche Indizes abbilden zu können, hat man synthetische ETFs entwickelt. Der Begriff *Synthese* kommt aus dem Griechischen und bezeichnet eine Zusammenfassung oder eine Verknüpfung. Und so findet hier auch eine Verknüpfung statt. Der synthetische ETF ist nicht direkt an einen Index angeschlossen. Diese Fonds nutzen *Swaps*. Swaps sind gegenseitige Zahlungsverpflichtungen, meist zweier Institutionen, zum Beispiel dem Anbieter des ETFs und einer Bank.

Die Bank investiert also in den ETF, die Bank und der ETF-Anbieter sind Swap-Partner, man nennt diese Partner auch *Kontrahenten*. Oft findet ein Swap zwischen dem Anbieter und dessen Mutterkonzern statt, die meisten bekannten ETFs gehören zu großen Finanzkonzernen, meist Banken oder Versicherungen. So swappt zum Beispiel der ETF *db X-trackers* mit dem Herausgeber des ETFs: der Deutschen Bank. Wichtig ist es zu wissen, dass die Swaps nicht über die Börse abgewickelt werden, es handelt sich um Absprachen zwischen den beiden Parteien, welche diese Absprachen nicht öffentlich machen müssen.

Die synthetische Nachbildung ist genauer als die physische. Außerdem fallen hier weniger Gebühren an, da keine Mietkosten für den Finanzplatz bezahlt werden müssen, außerdem muss kein Broker bezahlt werden. Für die physische Abbildung ist ein Broker zwingend notwendig. Da die Gebühren geringer sind, bleibt also am Ende mehr für die Anleger*innen übrig.

WAS WIR IN DIESEM KAPITEL GELERNT HABEN:

- Wir wissen nun, was ein ETF ist, ein an der Börse gehandelter, passiv gemanagter Fonds. Ein normaler ETF spiegelt den Verlauf eines Indexes an der Börse wider.
- ETFs können auf zwei unterschiedliche Arten entstehen, wobei jede von ihnen ihre Vor- und Nachteile hat.

Chancen und Risiken beim Handel mit ETFs

„An der Börse ist alles möglich.

Auch das Gegenteil".

(André Kostolany)

Wie beinahe alles im Leben hat auch der Handel mit ETFs zwei Seiten. Auf der einen Seite sind ETFs sehr sichere und solide Finanzprodukte, die eine langfristige Anlage ohne hohes Verlustrisiko ermöglichen. Doch natürlich ist das Risiko nicht gleich Null, im folgenden Kapitel werden wir daher beleuchten, welche Vor- und welche Nachteile der Handel mit ETFs hat, welche Chancen er eröffnet und welche Risiken er birgt. Beginnen wir zunächst mit den Vorteilen.

VORTEILHAFTE EIGENSCHAFTEN VON ETFS

Gegenüber klassischen Fonds oder Einzelaktien bieten ETFs einige Vorteile. Gehen wir also kurz darauf ein, was einen ETF von anderen Börsenprodukten im positiven Sinne unterscheidet.

Passiv gemanagte Fonds

Nehmen wir also der Einfachheit halber an, dass ein Fonds den genauen Verlauf des Deutschen Aktienindexes (kurz: DAX) abbildet. Wenn der DAX an einem Handelstag um drei Prozentpunkte steigt, steigt auch der Wert des Indexes um drei Prozentpunkte an. Fällt der DAX um vier Prozent, verhält sich der Index entsprechend und verliert ebenfalls vier Prozent. Durch diese Abbildung des Kursverlaufs ist die Verwaltung dieser Indizes wesentlich einfacher als die eines aktiven Indexes, der eigene, unabhängige Kursschwankungen erlebt.

Nun fragen Sie sich vielleicht, warum Sie nicht gleich in den DAX investieren sollen, wenn doch der Index ohnehin nur ein Abbild der dortigen Kurse ist. Nun, die Antwort ist einfach. Der Kurs des DAX setzt sich aus den Kursen der dreißig wertvollsten deutschen Unternehmen zusammen. Um also tatsächlich auf den Kurs des DAX spekulieren zu können, müssten Sie von jedem dieser dreißig Unternehmen mindestens eine Aktie kaufen. Dies wäre zwar theoretisch möglich, würde aber einen enormen Aufwand von Kapital bedeuten oder einfacher gesagt: Es wäre schlicht zu teuer. Im Durchschnitt kosten die Aktien eines DAX-Unternehmens je nach aktuellem Kurs um die hundert Euro (Stand September 2020). Die finanzielle Einstiegshürde für das Investment in einen passiven Fonds, der den Verlauf des DAX abbildet, ist wesentlich niedriger.

Ein weiterer Vorteil, den ein solcher Indexfonds für Anleger*innen bietet, ist, dass er in der Regel stabiler ist als zum Beispiel eine eigenständige Aktie. Haben Sie in den vergangenen Wochen manchmal die Börsenkurse verfolgt oder die Überschriften im Wirtschaftsteil der großen Zeitungen gelesen? Falls ja, haben Sie mit Sicherheit von dem Skandal rund um die Firma Wirecard gehört, die mit gefälschten Bilanzen und irreführenden Angaben über das eigene Kapitalvermögen einen politischen Aufruhr erzeugt hat. Der Aktienkurs von Wirecard ist, seitdem bekannt ist, dass das Unternehmen offensichtlich fehlerhafte beziehungsweise bewusst falsche Zahlen vorgelegt hat, rapide gesunken.

Dies war in dieser Form zuvor nicht zu erwarten, der Kurs der Aktie zeigte bis dahin konstant nach oben, Wirecard galt unter Expert*innen und Anleger*innen lange Zeit als goldene Investition. Hätten Sie also Aktien von Wirecard gekauft, hätten Sie Ihr blaues Wunder erlebt. Ähnlich wäre es Ihnen als VW-Aktionär*in gegangen, als der Diesel-Skandal aufgedeckt wurde.

Auch Wirecard und VW sind im DAX verzeichnet. Dort ist das Unternehmen aber nur eines von dreißig, die neunundzwanzig anderen Unternehmen sind unbeeindruckt von diesem Vorfall geblieben und haben ihre Kurse halten können. Wenn Sie also in einen Fonds investiert haben, der den Verlauf des gesamten DAX abbildet, haben Sie, wenn überhaupt, kleinere Verluste hinnehmen müssen. Es ist sehr unwahrscheinlich, dass der gesamte DAX einen enormen Kursverlust erleidet, der nicht vorherzusehen ist. Sogenannte Crashs, das heißt rapide Verluste und Kursabstiege an der Börse, haben im Normalfall einen Grund.

Dieser kann politischer Natur sein oder sich aus Entscheidungen innerhalb der Wirtschaft ergeben. Nach einem unerwarteten Wahlausgang zum Beispiel verlieren die Börsenkurse in der Regel zunächst. Würde hierzulande die Linkspartei bei der nächsten Bundestagswahl die absolute Mehrheit gewinnen, können Sie sich ziemlich sicher sein, dass die Börsenkurse fallen werden. Ebenso kann die Ankündigung eines großen Konzerns, zum Beispiel der Lufthansa oder VW, zu fallenden Kursen führen. Wenn der größte deutsche Luftfahrtkonzern beispielsweise ankündigt, Stellen streichen zu wollen, ist das zumeist ein Zeichen einer unbefriedigenden Unternehmensbilanz. Das sorgt für Unruhe an den Märkten, ebenso wie zum Beispiel die Aufdeckung des Abgasskandals rund um

Volkswagen im Jahre 2015. Halten wir also zunächst fest, dass passiv gemanagte Fonds in aller Regel Indexfonds sind, ihr Verlauf folgt dem Verlauf eines bestimmten Indexes. Es muss nicht immer der DAX sein, er ist der bekannteste, aber bei Weitem nicht der einzige Index an der Börse. Diese Indexfonds sind stabiler als einzelne Aktien, weil sie mehrere Unternehmen oder zum Beispiel auch Währungen unter einem Dach vereinen und daher nicht so stark von den Kursen einzelner Marktakteure sind.

Stellen Sie es sich einfach so vor: Wenn Sie sich einen neuen Kleiderschrank für Ihr Schlafzimmer gekauft haben und ihn gemeinsam mit einem Freund die Treppen des Hauses, bis zum vierten Stock hochtragen müssen, dann macht es sich natürlich schnell bemerkbar, wenn einer von Ihnen beiden schwächelt und nicht seine volle Kraft zum Tragen aufwenden kann. Wenn Sie aber zu viert sind, um den Schrank zu transportieren, können Sie das Schwächeln eines einzelnen Helfers relativ problemlos ausgleichen. Es wird wahrscheinlich schwerer, den Schrank nach oben zu transportieren, aber es ist nicht mehr unmöglich. Stabilität ist also ein wichtiges Kriterium bei der Auswahl der Investitionsmöglichkeiten. ETFs bieten allerdings noch weitere Vorteile.

: Indexfonds

Ursprünglich waren Indexfonds einmal die einzigen börsennotierten Fonds, mittlerweile gibt es aber auch einige aktiv gemanagte Fonds auf dem Börsenparkett. Die Idee, einen Fonds an die Börse zu bringen, der den Verlauf von Indizes nachbilden sollte, entstand um das Jahr 1970 in den USA. Der erste derartige Fonds wurde von der Firma *State Street Global Advisors* auf den Markt gebracht und ist bis heute der größte am Markt gehandelte ETF. Ein weiterer sehr bekannter ETF ist *Diamonds*, der sich am Verlauf des Dow Jones, den US-amerikanischen Pendants zum DAX orientiert, er ist vor allem in den USA sehr beliebt.

Täglich über die Börse gehandelt

ETFs werden in der Regel, wie auch Aktien, täglich an der Börse gehandelt. Dies ist auch sinnvoll, schließlich bilden ETFs Indizes ab, die wiederum ebenfalls täglich an der Börse gehandelt werden. In diesem Punkt unterscheiden sie sich von Investmentfonds. Diese werden normalerweise über die Fondsgesellschaft, also den Anbieter gehandelt und nicht über die Börse. Der Vorteil daran ist, dass sich ETFs somit schneller verkaufen, also schneller zu Geld machen lassen als herkömmliche Fonds. Wenn Sie einen Investmentfonds wieder verkaufen möchten, geht er zunächst an die Fondsgesellschaft zurück.

Bis die Gutschrift der Gesellschaft auf Ihrem Konto ankommt, können gut und gerne ein paar Tage ins Land gehen. Bei ETFs hingegen erhalten Sie den Erlös direkt und unmittelbar.

RISIKEN

ETFs haben viele Vorteile, wie wir eben gelernt haben. Doch kein Finanzprodukt ist gänzlich ohne Nachteile. Deshalb sollten Sie auch bei ETFs ganz genau hinschauen, bevor Sie sich für eine Investition entscheiden.

Ein mögliches Risiko entsteht durch die Swaps. In unserem Fall liegt das Risiko darin, dass der Anbieter des ETFs zum Beispiel mit einer Bank eine Swap-Vereinbarung eingeht. Der ETF muss sich darauf verlassen können, dass die Bank ihren Verpflichtungen auch nachkommt, sollte die Bank bankrottgehen, ist das Geld der Anleger*innen, also in Ihrem Fall Ihr Geld, verloren.

Allerdings hat die EU dieses Risiko bereits vor einiger Zeit erkannt und Gesetze verabschiedet, die das Risiko minimieren. Der Wert der Swaps darf nämlich nur maximal zehn Prozent des gesamten Fondsvermögens betragen. Auf diese Weise ist sichergestellt, dass der Fonds nicht zu abhängig von einem einzelnen Swap-Partner, also zum Beispiel einer Bank, wird. Selbst wenn die Bank aus unserem Beispiel Konkurs gehen sollte, wäre die Existenz des ETFs dennoch gesichert, denn nur zehn Prozent seines Vermögens wurde durch die Bank garantiert. In den meisten Fällen achten die ETFs selbst darauf, dass der Wert der Swaps keinesfalls zehn Prozent des Vermögens übersteigt, meistens ist das Volumen kleiner (Verbraucherzentrale, 2018).

Ein weiteres Problem kann die möglicherweise herrschende Intransparenz für die Gebühren der Swap ETFs sein. Die ETFs schließen Swaps mit dem Mutterkonzern, ohne dass die Anleger*innen dies unbedingt mitbekommen müssen. Eventuell zahlen Sie somit Gebühren, die Sie eigentlich gar nicht zahlen müssten.

Diese Kritikpunkte müssen nicht zwangsläufig gegen den Kauf von Swap-ETFs sprechen! Sie sind hypothetischer Natur, das heißt, es ist noch lange nicht gesagt, dass Sie sich wirklich mit diesen Risiken auseinandersetzen müssen. Sie sollten nur schon einmal davon gehört haben, damit Sie im Hinterkopf behalten: *Auch ETFs sind nicht vollkommen risikofrei.*

Im Vergleich zu aktiv gemanagten Fonds schneiden ETFs aber wirklich gut ab, das bestätigt auch die Verbraucherzentrale (Verbraucherzentrale, 2018). Außerdem gelten die genannten Nachteile genauso auch für aktive Fonds. ETFs sind also tatsächlich eine gute Wahl, wenn Sie an der Börse investieren möchten, insbesondere für den Anfang.

	Vorteile	Nachteile
Synthetische ETFs	+ Sie bilden einen *Referenzindex* ab, das heißt, Sie können jederzeit nachvollziehen, wie sich der Kurs entwickelt (hohes Maß an Transparenz!) + Passives Management bedeutet keine hohen Kosten und Gebühren für die Verwaltung der Fonds + Sie werden täglich an der Börse gehandelt + Sie sind kostengünstig, keine Gebühren	- Minimales Restrisiko durch Kontrahenten-Risiko - eventuelle Intransparenz bei den Gebühren (daher genau informieren!)
Physische ETFs	+ Bilden einen Referenzindex ab, Sie können jederzeit nachvollziehen, wie sich der Kurs entwickelt (hohes Maß an Transparenz!) + Passives Management bedeutet keine hohen Kosten und Gebühren für die Verwaltung der Fonds + Sie werden täglich an der Börse gehandelt + Sie bieten eine hohe Sicherheit	- Sind teurer und kosten daher mehr Gebühren - Die Anleger*innen tragen das volle Risiko, erhalten aber nicht die vollen Erträge. Die Kosten für die physische Abbildung werden auf die Anleger*innen umgewälzt.

BESONDERE VARIANTEN

An dieser Stelle sei ausdrücklich darauf hingewiesen, dass diese besonderen Varianten von ETFs sehr risikoreich sind! Sie sind also eher etwas für Profis und erfahrene Trader*innen. Ich möchte Ihnen an dieser Stelle dennoch nicht vorenthalten, dass es diese Möglichkeiten gibt. Möglicherweise möchten Sie, wenn Sie ein paar Jahre Erfahrung an der Börse gesammelt haben, einmal risikoreichere Geschäftsmodelle ausprobieren. Außerdem kann es nie schaden, die Begriffe grundsätzlich schon einmal gehört zu haben und zu wissen, was sich hinter ihnen verbirgt. Trotzdem betone ich noch einmal explizit, dass ich Ihnen diese beiden Varianten für Ihren Einstieg in die Welt des Börsenhandels nicht empfehlen möchte! Gehen Sie kein unnötiges Risiko beim Investieren ein, erst recht nicht zu Beginn!

Short ETFs

Short ETFs bewegen sich genau gegensätzlich zum Index. Wenn also der DAX etwa um drei Prozentpunkte fällt, steigt der Index des Short ETFs entsprechend um drei Prozent. Steigt der DAX um zwei Prozent, fällt der Short ETF um zwei Prozent. Die Gewinne sind höher als bei klassischen ETFs, da die Wahrscheinlichkeit eines Gewinns geringer ist. Man wettet schließlich gegen den insgesamt ansteigenden Trend der Börsenkurse. Es ist ein wenig wie bei Sportwetten. Je unwahrscheinlicher ein Ereignis ist, desto höher ist der Gewinn, wenn es eintritt.

Dass Arminia Bielefeld gegen Bayern München in der Fußballbundesliga gewinnt, ist überaus unwahrscheinlich. Wettet man also darauf und sollte dieses Ergebnis tatsächlich eintreten, hat man eine ganze Stange Geld verdient. Wettet man stattdessen auf den FC Bayern, ist die Wahrscheinlichkeit zu gewinnen sehr hoch, der ausgezahlte Betrag aber dementsprechend niedrig. Wahrscheinlich verliert man mit Short ETFs also Geld, falls nicht, sind die Gewinne aber verlockend.

Gehebelte ETFs

Die Funktionsweise des Hebels hatte ich bereits in den Begriffserklärungen ansatzweise erläutert. Er dient dazu, das Volumen des Kapitals zu erhöhen. Nehmen wir an, wir setzen auf einen ETF, der den DAX abbildet und nehmen einen Hebel von zwei hinzu. Steigt der DAX nun um zwei Prozent, steigt der Wert unseres ETFs um vier Prozent, steigt er um drei Prozent, wird unser ETF sechs Prozent wertvoller. Der Hebel kann theoretisch beliebig groß sein, auch Dreier- oder

Viererhebel sind denkbar, Sie sollten aber stets bedenken, dass der Hebel nur geliehenes Geld ist, je größer der Hebel, desto höher die Gewinnchance, desto höher aber auch das Verlustrisiko.

Denn auch die Verluste werden gehebelt. Verliert der DAX um zwei Prozentpunkte, verliert unser ETF vier Prozent an Wert, wenn wir einen Zweierhebel angesetzt haben. Je größer der Hebel, desto höher ist die Verlustspanne, auch deshalb würde ich Ihnen vom Einsatz eines Hebels abraten. Sollte Ihr Kapital im Laufe der Jahre anwachsen und sollten Sie somit mehr Geld zur Verfügung haben, dessen Verlust Ihnen nicht unbedingt wehtun würde, können Sie den Hebel immer noch ausprobieren.

WAS WIR IN DIESEM KAPITEL GELERNT HABEN:

•ETFs sind passiv gemanagte Fonds. Sie sind effizienter als direkt verwaltete Fonds und sparen Kosten.

•Nachteile ergeben sich durch die sogenannten Swaps und mögliche Intransparenz. Diese soll jedoch möglichst vermieden werden, die EU hat entsprechende Gesetze erlassen.

•ETFs sind relativ risikoarme Finanzprodukte. Es gibt zwar risikoreichere Varianten, diese sind aber, insbesondere für Einsteiger*innen, nicht empfehlenswert.

Ihr Start an der Börse

„Das Geheimnis des erfolgreichen Börsengeschäftes

liegt darin, zu erkennen,

was der Durchschnittsbürger glaubt,

dass der Durchschnittsbürger tut".

(John Maynard Keynes)

STARTKAPITAL

Ohne Geld können Sie logischerweise nicht in den Börsenhandel einsteigen. Die Summe an Geld, die Ihnen zu Beginn Ihrer Aktivitäten zur Verfügung steht, nennt man auch Startkapital. In jedem Fall sollte genügend Startkapital vorhanden sein, um sinnvolle Transaktionen an der Börse durchführen zu können. Wichtig ist, dass Sie niemals Ihr gesamtes Geld als Startkapital einsetzen sollten. Schließlich brauchen Sie vermutlich auch in Ihrem Alltag zumindest ein bisschen Geld, um Lebensmittel einzukaufen, die Miete zu bezahlen oder mit Ihren Freunden und Freundinnen auszugehen.

Bilden Sie also zunächst ausreichende Rücklagen, bevor Sie mit dem Investieren beginnen. Je nachdem wie viel Geld Ihnen zur Verfügung steht, sollten Sie nicht mehr als die Hälfte Ihrer Rücklagen für den Börsenhandel verwenden. Sollten Sie unerwartet einmal mehr Geld übrig haben als geplant, so können Sie diesen Betrag natürlich auch vollständig investieren. Vorausgesetzt auf Ihrem Tagesgeldkonto liegen genügend Reserven.

Die Faustformel, die für Anleger*innen jeden Alters gilt ist: Setzen Sie niemals Geld an der Börse ein, dass Sie in den nächsten fünf bis zehn Jahren sicher brauchen werden. Wenn Sie sich an diesen Grundsatz halten, können Sie ziemlich sicher sein, dass Sie in der näheren Zukunft nicht in eine finanzielle Schieflage geraten werden. Und das muss auch jederzeit Ihr Ziel sein. Schließlich wollen Sie mit dem Börsenhandel Geld verdienen und nicht Ihr mühsam erspartes Kapital aufs Spiel setzen.

ANLAGESTRATEGIE: DIVERSIFIKATION

Es gibt verschiedene Anlagestrategien, die man beim Investieren an der Börse verfolgen kann. Ich möchte Ihnen an dieser Stelle noch einmal ausdrücklich die Diversifikation empfehlen! Diversifikation bedeutet dabei nichts anderes als Streuung, Sie legen also nicht alle Eier in einen Korb, sondern verteilen sie auf verschiedene.

Gerade dafür sind ETFs bestens geeignet, wir haben bereits gelernt, dass sie immer einen Index, das heißt mehrere Firmen, Unternehmen oder Märkte abbilden. Somit minimieren Sie Ihr Risiko. Je breiter gestreut, desto weniger Risiko, so einfach ist die Faustformel. Wenn Sie sich also für ETFs entscheiden, dann entscheiden Sie sich am besten für die Fonds mit der breitesten Streuung. Es sollten also möglichst viele Unternehmen oder Märkte in dem ETF abgebildet werden, bestenfalls sogar aus verschiedenen Branchen.

Daher ist auch eine Investition in ETFs, die den DAX nachbilden, nur bedingt zu empfehlen. Der DAX besteht nur aus 30 Konzernen, außerdem handelt es sich hauptsächlich um Konzerne aus dem Bankenwesen, der Auto- oder der Chemie- und Energieindustrie. Eine Streuung ist also nicht gegeben, obwohl ein DAX-naher ETF immer noch diversifizierter und damit sicherer ist als eine Einzelaktie eines DAX-Konzerns. Zudem beinhaltet der DAX einige Sorgenkinder, wie etwa die Deutsche Bank oder die Commerzbank, die immer wieder für negative Schlagzeilen sorgen. Ebenso verhält es sich mit Volkswagen oder zuletzt der Aktie von Wirecard. Der DAX ist zwar der bekannteste Index Deutschlands, ist aber für Anleger*innen dennoch mit Vorsicht zu genießen.

Ich möchte Ihnen, nachdem ich Ihnen im nächsten Kapitel unterschiedliche Varianten von ETFs vorstelle, acht konkrete Empfehlungen mit an die Hand geben. Die dort vorgestellten Produkte erfüllen das Kriterium der Diversifikation ausgesprochen gut und sind auch ansonsten als Investition bestens geeignet. Behalten Sie zunächst also immer im Hinterkopf, dass Sie sich möglichst breit aufstellen sollten. Wählen Sie ETFs, die möglichst breit gefächerte Indizes abbilden! Möglichst viele verschiedene Unternehmen, möglichst viele verschiedene Branchen! Je diverser und je breiter Ihr Portfolio ist, desto besser!

WIE SIE SCHRITT FÜR SCHRITT IN ETFS INVESTIEREN

Schritt 1: Die Wahl des richtigen Brokers

Ein Broker führt in Ihrem Namen Transaktionen an der Börse durch, das heißt, er arbeitet mit Ihrem Geld. Daher sollten Sie unbedingt darauf achten, einen vertrauenswürdigen Broker auszuwählen, der mit seinen angebotenen Dienstleistungen und seiner Software optimal zu Ihren Vorstellungen und Bedürfnissen passt. Durch die hohe Anzahl von Anbietern auf dem Markt müssen Sie ziemlich vorsichtig sein und bei der Auswahl eines seriösen Brokers auf bestimmte Kriterien achten. Auf Internetbewertungen können Sie sich dabei kaum verlassen, diese sind oft sehr widersprüchlich und manche Anbieter kaufen sich falsche Bewertungen, um im Vergleich zur Konkurrenz besser dazustehen. So wie manche Profile auf sozialen Medien wie Facebook oder Instagram sich Zustimmung und Abonnent*innen kaufen. Es gibt zum Glück eindeutige Merkmale, anhand derer Sie seriöse Broker erkennen können.

Ein seriöser Broker wird über die zuständigen Behörden der Finanzaufsicht reguliert. Diese Regulierung ist entscheidend für die Sicherheit Ihrer Einlagen. Falls der Broker bankrottgehen sollte, ist Ihr Depot über die staatliche Einlagensicherung dennoch abgesichert. Sie verlieren also zumindest nicht Ihr Startkapital. Einem staatlich beaufsichtigten Broker können Sie somit problemlos vertrauen. Wenn Sie ausschließlich auf dem deutschen Finanzmarkt tätig werden wollen, können Sie sich bei der *Bundesanstalt für Finanzdienstleistungsaufsicht* (BaFin) über die Regulierung des Brokers erkundigen.

Als besonders streng gilt die britische Aufsichtsbehörde FCA (kurz für *Financial Conduct Authority*); ein Broker mit einer Zertifizierung der FCA ist als besonders vertrauenswürdig anzusehen. Die FCA ist zuständig für Broker, die ihren Hauptsitz im Vereinigten Königreich haben, in aller Regel ist der Firmensitz in London, einem der größten und wichtigsten Finanzplätze der Welt (Financial Conduct Authority, 2016).

Seriöse Broker teilen Ihnen von Anfang an offen mit, dass sie Gebühren für ihre Arbeit verlangen. Gebührenfreie Anbieter gibt es, nach aktuellem Stand (September 2020) nicht. Sie sollten also skeptisch werden, wenn Ihr Broker Sie nicht über anfallende Kosten informiert. Achten Sie auch auf versteckte Kosten und Gebühren. Schauen Sie daher regelmäßig ins Preisverzeichnis und überprüfen Sie, ob die Kosten, die Ihr Broker Ihnen berechnet, angemessen sind. Seriöse Broker sollten beispielsweise keine Depotführungskosten von Ihnen verlangen.

Checkliste für die Wahl des richtigen Brokers:

❐ Ist er über die Finanzaufsicht reguliert?
❐ Hat er seinen Sitz in einem europäischen Staat?

- ❐ Informiert er transparent und ehrlich über anfallende Kosten?
- ❐ Sind die im Preisverzeichnis aufgeführten Kosten angemessen (unbedingt vergleichen!)
- ❐ Erhebt er ausschließlich sinnvolle Kosten und Gebühren?
- ❐ Bietet der Broker die für mich passenden Produkte (ETFs) an?
- ❐ Ist der Service gut? Kann man die zuständige Firma bei Fragen schnell erreichen?

Wenn ein Broker all diese Voraussetzungen erfüllt, können Sie sich ziemlich sicher sein, einen seriösen und für Ihre Bedürfnisse passenden Anbieter gefunden zu haben.

Wechsel des Brokers

Vielleicht stellt sich nach einiger Zeit heraus, dass Sie trotz gewissenhafter Prüfung dieser Kriterien den falschen Broker gewählt haben. Oder Sie haben den Fehler gemacht und bereits einen Broker ausgewählt, bevor Sie dieses Buch gelesen haben. Das ist ohne Zweifel ärgerlich, aber kein Grund zur Sorge. Ihre Entscheidung ist nicht in Stein gemeißelt. Mittlerweile ist es nämlich sogar relativ einfach, den Broker zu wechseln.

Im Normalfall bietet jeder Broker ein vorgefertigtes Formular an, mit dem der Wechsel innerhalb kurzer Zeit vollzogen werden kann. Es findet ein Depotübertrag statt, das bedeutet, dass Ihr Depot nicht aufgelöst, sondern direkt an den neuen Broker übertragen wird. Insbesondere beim Wechsel zu einem inländischen Broker tauchen dabei keinerlei Probleme auf. Wenn Sie also von einem Broker mit Sitz in Deutschland zu einem anderen Broker mit Sitz in Deutschland wechseln, kann Ihnen im Grunde nichts passieren.

Bei einem Wechsel zu einem ausländischen Broker müssen Sie ein wenig vorsichtiger sein. Dort kann es unter Umständen Schwierigkeiten bei der Übertragung des Depots geben, weil die Datenübermittlung im Gegensatz zu einem innerdeutschen Wechsel nicht automatisiert abläuft. Achten Sie also darauf, dass Sie gegebenenfalls einen Antrag stellen müssen.

Schritt 2: Sparplan

Sparpläne sind eine gute Möglichkeit, um flexibel mit dem Aufbau einer langfristigen Investition zu beginnen. Daher möchte ich Ihnen dringend empfehlen, einen Sparplan auszuarbeiten! Schauen wir uns also gemeinsam an, worauf es beim Erarbeiten eines Sparplans für Ihr erstes Investment in ETFs ankommt. Den großen Vorteil der ETFs haben wir bereits besprochen. Wir streuen das Risiko auf viele verschiedene Firmen, obwohl wir nur einen einzigen ETF kaufen. Diese Art der Risikostreuung nennt man in der Fachsprache auch Diversifikation. Dazu möchte ich Ihnen an späterer Stelle noch ein paar ausführliche Tipps geben.

Der Vorteil eines Sparplans ist, dass Sie in festgelegten, *regelmäßigen* Abständen in ETFs investieren können. Diese Abstände sind nämlich automatisiert. Sie können die Zeitpunkte selbst bestimmen, an denen ein neues Investment getätigt werden soll. Dies kann monatlich, vierteljährlich, halbjährlich oder auch nur einmal im Jahr sein. Natürlich können Sie den Sparplan auch so ausrichten, dass wöchentlich neue ETFs hinzugenommen werden, doch davon würde ich Ihnen an dieser Stelle abraten. Lieber nichts überstürzen und am Anfang nicht zu viel kaufen. Sie können die Zeitspanne nachträglich jederzeit ändern.

Die Investitionssummen sind sehr niedrig, der Sparplan ist also ideal für Einsteiger*innen. Schon mit 25 Euro im Monat sind Sie dabei und können mit dem Besparen der ETFs anfangen. Auch bietet der Sparplan eine gewisse Struktur. Wir hatten uns eingangs mit den Mythen rund um die Börse beschäftigt. Oftmals haben wir das Bild von hektisch hin und her laufenden Anleger*innen im Kopf, von Brokern, die aufgebracht und ziellos auf dem Parkett herumlaufen. Diese Hektik können Sie sich getrost sparen. Der Sparplan sorgt dafür, dass Ihr Investment alles andere als unorganisiert und chaotisch abläuft. Mit dem Sparplan kosten Sie Ihre ETFs keinerlei Nerven. Sie haben Planungssicherheit und wissen genau, zu welchem Zeitpunkt welche Transaktion terminiert ist.

Außerdem sparen Sie sich die Zeit, sich jeden Tag oder jeden Monat mit neuen Finanzprodukten auseinandersetzen zu müssen. Sie suchen sich zu Beginn Ihrer Tätigkeit an der Börse ein Produkt aus, stellen einen Sparplan auf und ab diesem Zeitpunkt läuft alles automatisch und Sie brauchen sich keine negativen Gedanken mehr zu machen. Sie besparen einfach immer weiter kontinuierlich Ihren ETF.

ETFs sind langfristige Anlagen! Sie tun sich keinen Gefallen, wenn Sie ständig überlegen, ob Sie nun weiterhin in den ETF investieren sollen oder ob Sie Ihre Anteile nicht doch lieber verkaufen sollten. Die Erfahrung zeigt: Über einen längeren Zeitraum betrachtet, lohnen sich ETFs in aller Regel. Sie steigen zwar nicht kontinuierlich jeden Monat, es mag Ausschläge nach oben wie auch nach unten geben, aber über mehrere Jahre hinweg gesehen, machen Sie mit ETFs sehr wahrscheinlich ein gutes Geschäft.

Stehen Sie zu Ihrer Investition und halten Sie die Position, auch in schwierigen Zeiten. Der Vertrag, den Sie beim Kauf Ihres ETFs eingehen, sollte also im

Idealfall fast wie ein Eheversprechen klingen: In guten wie in schlechten Zeiten. Denn wie bei einer guten Ehe auch werden die guten Zeiten klar und deutlich die Überhand gewinnen.

Zuletzt ist es zweifelsfrei wichtig, auf die Kosten der jeweiligen Sparpläne zu achten. Manche Sparpläne sind kostenpflichtig, allerdings wäre es doch ärgerlich, wenn die Kosten am Ende die Rendite auffressen würden. Anbieter wie com.direct oder flatex bieten kostenlose ETF-Spar-pläne an. Mit einem kostenlosen Sparplan sparen Sie sich also die Kosten, die sonst immer anfallen, wenn Sie neue ETFs kaufen, nämlich die Transaktionskosten.

Die Vorteile des Sparplans auf den Punkt:

Automatisierter Ablauf. Sie brauchen sich nicht ständig Gedanken zu machen, wann Sie am besten handeln sollen, um den Verlauf des Marktes exakt zu nutzen. Ist der Sparplan einmal aufgestellt, läuft alles wie von selbst.

Niedrige Investitionssumme. Sie benötigen kein Vermögen, um mit dem Besparen anzufangen. Schon ab 25 Euro können Sie loslegen, perfekt für Einsteiger*innen geeignet.

Kostet kein Geld. Mit einem kostenlosen Sparplan sparen Sie Geld. Wenn Sie ETFs kaufen, fallen normalerweise Transaktionskosten an. Diese fallen bei kostenlosen Sparplan-Angeboten weg.

Kostet keine Nerven. Es ist unfassbar anstrengend, sich ständig mit den eigenen Investitionen auseinandersetzen zu müssen. Sparen Sie sich die Nerven.

Kontinuierlich. Ist der Sparplan erst einmal aufgestellt, läuft er kontinuierlich, das heißt gleichmäßig. Sie erleben keine bösen Überraschungen.

Langfristig. Langfristigkeit lohnt sich im Falle von ETFs. Beginnen Sie frühzeitig mit dem Investieren und Sie werden nach zehn Jahren oder mehr sehen, dass Sie damals ein gutes Geschäft gemacht haben und dass es sich gelohnt hat, nicht zu lange zu warten.

Flexibel. Sparpläne sind flexibel. Sie können sie gegebenenfalls abändern oder veränderten Bedingungen anpassen, zum Beispiel, falls Sie Rebalancing betreiben möchten (*siehe Erklärungen zu Rebalancing*).

Wenn Sie in etwa die angesprochenen 25 bis 50 Euro monatlich zur Verfügung haben, ergibt es Sinn, einen ETF auszuwählen und zu besparen. Welche ETFs dabei sinnvoll sind, möchte ich Ihnen im nächsten Kapitel detaillierter erklären.

Wenn Sie mehr Startkapital zur Verfügung haben, können Sie Ihr Geld selbstredend auch in zwei ETF-Sparpläne aufteilen. Dies sorgt für noch eine noch größere Diversifikation, also für ein noch geringeres Risiko. Allerdings ergibt das Aufteilen des Kapitals auf mehrere Sparpläne erst dann wirklich Sinn, wenn Sie stetig mehr Geld zur freien Verfügung haben, also etwa 100 Euro im Monat. Denken Sie daran, es sollte sich keineswegs um Geld handeln, das Sie an anderer Stelle benötigen.

Ihre Vorgehensweise bei der Erstellung eines Sparplans:

- Arbeiten Sie zunächst einen Sparplan aus!
- Vertrauen Sie auf Ihr Investment!
- Lassen Sie sich durch kurzfristige Schwankungen nicht aus der Ruhe bringen!
- Besparen Sie den ETF über einen Zeitraum von zehn Jahren oder länger!
- Passen Sie Ihren Sparplan gegebenenfalls an, falls sich die Rahmenbedingungen ändern sollten!

Info: Cost Average Effect

Der Cost Average Effekt, englisch für: *Durchschnittskosteneffekt,* bietet Ihnen die Möglichkeit, auch beim langfristigen Sparen von Kursschwankungen zu profitieren. Nicht immer lohnt es sich, auf diesen Effekt zu setzen, manchmal kann es aber in der Tat lohnend sein. Schauen wir uns zunächst einmal an, worum es sich beim Cost Average Effekt überhaupt handelt. Am besten betrachten wir uns dazu zunächst ein Beispiel:

Rechenbeispiel:
Nehmen wir an, Sie investieren 100 Euro pro Monat in einen Sparplan. Der ETF, in den investiert wird, unterliegt gewissen Schwankungen, da auch der abgebildete Index schwankt. Nehmen wir an, der Ausgangswert des ETFs liegt ebenfalls bei 100 Euro, das heißt, Sie bekommen genau einen Anteil für Ihre investierten 100 Euro. Nun steigt der Kurs im nächsten Monat auf 200 Euro an, was einer extremen Steigerung entspricht. Es ist nicht unbedingt zu erwarten, dass der Kurs derartig stark steigt, aber zur Veranschaulichung eignet sich dieses extreme Beispiel gut. Sie bekommen also für Ihr Investment von 100 Euro bloß noch einen halben Anteil, da ein Anteil nun 200 Euro wert wäre. Stellen wir uns vor, dass der Wert des ETFs im Folgemonat stark sinkt, zunächst auf einen Wert von 100 Euro, wie zu Beginn. Sie erhalten einen Anteil. Dann, einen Monat darauf, fällt der Kurs

weiter, auf einen Wert von 50 Euro. Stand jetzt würden Sie zwei Anteile für Ihre 100 Euro erhalten. Nach diesem Tiefpunkt steigt der Kurs wieder, der Ausgangswert von 100 Euro wird wieder erreicht. Sie erhalten einen Anteil.

Rechnen wir also für diese fünf Monate: (100+50+100+200+100) = 550 Euro. Sie haben nun **550** Euro zur Verfügung. Allerdings haben Sie in diesen fünf Monaten doch bloß 5*100 = **500** Euro investiert. Sie haben also, allein durch den Cost Average Effekt **50 Euro Gewinn** erzielt.

Sie sehen folglich, dass es Sinn ergibt, zum Durchschnittspreis zu kaufen, deshalb auch Durchschnittskosteneffekt. Außerdem verdeutlicht der Effekt noch einmal die Sinnhaftigkeit eines Sparplans. Wenn Sie das gesamte Geld auf einmal investieren, können Sie Pech haben und genau den Zeitpunkt erwischen, in dem Sie nur einen halben Anteil für Ihr Geld erwerben können. Langfristig verteilt, profitieren Sie aber selbst von den Schwankungen. Deshalb erneut der Hinweis: Langfristig investieren lohnt sich!

An dieser Stelle auch nochmals der Hinweis: Wählen Sie, wenn möglich, einen kostenlosen Anbieter für monatliches Sparen. Manche Anbieter verlangen Gebühren dafür, dann wird der schöne Gewinn durch den Durchschnittskosteneffekt von den Gebühren wieder aufgefressen. Informieren Sie sich also über die Kosten der Anbieter. Bei monatlichem Sparen sollten die Kosten zudem keinesfalls höher sein als bei einer einmaligen Anlage. Denn gerade das monatliche Sparen lohnt sich für Sie zu Beginn (Finanzfluss, Cost Average Effekt - einfach erklärt! Mehr Rendite beim Sparen. Finanzlexikon, 2016).

Schritt 3: Rebalancing

In Zeiten eines unruhigen Marktes kommt es häufig zu Schwankungen an den Börsen. Damit Sie diesen Schwankungen gelassen gegenüberstehen können, möchte ich Ihnen an der Stelle das *Rebalancing* erklären. Rebalancing ist Englisch und bedeutet nichts anderes, als *wieder ausgleichen, ins Gleichgewicht bringen*.

Manche ETFs reagieren auf Krisen oder bestimmte Meldungen aus dem Kreis der Politik oder der Wirtschaft extremer, andere zeigen sich ziemlich unbeeindruckt. Das bedeutet auch, dass in unruhigen Zeiten manche ETFs eher im Wert sinken, andere aber konstant bleiben. Aus diesem Grund empfiehlt es sich, regelmäßig Rebalancing zu betreiben. Vorausgesetzt natürlich, Sie haben in verschiedene ETFs investiert. Wenn Sie nur einen ETF besparen, gibt es schließlich auch nichts auszugleichen. Wenn Sie aber mehrere ETFs parallel laufen haben, sollten Sie den folgenden Abschnitt unbedingt lesen.

Um die Balance zu halten, können Sie zum Beispiel einen Anteil von den ETFs, die besonders erfolgreich waren, verkaufen. So kommen Sie an Geld, welches Sie nutzen können, um die Verluste der weniger erfolgreichen ETFs auszugleichen. Dies mag zunächst verwundern, da der Mensch dazu neigt, seine Gewinne weiterlaufen zu lassen und seine verlustreichen Positionen im Zweifel zu verkaufen und nicht etwa auszugleichen. Die Erfahrung zeigt jedoch, dass das nicht unbedingt die beste Variante ist. Rebalancing lohnt sich!

Die Vorteile des Rebalancing auf den Punkt:

👍 Rebalancing erhöht die Rendite. ETFs, die in der Vergangenheit schlecht gelaufen sind, laufen in Zukunft sehr wahrscheinlich wieder besser. Produkte, die sehr gut laufen, wenden wahrscheinlich auch wieder eine Tiefphase erleben. Das liegt an der sogenannten *Regression zum Mittelwert*. Statistiker*innen haben herausgefunden, dass sich die Werte von Finanzprodukten über einen langen Zeitraum hinweg tendenziell immer zu ihrem Mittelwert bewegen. Trotz großer Ausschläge nach oben oder unten pendelt sich der Wert am Ende in der Mitte ein. Noch ein Grund übrigens, warum Sie möglichst langfristig investieren sollten.

👍 Das Risiko bleibt gleich. Wenn Sie Ihr Kapital, also Ihr Geld, aus den weniger erfolgreichen ETFs abziehen und es auf die erfolgreicheren ETFs aufschlagen, erhöht sich Ihr Gesamtrisiko. Wieso? Weil Sie so eine geringere Streuung in Ihrem Portfolio haben. Und eine geringere Streuung bedeutet ein höheres Risiko. Wenn der gut laufende ETF gemäß der Statistik wieder zum Mittelwert tendiert, haben Sie einen Verlust gemacht, den Sie nicht mehr ausgleichen können.

Auf der Webseite von finanzfluss.de finden Sie zum Beispiel einen eigenen Rebalancing-Rechner. Mit dessen Hilfe können Sie das Gleichgewicht in Ihrem Portfolio einfach wiederherstellen. Sie geben einfach die Werte Ihrer verschiedenen Positionen ein und lassen sich im Anschluss daran berechnen, wie Sie am besten und am schnellsten Rebalancing betrieben können. Sie finden den Rechner unter der Adresse *www.finanzfluss.de/geldanlage/rebalancing*.

Wenn Sie Rebalancing betreiben möchten, kommt auch Ihr Sparplan wieder ins Spiel. Die meisten Sparpläne sind flexibel, das heißt, Sie können kostenlos und ohne großen Aufwand Ihren Sparplan ändern, sodass Sie bereits einen Ausgleich geschaffen, das Gleichgewicht also wieder hergestellt haben. Es kommt dabei nicht auf ein paar wenige Prozentpunkte an, aber das Gleichgewicht innerhalb Ihres Portfolios sollte in etwa stimmen. Grundsätzlich empfehle ich Ihnen, einmal im Jahr zu rebalancen, es sei denn, im Laufe des Jahres haben sich große Ungleichgewichte in Ihr Portfolio eingeschlichen. Dann sollten Sie unter Umständen schon vorher versuchen, einen Ausgleich zu schaffen.

Info Psychologie

Seien Sie sich dessen stets bewusst, dass sich auf dem Börsenparkett vieles nur unter psychologischen Gesichtspunkten verstehen lässt. Nicht nur Wirtschaftswissenschaftler*innen oder gelernte Kaufleute blicken an der Börse durch, auch ein Psychologe oder eine Psychologin können Ihnen einiges über den Finanzmarkt erklären. Martin Weber lehrt an der Universität Mannheim und beschäftigt sich dort mit dem menschlichen Verhalten an der Börse. In einem Gespräch mit dem Manager Magazin erklärt er, wie sich die Menschen an der Börse oftmals verhalten.

Investor*innen seien oft von zwei wesentlichen Emotionen getrieben, die häufig zu Fehlverhalten führten: Angst und Gier. Diese starken Emotionen führten dazu, dass Anleger*innen sich oft nicht rational verhielten. Dies sei aber ein großer Fehler. Diesen Fehler sollten Sie möglichst nicht begehen, lassen Sie sich nicht irritieren, lassen Sie sich nicht von Ihren Emotionen treiben. Halten Sie es auch einmal aus, wenn Ihr ETF oder Ihr gesamtes Portfolio an Wert verliert und kurzzeitig in die roten Zahlen abdriftet. Wenn Sie eine langfristige Anlagestrategie verfolgen, wird das immer wieder vorkommen. Geraten Sie deshalb nicht in Panik, langfristig werden Sie sehr wahrscheinlich gewinnen.

Die größte Schwäche, erklärt Weber, sei die Selbstüberschätzung. Insbesondere männliche Anleger würden dazu neigen, alles besser wissen zu wollen. Hier lässt sich also die Gier feststellen, die sich bei vielen Anlegern einstellt. Sie wollten immer mehr Gewinne erzielen und das in möglichst kurzer Zeit. Selbst, wenn alle notwendigen Daten und Fakten auf dem Tisch lägen, vermuteten sie, ein besonders gutes Gespür oder besonders viel Ahnung zu haben.

Dabei empfiehlt es sich grundsätzlich immer, sich an die Faktenlage zu halten. In einem eigenen Bonuskapitel werde ich Ihnen daher später noch die sehr analytische und faktenbasierte Methode der Fundamentalanalyse näher bringen. Überstürzt zu handeln ist oft ein großer Fehler, den die Gier verursacht. An der Börse zu investieren bedeutet auch Geduld und ein gutes Sitzfleisch! Nachhaltiger Erfolg stellt sich nicht von heute auf morgen ein. Kurzfristiger Erfolg kann sich schnell einstellen, doch er ist genauso schnell wieder verflogen.

„Glück, ein klares Konzept – und ein paar simple Verhaltensregeln“ (Lange,

2015) brauche es laut Weber, um an der Börse erfolgreich zu sein. Machen Sie sich also frei von Furcht und Gier! Wenn es gut läuft, sollten Sie sich darüber freuen und nicht noch mehr Geld vor Augen haben. Nehmen Sie die Gewinne dankbar entgegen und ärgern Sie sich nicht darüber, dass sie nicht noch höher ausgefallen sind. Haben Sie im Gegenzug aber auch keine zu große Angst vor Verlusten oder davor, Chancen zu verpassen, auf dem Markt ein- oder auszusteigen. Denn auch Angst treibt Sie zu unüberlegten Handlungen.

Gerade deswegen sollten Sie immer nur mit dem Geld an die Börse gehen, dass Sie nicht zum Leben brauchen. Natürlich ärgert man sich trotzdem, wenn man Geld verliert, ebenso wie beim Lotto Spielen oder bei Sportwetten, wo man selbstredend auch lieber gewinnt als verliert. Aber es ist nicht lebensbedrohlich, wenn man einmal einen Verlust erleidet oder einen Gewinn verpasst. Wenn Sie mit dieser Einstellung an die Sache herangehen, sind Sie direkt viel gelassener. Dennoch sollten Sie bestenfalls kein Lotto spielen, das Geld wäre in ETFs deutlich sinnvoller investiert.

Überlegen Sie nicht im Nachhinein, welche Chancen Sie angeblich verpasst haben oder was Sie alles hätten tun können, um jetzt noch erfolgreicher dazustehen. Wer vor sechzig Jahren Coca-Cola-Aktien gekauft hätte oder vor fünfzehn Jahren Apple-Aktien, wäre heute Milliardär. Martin Weber rückt diese Gedankenspiele im angesprochenen Interview aber wieder gerade: „Vor 50, zehn oder acht Jahren hätte man auch zahllose Aktien von Unternehmen kaufen können, die heute pleite sind" (Lange, 2015). Denken Sie immer daran: Jeder Gewinn, so klein er auch sein mag, ist ein Erfolg!

WAS WIR IN DIESEM KAPITEL GELERNT HABEN:

- Beim Einstieg in das Geschäft an der Börse gibt es einiges zu beachten. Legen Sie zunächst Ihr Startkapital fest, also die Summe, die Sie bereit zu investieren sind und die Sie, im Falle eines Verlusts, verschmerzen könnten.

- Versuchen Sie, sich möglichst breit aufzustellen. Diversifikation lautet dabei der entscheidende Begriff.

- Wählen Sie den richtigen Broker aus, der eine gute Software und die für Sie passenden Angebote bereitstellt. Achten Sie darauf, dass Sie einen seriösen Broker ohne zusätzliche Kosten wählen.

- Legen Sie sich einen Sparplan zurecht. Sie investieren damit langfristig und kontinuierlich. Sie können einen oder auch mehrere ETFs mit dem Plan besparen. Wichtig ist, dass Sie den Plan einmal entwickeln und danach nicht ständig wieder über den Haufen werfen. Vertrauen Sie dem Plan, den Sie gemacht haben, ansonsten war es wahrscheinlich nicht der richtige. Sie werden auf lange Sicht sehr wahrscheinlich Gewinne erzielen und profitieren dabei zusätzlich vom *Coast Average Effekt.*

•Betreiben Sie Rebalancing, wenn Sie mehrere ETFs gleichzeitig besparen. Gleichen Sie somit Gewinne und Verluste innerhalb Ihres Portfolios aus.

•Die Psychologie spielt beim Investieren eine wichtige Rolle. Angst und Panik sind keine guten Ratgeber, lassen Sie sich nicht von ihnen bestimmen. Gehen Sie geduldig vor und lassen Sie sich nicht von Ihren ersten Impulsen leiten. Sie werden sehen, die Geduld und Ruhe werden sich über kurz oder lang auszahlen.

Welche ETFs soll ich kaufen?

„Nicht der Preis, sondern der Wert einer Anlage ist maßgeblich".

(Warren Buffett)

THESAURIEREND ODER AUSSCHÜTTEND?

Es gibt zwei unterschiedliche Varianten, wie Ihre Gewinne aus der Investition in ETFs verwaltet werden können. Man unterscheidet zwischen thesaurierenden und ausschüttenden ETFs. Beide Varianten bieten Vor- und Nachteile, Sie sollten sich im besten Fall für eine der beiden Varianten entscheiden, bevor Sie mit Ihrer Investition beginnen. Schließlich kann die Entscheidung für eine der beiden Varianten bereits ein Kriterium sein, einen bestimmten ETF zu kaufen oder auch nicht.

Thesaurierend

Der Begriff Thesaurierung bedeutet, dass die von Ihnen erwirtschafteten Gewinne nicht ausgegeben oder ausgeschüttet werden. Sie verbleiben zunächst bei der Gesellschaft, die den ETF verwaltet. Die Gewinne werden vielmehr wieder angelegt, also weiter investiert. Das griechische Wort, aus dem sich der Begriff thesaurierend ableitet, ist *thesauros*, was so viel wie Schatzhaus bedeutet. Dieser Begriff beschreibt es ziemlich treffend. Ihre Anteile des gewinnbringenden ETFs werden Ihnen nicht direkt ausgezahlt, sondern bleiben erst einmal im Schatzhaus.

Man spricht bei thesaurierenden ETFs auch von einer Re-Investition. Nehmen wir an, Sie hätten 200 Euro an Gewinn mit Ihrem Investment erzielt, weil der Wert des Indexes, den Ihr ETF abbildet, gestiegen ist. Nun werden diese 200 Euro im selben ETF neu angelegt. Dadurch steigt aber auch der Wert des ETF insgesamt, dementsprechend ist Ihr Anteil am Fonds auch mehr wert. Wenn der Fonds insgesamt einen Wert von 20.000 Euro hatte, so hat er nun einen Wert von 20.200 Euro, Ihr prozentualer Anteil am ETF ist mehr wert. Dazu ein kurzes Rechenbeispiel.

Rechenbeispiel:

Sie haben 200 Euro in einen ETF investiert, Sie sind aber natürlich nicht der oder die einzige Anleger*in. Auch viele andere Anleger*innen haben eine gewisse

Summe in den ETF investiert. Sie besitzen also alle, wie Sie auch, einen bestimmten Anteil am Vermögen des Fonds. Sagen wir, der ETF ist 20.000 Euro Wert, Sie besitzen also mit Ihrem Investment ein Prozent des Fondsvermögens. Nun erhöht sich der Wert des Fonds aber auf 22.000 Euro, das heißt, Ihr eines Prozent Anteil ist nicht mehr 200, sondern 220 Euro wert. Wenn sich der Wert des Fonds erhöht, profitieren also alle Anleger*innen davon.

Thesaurierende ETFs eignen sich besonders für langfristige Anlagen, die ich Ihnen, wie bereits mehrfach erwähnt, für den Einstieg wärmstens empfehlen würde. Bei diesem Modell fallen keine Gebühren an und Sie profitieren vom Zinseszinseffekt (siehe Kapitel „Warum sich langfristiges Investieren lohnt"). Auch führt der Fonds die Steuern für die erwirtschafteten Erträge, sofern überhaupt Steuern anfallen sollten, direkt ab, Sie müssen sich bei Ihrer nächsten Steuererklärung also nicht damit herumärgern.

Vielleicht fragen Sie sich, wie Sie denn überhaupt an Ihre Gewinne herankommen, wenn der Gewinn doch immer wieder von der Fondsgesellschaft eingesetzt wird. Bei thesaurierenden ETFs erzielen Sie Ihre Gewinne tatsächlich durch den Verkauf Ihrer Anteile. Wenn diese kontinuierlich im Wert gestiegen sind, können Sie sie an andere Anleger*innen verkaufen und haben ein Vielfaches Ihrer ursprünglichen Investition wieder eingenommen. Möchten Sie Ihr Geld lieber auf direktem Wege, dann gibt es für Sie noch eine zweite Option (Finanzen100, 2020).

Ausschüttend

In diesem Fall ist der Name direkt deutlicher und verständlicher. Die im Anlagezeitraum erzielten Gewinne, die sogenannte Dividende, werden ausgeschüttet. Stellen Sie es sich ruhig bildlich vor, die Fondsgesellschaft steckt die erwirtschafteten 200 Euro in einen Beutel und schüttet diesen dann über Ihnen aus. Sie bekommen das Geld de facto ausgezahlt, wie etwa einen Lohn vom Arbeitgeber.

Wenn Sie also bevorzugen, regelmäßig Ihr Geld ausgezahlt zu bekommen, oder Sie vielleicht regelmäßig Geld brauchen, um sich etwas Teureres leisten zu können, eignet sich diese Art der Gewinnverwaltung natürlich besser für Sie. Außerdem müssen Sie sich über eventuelle Steuern oder Gebühren keine Gedanken machen. Wenn der Anbieter des Fonds seinen Sitz in Deutschland hat, führt er Steuern und Gebühren automatisch ab, Sie bekommen den Nettobetrag, also den Betrag nach Abzug von Steuern, ausgezahlt und haben keinen weiteren Aufwand mit den Finanzbehörden. Sitzt der Anbieter der ETFs im Ausland, ist es etwas komplizierter, denn in diesem Fall müssen Sie Ihre Gewinne tatsächlich bei der Steuererklärung angeben. Wichtig ist also nicht nur, ob ein ETF ausschüttend oder thesaurierend ist, sondern auch, in welchem Staat er seinen Hauptsitz hat (Finanzen100, 2020).

GESAMTKOSTENQUOTE: TER

Ein weiterer Faktor, den Sie bei Ihrer Auswahl des richtigen ETFs beachten sollten, ist die Gesamtkostenquote. Diese wird oft auch mit dem englischen Begriff *Total Expense Ratio* (kurz: TER) bezeichnet. Die TER beschreibt die Höhe der Verwaltungsgebühren und sonstigen Kosten eines ETFs, meistens in einer Prozentzahl. Wenn Sie sich also einen ETF anschauen und die TER wird mit 0,50 Prozent angegeben, bedeutet dies, dass für ein Investment in Höhe von 100 Euro Gebühren von 50 Cent anfallen. Bei einem Investment von 500 Euro wären es dementsprechend 2,50 Euro. Die Prozentzahl bezieht sich immer auf die Summe des getätigten Investments (ARD.de, 2020).

Normalerweise gibt es keine großen Unterschiede zwischen den gängigen ETFs, was die TER anbelangt. Sie liegt in der Regel etwa zwischen 0,15 und 0,5 Prozent. Trotzdem sollten Sie bei der Auswahl Ihrer ETFs auf die TER achten, denn warum sollten Sie mehr Geld ausgeben als unbedingt nötig, selbst wenn es sich nur um Centbeträge handelt? Je nach Inhalt des ETFs, also je nachdem, welcher Index durch ihn abgebildet wird, kann die TER auch variieren. Informieren Sie sich über die üblichen Gebühren und vergleichen Sie die Anbieter. Je mehr Geld Sie investieren möchten, desto interessanter ist die TER für die Zusammenstellung Ihres Portfolios.

TRACKING-DIFFERENZ

Die Tracking-Differenz wird auch als Abbildungsdifferenz bezeichnet. Sie beschreibt die Differenz zwischen dem Ertrag des ETFs und dem Ertrag des Indexes, den der ETF abbildet. Wir haben bereits gelernt, dass es das Ziel des passiven Managements ist, den Index möglichst maßgetreu abzubilden. Durch die TER, also die Verwaltungsgebühren, die den Anleger*innen abgezogen werden, ist der Ertrag aus dem ETF aber nie exakt so hoch, wie der Ertrag des Indexes.

Eine große Tracking-Differenz spricht also *gegen* einen ETF, sie bedeutet nichts anderes, als dass eine größere Summe Geld von Ihrem tatsächlichen Ertrag abgezogen wird. Eine niedrige Tracking-Differenz ist positiv zu beurteilen, da sie geringe Abzugskosten bedeutet und den Index relativ gut abbildet. Informieren

Sie sich also über die Tracking-Differenz, bevor Sie sich für einen ETF entscheiden. Im Idealfall hat der ETF eine negative Tracking-Differenz, das bedeutet, dass er sich besser entwickelt hat als der ursprüngliche Index. Trotz TER ist er also rentabler als das Original, um es etwas vereinfacht auszudrücken.

Sollten Sie einen solchen ETF finden, sollten Sie auf alle Fälle eine Investition in Erwägung ziehen.

Merke:

Die Tracking-Differenz wird als Zahl angegeben. Je näher diese Zahl an Null ist, desto besser wird der Index abgebildet, desto vorteilhafter ist es auch für Sie und Ihre Rendite. Die Tracking-Differenz wird durch die einfache Formel Wertentwicklung (Index) – Wertentwicklung (ETF) berechnet (ExtraETF, 2020).

CHECKLISTE FÜR DIE AUSWAHL DER RICHTIGEN ETFS

- ❐ Bin ich mir im Klaren darüber, was der Unterschied zwischen thesaurierenden und ausschüttenden ETFs ist?
- ❐ Habe ich mir klargemacht, welche der beiden Varianten ich bevorzuge?
- ❐ Handelt es sich bei dem vorliegenden ETF um die Variante, die für mich am besten ist?
- ❐ Habe ich die Gesamtkostenquote (TER) überprüft?
- ❐ Liegt sie in etwa zwischen 0,15 und 0,5 Prozent? (Liegt sie höher, sollten Sie tendenziell die Finger davon lassen, auch wenn es begründete Ausnahmen geben mag)
- ❐ Haben Sie die Tracking-Differenz berechnet?
- ❐ Liegt sie zumindest in der Nähe von Null oder ist sie sogar negativ (in diesem Fall wäre das gut)?
- ❐ **Zusatztipp**: Gehen Sie auf die Internetseite justetf.com und melden Sie sich kostenlos an, um verschiedene Angebote miteinander vergleichen zu können.

Wenn Sie all diese Punkte abhaken können, kommen Sie sehr wahrscheinlich zu einem guten Ergebnis. Sie haben sich dann, zumindest aller Wahrscheinlichkeit nach, für den für Ihre Bedürfnisse am besten passenden ETF entschieden! Ein überaus empfehlenswertes Tool für die Auswahl des richtigen ETFs ist die Webseite justetf.com. Hier wird Ihnen eine große Auswahl verschiedener ETF-

Optionen aufgezeigt. Sie müssen sich zwar auf der Seite registrieren, um Zugriff auf all die nützlichen Hinweise zu erhalten, die Anmeldung und Nutzung ist aber kostenlos. Sie müssen lediglich einen Benutzernamen festlegen und ein Passwort erstellen, schon sind Sie dabei.

WAS WIR IN DIESEM KAPITEL GELERNT HABEN:

- Es gibt zwei verschiedene Varianten von ETFs: ausschüttende und thesaurierende.
- Entscheidend dafür, ob sich ein ETF tatsächlich lohnt, ist auch die Gesamtkostenquote, auch TER genannt.
- Ebenfalls ein wichtiges Kriterium, um den ETF zu beurteilen, ist die Tracking-Differenz, die möglichst niedrig sein sollte.
- Es empfiehlt sich, die ETFs anhand dieser Kriterien genau zu überprüfen, bevor man in sie investiert.

Investitionsmöglichkeiten für jeden Geldbeutel

„Fast wie abgesetztes Geld,

Sieht sie aus, die beste Welt".

(Johann Wolfgang von Goethe, Gedichte)

Wir haben uns nun ein breites und fundiertes Wissen rund um ETFs angeeignet, haben verschiedene Strategien und Anlageideen kennengelernt. Doch welche konkreten Portfolios sind empfehlenswert? Bei all den Produkten, die auf dem Finanzmarkt angeboten werden, kann man schnell einmal die Übersicht verlieren, man fühlt sich wie das sprichwörtliche Kind im Süßwarenladen. Deshalb möchte ich nun noch konkreter werden und Ihnen neun verschiedene Investitionsmöglichkeiten anhand bestimmter Portfolios vorstellen.

Wie wir bereits festgestellt haben, ist es nicht unbedingt ratsam, in den DAX zu investieren. Er bildet bloß 30 Unternehmen ab und hat eine einseitige Branchengewichtung. Wir wollen unsere Eier aber in viele Körbe legen, wir haben gelernt, wie wichtig es ist, zu diversifizieren. Daher möchte ich Ihnen Anlagemöglichkeiten aufzeigen, die Ihnen zwar sehr wahrscheinlich weniger bekannt vorkommen als der DAX, dafür aber deutlich empfehlenswerter sind.

All diese Anlagen haben den Vorteil, dass sie langfristig sind. Außerdem bieten die nun vorgestellten ETFs allesamt ein weltweites Portfolio. Die Diversifikation ist also sehr hoch, das Portfolio schwankt erheblich weniger als etwa der DAX. Bei diesen Tipps ist für jeden Geldbeutel etwas dabei, Sie können bereits mit kleinen Summen erfolgreich investieren.

Bei dieser Aufstellung handelt es sich nicht um eine Anlageberatung! Wie bei den Lottozahlen abends in den Fernsehnachrichten sind auch diese Angaben ohne Gewähr. Die dargestellten Informationen können sich auch über die Jahre hinweg verändern, Stand dieses Buches ist September 2020.

ALL WORLD (ACWI)

Sie waren bestimmt schon einmal in einem *Eine-Welt-Laden* einkaufen, oder? Die Vorstellung, dass die Welt zu einer großen Einheit wird und dass wir, Ländergrenzen überwindend, all unsere Differenzen beilegen, ist natürlich wunderschön. Tatsächlich wird dieser Zustand sehr wahrscheinlich noch länger auf sich warten lassen. Doch an der Börse gibt es bereits einen ETF, der dieses Ideal verkörpert, den **MSCI All Country World Index** (ACWI).

In diesem Portfolio steckt nur ein einziger ETF. Man kann den ACWI nur schwer mit anderen ETFs kombinieren, da er bereits die ganze Welt abbildet. Er ist also ideal, wenn Sie erstmal mit einem ETF anfangen möchten. Er bildet dabei die tatsächlichen Kräfteverhältnisse der einzelnen Staaten ab. Seine Entwicklung richtet sich nach der Entwicklung der Weltwirtschaft, wobei einige Staaten, die keine verlässlichen Wirtschaftsdaten veröffentlichen oder quasi nichts importieren oder exportieren, nicht abgebildet werden.

Name des ETFs	**WKN/ ISIN**	**TER**
Vanguard FTSE All-World UCITS ETF – USD DIS ETF	A1JX52/ IE00B3RBWM25	0,40 Prozent

Die Abkürzung SPDR steht für Spider, den Anbieter des ETFs. Danach folgt der Produktname. UCITS ist eine rechtliche Bezeichnung, wie zum Beispiel AG oder GmbH für Firmen. Zuletzt wird noch angezeigt, dass es sich um einen ETF handelt. Die Bedeutung der Abkürzungen WKN beziehungsweise ISIN sowie der Gesamtkostenquote TER haben wir bereits geklärt.

Sie sehen, dass die TER mit 0,40 Prozent hoch ist. Sie haben zwar eine sehr gute Diversifikation in diesem Aktienportfolio, obwohl Sie nur einen einzigen ETF aufgenommen haben, müssen aber im Vergleich zu ähnlichen Varianten recht hohe Verwaltungskosten zahlen. Den ACWI gibt es sowohl in der ausschüttenden als auch in der thesaurierenden Variante.

Fassen wir also kurz die Vorteile und Nachteile zusammen:

👍 Nur ein ETF: Rebalancing fällt weg.

👍 Hohe Diversifikation

👍 Sowohl thesaurierend als auch ausschüttend möglich

👎 Nicht besonders günstig

Gesamturteil: Empfehlenswert

INDUSTRIE- UND SCHWELLENLÄNDER

Bei dieser Anlage handelt es sich um eine Kombination aus dem Index **MSCI World** und dem **MSCI EM**. Der MSCI World Index bildet die wirtschaftliche Entwicklung der Industrieländer ab. Industrieländer sind Länder, deren Wirtschaft stark durch Technologie und Industrie beherrscht wird, es handelt sich also um wirtschaftlich gut entwickelte Staaten. Klassischerweise spricht man meistens von Deutschland, Frankreich, Großbritannien, den USA, Kanada und Japan, wenn man die Industrieländer meint.

Der MSCI Emerging Markets (EM) bildet den wirtschaftlichen Verlauf der sogenannten Schwellenländer ab. Wir hatten uns den Begriff der Schwellenländer schon einmal angesehen. Zur Erinnerung: Es handelt sich dabei um Staaten, die wirtschaftlich und oft auch politisch nicht hoch entwickelt sind, die aber ein starkes Wirtschaftswachstum verzeichnen und damit den Abstand zu den Industrieländern verkürzen. Man traut ihnen zu, in naher Zukunft in das Feld der Industriestaaten aufzurücken, sie stehen an der Schwelle zum Industrieland, daher die Bezeichnung.

Das Portfolio MSCI World + EM beinhaltet zu 70 Prozent den Index MSCI World und zu 30 Prozent den Index MSCI EM. 70 Prozent des ETFs richten sich also an den Industrieländern und 30 Prozent an den Schwellenländern aus. An der Weltwirtschaft haben die Industrieländer einen größeren Anteil, man geht von bis zu 90 Prozent aus. Dies würde in etwa der Gewichtung des ACWI entsprechen.

Da die Schwellenländer aber schneller wachsen als die Industrieländer, nimmt das Portfolio sie überproportional stark auf. Das heißt, ihr Anteil am Portfolio ist höher als ihr Anteil an der Weltwirtschaft. Für Anleger*innen ist dies natürlich von Vorteil. Folgendermaßen könnte ein solches Portfolio aussehen:

Name des ETFs	WKN/ ISIN	TER
MSCI World	LYX00C/ LU1829220216	0,15 Prozent
Emerging Markets	DBX1EM/ LU0292107645	0,20 Prozent

Es handelt sich um sehr günstige ETFs, Sie sehen, dass die Gesamtkostenquote bei 0,15 beziehungsweise 0,20 Prozent und damit sehr niedrig liegt.

Der klare Vorteil eines solchen Weltportfolios ist es, dass es einen enormen Grad an Diversifikation hat. Im Grunde werden sämtliche Staaten der Welt, die eine gewisse Bedeutung für den Weltmarkt haben und die zuverlässige Wirtschaftszahlen herausgeben, abgebildet. Da die Staaten sehr unterschiedliche wirtschaftliche Ausrichtungen haben, machen Sie sich weniger abhängig von einer oder einigen wenigen Branchen. Sie haben, angefangen mit industrieller Verarbeitung, über Dienstleistungen und Technologie bis hin zur Lebensmittelproduktion, sämtliche wirtschaftlich relevanten Sektoren abgedeckt. Es lohnt sich also, sich mit diesem Portfolio zu befassen. Es gibt den ETF übrigens in beiden Varianten: sowohl ausschüttend als auch thesaurierend.

Fassen wir also kurz die Vorteile und Nachteile zusammen:

👍 Hohe Diversifikation

👍 Kostengünstig

👍 Hohes Wachstum wahrscheinlich (Schwellenländer)

👍 Sowohl thesaurierend als auch ausschüttend möglich

👎 Starke Gewichtung auf den USA im MSCI World

Gesamturteil: Empfehlenswert

Info: Schwellenländer

Als Schwellenländer bezeichnet man Staaten, die traditionell zu den Entwicklungsländern, also zu den wirtschaftlich, politisch und kulturell wenig entwickelten Staaten zählen. Die Schwellenländer haben aber zumeist in den letzten Jahren große Fortschritte in diesen Bereichen erzielt und, beispielsweise wirtschaftlich betrachtet, den Abstand zu den klassischen Industriestaaten verkürzen können. Sie stehen also an der Schwelle vom Entwicklungs- zum Industrieland. Ein klassisches Beispiel für ein Schwellenland war China, das mittlerweile von einigen Expert*innen bereits über die Rolle des Entwicklungslandes hinausgewachsen ist. Indien, Brasilien, Mexiko oder Südafrika werden ebenfalls häufig in diesem Kontext genannt.

Info: Industrieländer

Industrieländer sind Staaten mit einer starken Wirtschaft, insbe-sondere die Industrie, aber auch der Technologiesektor machen einen Großteil der Wirtschaftsleistung dieser Länder aus. Industrieländer sind meist sehr wohlhabend und gelten auch als politisch stabil, es han-delt sich bei den Industrieländern ausschließlich um demokratische Staaten.

INDUSTRIE- UND SCHWELLENLÄNDER MIT STARKEM EUROPA-ANTEIL

Der einzige Nachteil des MSCI World Index ist seine starke Gewichtung auf den USA. 60 Prozent des MSCI World bilden die wirtschaftliche Entwicklung der USA ab. Dabei wird auch das wohl immer noch mächtigste Land der Welt nicht von Krisen verschont. Außerdem bekommen Sie in den deutschen Medien meist weniger Informationen bezüglich der genauen Wirtschaftsdaten der USA vermittelt als über die Europas. Daher können Sie optional den Anteil Europas an Ihrem Aktienportfolio erhöhen.

Es handelt sich also um eine Ergänzung des eben vorgestellten Portfolios. Wir nehmen also zu dem MSCI World und dem MSCI EM noch den **Eurostoxx 600** hinzu. Die Zahl 600 steht für die Anzahl der Aktien. Es befinden sich also die Aktien der 600 größten Unternehmen Europas in diesem ETF. Die Diversifikation ist hoch.

Im Gegenzug wird der Anteil der beiden bereits bekannten Indizes verringert. Sie können zum Beispiel des MSCI World auf 60 Prozent, den des MSCI EM auf 20 Prozent und den des STOXX auf 20 Prozent festsetzen. Wenn Sie nur den MSCI World reduzieren möchten, können Sie ihn natürlich auch auf 50 Prozent herabsetzen. Die Gewichtung wäre somit 50 – 30 – 20.

Name des ETFs	WKN/ ISIN	TER
MSCI World	LYX00C/ LU1829220216	0,15 Prozent
Emerging Markets	DBX1EM/ LU0292107645	0,20 Prozent
Eurostoxx 600	ETF060/ LU0378434582	0,07 Prozent

Der Vorteil des Eurostoxx 600 ist, dass er extrem günstig ist. Nur 0,07 Prozent TER, das ist im Grunde unschlagbar.

Fassen wir also kurz die Vorteile und Nachteile zusammen:

👍 Hohe Diversifikation

👍 Kein Übergewicht auf den USA

👍 Extrem kostengünstig

👍 Hohes Wachstum wahrscheinlich (Schwellenländer)

👍 Sowohl thesaurierend als auch ausschüttend möglich

Gesamturteil: Ausgesprochen empfehlenswert!

4-ETF-STRATEGIE

Je differenzierter, desto besser. Wenn Sie die Risiken über die gesamte Welt streuen wollen und nicht bloß Europa und Amerika abbilden möchten, können Sie zusätzlich noch die Märkte des asiatischen und pazifischen Raums hinzunehmen. Die Gesamtkostenquote ist derart gering, dass Sie kaum ein zusätzliches Risiko damit eingehen. Es handelt sich um eine Erweiterung des zuvor vorgestellten Portfolios.

Diese ETF-Strategie geht auf den deutschen Investmentbanker und Buchautoren Gerd Kommer zurück, die beiden Hauptkomponenten des von ihm erdachten Portfolios sind ein risikoreicher Teil mit Anleihen-ETFs und einem etwas risikoreicheren Teil mit Aktien-ETFs im Verhältnis von fünfzig zu fünfzig. Kommer beruft sich bei der Auswahl seines Portfolios auf wissenschaftliche Kenndaten (ETFs-24, 2020), dennoch ist natürlich auch diese Tatsache keine Garantie dafür, dass seine Empfehlungen immer funktionieren müssen.

Diese Strategie setzt vor allen Dingen auf eine möglichst breite Streuung, in der Tat ist dieses Portfolio so diversifiziert wie keines der anderen zuvor besprochenen. Allerdings birgt es ein gewisses Risiko, auf vielen Hochzeiten gleichzeitig zu tanzen, das heißt im Grunde, vier unterschiedliche Märkte gleichzeitig abzudecken. Eben durch die hohe Diversifikation ist das Risiko aber gering und die Anlage somit dennoch empfehlenswert.

Name des ETFs	WKN/ ISIN	TER
MSCI World	LYX00C/ LU1829220216	0,15 Prozent
Emerging Markets	DBX1EM/ LU0292107645	0,20 Prozent
Eurostoxx 600	ETF060/ LU0378434582	0,07 Prozent
Asien/Pazifik	ETF114/ LU0392495023	0,04 Prozent

Fassen wir also kurz die Vorteile und Nachteile zusammen:

👍 Hohe Diversifikation

👍 Kein Übergewicht auf den USA

👍 Extrem kostengünstig

👍 Hohes Wachstum wahrscheinlich (Schwellenländer)

👍 Extrem diversifiziert, die gesamte Weltmarktlage wird abgedeckt.

👎 Unter Umständen ist es schwierig, sämtliche Märkte im Auge zu behalten, gegebenenfalls werden Entwicklungen verpasst, auch weil über manche Regionen der Welt wenig berichtet wird.

👎 Eventuell stehen die verschiedenen Regionen der Welt in Konkurrenz zueinander, steigt der „Wert“ der einen Region, sinkt der „Wert“ der anderen.

Gesamturteil: Empfehlenswert

5-ETF-STRATEGIE

Es handelt sich bei der 5-ETF-Strategie erneut um eine Erweiterung des zuvor vorgestellten Modells. Small Caps sind kleine Unternehmen, die nicht an den regulären Börsen notiert sind. Meist gibt es eigene Indizes, bei denen diese kleinen Unternehmen gelistet sind. Sie bieten in der Regel ein recht hohes Wachstumspotenzial und daher auch gute Gewinnmöglichkeiten. Die TER ist mit 0,35 Prozent recht hoch. Auch gibt es keine Garantie, dass die kleinen Unternehmen tatsächlich ihr Wachstumspotenzial ausschöpfen. Ähnlich wie die Schwellenländer erfüllen die Small Caps also die Funktion, das Potenzial des Portfolios perspektivisch zu steigern, zudem ist es noch einmal diversifizierter als die Anlagestrategie mit vier ETFs. Doch wie bei den Schwellenländern gilt auch bei dem Small Caps – sie sind nicht leicht ausrechenbar und gleichen einer Wundertüte.

Außerdem wird die Gewichtung auf dem US-amerikanischen Markt durch sie wieder höher. Die breite Diversifikation spricht auf alle Fälle für diese Variante, die Unsicherheiten sprechen gegen sie, obgleich der MSCI World als Kernindex und auch der relativ stabile Eurostoxx immer noch genügend Sicherheit im Portfolio garantieren.

Name des ETFs	**WKN/ ISIN**	**TER**
MSCI World	LYX00C/ LU1829220216	0,15 Prozent
Emerging Markets	DBX1EM/ LU0292107645	0,20 Prozent
Eurostoxx 600	ETF060/ LU0378434582	0,07 Prozent
Asien/Pazifik	ETF114/ LU0392495023	0,04 Prozent
Small Caps US	ETF 123/ LU0392496005	0,35 Prozent

Fassen wir also kurz die Vorteile und Nachteile zusammen:

👍 Extrem hohe Diversifikation

👍 Sehr kostengünstig

👍 Hohes Wachstum wahrscheinlich, sowohl bei den Schwellenländern als auch bei den Small Caps

👎 Gewisse Abhängigkeit vom US-amerikanischen Markt.

👎 Eventuell stehen die verschiedenen Regionen der Welt in Konkurrenz zueinander, steigt der „Wert“ der einen Region, sinkt der „Wert“ der anderen.

- Unter Umständen schwierig, sämtliche Märkte im Auge zu behalten, gegebenenfalls werden Entwicklungen verpasst, auch weil über manche Regionen der Welt wenig berichtet wird.

Gesamturteil: Empfehlenswert

ZUSÄTZLICH: ROHSTOFFE ODER GOLD

Nun haben wir uns gemeinsam einen Überblick über fünf verschiedene Portfolios verschafft. Als zusätzliche Option hierzu können Sie noch einen geringen Anteil an Rohstoffen oder auch Gold in Ihr Portfolio aufnehmen. Die Basis des Portfolios sollten aber die bisher besprochenen ETFs sein, ein Portfolio, das überwiegend auf Rohstoffen oder Gold aufgebaut ist, ist, insbesondere für den Anfang, zu risikoreich.

90 Prozent des Portfolios sollten aus den ETFs bestehen, die wir bisher kennengelernt haben. Nun besteht die Möglichkeit, zum Beispiel fünf Prozent Immobilien und fünf Prozent Rohstoffe zu dem Portfolio hinzu zu mischen. Ratsam sind an dieser Stelle der *FTSE Developed Markets* zur Abbildung der Rohstoffe und beispielsweise der *Bloomberg Commodity Index* zur Abbildung des Immobilienmarktes. Natürlich kaufen Sie hier an dieser Stelle weder Immobilien noch Rohstoffe. Das wäre viel zu teuer. Es handelt sich wiederum um Indizes, die den Wert von bestimmten Immobilien oder von Rohstoffen wie zum Beispiel Erdöl abbilden.

Name des ETFs	WKN/ ISIN	TER
GOLD: Euwax Gold II	EWG2LD / DE00 EWG2LD7	0,00 Prozent
ROHSTOFFE: ComStage Commerzbank Commodity EW Index TR UCITS ETF	ETF090/ LU0419741177	0,45 Prozent

Beim Handel mit Rohstoffen kann es ethische Probleme geben. So ist zum Beispiel Erdöl ein schmutziger Rohstoff, der seinen Teil zur Umweltverschmutzung beiträgt. Auch sind Rohstoffe meist spekulativ. Im Jahre 2020 würden Sie sich mit Öl-Futures zum Beispiel im Minus befinden, also einen Verlust erleiden. Daher empfehle ich Ihnen an dieser Stelle, lieber in Gold zu investieren. Gold ist stabiler und ethisch unbedenklicher. Außerdem hat der empfohlene ETF keine Gesamtkostenquote, wohingegen diese bei Rohstoffen hoch ist.

Fassen wir also kurz die Vorteile und Nachteile zusammen:

👍 Zusätzliche Option zu den sonstigen ETFs, die oft den Fokus stark auf Aktien legen

👍 Kostenlos besparbar bei der DKB

👎 Risikoreicher durch zusätzliche Finanzprodukte

👎 Besonders der Handel mit Rohstoffen ist umstritten (unsicherer Markt)

Gesamturteil: Bedingt empfehlenswert.

ERWEITERUNGEN DER STRATEGIEN 5 + 6

Zuletzt besteht für Sie noch die Möglichkeit, die Strategien fünf oder sechs, das heißt in einem Fall mit Gold als zusätzliche Anlage, im anderen Fall ohne, um Spezialthemen zu ergänzen. Diese Spezialthemen, die wiederum in Form eines ETF abgebildet werden, können zum Beispiel Wasser sein (eine besondere Variante der Rohstoffe), aber auch Themen aus dem Bereich der Technologie. Insbesondere Zukunftstechnologien bieten sich an, zum Beispiel Künstliche Intelligenz (KI) oder Robotik. Auch gibt es die Möglichkeit, in bestimmte Länder oder Regionen dieser Erde zu investieren, die interessante Wachstumsmärkte bieten, wie in etwa China, Russland, Indien, Indonesien oder Vietnam.

Es handelt sich dabei lediglich um Ergänzungen, die nur in einem kleinen Verhältnis zu den fünf (oder sechs) Standard-ETFs stehen sollten. Es sind lediglich mögliche Erweiterungen, denn auch diese speziellen Länder, Technologien oder der spezielle Rohstoff Wasser bieten gewisse Tücken. Daher handelt es sich eher um eine Variante für risikofreudigere Anleger*innen.

Wichtig zu beachten ist, dass Sie diese Märkte genau beobachten müssen. Gerade die Situation auf dem Sektor der Technologien ist ungewiss. Niemand kann in die Zukunft schauen, daher sind ETFs, die sich mit vermeintlichen Technologien der Zukunft beschäftigen, immer spekulativ und außerdem gewissen Schwankungen unterworfen. Sie müssen daher die Märkte und ihre Entwicklung genau im Auge behalten, um keine Verluste zu erleiden. Gerade aufgrund dieser Tatsache sollten diese ETFs höchstens zu Ihrem Portfolio beigemischt werden und niemals ein eigenständiges Portfolio bilden. Hier noch einmal einige mögliche ETFs, die Sie zur Erweiterung Ihres Portfolios besparen können: Wie bei allen anderen vorgestellten ETFs auch gibt es natürlich zu dieser Variante immer

Alternativen und immer noch andere Anbieter.

Spezielle Länder

Name des ETFs	WKN/ ISIN	TER
CHINA	DBX0M2 / LU0779800910	0,50 Prozent
INDIEN	LYX0BA / FR0010361683	0,85 Prozent
INDONESIEN	DBX0EU / LU0476289623	0,78 Prozent
RUSSLAND	DBX1RC / LU0322252502	0,65 Prozent
VIETNAM	DBX1AG / LU0322252924	0,85 Prozent

Zukunftsthemen

Name des ETFs	WKN/ ISIN	TER
WASSER: Lyxor UCITS World Water	LYX0CA / FR0010527275	0,60 Prozent
AUTOMATION UND ROBOTICS	A2ANH0 / IE00BYZK4552	0,40 Prozent
CYBER SECURITIES	A14ZT8 / DE000A14ZT85	0,75 Prozent

Gesamturteil: **Bedingt empfehlenswert.**

NACHHALTIGE ETFS

Nachhaltigkeit, Umweltfreundlichkeit, Verantwortung. Mittlerweile haben die meisten Anleger*innen nicht mehr nur die Erwartung eines möglichst hohen Gewinns an die Finanzprodukte, in die sie investieren. Sie sollen auch diesen ethischen Maßstäben genügen. Diese Entwicklung ist grundsätzlich sehr positiv. Unsere Welt ist endlich, deshalb muss auch das Wachstum endlich sein. Die Welt braucht nachhaltiges Wirtschaften mindestens so dringend wie produktives

Wirtschaften.

Auch den Unternehmen und den Staaten wird das immer mehr bewusst, genauso wie den Menschen. Vielleicht waren Sie oder Ihre Kinder schon einmal auf einer *Fridays for Future*-Demo oder auf einer ähnlichen Veranstaltung. Immer mehr Anbieter bieten daher nachhaltige ETFs an, dort sind ausschließlich Unternehmen gelistet, die sich einer nachhaltigen und ökologischen Wirtschaftsweise verpflichten. Die EU hat jüngst auch feste Regeln aufgestellt, wann sich ein ETF grün nennen darf. Sie können also sicher sein, dass Sie auch tatsächlich in nachhaltige Firmen investieren und nicht etwa in Unternehmen, die bloß so tun, als würden sie sich um den Umwelt- und Klimaschutz kümmern.

Ein Portfolio kann zum Beispiel so aussehen, dass sich 70 Prozent aus dem **MSCI World ESG** und 30 Prozent aus dem **MSCI EM ESG** zusammensetzen. ESG steht für Environment Social Governance, also für ein umweltfreundliches, soziales Management. Der Anbieter ist Amundi, der ETF wird kostenlos über Consors angeboten. Die Gesamtkostenquote ist nicht herausragend gering, bewegt sich aber dennoch in einem sehr angemessenen Rahmen. In der Vergangenheit waren nachhaltige ETFs oft teurer als nicht-nachhaltige. Diese Differenz ist hier aber schon nicht mehr erkennbar. Ein weiteres Zeichen für einen positiven Trend.

Name des ETFs	**WKN/ ISIN**	**TER**
Amundi Index MSCI World SRI UCITS ETF DR	LU1861134382	0,18 Prozent
Amundi Index MSCI EM SRI UCITS DR ETF	LU1861138961	0,25 Prozent

Fassen wir also kurz die Vorteile und Nachteile zusammen:

👍 Sozial und ökologisch nachhaltig (mit gutem Gewissen investieren)

👍 Relativ kostengünstig

👍 Sowohl thesaurierend als auch ausschüttend möglich

👍 Kostenlos besparbar bei Consors.

👎 Nicht so stark diversifiziert, da engere Auswahlkriterien

Gesamturteil: Ausgesprochen empfehlenswert!

SPEZIALFÄLLE

Neben diesen acht Varianten eines breiten Portfolios möchte ich Ihnen hier noch zwei besondere Varianten, sozusagen die Spezialfälle auf dem Gebiet, vorstellen.

ARERO

Beim **ARERO Weltfonds** handelt es sich um einen Indexfonds und nicht um einen ETF. Der Unterschied zwischen einem Indexfonds und einen ETF ist, dass der Indexfonds nicht an der Börse gehandelt wird. Das Ziel, einen Index so exakt wie möglich nachzubilden, ist aber in beiden Fällen dasselbe. ARERO wurde vom deutschen Wirtschaftsprofessor Dr. Martin Weber zusammen mit einem Forschungsteam an der Universität Mannheim entwickelt. Seit 2008 ist der ARERO Fonds auf dem Markt. Laut eigener Beschreibung verfolgt er drei Ziele:

- Hohe Diversifikation
- Niedrige Kosten
- Passive Anlagestrategie.

Mit dieser Zuschreibung passt der Fonds wunderbar zu dem, was wir bisher als ratsame Anlagestrategie herausgearbeitet haben. Der Name des Fonds ergibt sich aus den Positionen, die er für die Zusammensetzung des Portfolios empfiehlt. **A** steht für Aktien (60 Prozent des Portfolios), **RE** steht für Renten, das heißt private Altersvorsorge (25 Prozent) und **RO** für Rohstoffe (15 Prozent).

Schauen wir uns auch hier einmal die Vor- und Nachteile des Fonds an:

👍 Der Wert des Fonds ist stetig gestiegen (was allerdings auch daran liegt, dass die Finanzmärkte seit der Krise 2008 allgemein gestiegen sind).

👍 Für einen Indexfonds ist er günstig. Die TER beträgt 0,5 Prozent.

👍 ARERO betreibt das Rebalancing selbst, Sie müssen sich also nicht darum kümmern.

👍 Er ist transparent, über die Webseite des Anbieters können Sie die Anlagestrategie gut nachverfolgen.

👎 Die Aufteilung der Prozentzahlen ist fix und kann nicht geändert werden.

👎 Die Investition in Rohstoffe ist umstritten. Viele Expert*innen bestreiten die Sinnhaftigkeit dieser Anlage.

- Der Fonds ist nicht kostenlos besparbar, sondern kostet 25 Euro pro Monat bei Consors.

Gesamturteil: Bedingt empfehlenswert

All Weather Portfolio

Das *All Weather Portfolio* geht auf die Idee von Ray Dalio zurück, einem der bekanntesten Manager in den USA. Dalio ist Mitbegründer der Fondsgesellschaft *Bridgewater.* Mit geschätzten 17 Milliarden US-Dollar Vermögen gehört er zu den reichsten Menschen der Welt. Nun ist es nicht immer eine gute Idee, von den Reichen zu lernen, doch im Falle Ray Dalios lohnt es sich, die Idee des All Weather Portfolios näher zu betrachten.

Das Portfolio ist so konzipiert, dass es möglichst alle Schwankungen innerhalb der einzelnen Positionen ausgleichen kann. Es soll also allen Wetterlagen Stand halten. Das Portfolio soll dementsprechend diversifiziert sein und sich aus verschiedenen Positionen zusammensetzen. Folgende Zusammensetzung empfiehlt Dalio:

- 30 Prozent Aktien
- 40 Prozent lang laufende US-Staatsanleihen
- 15 Prozent mittelfristige US-Staatsanleihen
- 7,5 Prozent Gold
- 7,5 Prozent Rohstoffe

Staatsanleihen gelten als sehr sicher. In aller Regel schwanken sie kaum. Langjährige Staatsanleihen haben dabei eine Laufzeit von 20 bis 30 Jahren, sind also auf einen langen Zeitraum ausgelegt. Daher empfiehlt Dalio auch einen derart hohen Prozentsatz dieser Anleihen im Portfolio. Auch Staatsanleihen werden in Form von ETFs abgebildet. Mittelfristige Staatsanleihen haben eine Laufzeit von 10 Jahren. Auch die Rohstoffe werden bei dieser Variante als ETFs abgebildet.

Info Staatsanleihen

Staaten haben verschiedene Möglichkeiten, ihre Ausgaben zu finanzieren, zum Beispiel Steuern. Immer mehr Staaten nutzen allerdings auch die Variante mit Staatsanleihen. Wie ein Konzern Aktien, also Anteile der Firma herausgibt, gibt der Staat Anleihen, also ebenfalls Anteile von sich an private Anleger*innen heraus. Die Anleger*innen kaufen dem Staat die Anleihen ab, dieser kann wiederum Ausgaben mit dem Geld finanzieren. Staatsanleihen sind zeitlich begrenzt, um zu verhindern, dass irgendwann der komplette Staat „ausverkauft" ist (finanztreff.de, 2020).

Die Schwankungen des All Weather Portfolios sind in der Tat sehr gering, allerdings gibt es auch einige Punkte, die gegen Dalios Portfolio sprechen.

- Es ist sehr USA-lastig. Sowohl die Aktien als auch die Anleihen kommen bei Dalio ausschließlich aus den USA. Eine breitere Diversifikation wäre wünschenswert.
- Es ist ein gewisses Startkapital vonnöten, da einige Positionen gekauft werden müssen. Für Einsteiger*innen ist das Portfolio unter Umständen zu teuer.

Gesamturteil: **Nicht empfehlenswert!**

Spezial- und Themen-ETFs

Zu guter Letzt möchte ich Ihnen auch die Existenz von Spezial- und Themen-ETFs nicht vorenthalten. Es gibt ETFs, die sehr spezielle Branchen abbilden, sie spekulieren zum Beispiel auf technische Innovationen im Gesundheitswesen, auf die Entwicklung von Robotern, Künstlicher Intelligenz (KI) und selbst auf den demografischen Wandel, den ich Ihnen eingangs im Kapitel über die Rente nähergebracht habe.

Das mag zunächst interessant klingen, allerdings sind gerade diese Branchen nahezu unberechenbar. Niemand kann seriöse Prognosen darüber wagen, wie sich unsere Gesellschaft in den nächsten Jahren und Jahrzehnten entwickeln wird. Robotik oder KI sind hochinteressante Themenfelder, aber wann ihre Zeit endgültig gekommen ist, ob sich die Technik konstant entwickelt oder ob es Rückschläge gibt – das alles ist Zukunftsmusik. Darauf zu spekulieren, wäre ein unnötiges Risiko.

Außerdem hätten wir hier das Problem der Diversifikation. Diese Themen-ETFs streuen in der Regel nicht, sondern legen ihr Schwergewicht klar auf eine Branche, zum Beispiel die Elektroindustrie oder auch Pharmakonzerne. Lassen Sie sich daher nicht von solchen Angeboten ködern. Wir haben uns ein gutes und fundiertes Wissen über verschiedene Möglichkeiten der Investition aufgebaut. Alles, was für Sie wichtig sein könnte, haben wir in den letzten Kapiteln besprochen.

Nicht empfehlenswert!

Methoden

„Zur Erforschung der Wahrheit, bedarf es notwendig der Methode".

(René Descartes)

FUNDAMENTALANALYSE

Um den Wert von Unternehmen, beziehungsweise den Wert der von ihnen herausgegebenen Aktien bewerten zu können, gibt es verschiedene Instrumente. Eines davon ist die Fundamentalanalyse. Insbesondere, wenn Ihr Portfolio einen großen Aktienanteil enthalten soll, ist es ratsam, den Kurs dieser Aktien zu beobachten und zu bewerten. Die Fundamentalanalyse ist dabei nicht darauf ausgelegt, einen bestimmten Zeitpunkt für den Einstieg am Markt festzulegen. Dafür gibt es die Chartanalyse, die ich Ihnen an dieser Stelle jedoch nicht näher erläutern möchte, da sie grundsätzlich eher für Daytrader*innen und kurzfristige Anlagen geeignet ist. Die Fundamentalanalyse dagegen ist das ideale Werkzeug, wenn Sie langfristig investieren möchten.

Wie funktioniert die Fundamentalanalyse?

Es handelt sich um eine spezielle Form der Finanzanalyse, bei der Unternehmensdaten und betriebswirtschaftliche Kennzahlen beobachtet, zusammengetragen und anschließend ausgewertet werden. Man spricht auch von Fundamentaldaten, daher auch der Name Fundamentalanalyse. Ziel dieser Auswertung ist es, den angemessenen Börsenkurs eines Wertpapiers in der Zukunft zu ermitteln, also das sogenannte Kursziel zu definieren. Oder vereinfacht ausgedrückt: Man möchte herausfinden, ob es sich lohnt, Aktien eines bestimmten Unternehmens zu kaufen oder nicht, ob die Zukunftsaussichten positiv oder negativ sind.

Welche Kennzahlen werden betrachtet?

Kurs-Gewinn-Verhältnis
Der derzeitige Kurs eines Wertpapiers wird durch den erwarteten Unternehmensgewinn geteilt. Daraus errechnet sich ein Mittelwert. Wertpapiere, meist Aktien, die unterhalb dieses Mittelwerts liegen, gelten als günstig, Aktien, die über dem Mittelwert liegen als teuer. Ziel ist es selbstverständlich, die günstigsten Aktien auszuwählen, also vermutlich die, bei denen sich eine Investition am meisten lohnt.

Kurs-Buchwert-Verhältnis

Der aktuelle Kurswert wird durch den Buchwert der Aktie geteilt. Der Buchwert wiederum ist das Eigenkapital einer Firma, dividiert durch die Anzahl der ausgegebenen Aktien. Diese Berechnung ist logisch nachvollziehbar, schließlich müsste eine Aktie, nimmt man das Herdenverhalten und die Stimmungen an der Börse aus der Gleichung heraus, exakt so viel Wert sein, wie der Anteil an dem entsprechenden Unternehmen, das die Aktie repräsentiert. Der faire Wert der Aktie sollte also ungefähr dem Buchwert entsprechen.

Eigenkapitalquote

Die Eigenkapitalquote ist das Eigenkapital eines Unternehmens im Verhältnis zum Gesamtkapital des Unternehmens. Man teilt erstere durch letztere und multipliziert das Ergebnis mit dem Faktor hundert. Anhand dieser Zahl können die Stabilität und die Unabhängigkeit eines Unternehmens bewertet werden. Je höher der Wert, desto stabiler und selbstständiger das Unternehmen. Schließlich ist eine hohe Eigenkapitalquote ein Zeichen dafür, dass ein Unternehmen im Zweifel nicht stark von Fremdkapital abhängig ist.

Kritik

Auch die Fundamentalanalyse ist natürlich nicht perfekt, sie ist allerdings ein zuverlässiges Instrument, um Aktien und andere Wertpapiere zu bewerten. Häufigster Kritikpunkt ist, dass sie den sogenannten Noise, also das Getuschel, die Gerüchte und Stimmungen an der Börse, die oft zu Entscheidungen von Anleger*innen führen, missachtet, also zu streng analytisch vorgeht und die Irrationalität der Akteure missachtet. Für diesen menschlichen Faktor gibt es allerdings keine Berechnungsmethode, wie gesagt: absolute Wahrheiten gibt es an der Börse nie.

WEITERES WISSEN AUFBAUEN

Diese Methode ist auch für Einsteiger*innen völlig unbedenklich und ist vor allen Dingen überaus wichtig. Die Fundamentalanalyse ist ein wichtiges Instrument, um grundlegende Entscheidungen begründen zu können, wohingegen die Chartanalyse oder die Analyse wirtschaftspolitischer Vorkommnisse eher für Daytrader*innen und risikofreudige Anleger*innen geeignet ist. Doch eine intensive Auseinandersetzung mit dem Themenfeld ist unerlässlich, um überhaupt Entscheidungen treffen zu können, um zu wissen, worauf es beim langfristigen Investieren ankommt.

Wie bei allen Themen, die Sie wirklich interessieren und über die Sie unbedingt etwas erfahren möchten, sollten Sie sich natürlich auch beim Thema Börse und Finanzen nicht bloß auf Buchwissen verlassen, sondern Sie sollten darüber hinaus selbstständig recherchieren und sich weiterhin mit dem Thema beschäftigen. Vielleicht kennen Sie das Gefühl noch aus den längst vergangenen Tagen der Schulzeit. Dort wird ein Thema recht oberflächlich behandelt, das Sie aber brennend interessiert hat, und Sie haben im Anschluss an den Unterricht selbstständig weiter recherchiert. So sähe vermutlich zumindest die Idealvorstellung einer Schulzeit aus. Wenn Sie mehr über bestimmte Themen erfahren möchten, werden Sie vermutlich hauptsächlich im Internet recherchieren, sich Videos auf YouTube ansehen, Blogs lesen oder Podcasts anhören.

Genau das empfehle ich Ihnen auch für die weitere Auseinandersetzung mit dem Thema Börse. Wenn Sie diesen Ratgeber gelesen haben, haben Sie die Grundlagen für erfolgreiches Handeln mit ETFs und anderen Börsenprodukten verstanden. Wenn Sie aber nach der Lektüre dieses Buches zu dem Schluss gekommen sind, dass Sie den Börsenhandel weiterverfolgen wollen, sollten Sie Ihr Wissen stetig ausbauen und erweitern. Es ist doch wie in der Schule, nur, dass Sie sich das Thema selbst aussuchen dürfen: Fundiertes und verfestigtes Wissen bildet sich erst dann, wenn man über die vermittelten Grundlagen hinaus eigenständig mit dem Stoff weiterarbeitet.

Es gibt zahlreiche Blogs oder auch Diskussionsforen im Netz, in denen über Finanz- und Börsenthemen geschrieben und diskutiert wird. Lesen Sie sich doch einmal ein paar dieser Beiträge durch und melden Sie sich unter Umständen selbst in einem solchen Forum an und diskutieren Sie mit. Auf diese Art und Weise erhalten Sie einen guten Zugang zu den Themen und knüpfen im besten Fall Kontakt mit erfahrenen Anleger*innen. Der Austausch mit ihnen kann für Ihre weitere „Karriere" sehr hilfreich sein.

Erfahrene Anleger*innen und Trader*innen können Ihnen von ihren Anfängen berichten, können Sie vor den Fehlern warnen, die sie selbst zu Beginn begangen haben, und können Ihnen wertvolle Tipps aus der Praxis an die Hand geben. Es ist immer besser, wenn Sie mit Menschen in Kontakt kommen, die selbst über Praxiserfahrung verfügen, anstatt Ihre Strategie ausschließlich auf Theoriewissen aufzubauen. Es ist wie im Sportverein: Die besten Trainer oder Trainerinnen sind meistens die, die selbst in dem jeweiligen Sport aktiv gewesen sind und nicht nur die nötigen Grundlagen, sondern auch Tipps und Tricks aus der Praxis vermitteln können. Auch auf YouTube gibt es einige gute Kanäle, auf denen Sie Videos rund um die Themen Börse, Anlagestrategien und ETFs finden, zum Beispiel der Kanal *Finanzfluss*, auf dem einige dieser zugegebenermaßen komplexen

Themen ziemlich anschaulich erklärt werden. Andere empfehlenswerte Kanäle, die guten Content bieten, sind zum Beispiel *Finanzwesir* oder der finanzen.net Ratgeber, der YouTube-Kanal der Webseite *finanzen.net.*

Auch Wirtschaftspodcasts sind eine gute Möglichkeit, um Ihr Basiswissen über die Funktionsweise der Finanzmärkte auszubauen. Hierfür empfehle ich den Wirtschaftspodcast *Wohlstand für Alle*, der auch auf YouTube zu finden ist. Er ist zwar oftmals sehr theoretisch, hilft Ihnen aber dabei, die grundlegenden Begriffe und Zusammenhänge der Wirtschafts- und Finanzwelt zu verstehen.

Neben dem umfassenden digitalen Angebot gibt es auch eine Reihe von Büchern, die Ihnen tiefgreifendes Wissen vermitteln. Eines dieser Bücher halten Sie bereits in den Händen. Sowohl Ratgeber als auch theoretische Ausarbeitungen können dabei hilfreich sein. Auf den guten Mix zwischen theoretischem und praktischem Wissen kommt es an. Natürlich sollten Sie sich nicht ausschließlich mit Börsen- und Finanzthemen beschäftigen, irgendwann braucht jede*r einmal etwas Ablenkung. Doch ab und zu sollten Sie zumindest ein paar Stunden Ihrer freien Zeit investieren, um sich näher mit der Materie auseinanderzusetzen, wenn Sie auf lange Sicht auf dem Gebiet erfolgreich sein wollen.

Zusammenfassend lässt sich sagen, dass Ihre erste Investition die Investition in Wissen sein sollte. Die intensive Auseinandersetzung mit den Themen Finanzmarkt, Börse und ETFs helfen Ihnen dabei, die theoretischen Grundlagen für Ihr künftiges Handeln zu legen und wertvolle Erfahrungen, am besten im Austausch mit erfahrenen Anleger*innen, zu sammeln. Hierfür brauchen Sie zunächst auch kein Geld zu investieren, sondern „nur" Zeit. Doch auch diese sollten Sie gut nutzen, denn: *Zeit ist Geld.*

Buchempfehlungen

Zu diesem Zweck möchte ich Ihnen an dieser Stelle ein wenig Literatur an die Hand geben. Diese Bücher helfen Ihnen dabei, den Einstieg ins Investieren gut zu meistern und bieten darüber hinaus Hintergrundinformationen, die sowohl interessant als auch hilfreich sind.

- Gerd Kommer (2018): „Souverän investieren mit Indexfonds und ETFs: Wie Privatanleger das Spiel gegen die Finanzbranche gewinnen". Campus, Frankfurt am Main.

- Gerd Kommer (2018): „Souverän investieren für Einsteiger". Campus, Frankfurt am Main.

• André Kostolany (2000): „Die Kunst über Geld nachzudenken". Ullstein, Berlin.

• Christian W. Röhl, Werner H. Heussinger (2016): „Cool bleiben und Dividenden kassieren. Mit Aktien raus aus der Nullzins-Falle". Finanzbuch Verlag, München.

• Peter Thilo Hasler (2018): „Reich werden an der Börse: 100 Weisheiten für Ihr Geld". Börsenmedien AG, Kulmbach.

• Nicolas Schmidlin (2013): „Unternehmensbewertung und Kennzahlenanalyse". Vahlen, München.

• Kolja Barghoorn (2017): „Der rationale Kapitalist". Create Space Independent Publishing.

• George S. Clason (2019): „Der reichste Mann von Babylon". Goldmann, München.

Empfehlungen im Internet

Auch im Netz gibt es zahlreiche Möglichkeiten, sich zum Themengebiet Investment, ETFs, etc. zu informieren. Im Internet sollten Sie jedoch noch vorsichtiger sein als beispielsweise bei der Recherche mithilfe von Büchern. Achten Sie auf die Auswahl seriöser Quellen. Besonders gut für die verständliche Erklärung komplexer Sachverhalte eignen sich YouTube-Videos. Es gibt einige Kanäle, die komplexe Themen und Zusammenhänge anschaulich und für Einsteiger*innen verständlich aufarbeiten. Einige möchte ich Ihnen an dieser Stelle nahelegen.

- Aktien mit Kopf
- Finanzfluss
- Aktienfinder
- Börse Stuttgart
- Zahltagstrategie
- Christophs Aktienkurs
- Jens Rabe
- Tim Schäfer
- Homo Oeconomicus
- Finanzrocker

Ausblick

„Mut steht am Anfang des Handelns, Glück am Ende".

(Demokrit)

Aller Anfang ist schwer, sagt der Volksmund. Doch das stimmt nicht immer. Ich hoffe, dass ich Ihnen bisher aufzeigen konnte, dass der Einstieg in das Investieren in ETFs gar nicht so kompliziert und die Börse gar nicht so undurchschaubar ist, wie Sie möglicherweise bisher angenommen hatten.

Ich habe Ihnen einige Tipps für Einsteiger*innen mit auf den Weg gegeben, um Ihnen eine bestimmte Richtung vorzuschlagen, die es zu Beginn der Investitionstätigkeit bestenfalls einzuschlagen gilt. Diese lautet: Klein anfangen, nicht zu viel Geld auf einmal investieren, langsam, aber stetig Gewinne einfahren, ohne die Nerven zu verlieren. Diese Strategie, wie ich sie Ihnen ans Herz gelegt habe, ist eine sehr defensive und sichere Strategie. Es ging mir darum, Ihnen zunächst zu vermitteln, wie Sie das zweifellos vorhandene Risiko an der Börse so klein wie möglich halten.

Natürlich gibt es auch andere, risikoreichere Varianten. Ich habe sie in diesem Buch nicht in aller Ausführlichkeit erläutert, sondern lediglich dann und wann, der Vollständigkeit halber, erwähnt. Das heißt nicht, dass Sie diese Varianten unter keinen Umständen ausprobieren sollten. Wenn Sie genügend Erfahrung gesammelt haben, können Sie sich natürlich auch an andere Formen der Anlage trauen. Sie dürfen, über kurz oder lang, den Weg des kleinstmöglichen Risikos verlassen und dadurch eventuell höhere Gewinne erzielen, müssen dafür aber das Risiko höherer Verluste tragen. Womit wir wieder beim Ausgangspunkt für dieses Buch angekommen wären: Börse kann Risiko und Zockerei bedeuten, muss es aber nicht zwangsläufig.

Wenn Sie den Anfang, auch mithilfe dieses Buches, erfolgreich gemeistert haben, können Sie Ihr Portfolio weiter ausbauen. Sie können zum Beispiel doch einmal Einzelaktien hinzunehmen, anstelle von ETFs. Hierfür ist es ratsam, ein eigenes Depot bei Ihrem Broker zu eröffnen. Es sollte Ihnen bei einer eventuellen Erweiterung möglichst darum gehen, Ihr bereits vorhandenes Portfolio sinnvoll zu ergänzen. Ein aufgeblähtes Portfolio bringt Sie keineswegs weiter.

Zu keinem Zeitpunkt würde ich Ihnen raten, den sicheren Hafen völlig zu verlassen und sämtliche sicheren, diversifizierten ETFs über Bord zu werfen.

Falls Sie ein Stück weit mehr ins Risiko gehen möchten, nehmen Sie die risikoreicheren Anlagen lediglich als Ergänzung Ihrer bisherigen Anlagen hinzu und ersetzen Sie Ihr bisheriges Portfolio nicht vollends.

Mein Tipp lautet an dieser Stelle: Warten Sie mindestens fünf, besser zehn Jahre ab und schauen Sie sich in der Zwischenzeit an, wie sich Ihr Depot entwickelt. Finden Sie für sich heraus, ob Sie die Geduld und die Ruhe für langfristiges Investieren aufbringen können und ob der Finanzmarkt etwas für Sie ist. Erst, wenn Sie nach diesem Zeitraum für sich zu dem Entschluss kommen, weiterhin investieren zu wollen, können Sie Ihr Portfolio erweitern. Sollten Sie dies tun, wünsche ich Ihnen natürlich ein glückliches Händchen und viel Erfolg bei diesem Unterfangen.

Daytrading für Einsteiger

Traden wie ein Profi

Wie Sie mit den Strategien der Super-Erfolgreichen in Aktien, ETF, Forex und CFD intelligent investieren und an der Börse höchst profitabel handeln

Vorwort

Herzlich Willkommen in meinem vielseitigen Buch rund um das Thema Daytrading. Mithilfe dieses Ratgebers möchte ich Ihnen schrittweise näherbringen, wie Sie durch clevere Investitionen am Börsenmarkt Gewinne erzielen können.

Dafür erkläre ich Ihnen im ersten Kapitel, was man unter dem Begriff „Investieren" alles verstehen kann, welche Möglichkeiten Sie neben und auf dem Aktienmarkt für Finanzinvestitionen haben und wie das Investment an der Börse funktioniert. Zusätzlich habe ich anhand aussagekräftiger Beispiele erörtert, welche Gewinne die verschiedenen Investitionen erwarten lassen, sodass es Ihnen sehr leicht fallen wird, sich in die Themen hineinzuversetzen. Weiterhin empfinde ich es als wichtig, dass Sie die Unterschiede zwischen aktivem und passivem Investment kennen und sich den Risiken bewusst sind, die mit Ihrer Verantwortung einhergehen.

Das zweite Kapitel befasst sich mit den Grundlagen des Tradings, wobei Daytrading eine Unterform des Tradings darstellt. Ich stelle Ihnen eine Definition vor, erläutere Hintergrundwissen und erkläre, worauf Sie sich im Trading-Geschäft einlassen müssen. Des Weiteren soll Sie eine optimale Vorbereitung zum ersten Investment führen, weshalb ich diesem Thema ein eigenes Kapitel gewidmet habe. Lesen Sie in diesem Buch, worauf Sie bei Ihrem Onlinedepot unbedingt achten müssen, erhalten Sie fundiertes Wissen über Einflussfaktoren und Kennzahlen von Aktien ebenso, wie eine Übersicht zu verschiedenen Aktienstrategien und vielem mehr. Investitionen am Aktienmarkt werden sich nur mit einer intensiven Vorbereitung dauerhaft lohnen.

In den beiden Hauptkapiteln stelle ich Ihnen vor, wie Sie Daytrading erlernen. Dazu gehört, dass Sie wissen, wie Sie einen Aktienchart lesen, ihn in einen Kontext setzen, Formationen erkennen und daraufhin fundierte Kaufentscheidungen treffen, damit die Gewinnchancen steigen und das Verlustrisiko minimiert wird. Zusätzlich empfinde ich es als enorm wichtig, dass Sie auch abseits des Aktienmarktes gut über Trading-Möglichkeiten informiert sind, weshalb ich Ihnen eine prägnante Erklärung zum Devisenmarkt und zum Traden mit Derivaten, insbesondere CFDs, an die Hand geben werde.

Die abschließenden Kapitel dieses Buches sind aufgrund dessen nicht zu vernachlässigen, weil sie wichtige Hinweise zu typischen Fehlern beinhalten, vor denen ich Sie bewahren möchte. Außerdem befindet sich im Anschluss an das

Kapitel eine Begriffsübersicht, in der Sie noch unklare Begriffe nachschlagen können. Damit die Übersicht nicht zu überladen ist, habe ich mich auf Begriffe konzentriert, die Sie zum Verständnis dieses Buches unbedingt benötigen. Als Zusatzkapitel finden Sie am Ende des Buches Ausführungen sowie Tipps und Tricks im Umgang mit der Abgeltungssteuer, welche beim Aktienhandel anfällt. Ich wünsche Ihnen viel Spaß beim Lesen und Verstehen meines Ratgebers und hoffe, dass Sie schon bald die ersten Gewinne mit Trading erzielen können.

Einleitung

WAS BEDEUTET INVESTIEREN?

Investieren. Ein fast schon inflationär genutzter Begriff, welcher nicht nur im Zusammenhang mit Finanzen auftaucht. Investieren können Sie beispielsweise auch Zeit in eine Beziehung oder Kraft in eine Freundschaft. Das Grundprinzip ändert sich dabei im Vergleich zur Investition in eine finanzielle Wertanlage nicht. Sie geben etwas, um daraus einen Vorteil zu erhalten. Im Beziehungsbeispiel klingt Vorteil sehr rational, trifft aber dennoch den Kern, da Sie sich aufgrund der investierten Zeit möglicherweise Glücklichkeit oder zumindest diverse schöne Momente erhoffen, die Sie sonst nicht erleben würden. Genauso oder zumindest so ähnlich funktioniert eine finanzielle Investition, in der Sie Geld aufbringen, um nach einer gewissen Zeit entweder mehr Geld erstattet zu bekommen oder in einer anderen Art und Weise entlohnt zu werden, zum Beispiel anhand von Stimmrechten in Unternehmen.

Warum investieren Menschen? Der Hintergrund liegt auf der Hand. Eine Investition in Wertanlagen bietet Ihnen die Möglichkeit, ohne eigenen Aufwand Gewinn zu erzeugen. Das Sprichwort, „Sein Geld für sich arbeiten lassen", ist dabei absolut zutreffend, da die einzigen Voraussetzungen für Rendite mit Investitionen ein gewisses Startkapital, Grundwissen und Geduld sind.

Die Notwendigkeit des Investierens lässt sich sehr einfach mithilfe der Inflation begründen. Durch die permanente Inflation von in Deutschland in etwa zwei Prozent jährlich verliert das bereits vorhandene Geld an Wert. Eine zweiprozentige Inflation sorgt dafür, dass ein 100-Euro-Schein nach 365 Tagen zwar weiterhin ein 100-Euro-Schein ist, er jedoch nun nur noch so viel Kaufkraft hat, wie 98 Euro zum damaligen Zeitpunkt. Der Hauptgrund für diesen Wertverlust sind steigende Preise in allen Bereichen des Lebens, weshalb niemand aus der Inflation einen direkten Vorteil gegenüber jemand anderem ziehen kann.

Weiterhin möchte ich Ihnen den Einfluss der Inflation anhand eines einfachen Rechenbeispiels verdeutlichen. Angenommen, eine fiktive Person, ich nenne sie Anna, hat einen großen Gewinn in Höhe von 10.000 Euro in der Lotterie erzielt und möchte das Geld für ihre Hochzeit nutzen, denn sie liebt große Feiern.

Da sie aber erst Anfang der zwanziger Jahre und die Liebe zu ihrem Lebensgefährten noch frisch ist, möchte sie noch mindestens zehn Jahre warten, bis sie den entscheidenden Schritt wagt. Lässt sie das Geld die gesamten zehn Jahre auf einem herkömmlichen Girokonto ohne Zinsen, werden es nach den zehn vergangenen Jahren weiterhin 10.000 Euro sein. Der große Unterschied: Das Geld ist nun deutlich weniger wert. Ich setze einen Wertverlust von zwei Prozent jährlich durch die Inflation voraus, was zur Folge hat, dass das Geld bereits nach einem Jahr nur noch die Kaufkraft von 9.800 Euro hätte. Das bedeutet, dass Anna für einen Warenkorb mit den verschiedensten Dingen wie Elektrogeräten, Freizeitaktivitäten und Lebensmitteln, den sie vor einem Jahr für 9.800 Euro hätten erwerben können, nun 10.000 Euro zahlen muss. Erweitert auf zehn Jahre ergibt das einen Wertverlust von insgesamt 1.830,27 Euro, da sich der neue Wert im zweiten Jahr wiederum um zwei Prozent verringert. Die eingezahlten 10.000 Euro besitzen nach zehn Jahren einen Realwert von lediglich 8.170,73 Euro. Berechnet wird dies mithilfe der Formel Grundkapital*(1-Zinssatz)^Anzahl der Jahre, also: 10.000 * (1 – 0,02) ^ 10 = 8170,73 Euro.

Meiner Meinung nach ist es erschreckend, was nahezu unbemerkt mit dem eigenen Geld geschieht, wenn es nicht aktiv vom Besitzer verwaltet wird. Sie bemerken somit die Notwendigkeit der Nutzung des Geldes, am besten in Form eines Investments. Ich nehme im Folgenden beispielhaft an, die glückliche Lotteriegewinnerin Anna entscheidet sich aufgrund ihrer persönlichen Situation für ein risikoarmes Investment. Das bedeutet, dass sie ihr Geld zwar am Kapitalmarkt anlegt, das Risiko dafür allerdings so gering wie möglich halten möchte. Sie entscheidet sich für eine Aufsplittung des Gewinns in zwei ungleiche Hälften.

Die erste Hälfte (8.000 Euro) investiert sie einmalig in ein Portfolio aus verschiedenen ETFs und Aktienpaketen. Was das genau ist und zu welcher Art von Investments sich solche Investitionen zuordnen lassen, erfahren Sie im nächsten Abschnitt „Welche Arten von Investments gibt es?". In Bezug auf die zweite, deutlich kleinere Hälfte (2.000 Euro) nutzt Anna ihr Wissen über aktive Investments und erzielt mithilfe von Aktienstrategien höhere Renditen mit ebenso höherem Risiko.

Vereinfachend nehme ich nun an, dass ihre jährliche Rendite der ersten Hälfte vier Prozent und die jährliche Rendite der zweiten Hälfte sieben Prozent beträgt. Innerhalb von zehn Jahren lässt sich das anfängliche Grundkapital von 10.000 Euro so erheblich steigern. Die erste Hälfte ist nach zehn Jahren von 8.000 auf 11.841,95 Euro (Rechnung: 8.000*1,04^10) gewachsen. Hälfte zwei hat sich in dieser Zeit fast verdoppelt und ist von 2.000 auf 3.934,30 Euro (Rechnung: 2.000*1,07^10) gestiegen. Insgesamt ergibt das einen neuen Wert von 15.776,25 Euro. Anna kann nach den abgelaufenen zehn Jahren, also zum Zeitpunkt ihrer

Hochzeit, auf stolze 15.776 Euro zurückgreifen, weil sie das Geld für sich arbeiten ließ. Selbstverständlich gilt es auch hierbei, zu beachten, dass es sich nicht um den reinen Gewinn an Realwerten handelt, da die Inflation diesmal nicht berücksichtigt wurde. Der Gewinn ist demnach auf zehn Jahre mit jeweils zwei Prozent Zinsen wegen der Inflation abzuzinsen.

Dabei errechnet man den Quotienten aus dem erhaltenen Kapital und eins plus dem Zinssatz hoch die Anzahl der Jahre. Kompliziert auszudrücken, einfach umzusetzen: (11,841,95):(1,02^10) ergibt 9.714,52 Euro. Bei der zweiten Hälfte ergibt sich ein Realgewinn von 3.227,50 Euro. Nach Beachtung der Inflation kann Anna nun auf einen Wert von insgesamt 12.942,02 Euro zugreifen, der nach zehn Jahren anhand eines höheren Geldbetrages ausgedrückt wurde.

Was bedeutet das für Sie? Überdenken Sie die einfache Entscheidung, vor welcher Anna kurz nach ihrem Lotteriegewinn steht, und machen Sie sich deutlich, wie groß der Unterschied zwischen einer einfachen Investition und einer Nicht-Investition über einen langen Zeitraum ist. Ich bin überzeugt davon, dass dieses Beispiel Ihnen die Bedeutung von Finanzinvestitionen erläutert hat, weshalb ich im nächsten Abschnitt darauf eingehe, welche Arten von Investitionen es im Finanzbereich gibt und welche für Sie besonders infrage kommen.

WELCHE ARTEN VON INVESTMENTS GIBT ES?

Grundlegend lassen sich fünf verschiedene Formen von Investments unterscheiden. Um diese voneinander zu trennen, werden insbesondere drei Faktoren genutzt, welche zur Beschreibung eines Investments dienen. Dazu gehört zum einen die Rentabilität der Anlage, also wie viel Gewinn im Durchschnitt über die Dauer der Anlage generiert werden kann.

Des Weiteren spielt der Faktor Liquidität eine große Rolle. Weshalb auch eine möglichst schnelle Auszahlung bzw. Verfügbarkeit des Geldes notwendig ist, ist leicht erklärt. Vermögen, auf welches Sie erst in mehreren Jahren zugreifen können, ist weniger wert als Vermögen, womit Sie sofort Wertanlagen kaufen können, zum Beispiel eine Aktie. Deshalb muss Geld, auf welches Sie nicht zugreifen können, für einen durchschnittlichen Marktzinssatz abgezinst werden, das sind zurzeit in etwa drei bis fünf Prozent. Es ist also wichtig, dass Sie Ihren erwirtschafteten Gewinn und Ihr Startkapital möglichst schnell zurückerhalten, um neue Investments zu tätigen bzw. den Zinseszins optimal zu nutzen.

Der dritte entscheidende Faktor ist das Risiko, welches Ihre Anlage trägt. Eine Faustregel besagt: je mehr Risiko, desto höher die mögliche Rendite. Sehen

Sie sich daher einem Investment mit hoher Rendite gegenüber, möglicherweise deutlich über zehn Prozent, sollten Sie sich bewusst sein, dass dahinter ein enormes Risiko steckt. Das Ziel eines jeden Investments ist daher, eine möglichst hohe Rendite mit schneller Liquidität und geringem Risiko zu erzielen. Dass ein solches „optimales" Investment nicht vorhergesagt werden kann, wird Ihnen bereits bewusst sein, da sonst jeder Anleger ein Stück vom Kuchen erhalten wollen würde.

1. Klassische Geldanlagen

Dazu gehören neben Sparbüchern und Tagesgeldkonten auch Festgeldkonten, Bausparverträge oder eine Lebensversicherung. Doch viele dieser veralteten Geldanlagen sind nicht mehr rentabel. Auf **Sparbücher** gibt es bei den meisten Banken heutzutage im Schnitt 0,1 % Zinsen. Dafür trägt der Anleger allerdings kein Risiko. Sparbücher werden auch deshalb mittlerweile nur noch sehr selten abgeschlossen. Hauptsächlich werden sie dazu genutzt, auch in finanziell schlechten Zeiten ein kleines Notpolster zu haben, welches unabhängig von Wirtschaftskrisen besteht und den sofortigen Zugriff erlaubt. Allerdings gleicht diese Variante eher einem Sparen des Geldes in einer versteckten Ecke des Kleiderschrankes. **Tagesgeldkonten** verhalten sich im Vergleich deutlich moderner, werfen aber auch nahezu keine Zinsen ab. Der Zinssatz ist dabei flexibel und wird nicht bei Eröffnung des Kontos vereinbart. Allerdings sind diese Änderungen aufgrund der Null-Zins-Politik der Europäischen Zentralbank nicht ausschlaggebend.

Bei sogenannten **Festgeldkonten** ist der Name Programm. Hierbei wird Ihr Geld für Sie eingefroren und Sie haben die Möglichkeit, erst nach Ablauf der vorher festgelegten Laufzeit darüber zu verfügen. Dass die Liquidität hierbei gänzlich fehlt, haben Sie vermutlich bereits gemerkt. Dafür glänzen Festgeldkonten mit einem etwas höheren Zinssatz von 1,5 bis zwei Prozent Zinsen, wenn die Laufzeit mindestens über fünf Jahre gewählt wurde. Risiko gibt es hierbei keines, da Ihnen die Bank den Gewinn garantiert, solange Sie das Geld nicht vor Ablauf der Laufzeit benötigen, denn dann drohen Verluste. **Bausparverträge** werden klassischerweise zur Finanzierung einer Immobilie verwendet und sind gegenüber Tages- und Festgeldkonten beim reinen Sparen bzw. Investment nicht rentabel, weshalb ich Ihnen von dieser Variante abrate.

2. In Immobilien investieren

Wer an Immobilienkäufe als Investor denkt, schreckt gedanklich vor hohen Summen von mehreren hunderttausend Euro zurück.

Doch mittlerweile reicht bereits ein Bruchteil davon aus, um ins Immobiliengeschäft einzusteigen. Mithilfe des Internets und dem Drang vieler Investoren mit geringem Startkapital, ihr Geld für materielle Wertgegenstände zu nutzen, ist das sogenannte Crowdinvesting herangewachsen. Hierbei suchen spezielle Firmen online nach Kleininvestoren, die bereits ab 500 Euro einsteigen können. Mit dem gesammelten Geld investieren Experten des Unternehmens in verschiedene Immobilien und sorgen dafür, dass Ihr eingesetztes Geld Rendite generiert. Im Allgemeinen sind Investitionen in Immobilien vor allem deshalb so beliebt, weil Sie in den vergangenen Jahren für einen sicheren Gewinn in Höhe von drei bis fünf Prozent gesorgt haben. Das liegt daran, dass Gebäude kaum im Wert schwanken und die Nachfrage nach Wohnraum kontinuierlich wächst. Es ist daher eine sichere Anlage für Investoren, die nicht zu viel Risiko eingehen möchten. Meist stellen Immobilien in etwa ein Viertel bis ein Drittel der Portfolios von Großinvestoren oder Millionären dar.

3. Andere Sachwerte

Außerhalb von Immobilien gibt es noch weitere Möglichkeiten, Geld in etwas zu investieren, was Sie auch selbst fühlen können und wo Sie täglich bemerken, dass ein hoher Wert dahintersteckt. Vorreiter dafür sind vor allem Edelmetalle. Sie gelten als äußerst risikoaverse Möglichkeit, eine Rendite von in etwa zwei bis drei Prozent per anno zu erzielen. Dies ist jedoch zwischen den einzelnen Metallen wie Gold oder Diamanten sehr unterschiedlich. Wer ein Investment mit hohen Geldsummen in diesem Bereich anstrebt, sollte sich sehr gut mit dem Thema auseinandergesetzt haben, um nach mehreren Jahren einen geeigneten Verkaufszeitpunkt zu finden. Ähnlich verhält es sich mit Investitionsgütern wie Sammlerstücken, worunter historische Autos, Schuhe oder originalverpackte Spiele zählen. Dabei empfehle ich, insbesondere in den Bereichen der eigenen Hobbys zu investieren, um einen Wissensvorsprung vor reinen Investoren zu besitzen.

Des Weiteren ist es wichtig, zu beachten, dass die Investition erst nach sehr vielen Jahren Erlös erzielen kann, das Risiko sowie die Rendite nur sehr schwer abschätzbar sind und ein Ort gefunden werden muss, an dem die Wertgegenstände sicher und vor Kälte und Nässe geschützt gelagert werden können. Im Allgemeinen sollten solche unsicheren Investitionen nicht mehr als zehn Prozent Ihres gesamten Portfolios ausmachen. Bei Edelmetallen kann der Anteil deutlich erhöht werden, wenn Sie sehr sicherheitsbedacht agieren möchten.

4. Wertpapiere

Sie bilden den Hauptbestandteil dieses Buches und können nicht ohne Weiteres in die drei eingangs erläuterten Faktoren eingeordnet werden. Das liegt daran, dass sich Aktien, Fonds, ETFs, Anleihen oder Derivate sehr stark voneinander unterscheiden und es auch innerhalb große Differenzen gibt. So gelten einzelne Aktien als besonders risikoreich, wohingegen ETFs oder Anleihen oft mit weniger Risiko verbunden sind. Das Besondere ist, dass es innerhalb jeder Kategorie verschiedene Möglichkeiten gibt, hohe Rendite durch hohes Risiko zu erzeugen. Dasselbe gilt für niedrigere Rendite bei geringerem Risiko.

Aktien stellen kurz gesagt einen Anteil am Unternehmen dar, welches durch Ihre Investition Eigenkapital erhält und Sie deshalb am Gewinn beteiligt.

Fonds und ETFs sind Aktienpakete bzw. bilden Aktienpakete ab. Sie glänzen durch hohe Diversifikation und sind deshalb meist mit weniger Risiko verbunden als einzelne Aktien.

Bei **Anleihen** oder auch Staatsanleihen leihen Sie dem Staat Geld, welcher dieses nach einer festgelegten Laufzeit von meist fünf bis zehn Jahren mit geringen Zinsen zurückzahlt. Nicht selten kommt es mittlerweile dazu, dass auf deutsche Staatsanleihen Negativzinsen gezahlt werden. Das liegt daran, dass eine Anleihe meist mit einer Investition von sehr hohen Geldsummen, nicht selten im sechsstelligen Bereich, verbunden sind. Solche Großanleger suchen einen sicheren Ort als Aufbewahrung für ihr Vermögen und sind bereit, für diese Sicherheit Negativzinsen in Kauf zu nehmen. Sie gelten als Ausgleich und Ergänzung des meist mehrere Millionen umfassenden Portfolios.

Ganz im Gegenteil dazu stehen **Derivate**. Erwerben Sie Derivate, spekulieren Sie auf die Entwicklung verschiedener Aktienkurse, ohne die Aktie an sich zu erwerben. Sie haben so die Möglichkeit, enorm hohe Gewinne zu erzielen. Da es sich hierbei um sogenannte Hochrisikoinvestments handelt, sind Derivate oder Zertifikate nur für äußerst erfahrene Geldanleger geeignet, die sich vor der Investition lange mit dem jeweiligen Unternehmen beschäftigt haben. Im Abschnitt „Das Investment an der Börse" möchte ich noch genauer auf die einzelnen Formen von Aktien, Fonds und ETFs eingehen. Insbesondere möchte ich die enormen Chancen für Privatanleger erläutern und, weshalb sie sich von den anderen Investmentarten klar abheben.

5. Weitere Anlageformen

Zu den etwas besonderen Anlageformen zählen neben den oft erwähnten

Bitcoins auch beispielsweise FinTechs oder das Erwerben von Genossenschaftsanteilen.

Bei **Bitcoins** handelt es sich um eine Onlinewährung, mit der innerhalb sehr kurzer Zeit viel Geld verdient werden kann. Die Schwankungen sind enorm und nicht jedermanns Sache, da oft mit enorm hohen Summen gehandelt wird. Der Preis eines Bitcoin lag im Oktober 2020 bei in etwa 9.600 Euro. Sie werden von vielen Brokern mit der höchsten Risikostufe versehen.

Ebenso sind **FinTechs** (Finanztechnologie) mit viel Risiko verbunden, da sie die Beteiligung an Startups ermöglichen. Meist werden diese jungen Unternehmen von großen Kapitalgesellschaften unterstützt, um das dringend benötigte Startkapital für das gewagte Geschäftsmodell aufzubringen. Gelingt dem Startup der Durchbruch, vervielfacht sich der Wert Ihrer Anlage in kürzester Zeit. Leider schaffen es zu diesem Schritt nur wenige FinTechs – die Auswahl sollte daher mit Bedacht geschehen.

Zu guter Letzt möchte ich nicht unerwähnt lassen, dass Sie sich auch **an Genossenschaften beteiligen** können. Diese zählen als langfristige Investition und garantieren Ihnen eine Gewinnbeteiligung auf Ihre erworbenen Genossenschaftsanteile, wenn Sie als Miteigentümer oder auch als Mitglied agieren. Nur selten müssen große Genossenschaften, welche meist im Wohnungs-, Landwirtschafts- oder Energiesektor tätig sind, Konkurs anmelden. Die Geldanlage ist somit verhältnismäßig sicher und stellt eine Alternative zu Festgeldkonten dar.

DAS INVESTMENT AN DER BÖRSE

Die Börse bietet Anlegern die Möglichkeit, Aktienanteile einfach und sicher zu kaufen und zu verkaufen. Doch ich möchte erst einmal weiter vorn anfangen. Was sind Aktien überhaupt? Aktien gibt es deshalb, weil Unternehmen so ihr Eigenkapital erweitern können. Das bedeutet, dass Unternehmen, um große Projekte zu finanzieren oder um sich auf eine andere Art zu vergrößern, Geld benötigen. Dieses erhalten Sie entweder durch Innenfinanzierung durch Gewinne oder durch Außenfinanzierung, beispielsweise, indem Aktien verkauft werden, welche einen Anteil am Unternehmen ausdrücken.

Der Nennwert der Aktie ist dann der Betrag, den das Unternehmen erhält und mit dem es wirtschaften kann. Als Ausgleich für den Kauf erhält der Aktienkäufer, also der Investor, einen Gewinnanteil in Form von einer jährlichen Dividende. Außerdem hofft der Investor auf eine Wertsteigerung der Aktie, sodass er diese zu einem späteren Zeitpunkt teurer verkaufen kann und neben der

Dividende auch damit einen Gewinn erzielt. Soweit so gut, denn dieses Verfahren würde auch ohne die Börse gelingen. Wo kommt sie ins Spiel? Sie agiert lediglich als Vermittler zwischen Käufer und Verkäufer. Damit die Aktie einer Firma täglich gehandelt werden kann, ist es wichtig, dass es eine unabhängige Plattform gibt, die eine sichere Transaktion für beide Seiten garantiert. Die Anzahl der herausgegebenen Aktien ist zu diesem Zeitpunkt meist beschlossen und ein Großteil der Aktien wurde bereits an Großinvestoren verkauft, die diese nun über die Börse verkaufen. Das bedeutet, dass das Unternehmen, zu welchem eine bestimmte Aktie gehört, nun keinen direkten Einfluss mehr auf das Geschehen an der Börse nehmen kann, da es hierbei nur um den Erwerb und den Verkauf zwischen den einzelnen Investoren geht.

Daraus erschließt sich bereits, dass der Aktienkurs und der damit einhergehende Preis für eine Aktie an der Börse nach einer gewissen Zeit nach dem Börsengang nicht mehr vom Unternehmen selbst bestimmt wird. Dieser wird durch Angebot und Nachfrage der Investoren bestimmt und funktioniert vollständig automatisch. Die Firma kann nur mithilfe von Quartalsberichten, Gewinnprognosen oder ähnlichen Aktionen Einfluss auf das Börsengeschehen nehmen – und sie ist auch verpflichtet dazu. Insbesondere börsennotierte Kapitalgesellschaften haben eine Pflicht zur Offenlegung von Quartalsberichten über die Entwicklung des Unternehmens und müssen unter anderem auch unerwartete Nachrichten bzw. Informationen, die das Börsengeschehen beeinflussen würden, unverzüglich offenlegen. Diese Gesetze, welche unter anderem im HGB oder im AktG verankert sind, dienen in erster Linie dem Gläubigerschutz.

Der Börsengang bringt dem Unternehmen also vor allem Geld ein, um große Projekte zu fördern und danach mehr Gewinn zu erzielen. Doch welchen Nutzen hat ein börsennotiertes Unternehmen auf der Anlegerseite? Man kann sagen, es handelt sich um ein Geben und Nehmen zwischen den Investoren und der Firma, da beide Seiten stark profitieren können. Zum einen lassen sich die Aktien des Unternehmens nach dem Börsengang deutlich leichter handeln und sie machen Trading überhaupt erst möglich.

Zum anderen greifen deutlich stärkere Schutzmechanismen für den Gläubiger, indem die oben genannten Schritte von Unternehmensseite durchzuführen sind. So bleibt der Investor nicht im Dunkeln und hat jederzeit den vollen Überblick über den Stand des Unternehmens. Das führt dazu, dass Wissen und Erfahrung ein wichtiger Faktor im Aktiengeschäft sind, und macht glückliche Gewinne unwahrscheinlicher. Ohne die großen Börsen der Welt, wie zum Beispiel die „New York Stock Exchange“ (NYSE) oder die Frankfurter Börse, wäre ein schneller und vor allem fairer Handel, wie man ihn heute gewohnt ist, nicht möglich.

Welche Rendite Sie an der Börse erwarten können

Dass die erwarteten Renditen auch bei Investments an der Börse von den zwei weiteren Faktoren Liquidität und Risiko abhängen, wird Ihnen bereits bewusst sein. Aus diesem Grund kann die Rendite einer Investition in einzelne Aktien von Unternehmen sehr hoch mit bis zu 20 Prozent sein und bei Startups möglicherweise noch mehr, allerdings kann sie auch negativ werden oder Ihre Anlage verliert vollständig an Wert.

Deshalb investieren viele Privatanleger in modernere Formen des Börsenhandels, zum Beispiel in Aktienfonds. Diese werden von Fondsmanagern zusammengestellt und betreut, das bedeutet, der Manger kauft und verkauft verschiedene Aktien und die Rendite entsteht aus der gesamten Entwicklung aller Aktienanteile des Fonds. Auf Sicherheit angelegte Aktienfonds erzielen jährliche Renditen in Höhe von ca. drei Prozent, wobei bei risikoreicheren Investments eine zweistellige Rendite denkbar ist.

Mein privates Portfolio enthält unter anderem auch einen Anteil eines verhältnismäßig risikoreichen Aktienfonds, welcher während der Corona-Krise zwar kurzzeitig deutlich an Wert verloren hatte, nach dem niedrigsten Kurs allerdings knapp 15 Prozent Kurswert gewonnen hat. Sicherlich ist eine Wirtschaftskrise als Beispiel für klassische Renditeverläufe nicht ausschlaggebend, jedoch zeigt es dennoch die Möglichkeiten und Chancen von bestimmten Aktienfonds. Von der erwirtschafteten Rendite ist hierbei aber noch zu beachten, dass, je nach Anbieter, Gebühren entstehen, die unter anderem dem Fondsmanager zugutekommen.

Diese Kosten müssen von der Rendite abgezogen werden, um ein reales Ergebnis zu erhalten, jedoch wird dies meist in der Übersicht des Bankdepots ersichtlich. Ähnlich funktionieren ETFs, welche sich ebenso aus verschiedenen Aktien zusammensetzen und somit einen Aktienkurs bilden. Jedoch wird hierbei ein völlig neues Finanzprodukt erstellt, welches lediglich den Kurs beispielsweise eines Aktienindex wiedergibt. Da Aktienindizes nicht direkt besparbar sind, kann mithilfe von ETFs oftmals kostenlos ein Produkt bespart werden, welches sich identisch zu einem Aktienindex verhält.

Auch dabei gibt es risikoreiche und weniger risikoreiche Möglichkeiten, wobei jedoch ein vollständiger Wertverlust nahezu ausgeschlossen ist, da es sich insbesondere bei Indizes um finanzstarke Unternehmen handelt, welche gemeinsam den Kurs bilden. Merken Sie sich unbedingt, dass Aktienfonds aktiv von einem Fondsmanager betreut werden, wohingegen ETFs passive Produkte sind, welche automatisch zusammengefügt und aktualisiert werden.

Doch wie viel Rendite können Sie nun beim Trading erwarten? Das besondere beim Daytrading ist, dass die Liquidität nahezu bei 100 Prozent liegt, da mit sehr kurzen Laufzeiten agiert wird. Sie können innerhalb kürzester Zeit Ihr eingesetztes Kapital aus den Anlagen herausholen und es vom Depot auf Ihr Bankkonto überweisen lassen. Dafür werden allerdings die Faktoren Risiko und Rendite umso interessanter. Doch geht es bei diesen Risiken weiterhin um dasselbe Risiko, welches ich bisher erläutert habe? Nicht direkt.

Betreiben Sie Trading, setzen Sie sich in den meisten Fällen Stop-Loss-Marken, welche Ihre Verluste abfedern und dafür sorgen, dass bei einem bestimmten Preis verkauft wird. So sind Sie nicht dem Risiko ausgesetzt, dass der Aktienkurs plötzlich in den Keller fällt. Dennoch gibt es natürlich ein Risiko: Denn je mehr Geld Sie in einen Trade investieren, desto mehr können Sie verlieren. Zwar ist es durch die Stop-Loss-Marke ausgeschlossen, dass Sie Ihr gesamtes Grundkapital aufs Spiel setzen, jedoch kann bei einem Einsatz von zehn bis 20 Prozent des Kapitals in einem Trade sehr viel Geld verloren gehen, wenn Sie zur Stop-Loss-Marke verkaufen müssen.

Das Risiko wird daher weniger durch die gehandelte Aktie, sondern vielmehr durch die Höhe des eingesetzten Kapitals je Trade bestimmt. Sie merken, dass Sie innerhalb eines Trades Ihr Kapital so schnell verdoppeln können, wie Sie es auch wieder verlieren können. Das ist der Grund, weshalb man oft von 100 Prozent-Gewinn im Internet liest, welchen Trader innerhalb eines Monats erwirtschaftet haben. Dass dies nur mit äußerst hohem Risiko funktioniert und auf lange Sicht nicht erfolgreich sein kann, erklärt sich von selbst. Berufstrader erzielen laut eigenen Angaben nicht selten 15 Prozent Rendite je Monat, was verhältnismäßig viel ist. Wenn ein Einsteiger monatlich zwischen fünf und zehn Prozent Gewinn erzielt, kann er stolz auf sich sein, denn das ist nicht selbstverständlich. Insbesondere am Anfang ist mit mehr oder weniger großen Verlusten zu rechnen.

Nun möchte ich Ihnen anhand eines realistischen Beispiels näherbringen, welche Rendite hätte erzielt werden können, wenn sich eine Person vor zehn Jahren ein beispielhaftes Portfolio aufgebaut hätte. Dafür möchte ich auf die 22-jährige Anna aus dem ersten Kapitel zurückgreifen. Zu Ihrem zwölften Geburtstag am 01.01.2010 hat Anna von Ihren Eltern ein ganz besonderes Geschenk erhalten, was sie erst Jahre später so richtig zu schätzen gelernt hat. Ihre Eltern haben für Sie einen Sparvertrag eröffnet, der monatlich für 50 Euro Anteile des MSCI World ETF erwirbt. Dieser bildet den Aktienindex MSCI World ab, welcher die weltweit größten Unternehmen verschiedener Industrienationen beinhaltet und deshalb als sehr sicher gilt. Des Weiteren hat Anna zu Ihrem 18. Geburtstag entschieden, zusätzlich zu Ihrer sicheren ETF-Anlage etwas Risikokapital mit einmalig 1000 Euro anzulegen. Da Sie das Geld dafür von Ihrem Opa erhalten hat und dieser jahrelang bei Volkswagen tätig war, investiert sie die 1.000 Euro in die Volkswagen-Aktie, um ihn stolz zu machen.

Während Ihres Studiums erfährt Anna von einigen Kommilitonen vom Daytrading und probiert sich mithilfe von den Erfahrungen ihrer Freunde und einem Ratgeber selbst aus. Nach anfänglichen Verlusten läuft es mittlerweile sehr gut und sie erzielt monatliche Gewinne, da sie in etwa fünf Stunden je Woche in Ihr Trading-Hobby investiert. Sie fing damit vor zwei Jahren an und nutzte zuvor erarbeitetes Geld aus einem Nebenjob in Höhe von 2.000 Euro. Zu ihrem 22. Geburtstag am 01.01.2020 erstellt sie sich eine Übersicht zu den entstandenen Renditen, damit sie Erfahrungen sammeln und ein Feedback für zukünftige Investitionen erhält.

Der von ihren Eltern erstellte ETF-Sparplan galt für genau zehn Jahre Laufzeit, weshalb er zum Zeitpunkt dieser Abrechnung beendet wurde. Im Durchschnitt konnten in den zehn Jahren in etwa sieben Prozent Rendite per anno generiert werden, was ein beachtlicher Wert ist. Insgesamt haben Annas Eltern für sie 6.000 Euro eingezahlt, welche nach der Laufzeit auf in etwa 8.365 Euro herangewachsen sind. Dieser Wert ist nicht vollkommen identisch mit der tatsächlichen Kursentwicklung des MSCI World, kommt diesem aber sehr nahe.

Das Risikoinvestment mit der Volkswagen-Aktie führte zwischen den Jahren 2016 und 2020 auch zu einem Erfolg. Der Aktienkurs konnte sich dank erfolgreicher letzter Monate von 130 auf 175 Punkte steigern, was einem Wachstum von insgesamt 35 Prozent entspricht, also 8,75 Prozent jährlich. Der Zeitpunkt von Annas Investition war taktisch geschickt, aber dennoch sehr gewagt: Kurz zuvor wurde der Abgas-Skandal aufgedeckt. Ihre 1.000 Euro konnten sich demnach auf knapp 1.400 Euro erhöhen, wenn davon ausgegangen wird, dass keine Kosten angefallen sind. Da dies nicht der Realität entspricht, ziehe ich eine Gebühr von zwei Prozent ab, welche als Ausgabeaufschlag angefallen ist. Ihr realer Endwert beträgt nun noch 1.371,25 Euro. Ihre dritte Investition im Trading bescherte Anna anfangs kleine Verluste, welche sie in den folgenden Monaten Schritt für Schritt ausglich. Ab dem siebten Monat, also nach einem halben Jahr, fing Anna an, Gewinne zu erzielen. In den zweiten sechs Monaten waren dies zwei Prozent, nach einem Jahr vier und im letzten halben Jahr konnte Anna sogar insgesamt neun Prozent monatliche Rendite generieren. Zusammengerechnet ergibt dies bei einem eingesetzten Startkapital von 2.000 Euro einen Betrag von 2.252,32 Euro nach einem Jahr, nach 18 Monaten bereits 2.849,90 Euro und am Ende der zwei Jahre verfügt Anna über Kapital in Höhe von 4.778,56 Euro, da das letzte Halbjahr ein großer Erfolg war. Insgesamt besitzt Anna nun einen angesparten Betrag von insgesamt 14.514,81 Euro bei einem eingesetzten Grundkapital von 9.000 Euro. Wahnsinn!

Dass dieses Beispiel lediglich der Illustration dient und nur bei äußerst geschickten und an manchen Stellen auch glücklichen Anlegern so eintritt, bitte ich, zu beachten. Nicht aus Zufall wurde der MSCI World ausgewählt, ebenso wie die Aktie von Volkswagen, denn diese haben in dem gewählten Zeitraum eine beachtliche Performance hingelegt. Des Weiteren sind neun Prozent Rendite im Daytrading bei einem Aufwand von jeweils 20 Stunden monatlich nur für absolute Experten möglich.

Ich hoffe dennoch, dass dieses Beispiel einen Eindruck darüber geben konnte, welche Möglichkeiten bei frühzeitigen und insbesondere richtigen Investments vorhanden sind. Speziell das Trading kann bei erfolgreicher Anwendung eine Menge Geld erwirtschaften, da sich die Renditebeträge auf den monatlichen Gewinn und nicht nur auf das Jahr beziehen.

AKTIV ODER PASSIV INVESTIEREN?

Im Beispiel zuvor konnten Sie sehen, wie die aktienerfahrene Anna aktive und passive Investments miteinander kombinierte und als Ergebnis eine eindrucksvolle Rendite erzielen konnte. Beim aktiven Investieren versucht der Anleger, mithilfe von Strategien, Tipps, Wissen und cleveren Investments eine höhere Rendite zu erzielen, die momentan am Markt durchschnittlich erzielt werden kann. Diese sogenannte Benchmark befindet sich in ständiger Bewegung und stellt einen Orientierungspunkt für viele Anleger dar. Das passive Investment dagegen versucht nicht, eine höhere Rendite als der Markt zu erzielen, also ihn zu schlagen, sondern arbeitet mit dem Markt zusammen. Das bedeutet, dass hierbei in weltweite Aktien und große Fonds bzw. ETFs investiert wird und diese meist über einen langen Zeitraum gehalten werden. Diese Strategie werden Sie in Fachartikeln oft als „Buy and Hold"-Strategie wiederfinden.

Inwieweit hat Anna nun im Beispiel zuvor aktiv bzw. passiv investiert? Es sollte eindeutig sein, dass der Sparplan ihrer Eltern auf den MSCI World ETF zu den passiven Investments zählt. Der Index bildet den weltweiten Markt ab und wächst mit ihm im gleichen Tempo und der gleichen Höhe. Außerdem wurde mit dem Anlagezeitraum von zehn Jahren eine lange Dauer gewählt, die typisch für passive Investments ist. Anders sieht es bei Annas Trading-Transaktionen aus. Diese hat sie selbst ausgewählt und dabei ein glückliches Händchen bewiesen. Mithilfe ihres Wissens konnte sie insbesondere zum Ende ihres Investments höhere Renditen als der Markt erzielen und sie hat somit erfolgreich aktives Investment angewendet.

Bleibt nun noch die Volkswagen-Aktie, welche Anna einzeln erworben hat und dabei auf eine Wertsteigerung hoffte. Sie hat die Aktie zwar unter anderem aus privaten Gründen gewählt, hätte dies aber nicht getan, hätte sie sich keine positive Wertentwicklung versprochen. Nach einer Analyse ist sie zum Schluss gekommen, dass sie ihrem Opa den Gefallen ermöglichen kann, da sich das Investment höchstwahrscheinlich lohnt. Und das hat es: Mit einem durchschnittlichen Gewinn von 8,75 Prozent jährlich hat Anna auch hier den Markt geschlagen und aktives Investment erfolgreich umgesetzt.

In diesem Buch wird insbesondere auf die Form des aktiven Investierens eingegangen. Anhand der bisherigen Ausführungen sollten sie bereits in der Lage sein, passives Investieren in seinen Grundzügen anzuwenden. Weiterhin empfehle ich den Abschnitt „Aktienstrategien“ dieses Ratgebers, um vom passiven Investment ohne Trading in aktives Investment zu wechseln. Dabei sollte selbsterklärend sein, dass Ihr persönliches Portfolio niemals aus nur einer Strategie, einem passiven Investment oder ausschließlich aus einem Trading bestehen sollte. Eine gelungene Diversifikation ist essenziell und wird Sie davor bewahren, große Verluste hinnehmen zu müssen.

ÜBERSICHT ÜBER DIE WICHTIGSTEN AKTIENINDIZES

Insbesondere bei Sparplänen, welche sich auf Investments mit ETFs beziehen, spielen Aktienindizes eine große Rolle. Dabei wird es möglich, gesamte Indizes zu besparen und somit optimal passiv zu investieren, da das Marktwachstum der jeweils ausgewählten Region oder Branche exakt wiedergegeben wird. Beim Daytrading sind Aktienindizes zwar ebenso wichtig, allerdings nicht zum Investieren. Die Marktvolatilität einzelner Tage ist zu niedrig und somit auch die Schwankungen des Kurses. Des Weiteren haben Trader speziell das Ziel, den Markt zu schlagen, und nicht, eine Rendite in Höhe der Marktrendite zu generieren.

Wie nutzen Trader Aktienindizes? In erster Linie, um sich einen Überblick über das Marktgeschehen zu verschaffen. Der erste Blick eines jeden Traders ist zu Beginn der Arbeit, sich über Schwankungen der wichtigsten Indizes in den vergangenen Tagen zu informieren. Darauf folgen dann einzelne Aktien, welche möglicherweise die Ursache dieser Schwankungen sind. Indizes geben regionale sowie branchenweite Übersichten, wie sich der Markt aktuell verhält und wo es Gewinne bzw. Verluste gibt.

Deshalb sind für Trader neben den klassischen, regionalen Indizes wie dem DAX oder dem S&P 500 aus den USA auch Indizes über verschiedene Branchen von Interesse, allen voran der TecDAX, welcher sich auf die größten Technikunternehmen Deutschlands konzentriert. Aus diesen Gründen halte ich eine Übersicht über die wichtigsten Indizes in einem Ratgeber wie diesem für unabdingbar und ich möchte gleichzeitig darauf aufmerksam machen, dass es den Rahmen sprengen würde, alle relevanten Indizes aufzuzählen, die es gibt. Dass Sie sich als Trader in anderen Branchen wohlfühlen werden als andere Trader, ist völlig klar.

Daraus lässt sich auch schließen, dass Sie andere und speziellere Indizes benötigen, die Sie mehrmals in der Woche auf den neuesten Stand bringen. Als Ergänzung dieser Übersicht ist es deshalb für Sie wichtig, dass Sie diese Indizes separat herausfiltern und jederzeit auf sie zugreifen können. Insbesondere sollten das demnach Indizes sein, in denen viele der Aktien gelistet sind, mit denen Sie am liebsten handeln.

<u>MSCI World</u>
Diesen Index kennt so gut wie jeder Aktienhändler der gesamten Welt. Kein anderer Index erfasst das weltweite Geschehen so gut wie der MSCI World, da insgesamt 1.652 Unternehmen aus 23 Industriestaaten abgebildet werden. Insbesondere gehört dazu auch Deutschland, die USA, Großbritannien und Japan. Bei den aufgeführten Unternehmen handelt es sich zum Großteil um Firmen der Technik- und Finanzbranche, welche heutzutage immer mehr an Bedeutung gewinnen. Bereits im Beispiel unter dem Abschnitt „Welche Rendite Sie an der Börse erwarten können" habe ich Ihnen aufgeführt, wie stark die Performance des MSCI World in den vergangenen Jahren war. Es ist daher kein Wunder, dass er in den allermeisten ETF-Portfolios einen Anteil hat und sich auch bei vielen Berufstradern auf der Startseite befindet.

<u>MSCI Emerging Markets</u>
Der kongeniale Partner des MSCI World erfreut sich bei ETF-Sparern an ebenso großer Beliebtheit und spielt für Trader eine möglicherweise noch wichtigere Rolle. Das liegt daran, dass hierbei große Unternehmen verschiedener

Schwellenländer abgebildet werden, die sich ebenso überall auf der Welt befinden. Dazu gehören neben Südkorea mit dem IT-Riesen Samsung auch Länder wie Indien oder Südafrika. Nicht selten kommt es bei diesem Index zu deutlich stärkeren Schwankungen als beim MSCI World, welcher konstanter agiert. Da sich Trader insbesondere auf Märkte konzentrieren, in denen viel Bewegung herrscht und große Gewinne möglich sind, scheint dieser Index eine wichtigere Rolle einzunehmen. Des Weiteren sind die beinhalteten Aktien oftmals häufiger von Tradern genutzt als beispielsweise DAX-Unternehmen, welche sich im zuvor erläuterten Index wiederfinden. Auch der MSCI Emerging Markets hat in den vergangenen Jahren eine beachtliche Performance hingelegt und hätte ebenso als Beispiel für die Studentin Anna genutzt werden können, soweit ein passender Ausstiegszeitpunkt gefunden worden wäre. Speziell während der Corona-Krise zeigte dieser Index deutlich sein Potenzial gegenüber dem MSCI World, denn er war stärkeren Schwankungen unterworfen, holte diese aber in beachtlicher Weise wieder auf.

<u>Dow-Jones-Index</u>

Es ist eines der Aushängeschilder der US-amerikanischen Wirtschaft und funktioniert auch heute noch nach altbewährten Mustern. Dieser nach dem Journalisten Charles Dow und dem Schriftsteller Edward Jones benannte Index bildet seit 1896 die größten amerikanischen Unternehmen ab, gemessen anhand des Preises. Diese Einordnung wurde vor allem früher genutzt und ist mittlerweile durch die Einheit der Marktkapitalisierung abgelöst worden – wovon sich dieser historische und dennoch heutzutage sehr relevante Index nicht beeindrucken lässt. Doch auch er hat in den letzten Jahren eine Menge Konkurrenz dazugewonnen, was den Kampf um den Nummer-eins-Index in den USA neu entfacht hat.

<u>S&P 500</u>

Dieser US-amerikanische Index bildet die 500 größten Unternehmen seines Landes ab – gemessen anhand der Marktkapitalisierung. Diese größte Unterscheidung zum Dow-Jones-Index ist eine essenzielle, denn es sorgt für eine andere Performance, da verschiedene Unternehmen stärker bzw. weniger stark gewichtet werden. Aufgrund der enormen Anzahl an gelisteten Unternehmen herrscht viel Dynamik, aber vor allem auch ein positiver Trend.

Unternehmen, die schwach performen, werden innerhalb kurzer Zeit aus dem Index entfernt und durch neue ersetzt. Dies ist aufgrund der hohen Konkurrenz schon lange keine Seltenheit mehr. Wer den US-amerikanischen Markt verstehen will, musste sich lange Zeit zunächst einmal einen Überblick über diesen und den

Dow-Jones-Index verschaffen. Doch seit einiger Zeit ist ebenso ein dritter Index herangewachsen, welcher mittlerweile nicht mehr aus dem Geschehen des US-amerikanischen Marktes wegzudenken ist. Er nennt sich NASDAQ 100.

NASDAQ 100

NASDAQ? Noch nie gehört. So ging es zu Anfang einigen Aktienhändlern, welche vorrangig auf dem deutschen Markt aktiv sind. Doch spätestens heutzutage ist dieser Aktienindex allen Händlern ein Begriff. Benannt nach einer der bedeutendsten US-amerikanischen Börsen bildet der Index die 100 am höchsten gelisteten Unternehmen dieser Börse ab, geordnet nach Marktkapitalisierung.

Innerhalb der vergangenen zehn Jahre ist es diesem Index gelungen, seinen Kurswert zu vervielfachen. Noch 2010 stand er bei 2.000 Punkten – im Frühjahr 2020 waren es bereits 9.000 – ein enormer Aufstieg, der bei Indizes dieser Größe und Bedeutung nur selten zu sehen ist. Es wird sehr spannend zu beobachten sein, welche Überraschungen er in der nächsten Zeit noch bereit hält.

DAX

Nun komme ich zum Aushängeschild des deutschen Börsenhandels. Der deutsche Aktienindex listet die 30 größten deutschen Unternehmen und ordnet sie nach Marktkapitalisierung. Diese Einordnung ist hierbei auch enorm wichtig, da die führenden Unternehmen eine beherrschende Stellung der Anteile einnehmen. Dazu gehören im September 2020 als Vorreiter SAP, Linde und Siemens. Generell finden sich im größten deutschen Aktienindex vor allem Unternehmen der Medizin- und Automobilbranche wieder, insbesondere zählen dazu Bayer, Volkswagen und Daimler. Für Anleger auf dem deutschen Markt gibt es kein Vorbeikommen am DAX, da sich die meisten anderen Indizes mehr oder weniger aus der Entwicklung des DAX repräsentieren. Das liegt an dessen Vormachtstellung, sodass ein plötzliches Kurswachstum oder ein Kursverfall bestimmte Gründe hat, die sich ebenso bei den Unternehmen der kleineren Indizes widerspiegeln. Dennoch gibt es auch in Deutschland weitere Aktienindizes, die Sie als Trader unbedingt beachten sollten.

TecDAX

Im technologieorientierten DAX sind ebenso die 30 größten Unternehmen Deutschlands gelistet, allerdings nur innerhalb der Technologiebranche. Besonders interessant ist dieser für Trader deshalb, weil Technologieunternehmen in der Vergangenheit beeindruckende Maßstäbe gesetzt haben und für stetiges Wachstum einstehen. Die Zahl der Investoren ist auch deshalb höher als in anderen Branchen und sorgt stets für eine ausreichende Volatilität. Des Weiteren bildet der TecDAX eine interessante Übersicht für Trader, welche sich zu Beginn vor allem im deutschen Markt ausprobieren möchten. Der regionale Bezug sorgt für einen Wissensvorsprung gegenüber ausländischen Märkten und gibt ein Gefühl der Sicherheit, welches allerdings auch trügen kann. Wer sich in Sicherheit wiegt, begeht schneller einen Fehler oder ist unaufmerksam. Außerdem könnte dabei die Objektivität verloren gehen. Solange diese Faktoren beachtet werden, steht zu Beginn der Tradingkarriere dem Ausprobieren auf dem deutschen Technologiemarkt nichts entgegen.

MDAX, SDAX

Hierbei handelt es sich um weitere Ausläufer des deutschen Aktienindex. Für Trader spielen sie nur eine untergeordnete Rolle, weshalb ich sie hier in demselben Atemzug nenne. Der MDAX schließt sich nahtlos an den DAX an und bildet die sich darunter befindenden Unternehmen ab. Von hier aus steigen die Aktien in den DAX auf, wenn die Marktkapitalisierung die eines DAX-Unternehmens überschreitet. Ähnlich funktioniert das Prinzip des SDAX, welcher sich an den MDAX anschließt. Der Grund, weshalb diese beiden Indizes für den Trader nicht sehr interessant sind, liegt augenscheinlich an der Volatilität. Es gibt nicht genug Bewegungen in den Aktienkursen, sodass große Tagesgewinne nicht zu erwarten sind. Dennoch sind diese Indizes für langfristige Anleger von großer Bedeutung, da sich oftmals langanhaltende Trends abzeichnen, auf die Sparer aufspringen können.

DivDAX

Ebenso eine Spezialform des DAX stellt der DivDAX dar. Hierbei werden Unternehmen aufgeführt, die die höchsten Dividenden auszahlen und dies auch kontinuierlich weiter verfolgen. Besonders wichtig ist dieser Index für Aktienstrategien, die die Dividende in den Vordergrund stellen und darauf ausgerichtet sind. Mehr zu diesem Thema erfahren Sie im Abschnitt „Aktienstrategien" dieses Buches. Trader können diesen Index zum Herausfiltern von besonders konstanten Aktienkursen nutzen. Auch diese Eigenschaft ist wichtig, wenn es darum geht, einen Trade im konstanteren Bereich des Börsenmarktes anzusetzen. Speziell in den Anfängen, wenn die Erfahrung noch nicht ausreicht, um hohes Risiko in Kauf zu nehmen, können stabilere Kurse dabei helfen, die Kunst des Tradings besser zu erlernen.

FTSE 100

Abschließend möchte ich noch auf einen britischen Aktienindex eingehen. Der FTSE 100, eigentlich „Financial Times Stock Exchange Index", wird umgangssprachlich auch oft „Footsie" genannt und stellt den britischen Leitindex dar. Man könnte sagen, er ist das britische Pendant zum DAX. Aufgrund der größeren Anzahl an Unternehmen (100 Stück) gibt es keine Branche, auf die sich spezialisiert wurde. Die Einteilung erfolgt ähnlich wie beim NASDAQ 100 anhand der größten Unternehmen, welche in dem Fall an der Londoner Börse, der „London Stock Exchange" (LSE), gehandelt werden.

VERANTWORTUNG ÜBERNEHMEN & RISIKEN

Zum Abschluss dieses einleitenden Kapitels möchte ich noch einmal zusammenfassend darauf hinweisen, dass jegliche Arten von Investments niemals von Risiken ausgeschlossen sind. Geld ist eine menschengemachte Währung, die besonders für Krisen sehr anfällig ist. Wenn Sie Ihr Geld schützen möchten, ist das Investment in ein Festgeldkonto, die Lagerung auf einem Tagesgeldkonto oder das Verstecken im Kleiderschrank zwar eine Möglichkeit, aber zu 100 Prozent sicher ist es niemals. Wenn Sie dahingehend ernsthafte Sorgen hegen, empfehle ich das Umtauschen des zurückgelegten Geldes in verschiedene Währungen, sodass es auch bei einer Krise des Euros noch zum Teil Bestand hat.

Des Weiteren möchte ich an Sie appellieren, dass Sie die einzige Person sind, die ein Recht dazu hat, über Ihr Geld zu verfügen. Lassen Sie sich von Beratern, Ratgebern oder Freunden, die sich als Experten ausgeben, nicht dazu drängen, riskante Investitionen zu tätigen. Wenn Sie sich dabei nicht wohlfühlen, ist das vollkommen in Ordnung. Machen Sie in solchen Situationen lieber einen Schritt zurück, als mit zwei Schritten vorwärts in das Feuer zu laufen. Daran anknüpfend sollten auch Ihre Erwartungen an Investments nicht zu hoch sein.

Ja, es gibt Investoren, die auch über einen längeren Zeitraum zweistellige Renditen erzeugen konnten. Doch lassen Sie sich davon nicht zu sehr beeinflussen. Auch bei aktiven Investments ist es das oberste Ziel, die Marktrendite (gemessen beispielsweise anhand der Entwicklung des MSCI World Index) zu erreichen. Der Unterschied ist dabei, dass es auch die Möglichkeit gibt, darüber hinaus zu kommen und einen hohen Gewinn zu erzielen – das wird allerdings nicht die Regel sein.

Jegliche Form von Trading und Daytrading ist ein sehr risikovolles Investment. Auch wenn das eingesetzte Geld innerhalb weniger Minuten zurückgeholt werden kann und nicht weit entfernt scheint, summieren sich kleine Verluste enorm. Setzen Sie insbesondere in den Anfängen nur so viel Geld beim Traden ein, wie Sie auch verkraften können, falls es verloren geht. Dasselbe gilt ebenso für andere Hochrisikoinvestments wie Derivate, Spekulationen, Bitcoins, Penny-Stock-Aktien oder FinTechs. Fühlen Sie sich nicht von den möglichen Gewinnen dazu gedrängt, ähnliche Resultate wie andere zu erzielen – es ist nur sehr selten möglich.

Grundlagen des Tradings

DAYTRADING - WAS IST DAS?

Was Aktienhandel bedeutet und welche Vorteile Wertanlagen dieser Art mit sich bringen, habe ich Ihnen bereits ausführlich erläutert. Nun werde ich speziell darauf eingehen, was Daytrading, oder auch kurz Trading genannt, eigentlich bedeutet. Im Kern stellt es eine sehr schnelle Form des Aktienhandels dar, bei dem die erworbenen Wertpapiere innerhalb kurzer Zeit wieder verkauft werden und somit aktiv auf kurzfristige Gewinne spekuliert wird. Die Bezeichnung „spekulieren" trifft dabei allerdings nur bedingt zu, denn es wird anhand eindeutiger Muster, Regeln und Schemata entschieden, welche Aktie gekauft wird, zu welchem Zeitpunkt dies geschieht und wann sie wieder verkauft wird.

Die Zeitspanne zwischen Erwerb und Verkauf liegt optimalerweise innerhalb eines Tages, manchmal geschieht dies sogar in ein paar wenigen Minuten. Doch auch das Halten der Anlage über mehrere Tage ist nicht ungewöhnlich, um große Verluste zu vermeiden.

Um Trading zu erlernen, erhalten Sie in diesem Ratgeber unter anderem konkrete Tipps und Handlungsempfehlungen, wie Sie mit bestimmten Situationen umgehen sollten. Dazu gehört beispielsweise das Identifizieren von Mustern wie Dreiecken oder Flaggen, welche Aufschluss darüber geben, ob der Aktienkurs in den nächsten Momenten steigen oder fallen wird. Das Interessante: Auch mit fallenden Kursen kann ein geübter Daytrader Gewinne erzielen. Wie das funktioniert, erfahren Sie in den Kapiteln zu „Daytrading erlernen".

Wurden exakte Muster identifiziert, ist eine Interpretation dieser zwingend notwendig. Das funktioniert allerdings nicht ausschließlich mithilfe des Aktiencharts, welcher die aktuellen Kursschwankungen abbildet. Notwendigerweise sollte auch die Betrachtung der historischen Entwicklung des jeweiligen Wertpapiers sowie das Analysieren der Unternehmenskennzahlen einbezogen werden. Dass letzterer Schritt nach oftmaligem Handeln mit derselben Aktie bzw. mit dem eigenen Depot nicht immer nötig ist, erklärt sich von selbst, da Sie schon bald umfangreiches Wissen über die Wertpapiere in Ihrem Depot besitzen werden, sodass Sie wissen, worauf es besonders zu achten gilt. Dies leitet den kommenden Aspekt des Daytradings ein: Kein Handel ist gleich. Viele Aktiencharts sehen ähnlich aus und sind dennoch verblüffend unterschiedlich, nicht selten nur bezüglich kleiner Details. Doch weshalb ist dieser Faktor insbesondere für Daytrader von großer Bedeutung? Da die erworbenen Aktienanteile nach sehr kurzer Zeit wieder abgestoßen werden sollen, sind besonders die kleinen Schwankungen für Daytrader von Interesse. Das hat zur Folge, dass sich aus der Kenntnis ähnlicher Aktiencharts zwar einfacher Symbole erkennen lassen, die Entwicklung jedoch niemals identisch sein wird.

Zu viele Faktoren spielen dafür eine Rolle. Für den Trader bedeutet das, dass er sich niemals sicher in seiner Handlung oder über die Entwicklung des Kurses sein kann: Lediglich die Wahrscheinlichkeit für eine positive Entwicklung kann durch genaue Analyse geschätzt werden, sodass auf lange Sicht ein Gewinn erwartet werden kann. Worauf ich hinweisen möchte, ist, dass es kein sicheres Schema gibt, welches Sie in jedem Fall zu einer hohen Rendite führt und welches Sie bei allen Arten von Aktien verwenden können. Jede Situation ist einzigartig und sollte präzise beurteilt werden, bevor wichtige Entscheidungen getroffen werden.

Abschließend möchte ich Sie in diesem Grundlagenkapitel darauf hinweisen, dass Sie besonders während Ihrer Anfänge im Trading keine zu hohen Erwartungen hegen sollten. Das Erlernen des aktiven Investierens ist umfangreich und erfordert neben Wissen auch eine Menge Geduld. In den meisten Fällen lässt es sich nicht vermeiden, zu Beginn mit Verlusten umzugehen. Insbesondere sehr erfolgreiche Trader mussten aus Ihren Fehlern lernen und sind daran gewachsen.

Erwarten Sie deshalb nicht zu viel von sich selbst und setzen Sie sich nicht zu sehr unter Druck, wenn ein Trade nicht so verläuft, wie Sie es geplant hatten. Es ist außerdem von großer Bedeutung, dass Sie die Grundprinzipien des Investierens, wie ich sie im ersten Kapitel „Einleitung" vorgestellt habe, ausnahmslos beachten. Sie sind eine essenzielle Voraussetzung für Erfolge im Daytrading und sollten niemals vernachlässigt werden. Der Erfolg kommt nach möglichen Schwierigkeiten zum Start oftmals ganz von allein.

WESHALB IST DAYTRADING SO BELIEBT?

Erst seit dem Aktivwerden der Börse und dem Nutzen des Internets für Finanztransaktionen sind viele Formen des Investments in Wertpapiere überhaupt erst möglich gemacht worden. Dazu zählt neben dem Bekanntwerden der durchschnittlichen Marktrendite als Grundbaustein des passiven Investierens auch die Möglichkeit, innerhalb kürzester Zeit über Kursänderungen informiert zu werden und diese für sich nutzen zu können. Wenig verwunderlich ist es daher, dass das Trading und die Spezialform Daytrading noch sehr junge Varianten des aktiven Investierens sind und insbesondere durch die Unterstützung von speziellen Apps und anderen Anwendungen sehr dynamische Systeme sind, welche sich in dauerhaftem Wandel befinden.

Doch weshalb nutzen so viele Trader die heutigen Möglichkeiten, den Marktzins zu schlagen? Die einfachste Antwort darauf ist, weil es sich lohnt. Man sieht besonders durch die Verbreitung im Netz, dass viele damit Erfolg haben, und man möchte das eigene Wissen ebenfalls dafür nutzen. Im weiteren Sinne sorgen auch bekannte Apps wie TradeRepublic mit viel Werbung dafür, dass die Bekanntheit des Tradings innerhalb der Bevölkerung steigt. Möglicherweise erinnern auch Sie sich gerade an die Werbung im Fernsehen oder vor einem YouTube-Video, wie eine junge Frau während der S-Bahn-Fahrt Trades abschließt und ihr Finanzmanagement spielend einfach in den Alltag einbezieht.

Ein entscheidender Vorteil des Daytradings ist die hohe Liquidität. Wie bereits angesprochen, bildet das Dreieck aus Rentabilität, Risiko und Liquidität die Basis einer guten Investition. Da die Liquidität am Ende jedes Trading-Tages nahezu vollständig wiederhergestellt und das Risiko aufgrund des Geldeinsatzes sehr variabel gestaltbar ist, fällt das Augenmerk hierbei besonders auf die Rentabilität – und die wird in den höchsten Tönen gelobt. Selbstverständlich ist es nicht ratsam, sich von einzelnen, erfolgreichen Tradern beeinflussen zu lassen, jedoch ist das hohe Potenzial unbestritten.

Da die Zeitspannen des Tradings so enorm kurz sind, lassen sich Verluste außerdem sehr schnell durch Gewinne kompensieren. Der Anreiz, viel einzusetzen und viel zu gewinnen, ist enorm hoch und fördert die Beliebtheit unter Anlegern – welche nicht selten das Risiko dabei unterschätzen. Auch deshalb spielt das Thema Risiko in diesem Ratgeber eine wichtige Rolle, um Sie bestmöglich auf verschiedene Situationen vorzubereiten. Trotz der kurzen Zeitspannen und den permanenten Marktbewegungen stellt Trading eine vermeintlich zukunftssichere Methode dar, Investitionen zu tätigen.

Es ist nicht davon auszugehen, dass die Form des Tradings, wie sie heutzutage betrieben wird, sich in den nächsten Jahren radikal ändert. Das liegt insbesondere daran, dass die Mechanismen des Börsenmarktes fest verankert und über viele Jahre erprobt sind. Neben der Finanzkrise haben sie beispielsweise auch die Corona-Krise im Frühjahr 2020 überstanden. Der Aktienmarkt wirkt auf viele Beginner sehr stabil und seriös – und das ist er auch. Dies ist nur einer der Gründe, weshalb immer mehr Menschen anfangen, aktive Investments zu tätigen und sich für Trading zu interessieren. Denn es lohnt sich.

WOMIT WIRD INSBESONDERE GEHANDELT?

Während sich Fondssparer auf verschiedene Aktienpakete und ETF-Sparer auf Indizes und einzelne Aktien konzentrieren, haben Daytrader kein festgeschriebenes Ziel, welche Aktien erworben werden. In den meisten Fällen handelt es sich allerdings um einzelne Aktien von Unternehmen, welche auf lange Sicht eine Risikoanlage darstellen würden. Das sorgt dafür, dass die täglichen Schwankungen dabei höher sind als bei der ETF-Variante eines Index. Des Weiteren gehören auch CFDs zur täglichen Ware von erfahrenen Tradern. Mithilfe von CFDs können Wetten auf Kursverläufe abgeschlossen werden, wobei dies lediglich eine deutlich vereinfachte Darstellung eines sehr komplexen Finanzproduktes ist. Mehr über CFDs erfahren Sie ausführlich im weiteren Verlauf dieses Ratgebers.

Möglicherweise haben Sie auch schon einmal vom Devisenmarkt gehört bzw. Sie sind mit Devisenhandel in Kontakt gekommen. Zu Englisch wird er auch als Forex Trading bezeichnet, was eine Abkürzung für Foreign Exchange Trading ist. Im Allgemeinen wird bei dieser oft als Alternative zum Aktienmarkt genannten Variante darauf spekuliert, wie sich zwei Währungen zueinander verhalten.

Besonders am Devisenmarkt hervorzuheben ist die sogenannte Volatilität. Diese beschreibt im Grunde, wie hoch die Anzahl der sich auf dem Markt befindenden Anbieter und Nachfrager ist, sodass permanente Dynamik herrscht und größere Schwankungen möglich sind. So ist es für Trader also auch bei anderen Märkten abseits des Devisenmarktes wichtig, dass sie eine hohe Volatilität vorweisen. Ein weiterer Vorteil des Devisenmarktes ist unter anderem die strenge Regulierung und das stetige Wachstum des Marktes.

Ich hoffe, dass Sie mithilfe dieses kurzen, aber meiner Meinung nach sehr wichtigen Kapitels einen allgemeinen Überblick darüber bekommen haben, welche Produkte für Sie beim Trading von großem Interesse sind und von welchen Sie vor allem zu Beginn eher die Finger lassen sollten.

Was Sie vor dem Kauf beachten sollten

AUSWAHL DES ONLINEDEPOTS FÜR TRADER

Bevor Sie damit starten, Aktien zu erwerben, und sich einmal mit der theoretischen Thematik in der Praxis auseinandersetzen können, gibt es noch einige Faktoren, die beachtet werden müssen. Da die Vorbereitung auf das Trading weit mehr als die Hälfte zu erfolgreichen Geschäften beiträgt, ist dieses Kapitel von enormer Bedeutung. Neben der Depotauswahl kommen noch viele weitere Aspekte auf Sie zu, über die Sie sehr gut informiert sein sollten und welche ich in diesem Kapitel Schritt für Schritt erläutere.

Was ist überhaupt ein Onlinedepot? Nun, diese Frage lässt sich schnell beantworten. Das Onlinedepot, auch Broker genannt, ersetzt die Aufgabe der Bank. Wollten Sie vor Zeiten des Internets eine Aktie erwerben oder in einen Fonds investieren, waren Sie darauf angewiesen, dass die Bank für Sie die Arbeit übernimmt. Sie geben bei Ihrem Berater bzw. Ihrer Beraterin den Auftrag, für eine gewisse Summe Anteile zu erwerben, und dieser wird dann einmalig oder monatlich ausgeführt. Der Nachteil daran: Die Bank verlangt dafür Gebühren. Schließlich waren diese Aufgaben ein großer Teil des Geschäftsmodells und sind es zum Teil auch heute noch. Mittlerweile benötigen nur noch wenige Anleger eine individuelle Beratung und greifen deshalb auf kostengünstigere Onlinedepots zurück. Diese verwalten im Grunde genommen Ihr Sondervermögen, also jenes, welches Sie in Wertpapiere investiert haben.

Dafür wird Geld von Ihrem privaten Bankkonto auf Ihr persönliches Konto des Brokers überwiesen und damit wird dann investiert. Die meisten Broker bieten neben einzelnen Aktienkäufen auch Sparpläne, ETFs und attraktive Möglichkeiten, zu traden.

Zunächst möchte ich noch einmal darauf eingehen, welche Aspekte für Sie als Daytrader besonders wichtig sind und inwieweit sich Plattformen für Trader von Plattformen für Anleger mit langfristigem Interesse unterscheiden. Dafür lohnt es sich, herauszufinden, womit diese Plattformen zum großen Teil Geld verdienen.

Bei der Kontoeröffnung fallen heutzutage nur noch selten Gebühren an und teilweise erhalten Sie als Kunde sogar Boni, wenn Sie auf eine andere Plattform wechseln. Auch die bei herkömmlichen Banken beliebten Kontoführungsgebühren fallen bei den allermeisten Plattformen mittlerweile weg, sodass auch dieser Faktor so gut wie keine Rolle mehr spielt. Das meiste Geld verdienen Broker durch die Vermittlung und den darauffolgenden Abschluss von Transaktionen. Beim Erwerb sowie beim Verkauf von Aktien fallen Gebühren an, die je nach Broker unterschiedlich hoch sind und sich auch von Wertpapier zu Wertpapier unterscheiden, denn oftmals sind die Vermittlungsgebühren für nichteuropäische Käufe teurer. Diese Gebühren können als Festgebühren, also beispielsweise fünf Euro je Kauf, oder als Prozentsatz anfallen, beispielsweise zwei Prozent des Kaufpreises.

Welches Modell insbesondere für Langzeitanleger sinnvoller ist, lässt sich einfach anhand der Höhe der Investition feststellen. Grundsätzlich gilt: Je höher der Kaufpreis, desto beliebter sind Festpreise. Wenig verwunderlich ist es also, dass die Broker den Kunden dazu verleiten wollen, ihr Portfolio oft zu überarbeiten und somit viele Transaktionen abzuschließen. Dieses Verhalten beeinflusst zwar die reale Rendite des Investors merklich, da die Gebühren teilweise bis zu drei Prozent des Gewinns ausmachen, der Kunde erhofft sich allerdings mehr Gewinn vom Verkauf. Dass das vor allem bei aktiven Investoren, welche oft nach Bauchgefühl und Expertenmeinungen handeln, der Fall ist, ist offensichtlich.

Das Ziel für Trader ist es daher, eine Plattform zu finden, welche möglichst geringe Gebühren für die Trades verlangt und auch bei den restlichen, allgemein anfallenden Gebühren nicht zu teuer ist. Neben diesem Kostenfaktor sind auch Aspekte wie die Bedienung, die Übersichtlichkeit, die Verfügbarkeit von Aktien und Börsen und vielem mehr entscheidend.

Worauf Sie persönlich Ihr Augenmerk legen, bleibt Ihre individuelle Entscheidung. Um die Spannung bereits herauszunehmen: Ich bevorzuge übersichtliche Plattformen, welche besonders mit Performance überzeugen. Aus Erfahrung weiß ich allerdings, dass für viele Trader die Kostenfrage eine deutlich wichtigere Rolle spielt, sodass ich in diesem Kapitel besondere Aufmerksamkeit darauf richten werde. Die drei vorgestellten Tradingplattformen zeichnen sich insbesondere durch die niedrigen bis teilweise gar nicht vorhandenen Gebühren aus.

<u>Etoro</u>

Die erste Plattform, auf die ich eingehen möchte, heißt Etoro. Möglicherweise haben Sie bereits von diesem Broker mitbekommen, da insbesondere auf Social Media eine Menge Werbung dafür geschaltet wird. Und das ist gewiss kein Zufall:

Denn Etoro ist eine Plattform, welche besonders das Miteinander unterstützt und Ihnen die Möglichkeit bietet, sich mit anderen Tradern oder Freunden zu vergleichen. Darüber hinaus lernen Sie von diesen auch die Strategien kennen und können sich stetig weiterentwickeln bzw. ausprobieren. Ein weiterer Faktor sind die geringen Nutzungskosten. Registrierungsgebühren sowie Kontoführungsgebühren gibt es nicht, ebenso wenig wie Gebühren beim Kaufen und Verkaufen der Aktien. Dafür kann Etoro bei dem Thema Performance, Übersicht und Kundenbetreuung nicht herausstechen. Aufgrund der Null-Gebühren-Politik der Plattform müssen Trader Abstriche bei der Bedienung machen und sie können sich bei Problemen meist nur an einen Computerassistenten wenden – persönliche Gespräche sind nicht selten mit langer Wartezeit verbunden. Ein weiterer negativer Aspekt ist die Währung: Auf Etoro wird grundsätzlich nur mit US-Dollar gehandelt. Das könnte für manche Trader vor allem in den Anfangszeiten ungewöhnlich sein und bürgt die Gefahr, dass der Bezug zum Geld ein wenig verloren geht. Das ständige Umrechnen in Euro ist auf Dauer nervig und kann auch für kleinere Verluste beim Einzahlen sorgen, denn der Wechselkurs wird von Etoro vorgegeben. Die einzigen Gebühren, die auf der Plattform im für Sie interessanten Geschäft anfallen, sind fünf Dollar je Auszahlung. Etoro versucht so, seine Kunden langfristig zu binden, und schafft das meiner Meinung nach auch sehr gut. Wer sich einmal mit dem System zurechtgefunden und den Dollar verinnerlicht hat, der hat kaum einen Grund, auf eine andere Plattform zu wechseln, und bleibt deshalb langfristig bei Etoro. Eine Win-Win-Situation.

<u>Flat-Ex</u>

Ein in Deutschland deutlich bekannterer Broker ist Flat-Ex. Diese Plattform bietet neben den Möglichkeiten zum Trading auch Sparpläne und diverse andere Finanzprodukte zu attraktiven Konditionen an. Auffällig ist die sehr ansprechende Ordermaske, in der schnell und einfach Trades verwaltet werden können und eine Transaktion innerhalb weniger Sekunden abgeschlossen ist. Außerdem gefällt mir persönlich die Performance der Seite deutlich besser als bei anderen Anbietern, da das Layout und auch die Aktionen flüssiger laufen. Neben diesen Aspekten spielen hierbei allerdings die Gebühren eine größere Rolle als zuvor bei Etoro. Es existiert eine Kontoführungsgebühr von 0,1 Prozent im Jahr, welche zwar meist nicht ins Gewicht fällt, bei anderen Brokern jedoch schlichtweg nicht vorhanden ist. Des Weiteren sind viele Trades nicht kostenlos. Je Order wird bei Goldpartnern, dazu gehören unter anderem UBS und Morgan Stanley, eine Gebühr von 1,90 Euro fällig. Eine Order von Produkten von Silberpartnern kostet 3,90 Euro und alle weiteren 5,90 Euro. Doch viel interessanter sind für Trader auf dieser Plattform die sogenannten Platinpartner, welche gar keine Ordergebühren verlangen. Dazu gehören alle Produkte von Goldmann Sachs, welche allein bereits eine erstaunliche Auswahl bieten. Um das Thema Flat-Ex abzurunden, möchte ich noch darauf aufmerksam machen, dass die Orderermäßigungen erst ab einem Ordervolumen von 500 Euro (Platinpartner) bzw. 1.000 Euro (Gold- und Silberpartner) gelten. Sie bemerken, dass bei Flat-Ex insbesondere mit sehr hohen Summen gehandelt wird, was für Sie momentan eventuell unrealistisch erscheint, ab einem gewissen Erfahrungslevel allerdings schon näher rückt, als Sie momentan vermuten. Und übrigens: Trades mit Aktien aus allen Regionen innerhalb Europas und den USA haben denselben Preis und fallen unter die Ermäßigungen. Behalten Sie diese Plattform unbedingt im Hinterkopf und lassen Sie sich bei größeren Trades von der Performance und der Ordermaske überzeugen.

<u>TradeRepublic</u>

TradeRepublic ist besonders in den letzten Jahren immer stärker gewachsen und hat sich dadurch in den Vordergrund der Tradingplattformen gespielt. Um den größten Vorteil bereits jetzt deutlich zu machen: Bei TradeRepublic gilt momentan eine Fremdkostenpauschale eines Euros. Das bedeutet, dass bei jeder Order genau ein Euro an Gebühren anfällt. Dabei spielt es keine Rolle, in welcher Region das Unternehmen der Aktie ansässig ist oder in welcher Branche es aktiv ist. Ebenso gibt es mittlerweile keine laufenden Gebühren mehr, sodass Kontoführungsgebühren und Negativzinsen, wie es bei Flat-Ex üblich ist, wegfallen. Des Weiteren bietet diese Plattform eine enorme Auswahl an Finanzprodukten und insbesondere auch an Tradingmöglichkeiten. Dies ist der größte Unterschied zu Etoro, welches zwar durch die fehlenden Gebühren glänzt, jedoch in der Auswahl im Vergleich zu TradeRepublic und Flat-Ex deutlich schwächer aufgestellt ist. Als Negativaspekt lässt sich anführen, dass diese Plattform sehr stark auf Mobilität setzt. Ziel ist es, Trading und weitere Finanzgeschäfte in den Alltag zu integrieren und so die Kunden dazu zu ermutigen, mehr Transaktionen abzuschließen. Das ist auch der Grund dafür, weshalb es weiterhin keine Desktopversion für TradeRepublic gibt und Sie auf das Smartphone oder Tablet angewiesen sind. Ich persönlich empfinde das Design und die Performance der App als sehr flüssig, aber teilweise leider auch ein wenig unpräzise. Die Aktiencharts werden im Standarddesign oft ohne Skala angegeben, sodass die Entwicklungen teilweise nur schwer einzuordnen sind. Auch das hat seinen Ursprung in der erzwungenen Mobilität, was für mich jedoch nicht immer zielführend ist.

Ich persönlich bin vor einiger Zeit von Flat-Ex auf TradeRepublic gewechselt, nutze aber weiterhin noch beide Plattformen. Der Hauptgrund für diesen Wechsel waren die zugegebenermaßen sehr günstigen Orderkonditionen und die vielfältige Auswahl. Dennoch nutze ich für längere Sessions gern meinen Laptop mit Flat-Ex, weil ich mich auf dieser Plattform sehr gut auskenne. Und genau das ist auch mein Tipp an Sie: Lassen Sie sich nicht zu sehr von Angeboten neuer Plattformen locken, wenn Sie sich bereits an eine solide Plattform gewöhnt haben. Ständig werden neue Plattformen gelauncht und suchen nach Kunden, einfach, weil das Geschäftsmodell momentan sehr beliebt ist. Solange Sie stetige Erfolge mit Tendenz zum Wachstum verzeichnen, gibt es meiner Meinung nach wenige Gründe, weshalb Sie sich plötzlich vollkommen umstellen sollten. Gegen ein Testen neuer Plattformen spricht allerdings nichts und dazu rate ich auch – vielleicht wird es Liebe auf den ersten Blick.

UNTERNEHMENSKENNZAHLEN

Möglicherweise haben Sie bereits von der einen oder anderen Kennzahl für Unternehmen gelesen, konnten diese allerdings nicht genau zuordnen bzw. wussten nicht, woraus sie sich zusammensetzt. Unternehmenskennzahlen, auch Aktienkennzahlen genannt, sind für Sie als Anleger oder Trader enorm wichtig. Sie geben Auskunft darüber, wie gut verschiedene Firmen in unterschiedlichen Bereichen positioniert sind und der Vergleich mit historischen Kennzahlen spiegelt meist eindeutige Trends wider.

Deshalb ist es unabdingbar, dass Sie sich vor dem ersten Trade mit den Fakten einer Aktie auseinandersetzen und diese verstehen – und dazu gehören auch die Kennzahlen. Des Weiteren geben Sie Aufschluss darüber, ob der momentane Kurs der Aktie eher als zu hoch oder zu niedrig angesehen werden kann. Aus dieser Erkenntnis kann eine Prognose abgegeben werden, wie sich der Kursverlauf in der nächsten Zeit – je nachdem, wie weit Ihr Horizont gewählt wurde – verändert. Außerdem lässt sich beurteilen, wie risikoreich oder sicher eine Aktie dasteht und wie viel Dynamik es deshalb in der kommenden Zeit geben wird. Als Trader sind daher insbesondere die Kennzahlen wichtig, welche auf eine Aktie hinweisen, die mit hohem Risiko verbunden ist.

Bevor es so richtig losgeht, möchte ich noch auf ein paar weitere Aspekte eingehen. Der wichtigste dieser Aspekte ist, dass eine Unternehmenskennzahl niemals alleinige Aussagekraft über einen Faktor hat. Es ist stets der Kontext zu betrachten, in den die Zahl eingebettet ist. Dieser könnte beispielsweise sein, dass die geografische Lage des Unternehmens dafür sorgt, dass dieser spezielle

Wert besonders hervorsticht. Anderseits ist es auch möglich, dass das Unternehmen vor einiger Zeit eine interne Schwäche erkannt hat und deshalb besonders am Ausbau dieser Zahl gearbeitet hat. Ist das der Fall, hat die Kennzahl logischerweise weniger Aussagekraft, da sie nicht auf natürliche Weise zustande gekommen ist. Ein weiterer Faktor ist, dass bestimmte Kennzahlen in manchen Branchen von Natur aus höher sind. Deshalb ist es nicht sinnvoll, eine Kennzahl, welche Aufschluss über das Umsatzvolumen gibt, von einem Unternehmen aus der Finanzbranche mit einem Unternehmen aus einer Nischenbranche zu vergleichen. Aufgrund des Marktpotenzials wird das Unternehmen aus der Finanzbranche deutlich höhere Umsätze erzielen – aber spiegelt sich das auch im Gewinn wider? Ein Gegenüberstellen einer Aktienkennzahl ist in den meisten Fällen nur innerhalb derselben Branche sinnvoll.

Im Internet und in anderen Quellen werden sie eine große Menge an Kennzahlen finden, welche zwar alle so existieren, aber teilweise nicht wirklich aussagekräftig sind. Das liegt vor allem an möglicherweise nicht relevanten Daten, die in diesen Quellen ausgewertet werden, aber auch an zu hoher Komplexität, welche eine Interpretation teilweise unmöglich macht. Aus diesen Gründen habe ich Ihnen im Folgenden eine Übersicht über die zehn wichtigsten Unternehmenskennzahlen zusammengestellt und Ihnen erläutert, was Sie bei der Interpretation dieser beachten müssen.

<u>1. Umsatzwachstum</u>

Hier geht es einzig und allein um den Umsatz, den das Unternehmen erzielen konnte. Als Beispiel für dieses Kapitel nutze ich einen imaginären Autohändler, welcher Autos günstig einkauft und sie in einem besseren Zustand an seine Kunden verkauft. Das Umsatzwachstum des Autohändlers bestimmt sich lediglich aus den insgesamt verkauften Autos, also der Summe aller geschriebenen Rechnungen eines Jahres bzw. bei börsennotierten Unternehmen eines Quartals. Es beschreibt daher keine Entwicklung, sondern eine statische Größe, die mit den Vorjahren verglichen werden kann und im Vergleich zu Firmen derselben Branche Auskunft über die Größe des Betriebes gibt. Generell gelten Unternehmen mit umso höherem Umsatz als sicherer, da meist eine konstante Einkommensquelle und Stammkunden vorhanden sind, sodass auch in Krisenzeiten ein finanzielles Polster aus den Erlösen erspart werden kann.

<u>2. Eigenkapitalrendite</u>

Diese Kennzahl ist für Anleger deutlich interessanter als das zuvor erläuterte Umsatzwachstum. Bei der Eigenkapitalrendite wird der erzielte Jahresüberschuss durch das eingesetzte Eigenkapital dividiert. Der Jahresüberschuss kann durch das Subtrahieren aller Kosten eines Geschäftsjahres vom Gesamtumsatz berechnet werden, sodass dieser den gesamten Gewinn darstellt. Nicht selten, insbesondere in den ersten Geschäftsjahren eines Unternehmens, wird ein negativer Jahresüberschuss erzielt, der in den kommenden Jahren ausgeglichen werden muss. Dividiert man nun diesen Gewinn durch das Eigenkapital, welches sich unter anderem aus den Nennwerten der verkauften Aktien zusammensetzt, erhält man die Eigenkapitalrendite. Anhand dieser lässt sich eine Aussage darüber machen, wie sinnvoll das Geld im Unternehmen eingesetzt wurde und welche Rendite dieses Geld in Prozent erwirtschaftet hat. Insbesondere die Miteigentümer der Firma können so feststellen, wie erfolgreich ihr eingezahltes Geld angelegt ist. Eine hohe Eigenkapitalrendite ist für den Anleger ein sehr gutes Zeichen –allerdings ist sie meist auch mit einem hohen Kurswert verbunden.

3. EBITDA-Marge

EBITDA ist die englische Abkürzung von „Earnings before Interest Tax Depreciation and Amortization“. Doch was soll das bedeuten? Hierbei handelt es sich um den erzielten Umsatz abzüglich aller Kosten, die direkt mit diesem in Verbindung stehen. Das bedeutet, dass alle Kosten abgezogen werden, die nötig waren, um diesen Umsatz zu erzeugen. Dazu gehören neben Strom und Miete für die Geschäftsräume auch die Personalkosten und die Einkaufskosten von Ersatzteilen für die Autoreparaturen am Beispiel des Autohändlers. Mithilfe dieser Kennzahl lässt sich vor allem die Effizienz des Betriebes überprüfen, weshalb sie auch oft firmenintern verwendet wird.

4. Eigenkapitalquote

Zur Berechnung der Eigenkapitalquote wird das gesamte Eigenkapital des Unternehmens durch die Bilanzsumme dividiert. Die Bilanzsumme ergibt sich aus der Addition aller Posten der Aktiv- oder Passivseite. Diese beiden Seiten gleichen sich stets aus, wobei sich auf der Aktivseite die Vermögensgegenstände und der Kassengeldbestand befinden, auf der Passivseite das Eigenkapital und die Schulden. Mithilfe dieser Kennzahl lässt sich die Stabilität der Unternehmung feststellen, denn Eigenkapital ist enorm wichtig. Ist die Eigenkapitalquote verhältnismäßig hoch, ist die Firma in der Lage, mit eigenen Mitteln Verluste auszugleichen und Krisen zu überstehen bzw. neue Projekte zu finanzieren. Ab einer Eigenkapitalquote von in etwa 30 bis 35 Prozent gilt ein Unternehmen als stark eigenfinanziert.

<u>5. Fremdkapitalquote</u>

Das Pendant zur Eigenkapitalquote stellt diese Kennzahl dar. Mithilfe der Fremdkapitalquote kann der sogenannte Verschuldungsgrad des Unternehmens festgestellt werden. Hierfür wird das gesamte Fremdkapital, also aus Krediten und Verbindlichkeiten aus Lieferungen und Leistungen, durch die eben erläuterte Bilanzsumme geteilt. Liegt der Verschuldungsgrad über 70 Prozent, ist das ein Anzeichen für eine starke Verschuldung und eine hohe Abhängigkeit gegenüber externen Geldgebern. Das kommt vor allem bei Firmen in den Anfangsjahren oder während Krisen vor. Übrigens: Der Verkauf von Aktien – und somit an Anteilen am eigenen Unternehmen – fließt nicht in das Fremdkapital ein, sondern in den Posten des Eigenkapitals. Das liegt daran, dass Anleger bei Insolvenz kein Anrecht auf Ausbezahlung des geleisteten Betrages haben und sich freiwillig am Unternehmen beteiligen, weil sie auf Gewinnbeteiligung oder Kursgewinne spekulieren.

<u>6. Marktkapitalisierung</u>

Eine in diesem Buch bereits oft erwähnte und nicht nur deshalb sehr wichtige Kennzahl im täglichen Umgang mit Aktien ist die Marktkapitalisierung. Sie misst anhand von Aktien, wie hoch der Wert eines Unternehmens ist. Dafür wird lediglich die Anzahl der herausgegebenen Aktien mit dem Kurswert multipliziert. Wie Sie bemerken, handelt es sich hierbei um eine simple Kennzahl, welche auch deshalb sehr beliebt ist. Doch auch, wenn sie sich vor allem bei großen Firmen enorm dynamisch verhält, weil kleine Kursschwankungen bereits große Veränderungen nach sich ziehen, gibt sie keine direkte Aussage darüber, wie sicher oder risikoreich ein Investment in eine Aktie ist. Generell lässt sich allerdings sagen, dass eine hohe Marktkapitalisierung dafür sorgt, dass ein plötzlicher Wertverlust unwahrscheinlicher wird, da größere Unternehmen mehr Möglichkeiten haben, Verluste zu kompensieren.

<u>7. Unternehmenswert</u>

Dieser Wert kann ähnlich wie die Marktkapitalisierung interpretiert werden, obwohl er etwas umfangreicher ist. Zusätzlich zur zuvor erläuterten Kennzahl werden nun noch alle Schulden addiert und die liquiden Mittel abgezogen. Der entstandene Unternehmenswert begründet sich auf dem Ansatz, dass das Unternehmen von einem anderen gekauft werden könnte. Dann würden allerdings zusätzlich zu diesem Betrag noch der restliche Anteil an Eigenkapital und mögliche versteckte Kosten für Werte fällig, die in der Bilanz nicht aufgezählt werden können.

8. Unternehmenswert / Umsatz bzw. Unternehmenswert / EBITDA
Der eben erläuterte Unternehmenswert wird vor allem dafür genutzt, ihn mit verschiedenen Kennzahlen ins Verhältnis zu setzen. Dazu gehört unter anderem der Umsatz. Bei dem herauskommenden Wert handelt es sich um ein komplexes Konstrukt, welches eine Aussage darüber erlaubt, wie viel Geld Investoren für einen Anteil am Unternehmen zu zahlen bereit sind – unabhängig vom eigentlichen Nennwert der Aktie. Wird der Unternehmenswert durch die EBITDA-Marge geteilt, geht es spezieller um den Gewinn und weniger um den Gesamtumsatz. Diese Eigenschaft sorgt dafür, dass die Kennzahl häufige Verwendung in der Praxis findet, da der Gewinn eine begründetere Aussage über die Stabilität der Unternehmung erlaubt als der Umsatz.

9. Kurs-Gewinn-Verhältnis (KGV)
Zum Abschluss dieser Übersicht dürfen zwei essenzielle Aktienkennzahlen nicht fehlen. Eine davon ist das Kurs-Gewinn-Verhältnis, welches oft nur mit KGV abgekürzt wird. Dabei wird die Marktkapitalisierung durch den Jahresüberschuss geteilt. Erzielt das Unternehmen regelmäßige Jahresüberschüsse, kann so errechnet werden, wie lange Investoren auf die Rentabilität ihres Eigenkapitals warten. Dabei sind einstellige Werte oft Top-Werte und mit einer hohen Investition verbunden. Ein KGV von 15 würde daher bedeuten, dass Investoren, welche Eigenkapital in das Unternehmen eingezahlt haben, 15 Jahre warten müssten, bis das Kapital zurückgezahlt ist und Gewinne erwirtschaftet werden, zumindest, wenn das Geschäft in ähnlicher Weise fortgesetzt wird und Jahresüberschüsse in den Höhen der vergangenen Jahre erwirtschaftetet werden. Als Aktienanleger deutet ein hoher Wert des KGV auf ein sehr großes Unternehmen hin, welches stets Überschüsse in akzeptablem Ausmaß erzielt. Der Fakt, dass trotz langer Rentabilität mit fast 15 Jahren dennoch viele Großinvestoren bereit sind, sich am Unternehmen zu beteiligen, beweist den sicheren Stand dieser Firma.

10. Kurs-Buch-Verhältnis (KBV)
Um die Wertentwicklung einer Unternehmung noch präziser einordnen zu können, wird beim KBV eine statische Größe, und zwar das Eigenkapital, als Basis der Berechnung verwendet. Da es für die Ermittlung des Jahresüberschusses mehrere Möglichkeiten gibt, kann das KGV vom Unternehmen selbst in die positive oder negative Richtung beeinflusst werden. Das ist beim Eigenkapital nicht der Fall, denn Veränderungen an dieser Größe werden insbesondere bei großen Kapitalgesellschaften streng überwacht und nachvollzogen. Das Kurs-Buch-Verhältnis wird von den Börsen herausgegeben und erlaubt eine Interpretation der

Wertentwicklung. Liegt der KBV dabei über 1, fand im letzten Quartal eine Werterhöhung statt – liegt er darunter, fand entsprechend eine Wertminderung statt. Doch auch das bietet Chancen für Anleger: Ein KBV, welcher geringer als 1 ausfällt, erlaubt, zum jetzigen Zeitpunkt eine Aktie unter dem letzten Buchwert zu kaufen. Damit steigen die Chancen auf große Gewinne – und Verluste.

EINFLUSSFAKTOREN AUF AKTIEN

Aktienkurse verändern sich, weil Anleger aufgrund von Angebot und Nachfrage den Preis einer Aktie beeinflussen. Dieser wird auf dem Aktienchart abgebildet und sorgt für Gewinne und Verluste. Doch was treibt die Anleger dazu, Aktien zu kaufen und zu verkaufen? In diesem Abschnitt werde ich einige Gründe für die Entscheidungen von Aktienanlegern erläutern.

Jede börsennotierte Kapitalgesellschaft ist gesetzlich dazu verpflichtet, vier Mal jährlich einen Quartalsbericht zu veröffentlichen. Dieser informiert die Anleger über die momentane Geschäftssituation und dient in erster Linie dem Gläubigerschutz. Des Weiteren wird vor bedeutsamen Kundgebungen der Handel mit der betreffenden Aktie ausgesetzt, um Panikverkäufe und Komplettverluste zu vermeiden. So werden die Anleger darüber informiert, wie sich das Unternehmen entwickelt, und diese entscheiden daraufhin, ob sie Aktien kaufen, verkaufen, behalten oder nur beobachten wollen. Als Unterstützung dazu dienen die zuvor erläuterten Aktienkennzahlen, welche die Ergebnisse der Quartalsberichte einordnen und den Anleger mit wenig Aufwand erkennen lassen, wie es um die Situation der Unternehmung steht. Doch welche sind weitere Gründe, die Anleger dazu bewegen können, das Portfolio zu überarbeiten?

Nicht selten kommt es vor, dass sich Aktienkurse aus teilweise unerklärlichen Gründen auf einem sehr hohen Niveau befinden, obwohl die öffentlichen Berichte keinen Boom vorhersagen. Dann können sich auch langfristige Anleger spontan dazu entscheiden, Anteile zu verkaufen und gegebenenfalls zu einem anderen Zeitpunkt die Anteile zu günstigeren Preisen wieder einzukaufen. Im Grunde genommen wurde dann vom Anleger getradet, ohne dass der Aktienchart oder die Hintergründe exakt analysiert wurden.

Diese logischen Handlungen haben zur Folge, dass es enorm unwahrscheinlich ist, dass ein Aktienkurs plötzlich für eine lange Dauer stark ansteigt. Zu groß ist die Versuchung, die Anteile zu Top-Preisen abzustoßen. Ähnlich ist es dann auch bei den steilen Kursverfallen nach einem Anstieg. Beobachten aktive Anleger oder Trader das Verhalten, versuchen sie, die Aktie zum höchstmöglichen Kurs zu verkaufen. Fängt dann ein Anleger an, ziehen die anderen aus Angst vor einem stärkeren Verfall nach und der Wert sinkt rasant. Ein Stop ist erst erreicht, wenn der Kurs im Verhältnis zum historischen Chart so niedrig ist, dass sich ein erneuter Einkauf lohnt.

Äußere Einflüsse auf Aktien können neben den Unternehmensberichten auch branchenweite Informationen sein. Boomt eine Branche, wie zum Beispiel die Technologiebranche seit mehreren Jahren, sind die Aktien insbesondere junger Technikunternehmen deutlich beliebter als jene von Startups anderer Branchen. Dabei kennen viele Investoren oft nicht einmal das Geschäftsmodell des Startups, sondern handeln in der Hoffnung, dass eine Investition an vielfachem Wert gewinnt – und das in letzter Zeit mit großem Erfolg. Branchenspezifische Booms lassen sich daher meist aufgrund von Trendfolgern begründen, welche auf steigende Kurse so zeitig wie möglich versuchen, aufzuspringen, und die Kurse stets steigen lassen.

Ein weiterer Faktor für rapide steigende Kurse sind sogenannte Fusionen. Dabei vereinigen sich zwei Unternehmen zu einem Konzern und gleichen die Schwächen der einen durch die Stärken der anderen aus. Nur selten handelt es sich dabei um gleichwertige Unternehmen, sondern viel mehr um Mutter-Tochter-Beziehungen. Das Risiko solcher Fusionen trägt zum großen Teil das Mutterunternehmen, weshalb häufig der Aktienkurs der Tochterfirma positiv beeinflusst wird. Wenn Sie von einer Fusion erfahren, können Sie praktisch stündlich beobachten, wie der Aktienkurs des kleineren Unternehmens steigt und sich der Kurs des Mutterunternehmens entweder in die positive oder negative Richtung entwickelt – je nachdem, wie der Neu-Konzern nun von Experten eingeschätzt wird.

Wie bereits eingangs erwähnt, sind Aktienkurse menschengemacht und somit nicht fehlerfrei. Deshalb möchte ich insbesondere auf Produkttrends aufmerksam machen, welche sich meist auch in den Kursen widerspiegeln. Ein neu herausgebrachter Schuh der Marke Adidas stößt auf viel Kritik und kommt bei den potenziellen Käufern nicht gut an? Kein Problem, denn obwohl sich die gefühlte Stimmung gegenüber der Marke Adidas im Social Media-Bereich und im Alltag kurzfristig ändert, hat dies oftmals kaum Auswirkungen auf das Unternehmen an sich. Aufgrund zahlreicher Tochterfirmen und einer Vielfalt an Kleidungsstücken und alternativen Schuhmodellen wird ein solcher Global Player wie Adidas ein wenig Kritik im Netz nicht davon abhalten, weiterhin enorme Gewinne zu erzeugen. Doch wegen dieser Stimmung aufgrund eines Schuhs sinkt die Aktie höchstwahrscheinlich unverhältnismäßig und bietet Ihnen die Chance, einzusteigen, wenn die Kritik verflacht ist. In solch einer schnelllebigen Zeit wie heutzutage wird der Aktienkurs durch das Bauchgefühl der Anleger so stark beeinflusst, dass Sie mit einem kühlen Kopf hohe Gewinne erzielen können. Dafür gilt es allerdings, herauszufiltern, welche Negativtrends aufgrund menschlicher Verhaltensmuster und welche aufgrund begründeter Fakten stattfinden – manchmal gar nicht so einfach.

Wirtschaftliche Großereignisse, in denen Menschen eine Menge Geld umsetzen, sind ebenso nicht zu vernachlässigen. Mit bestem Beispiel gehen unter anderem Festtage wie Weihnachten oder Ostern voran, an denen viele Geschenke gekauft werden und – noch viel wichtiger – Geld verschenkt wird. Nicht zufällig sind die Wochen nach Neujahr mitunter die umsatzstärksten des gesamten Jahres. Wichtig ist nur, dass Sie die Wertpapiere entweder bereits Monate vorher erwerben, um jährlich den Weihnachtsboom abzuwarten, oder nach Neujahr besonders aktiv sind, um mit Trading die Tagesschwankungen zu nutzen.

Der Vorteil daran ist, dass dies auch andere Trader tun werden und die Volatilität somit deutlich erhöht sein wird. Des Weiteren ist zu erwarten, dass die Kurse wegen der Boom-Phase insbesondere von den großen Unternehmen stetig steigen und das Risiko deutlich verringert wird. Eine Stop-Loss-Marke ist dann nicht immer notwendig, da bei größeren Verlusten nicht lange abgewartet werden muss, bis der Kurs wieder im positiven Bereich ist. Nutzen Sie deshalb den Einflussfaktor von wirtschaftlichen Hochphasen für erfolgreiche Trades oder langfristige Spekulationen.

Ich persönlich rate dazu, stets gut über die aktuelle Lage der Unternehmen informiert zu sein, mit denen Sie häufig traden. So haben Sie die Möglichkeit, große Ereignisse als einer der Ersten zu erfahren und entsprechend zu reagieren, denn nicht immer ist sofort eine Aussetzung des Handels seitens der Börsen notwendig.

Dasselbe gilt für Ankündigungen der Europäischen Zentralbank, welche meist zu genauen Terminen stattfinden. Die momentan durchgesetzte Null-Zins-Politik wird nicht für immer so weitergehen und findet möglicherweise bald, vermutlich allerdings erst in vielen Jahren, ein Ende. Kommt es allerdings soweit, werden zahlreiche Aktienanleger Ihre Anlagen verkaufen und auf die sicheren Finanzprodukte der Banken zurückgreifen. Seien Sie deshalb diesbezüglich immer auf dem neuesten Stand.

Falls Sie nicht vorhaben, am Devisenmarkt zu traden oder Geld anzulegen, lohnt es sich dennoch, über die Stärke verschiedener Währungen informiert zu sein, in denen die Unternehmen den Hauptumsatz generieren, mit deren Aktien Sie traden. Ein stärker werdender Dollar im Vergleich zum Euro ist daher insbesondere für deutsche Unternehmen günstig, welche Ihren Hauptumsatz am US-amerikanischen Markt erzielen. Ihre Umsätze in Dollar sind dann mehr wert als vergleichbare Umsätze von Unternehmen in Deutschland.

AKTIENSTRATEGIEN

Aktienstrategien werden von aktiven Anlegern genutzt, um mit geringem Aufwand eine sichere Rendite zu erzeugen, die idealerweise den Markt schlägt. Dafür werden sich Anhaltspunkte gesucht, welche ich unter anderem bereits im vorherigen Abschnitt „Einflussfaktoren auf Aktien" umschrieben habe, und anhand dessen Investitionen getätigt. Für Trader sind Strategien dieser Art nur als Ergänzung des Portfolios vorgesehen, da die Hauptrendite mithilfe des Tradings an sich erzielt werden soll. Deshalb wird dafür auch meist das höchste Grundkapital aufgewendet, aber dazu im nächsten Kapitel, „Investitionskapital auswählen und Portfolio erstellen", mehr. Für Daytrader spielen diese Strategien daher nur eine untergeordnete Rolle im Tagesgeschäft, sie helfen allerdings dabei, zu verstehen, wie sich der Markt in verschiedenen Situationen verhält.

Meiner Meinung nach ist es daher ebenso essenziell, neben dem Wissen über die eigene Strategie auch die Strategien der anderen Marktteilnehmer abschätzen zu können – und dementsprechend zu reagieren. Aus diesem Grund stelle ich Ihnen im Folgenden eine Auswahl der gängigsten und in der Vergangenheit erfolgreichsten Aktienstrategien vor. Vielleicht wecken sie Ihre Neugier und schaffen es für einige Zeit sogar in Ihr persönliches Portfolio.

Dividendenstrategie

Diese Strategie darf in keiner Aufzählung fehlen und sorgt bereits seit vielen Jahren für solide Gewinne von Privatanlegern, welche langfristig Kapital investieren. Anders als bei den meisten anderen Strategien setzt die Herangehensweise nicht auf enorme Kursgewinne oder kurzfristige Schwankungen, sondern auf die jährlichen Dividendenauszahlungen, die Unternehmen an ihre Aktionäre tätigen, wenn Gewinne entstanden sind. Eine Übersicht über dividendenstarke Unternehmen bieten Indizes wie beispielsweise der DivDAX, welcher bereits im Abschnitt „Übersicht über die wichtigsten Aktienindizes" erläutert wurde. Wichtig zu beachten ist, dass manche Unternehmen der Strategie folgen, kurzfristig in Indizes gelistet zu sein, um neue Anleger an Land zu ziehen. Dafür werden eine Zeit lang hohe Dividenden ausgezahlt, die oftmals nicht im Verhältnis zum Jahresüberschuss stehen. So werden sie gelistet, erlangen Aufmerksamkeit und Verfolger der Dividendenstrategie erwerben Aktien, obwohl das Unternehmen in den nächsten Jahren große Projekte geplant hat und deshalb kaum Gewinne verzeichnen wird. Die Dividendenauszahlungen hören oftmals nach einer Platzierung in einem Dividenden-Index auf. Des Weiteren sollten Investoren vor dem Erwerben von Anteilen die sichere Stellung des Unternehmens überprüfen, in etwa anhand von Kennzahlen wie der Eigenkapital- oder der Fremdkapitalquote. Aber auch die Marktführereigenschaft deutet auf eine sichere Aktie hin.

Dividend-Low-5-Strategie

Ebenso an dem Konzept hoher Dividendenzahlungen orientiert sich diese Strategie. Hierbei wird noch stärker mit einem Index zusammengearbeitet, beispielsweise mit dem DivDAX. Die Anleger investieren in die fünf am niedrigsten bewerteten Aktien des Indizes und halten das Wertpapier für mindestens ein Jahr. Davon erhoffen sich die Investoren neben hohen Dividenden ebenso hohe Wertsteigerungen. Der Gefahr, dass Unternehmen lediglich aufgrund der Eigenkapitalgewinnung durch Aktienanleger hohe Dividenden gezahlt haben und dieses Konzept in Zukunft nicht weiter verfolgen, wird durch das zusätzliche ausnutzen steigender Kurse entgegengewirkt. So können die möglicherweise dadurch entstandenen Lücken geschlossen werden. Traden Sie daher mit Aktien, welche sich in Dividenden-Indizes befinden, sollten Sie sich darauf einstellen, dass diese nach den Dividendenauszahlungen deutlich an Kurswert verlieren oder gewinnen könnten.

Trendfolger-Strategie

Die im Daytrading am häufigsten verwendete Strategie ist die sogenannte Trendfolger-Strategie. Wie es der Name bereits verrät, kauft sich der Anleger in Trends ein und hofft, dass diese weiterhin steigen. Als langfristiger Investor kann dieser Prozess mehrere Wochen oder sogar Jahre andauern, wenn sich die Rendite stetig bewährt. Daytrader allerdings suchen sich deutlich kleinere Trends, welche unabhängig vom Haupttrend an einem Tag oder innerhalb weniger Stunden stattfinden. Mithilfe von Indikatoren, welche meist anhand des Aktiencharts zu erkennen sind, steigt der Trader ein und stößt die Aktie ab, sobald weitere Indikatoren auf ein Ende des Trends hindeuten. Detailliertere Ausführungen zu dieser Strategie und Schritt-für-Schritt-Anleitungen erhalten Sie in den folgenden Kapiteln, welche sich explizit auf das Thema Daytrading beziehen und die Trendfolger-Strategie thematisieren.

Momentum-Strategie

Hierbei handelt es sich um eine aktive Aktienstrategie, welche etwas Aufwand erfordert, sich dafür aber stark lohnen kann. Im Gegensatz zum Trading ist jedoch kein gesondertes Wissen notwendig, da die Strategie wie bei einem Kochrezept abgearbeitet werden kann. Nachdem ich Ihnen erklärt habe, welche Schritte zu befolgen sind, werde ich noch einmal genauer auf die Chancen und Risiken dieser Strategie eingehen.

1. Aktien eines großen Index (zum Beispiel DAX) nach der relativen Stärke beurteilen, das bedeutet: Die Schlusskurse der letzten 26 Wochen jeder Aktie jeweils addieren und durch 26 teilen.

2. Die erhaltenen Werte der Größe nach sortieren, wobei Werte unter eins vernachlässigt werden können.

3. Es wird nun in die Top drei investiert und es werden möglichst gleiche Anteile gekauft, wobei auch Investitionen in die Top fünf denkbar wären.

4. Dieser Prozess wird wöchentlich wiederholt und, falls eine neue Top drei bzw. fünf entsteht, entsprechend umgeschichtet.

Doch kann diese Strategie Erfolg haben? Die Theorie der relativen Stärke stammt von Robert Levy und legt nichts Weiteres als die Entwicklung der Aktienkurse zugrunde. Es werden weder äußere Umstände noch Kennzahlen oder Expertenmeinungen in Betracht gezogen, was erstaunlicherweise trotzdem zum Erfolg führen kann. Der Anleger befreit sich von den Spekulationen rund um den Markt und betrachtet diesen isoliert als Ganzes. Er geht davon aus, dass jegliche Informationen, die man hätte außerhalb des Marktgeschehens erhalten können, bereits im Aktienkurs widergespiegelt sind und dieser deshalb das Einzige ist, was eine wirkliche Aussagekraft hat. Über Sichtweisen wie diese streiten sich Aktionäre heute noch, denn sie würde bedeuten, dass aktives Investieren auf Dauer stets dieselben Renditen generiert wie passives Investment.

Dass das in der Realität nicht der Fall ist, haben viele Investoren bereits gezeigt – ich bin ebenso überzeugt davon, dass gutes aktives Investment den Markt auf Dauer schlägt. Als Trader ist es daher interessant, im Hinterkopf zu behalten, dass es ebenso Aktionäre gibt, welche ausschließlich anhand der Performance des Kurses handeln und sich nicht von Prognosen oder Kennzahlen beeindrucken lassen. Doch auch das macht den Markt nicht unberechenbar, denn die Strategie ist weltweit bekannt und häufig genutzt.

Value-Strategie
Eine eindeutig auf langfristige Investments ausgelegte Strategie ist die Value-Strategie. Value bedeutet zu Englisch „Wert“, was gewiss kein Zufall ist. Allerdings wird hierbei nicht auf Unternehmen spekuliert, welche bereits einen hohen Wert, gemessen beispielsweise anhand der Marktkapitalisierung, vorweisen, sondern auf Unternehmen mit einem geringen Wert. Der Anleger hofft auf enormes Wachstum des Aktienkurses, teilweise sogar auf eine Vervielfachung. Doch woher weiß der Investor, welche Aktien das Potenzial dafür vorweisen?

Um das herauszufinden, kommen Aktienkennzahlen ins Spiel, in diesem Fall das Kurs-Buch-Verhältnis und das Kurs-Gewinn-Verhältnis. Wenn das KBV unter eins liegt und das KGV gleichzeitig einen Wert von zehn oder niedriger aufweist, wird das Potenzial der Aktie als sehr hoch eingeschätzt. Diese Werte sind idealtypisch und in der Realität selten bzw. nur innerhalb sehr kurzer Zeiträume zu finden, weshalb diese Strategie mit viel Aufwand und täglicher Kontrolle der beobachteten Kurse zusammenhängt. Doch auch, wenn eine Aktie die beiden theoretischen KGV- und KBV-Kriterien erfüllt, handelt es sich dennoch um risikoreiche Investments. Da die Börse diese Werte vorgibt und interne Werte zugrunde legt, gibt es gute Gründe dafür, dass die Aktie so bewertet wurde. Vorsicht ist also dennoch geboten, weshalb ich Verfolger dieser Strategie maximal zehn Prozent Anteil am Gesamtportfolio empfehle. Für Trader ist diese Strategie deshalb interessant, weil sie beweist, dass es auch in schwächeren Phasen Anleger gibt, welche auf die Kraft des Unternehmens vertrauen und sehr langfristig denken. Diese Markteigenschaft sichert Trades ab, da die Kurse nicht bis zum vollkommenen Nullpunkt fallen werden.

Saisonalitäten-Strategie
Eine sehr interessante und für jeden Anleger wichtige Eigenschaft des Marktes ist die Einteilung in Jahreszeiten. Typischerweise wird in den Sommermonaten von Mai bis September mehr Urlaub gemacht als in den Wintermonaten. Das sorgt dafür, dass die Wirtschaft in Industriestaaten überwiegend im Winter angekurbelt wird, weshalb es dann auch auf den Börsenmärkten mehr Bewegung gibt. Viele Anleger haben daraus geschlossen, dass sich ein Investment im Sommer nicht lohnt – und investieren ihr Geld anderweitig. Deshalb ist der Aktienmarkt im Winter wesentlich spannender als im Sommer, sodass auch Daytrader insbesondere im Winter sehr aktiv sind. Zusätzlich wird zu Weihnachten und im neuen Jahr viel Geld umgesetzt, was den Unternehmen zugutekommt und die Wirtschaft ankurbelt. Für Sie als Trader ist es daher wichtig, zu wissen, dass die Volatilität von September bis April im Vergleich zum restlichen Jahr erhöht ist

und die Kurse deshalb dynamischer agieren. Behalten Sie dies im Hinterkopf, wenn Sie eine Zeit lang Pause vom Daytrading-Geschäft suchen oder den Sommer genießen wollen. Am Aktienmarkt verpassen Sie im Winter deutlich mehr.

Buy-and-Hold-Strategie

Vielmehr eine Grundeinstellung als eine echte Strategie gibt die Buy-and-Hold-Taktik vor. Dabei werden Aktien erworben und erst verkauft, wenn das gesamte Portfolio verkauft wird. Der Sinn dahinter ist es, schwierige Zeiten auszusitzen und vom generellen Wirtschaftswachstum zu profitieren. Im Grunde genommen wird so lediglich passiv investiert, da bei einer entsprechenden Anzahl von Buy-and-Hold-Aktien das Risiko der Insolvenz verringert bzw. durch Kurssteigerungen der anderen Aktien ausgeglichen wird. Auf Dauer wird die durchschnittliche Marktrendite erzielt. Wem das reicht, der ist hier an der richtigen Adresse. Im Vergleich zum Kaufen eines World-ETFs hat diese Variante den Vorteil, dass möglicherweise Dividenden ausgeschüttet werden.

Deshalb ist es auch denkbar, dass die Buy-and-Hold-Strategie mit einer anderen kombiniert wird – zumindest bezüglich der Auswahl der Aktien. Ich rate Ihnen, zumindest ein paar wenige Aktien oder ETFs dauerhaft in Ihrem Portfolio zu halten.

Erstens sorgt es für Sicherheit und zweitens haben Sie einen dauerhaften Renditebringer, mit denen Sie Verluste aus Risikogeschäften ausgleichen oder bei Gewinnen vergleichen können.

Top-Flop-Strategie

Der Name dieser Strategie ist leider nicht eindeutig zutreffend, da sich zunächst – zu Beginn des Jahres – auf die Flops konzentriert wird. Investoren kaufen die Aktien aus einem großen Index, welche im vergangenen Jahr die schlechteste Performance hingelegt haben. Man erhofft sich daraus, dass das schwache Jahr überwunden wird und nun ein rasanter Kursanstieg stattfindet. Erst nach einem halben Jahr wird überprüft, ob dieses Vorgehen ein Erfolg war, davor sollten keine hektischen Entscheidungen getroffen werden. Dann wird der zuvor verwendete Index nach den am stärksten gewachsenen Kursen sortiert und die Tops werden gekauft. Befindet sich darunter eine bereits vor einem halben Jahr gekaufte Aktie, behalten Sie diese im Depot. Der Einkauf der Tops, sozusagen eine Trendfolger-Strategie, hat den Hintergrund, dass insbesondere zum Ende des Jahres Fondsmanager die Aktien erwerben, welche im laufenden Jahr eine gute Performance hingelegt haben, um das Profil des Fonds zu verbessern. Dies steigert den Wert zusätzlich. Nach einem Jahr beginnt die Umschichtung erneut und nach etwa drei Jahren können Sie das erste Mal Bilanz ziehen und beurteilen, wie erfolgreich die Strategie funktioniert hat. Als Daytrader ist es deshalb interessant, zu wissen, dass die Preise von stark gewachsenen Aktien zum Ende des Jahres noch einmal einen Schub bekommen, sodass fallende Kurse ausgenutzt werden können - denn sie werden sicher wieder steigen.

DAS INVESTITIONSKAPITAL AUSWÄHLEN UND EIN PORTFOLIO ERSTELLEN

Wie Sie das richtige Investitionskapital auswählen

Zur Auswahl der richtigen Höhe Ihres Startkapitals ist es wichtig, sich eine Übersicht über Ihr gesamtes Vermögen zu verschaffen. Sie selbst kennen Ihre monatlichen Einnahmen und Ausgaben und müssen abschätzen, inwieweit sich diese in der nächsten Zeit ändern könnten. Des Weiteren kennen Sie Ihre Rücklagen und können nach folgender Faustregel agieren: Rücklagen, welche das Monatseinkommen um mehr als das Dreifache überschreiten, sind oftmals nicht sinnvoll genutzt.

Das soll bedeuten, dass Sie bei einem imaginären Grundeinkommen von 2.000 Euro netto je Monat maximal 6.000 Euro auf einem sicheren Konto mit sehr geringen Zinsen und sofortiger Verfügbarkeit lagern sollten. Werte über dieser Marke werden in den allermeisten Fällen nicht genutzt und sind verschwendetes Potenzial. Ich bitte Sie dennoch, diese Regel auf sich selbst anzuwenden und zu schauen, inwieweit große, unerwartete Ausgaben in naher Zukunft folgen könnten und wie gut Sie darauf vorbereitet sind. Des Weiteren ist das investierte Kapital nicht unantastbar - es kann lediglich sein, dass geringe Verluste generiert werden und die Bearbeitungszeit in etwa drei Tage beträgt. Aufgrund dessen bin ich der Meinung, dass drei Monatsgehälter auf einem externen Konto zur Absicherung in jedem Fall ausreichen.

Das restliche Kapital, welches nun keine Verwendung findet, kann vollständig investiert und als Grundkapital des Portfolios verwendet werden. Dazu kommen monatliche Einzahlungen. Wie Sie diese ermitteln und wie hoch Sie diese ansetzen, bleibt Ihnen überlassen. In den meisten Fällen wird nicht das gesamte Monatseinkommen für laufende Ausgaben verwendet, sondern entweder zur Seite gelegt oder für anderweitige Ausgaben verwendet, auf die gut und gern verzichtet werden könnte. Sie kennen sich selbst am besten und wissen, inwieweit Sie sich beschränken müssen, um wirklich sparen zu können. Weiterhin möchte ich erwähnen, dass Ansparungen für beispielsweise Urlaube oder Geschenke separat geschehen sollten und nicht aus dem Investitionskapital genommen werden. Das liegt an zu häufigen Auszahlungen und der entstehenden Unübersichtlichkeit.

Neben Urlaubsgeld und weiteren kleinen Sparraten empfinde ich eine monatliche Aufbringung von zehn Prozent, also 200 Euro bei einem Einkommen von 2.000 Euro, als absolut realistisch – mehr ist natürlich sehr willkommen. Sie haben zu Beginn dieses Buches bereits anhand meiner Beispiele mit der fiktiven Studentin Anna bemerkt, welch großen Unterschied ein paar Euro mehr machen können, wenn über einen langen Zeitraum kontinuierlich investiert wird.

Wie Sie Ihr persönliches Portfolio erstellen

Der Begriff Portfolio umfasst Ihr gesamtes Sondervermögen, dies beinhaltet ebenso Investitionen in Edelmetalle oder Beteiligungen am Unternehmen eines Freundes. In diesem Abschnitt möchte ich Ihnen Möglichkeiten erläutern, wie Sie zu Ihrem persönlichen Portfolio gelangen – zuvor muss allerdings noch etwas erledigt werden.

Die Rede ist von einer Risikoeinschätzung. Bevor Sie sich den Plan für Ihr Portfolio erstellen können, sollten Sie herausfinden, zu welcher Risikogruppe Sie gehören. Dafür möchte ich Ihnen eine prägnante Übersicht zu Risikoklassen von Anlagen erläutern. Ich habe mich für diese Variante entschieden, da sie nicht zu überladen ist und somit die wesentlichen Fakten auf den Punkt bringt. Es kann jedoch sein, dass Sie bei anderen Quellen auf unterschiedliche Einordnungen stoßen.

Bei Risikoklasse 1 steht der Kapitalerhalt und die Sicherheit im Vordergrund. Neben diesen Eigenschaften wird auch eine schnelle Liquidierbarkeit möglichst ohne Verluste gewünscht, sodass ein dauerhafter Ausstieg möglich ist. Anlagen in diesem Bereich sind beispielsweise Festgeldkonten und Bausparverträge.

In Risikoklasse 2 sieht sich der Anleger einem Zinsrisiko gegenüber, allerdings weiterhin mit hohen Bedenken an die Sicherheit. Es kann daher sein, dass die Zinsen nicht exakt wie prognostiziert verlaufen, sich das Grundkapital allerdings zu keinem Zeitpunkt in Gefahr befindet. Spareinlagen in diesem Bereich sind unter anderem Lebensversicherungen, welche heutzutage allerdings kaum mehr angeboten bzw. abgeschlossen werden. Die Risikoklasse 3 setzt zum geringen Zinsrisiko auch ein Kursrisiko, zum Beispiel bei festverzinslichen

Wertpapieren.

Ertragsorientiert wird es erst ab Klasse 4, denn nun wird die Anlage zum großen Teil auf die Rendite ausgelegt. Kurs- und Gewinnrisiken sind hierbei nicht zu verachten, ein vollständiger Wertverlust ist allerdings nahezu ausgeschlossen. Hierzu gehören Aktien von Marktführern, Fonds oder auch ein ETF-Sparplan, welcher den MSCI World Index bespart.

Die vorletzte Risikoklasse schließt einen Totalverlust nicht aus, er bleibt dennoch unwahrscheinlich. Beispiele sind insbesondere spekulative Anlageformen wie Zertifikate oder Aktien aus Entwicklungs- oder Schwellenländern. Auch das Trading bzw. Daytrading ordnet sich mit dem Setzen von Stop-Loss-Marken hier ein. Ein besonders einprägsames Merkmal ist, dass eine regelmäßige Umschichtung dieses Teils des Portfolios notwendig ist, da die Wahrscheinlichkeit für einen starken Verlust sonst erheblich steigt.

In der sechsten Risikoklasse befinden sich nun Trades mit mehr als zwanzig Prozent eingesetztem Investitionskapital und dem Verzichten auf eine Stop-Loss-Marke. Außerdem dazu gehören beispielsweise Optionsscheine, welche sich durch ihren sehr spekulativen Charakter auszeichnen. Weiterhin übersteigt das Risiko meist die Renditemöglichkeiten und mit Totalverlusten ist zu rechnen, weshalb Investoren Kapital für diese Zwecke bereits vorher abschreiben, damit ein Verlust nicht zu sehr ins Gewicht fällt.

Ich hoffe, Sie haben bemerkt, mit welchem vergleichsweise hohem Risiko sich das Daytrading beschäftigt und konnten sich selbst einigermaßen einordnen. Ziel ist es natürlich nicht, sich auf eine Variante festzulegen, denn der Mix sorgt für ein starkes persönliches Portfolio. Ihr persönliches Risiko ergibt sich daher aus dem gesamten Portfolio, welches Anlagen der verschiedenen Risikoklassen enthalten sollte.

Zwar beschäftigt sich dieses Buch insbesondere mit dem Daytrading, jedoch gehört es deshalb nicht ausschließlich zum eigenen Portfolio. Erfahrene Trader, welche es unter anderem als feste Einnahmequelle nutzen, verwenden einen höheren Anteil am Investitionskapital im Trading als Einsteiger. Ihnen empfehle ich daher, nicht mehr als 30 Prozent des zur Verfügung stehenden Kapitals für die ersten sechs Monate im Trading zu nutzen. Risikoaffine Personen können gern auf 40 Prozent aufstocken, jedoch handelt es sich dann bereits schon um teilweise sehr hohe Summen.

In diesem Beispiel gehe ich von 10.000 Euro Anfangskapital aus, von dem allein 3.000 Euro unter den Tradingbereich fallen. Um mögliche Verluste abzusichern, empfehle ich stets Risikoklassen, welche sich unterhalb der fünften Klasse befinden, schließlich möchten Sie Gewinne verbuchen und nicht wie ein Großinvestor sofort nach der Investition das Geld abschreiben, weil das Risiko zu hoch ist. Beispielsweise kann ich für den Anfang empfehlen, von den übrigen 7.000 Euro in etwa die Hälfte für Fonds zu nutzen. Beweisen Sie dabei ein glückliches Händchen, schlägt der Kursgewinn des Fonds den Markt und die Gebühren fallen nicht mehr ins Gewicht. Mithilfe eines Sparplans von in etwa 300 Euro monatlich könnte das Geld so über ein Jahr eingezahlt werden und die erworbenen Anteile könnten weitere Jahre, maximal zwei, gehalten werden. Schließlich sollte langfristig das Ziel bestehen, mehr Anteile im Tradingbereich zu verwenden und dies somit als Hauptrenditequelle zu etablieren. Je nach Risikofreudigkeit können die restlichen in etwa 3.000 bis 4.000 Euro über eine längere Laufzeit in weltweite ETFs oder festverzinsliche Wertpapiere investiert werden, welche jährliche Renditen auszahlen.

So entsteht neben den monatlichen Einzahlungen durch das Sparen eine dauerhafte Geldquelle, welche überwiegend auf Sicherheit Bedacht ist.

Wer sich gut auskennt und noch weiteres Geld, insbesondere auf sehr langen Laufzeiten, investieren möchte, sollte eine Variante der im Abschnitt „Welche Arten von Investments gibt es?“ erläuterten Möglichkeiten wahrnehmen. Das könnten Einkäufe auf dem Devisenmarkt, Edelmetalle oder andere Sammlerstücke sein. Wichtig dabei ist, dass die Rendite zwar hoch ausfallen kann, die Liquidität jedoch erst in mehreren Jahren, oft länger als zwanzig Jahre, gegeben ist. Es handelt sich hierbei also nicht um kontinuierliche Geldbringer, von denen Sie die Gewinne für das Trading nutzen können.

Daytrading erlernen: Den Aktienchart richtig lesen

VORBEMERKUNGEN UND DOW-THEORIE

Bei der technischen Chartanalyse werden Formen und Muster herausgefiltert, welche Vorhersagen über die zukünftige Entwicklung eines Aktienkurses erlauben. Dabei unbeachtet bleiben externe Hinweise, wie beispielsweise Unternehmenskennzahlen und branchenspezifische Eigenheiten. Ich bitte Sie daher, zu beachten, dass die technische Chartanalyse mit den dazugehörigen Handlungsempfehlungen zwar ein großer Teil des Daytradings ist, die letztendliche Entscheidung über Kauf oder Verkauf allerdings noch zusätzlich mit den externen Faktoren zusammenhängt, die der Trader permanent im Hinterkopf hat. In diesem Abschnitt möchte ich Ihnen einige wichtige Regeln zur technischen Chartanalyse erklären und darauf eingehen, worauf Sie achten müssen, wenn Sie sich einem Chart widmen.

Die korrekte Einstellung bzw. Anpassung der Zeitspanne ist enorm wichtig für Sie als Beobachter. Zwar bezieht sich die Chartanalyse von Daytradern meist nur auf den aktuellen Handelstag, jedoch umfasst Trading ebenso eine deutlich längere Zeitspanne von teilweise mehreren Wochen. Deshalb ist es enorm wichtig, dass Sie sich optimal mit der Bedienung des Diagramms zurechtfinden und innerhalb kurzer Zeit die Zeitspanne aufrufen können, die Sie in diesem Moment interessiert. Achten Sie deshalb stets auf den eingestellten Zeitraum.

Im Folgenden möchte ich Sie auf eine der ältesten und weiterhin bedeutendsten Theorien der Chartanalyse aufmerksam machen. Die sogenannte Dow-Theorie des Urvaters des Aktienhandels Charles Dow umfasst wertvolle Prinzipien, über die es sich lohnt, gern etwas länger nachzudenken. So durchdringen Sie den Aktienmarkt stärker und bilden sich eine eigene Meinung zur Bedeutung der technischen Chartanalyse.

„Die Indizes diskontieren alles." Mit diesem Ausdruck ist gemeint, dass ein Index und auch andere Charts bereits alle Informationen enthalten, die für das Geschehen am Aktienmarkt relevant sind. Darunter zählen neben Produkttrends auch Schockreaktionen und Insiderwissen. Wäre das der Fall, würde eine Chartanalyse wichtiger denn je werden und aktives Investment wäre nicht nachhaltig sinnvoll, da die Informationen, die sich der Anleger extern besorgen kann, bereits im Chart widergespiegelt sind.

„Der Markt besteht aus drei Trends." Eine heute noch essenziell wichtige Theorie, welche den Markt mit der Bewegung eines Gewässers vergleicht. Der Primärtrend stellt Ebbe und Flut dar und zeigt die grundsätzliche Richtung des Kurses an. Sekundärtrends sind zweitrangige Trends des Charts, welche als Wellen auf dem Wasser verstanden werden können. Die dritte und letzte Instanz bilden die tertiären Trends, welche minimale Bewegungen auf den Wellen darstellen. Für passive Anleger und Langzeitsparer sind aus diesem Grund insbesondere die Primärtrends von großer Bedeutung, wobei sich Trader auf sekundäre Trends beziehen und Daytrader speziell tertiäre Trends ausnutzen möchten. Dass es in der Realität nicht immer eine so strikte Trennung geben kann, wird Ihnen bereits bewusst sein. Jedoch hat mir dieses Beispiel am Anfang enorm geholfen, den Börsenmarkt besser zu verstehen, und es soll auch Nächte gegeben haben, in denen ich über allein diesen Vergleich stundenlang nachgedacht habe – mir ist kein besserer eingefallen.

„Primärtrends sind dreiphasig." Anhand dieser Aussage wird die grundsätzliche Richtung des Kurses in drei Teile untergliedert. Zunächst wird zu Beginn des Trends während der Akkumulationsphase von Experten die Aktie erworben, da diese über die meisten Informationen verfügen und das Ende eines Abwärtstrends am sichersten vorhersagen können. In der zweiten Phase, der öffentlichen Beteiligung, wird der Trend durch mediale Aufmerksamkeit und weitere aktive Investoren für die breite Masse zugänglich, sodass nun der rasante Aufstieg stattfindet. Die letzte sogenannte Distributionsphase des Trends zeichnet sich dadurch aus, dass die Wirtschaft enorm durch die Euphorie der Anleger profitiert und die Experten aus Unsicherheit vor der weiteren Entwicklung wieder aussteigen. Als Trader und somit Trendfolger steigen Sie bestmöglich am Anfang der Phase der öffentlichen Beteiligung – wenn möglich bereits während der Akkumulationsphase – ein. Doch die Risiken eines Einstiegs zu dieser Zeit sind nicht zu vernachlässigen.

„Indizes müssen sich bestätigen." Damit meint Dow schlichtweg, dass kein Index allein ausreicht, um einen branchenweiten Trend darzustellen. Dafür sind weitere Indizes nötig, welche denselben oder zumindest einen ähnlichen Aufschwung bzw. Abschwung verzeichnen.

„Das Volumen muss den Trend bestätigen." Der primäre Trend muss vom hier gemeinten Umsatzvolumen bekräftigt werden. Steigt der Kurs einer Aktie stetig, sollte das auch anhand der Umsatzzahl des betreffenden Unternehmens wahrnehmbar sein. Ist dies nicht der Fall, liegen möglicherweise keine sinnvoll begründbaren Ursachen hinter dem Aufschwung, weshalb langfristige Anleger die Aktie dann vorsichtshalber abstoßen werden. Für Trader ist in so einem Fall deshalb besondere Vorsicht geboten, denn der Trend droht, drastisch umzukehren.

„Ein Trend gilt bis zur definitiven Umkehr." Da Charles Dow sich insbesondere mit langfristigen Investitionen auseinandergesetzt hatte, scheint diese Trenddefinition für den Trader keine große Bedeutung zu haben. Denn für Trader ist es schlichtweg nicht wichtig, ob wirklich erst das Gegenteil bewiesen ist, damit gesagt werden kann, der Trend verläuft nun in die andere Richtung.

Solange die einzelnen Sekundär- und Tertiärtrends erfolgreich ausgenutzt wurden, macht es kaum einen Unterschied, ob sich der Primärtrend mittlerweile vollständig oder nur fast vollständig umgekehrt hat. Dennoch handeln Trader, insbesondere am Anfang, häufig mit dem Trend und nutzen die dadurch entstehende Absicherung.

WIE SIE DIE GÄNGIGSTEN CHARTFORMATIONEN ERKENNEN

Der Aktienchart gibt in Form eines Diagramms wieder, wie sich die Kurse einer bestimmten Aktie über eine gewisse Dauer verändern. Das bedeutet, dass darin lediglich die Wertschwankungen der Aktienkurse zu sehen sind, welche durch das Angebot und die Nachfrage der Anleger entstanden sind. Zu jeder börsennotierten Aktie existiert ein Chart, zusätzlich halten Indizes mehrere Aktien in einem Chart fest, sodass das neue Diagramm die summierten Werte enthält. Doch wie ist ein Aktienchart für Daytrader zu verstehen?

Zunächst möchte ich mich dem theoretischen Teil der Chartanalyse widmen und Ihnen erklären, wie Sie diesen zu verstehen haben. Sie als Daytrader haben von nun an die Aufgabe, einen solchen Chart mit anderen Augen zu sehen, als es noch zuvor der Fall war. Ab diesem Kapitel entdecken Sie innerhalb eines solchen Diagramms verschiedene Muster, Formationen und das Wichtigste: Gewinnmöglichkeiten.

Doch was sind hier nun die Formen, von denen die erfahrenen Trader immer sprechen? Im Grunde genommen ist es nicht kompliziert, die einzelnen Formationen zu erkennen. Dafür wird das Auge insbesondere am Anfang geschult und entwickelt daraufhin einen scharfen Blick dafür, wo sich verschiedene Formen bilden.

Aufsteigende Dreiecke

Dreiecke finden sich in nahezu jedem Chart wieder, ganz unabhängig davon, ob es sich um eine langfristige Betrachtung oder um eine Betrachtung eines einzelnen Tages handelt. Sie zeichnen sich dadurch aus, dass ein aufsteigender Trend gebildet wird, welcher immer wieder durch kleine Abwärtstrends unterbrochen wird. Diese bilden dann die Form eines typischen Dreiecks. Legen Sie sich eine imaginäre Linie an die Ober- und Unterseiten des Charts. Fangen die Linien an, sich zuzuspitzen, handelt es sich um ein Dreieck. Wichtig ist außerdem, dass die obere Linie dabei nahezu horizontal verläuft – ähnlich perfekt, wie in der Grafik zu sehen.

https://www.investor-verlag.de/wp-content/uploads/2016/03/aufsteigendes-Dreieck.jpg.webp

Absteigende Dreiecke

Absteigende Dreiecke stellen das Pendant zum aufsteigenden Dreieck dar und lassen sich bei Abwärtstrends finden. Entscheidend bei der Erkennung dieses Musters ist die sich horizontal bewegende, aber nicht fallende untere Linie. Diese legt den momentan niedrigsten Punkt fest und gibt das Startsignal für eine Erholungsphase – also für einen kurzfristigen Kursanstieg. Wird diese Linie dann durchbrochen, folgt meist ein deutlicher Abschwung und der Kurswert sinkt stark. Insbesondere die beiden Dreiecksformationen werden Sie permanent in Ihrem Tradingalltag begleiten.

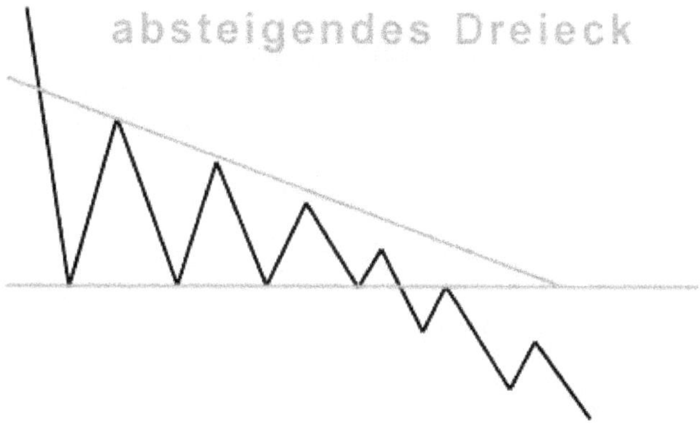

https://www.investor-verlag.de/wp-content/uploads/2016/03/absteigendes-Dreieck.jpg

Flaggen

Flaggen-Formationen unterbrechen den aktuellen Trend und sorgen für eine Erholung. Sie zeichnen sich dadurch aus, dass während eines Aufwärtstrends ein möglichst gleichmäßiger Abschwung erfolgt. Die eingezeichneten Linien an den Kanten verlaufen idealtypisch parallel zueinander, weshalb keine Spitzen entstehen, wie es bei Dreiecken der Fall ist.

https://www.investor-verlag.de/wp-content/uploads/2016/03/Flagge.jpg.webp

Wimpel
Wimpel-Formationen scheinen auf den ersten Blick sehr ähnlich zu Dreiecken zu sein, haben aber einen entscheidenden Unterschied: keine der beiden Richtlinien sind horizontal, denn sie gehen beide aufeinander zu. Im Idealfall geschieht dies im selben Winkel, sodass kurz vor Zuspitzung der Ausbruch aus der Formation erfolgt. Wimpel bestätigen den Trend, sodass in diesem Fall der Ausbruch nach oben stattfindet. Ein Kursverlust ist ebenso möglich, wenn der Primärtrend fallend ist.

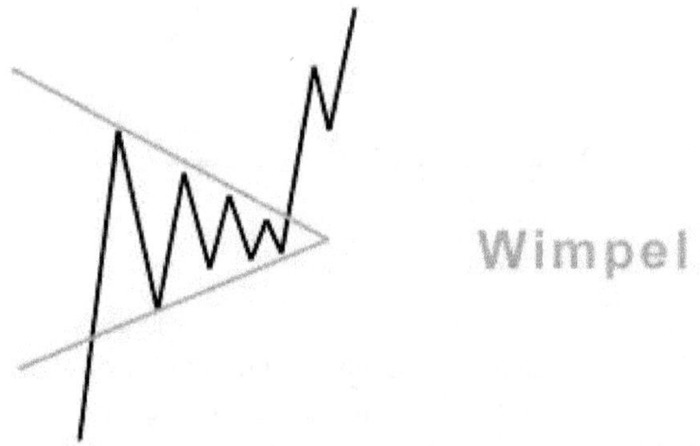

https://www.investor-verlag.de/wp-content/uploads/2016/03/Wimpel.jpg.webp

Doppeltop-Formation
Insbesondere bei der Betrachtung von Charts, die einen langen Zeitraum abbilden, ist die sogenannte Doppelspitze häufig zu erkennen. Nach einem Aufwärtstrend folgt der höchste Kursstand bei S1, anschließend kommt es zu einer Beruhigung des Kurses mit anschließendem Kursgewinn, bis S2 die Höhe von S1 erreicht hat. Idealerweise folgt dann ein starker Verfall des Kurses, da der zweite Anlauf nach einem langen Aufwärtstrend oft scheitert.

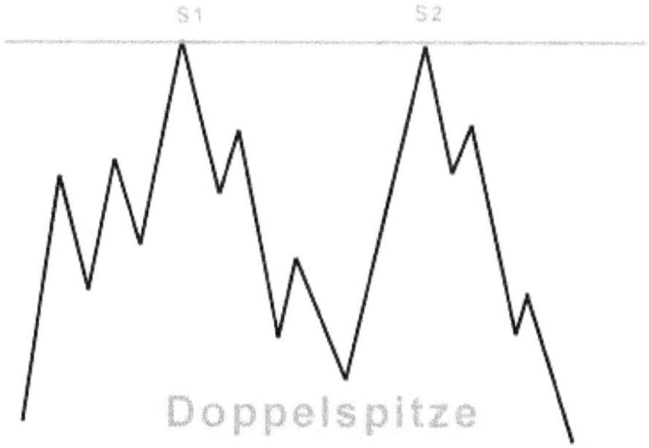

https://www.investor-verlag.de/wp-content/uploads/2016/03/Doppelspitze.jpg.webp

Schulter-Kopf-Schulter-Formation

Den Namen verdankt diese Formation dem Nachbild von zwei Schultern (S1, S2) und einem Kopf (K) in der Mitte, welcher deutlich höher gelegen ist. Mithilfe dieser Formation gelingt es, abzuschätzen, wann die maximale Kurstiefe, insbesondere nach dem K, erreicht ist, und zwar auf Höhe der vorherigen Tiefe. Des Weiteren lässt sich oft vorhersagen, auf welcher Höhe S2 stoppt und den primären Trend umkehrt – auf demselben Niveau wie S1.

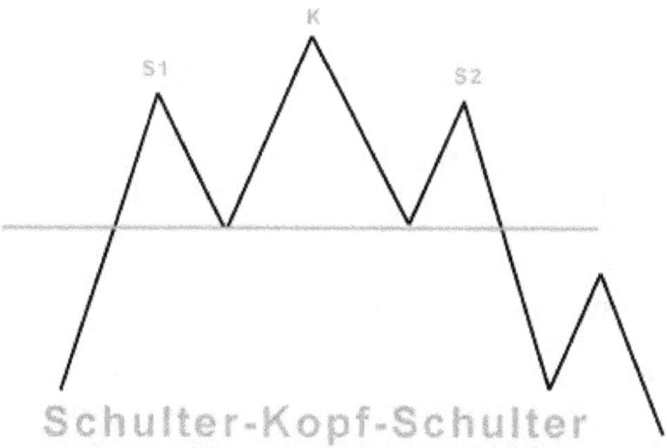

https://www.investor-verlag.de/wp-content/uploads/2016/03/Schulter-Kopf-Schulter.jpg.webp

Doppelboden-Formation

Neben dem Wissen, wann die maximale Höhe des Kurses erreicht ist, kann es auch essenziell wichtig werden, vorherzusagen, bei welcher Tiefe eine Konsolidierung am Minimum ist. Zu sehen ist bei der Doppelboden-Formation ein Aufwärtstrend, welcher durch eine Konsolidierungsphase unterbrochen wird. Innerhalb dieser benötigt es typischerweise zwei Anläufe, bis ein starker Aufwärtstrend beginnen kann. Dieses Wissen hilft Tradern ungemein, um die richtigen Einstiegszeitpunkte zu erkennen.

https://www.investor-verlag.de/wp-content/uploads/2016/03/Doppelboden.jpg.webp

WEITERE ANHALTSPUNKTE IM CHART

Die Trendlinien eindeutig zuordnen

Um Ihnen selbst eine Hilfestellung bei der exakten Identifizierung eines Trends zu geben, können Sie bei einem Aufwärtstrend einfach die sukzessiv steigenden Tiefs verbinden. Entsteht eine Linie, welche auf kurz oder lang aufsteigt, handelt es sich um einen wachsenden Trend. Ebenso funktioniert dieses Prinzip bei fallenden Trends, indem die sich immer niedriger befindenden Hochs miteinander verbunden werden. Dabei gilt, wenn umso mehr Hochs bzw. Tiefs miteinander verbunden werden können, desto sicherer handelt es sich um einen Trend, den Sie für sich nutzen können. Hängen Sie sich dabei jedoch nicht an kleineren Verletzungen der Trendlinien auf, da fast nichts in der Realität so aussieht, wie in einem Lehrbuch beschrieben. Erst große Durchbrechungen können Sie zum Handeln zwingen. Des Weiteren möchte ich noch darauf aufmerksam machen, dass es neben Auf- und Abwärtstrends auch Seitwärtstrends geben kann. Diese entstehen, wenn der Kurs stagniert bzw. kurzzeitige Gewinne und Verluste schnell wieder ausgeglichen werden. Im Internet wird diese Situation auch oft als richtungsloser Trend beschrieben.

Zusätzlich möchte ich Ihnen drei zentrale Regeln im Umgang mit Trends erläutern, welche besonders am Anfang des Daytradings stets zu beachten sind. Nach etwas Erfahrung und den ersten Erfolgen sind diese Handlungsempfehlungen meist verinnerlicht. Grundsätzlich gilt, je stärker der Neigungswinkel des Trends ist, desto unwahrscheinlicher wird eine Fortsetzung dieses Trends, unabhängig davon ist, ob es sich um einen fallenden oder steigenden Trend handelt. Die zweite Regel thematisiert die Länge der Trendlinie. Ist diese sehr lang und hat der Trend bereits seit einem großen Zeitraum Bestand, wird sich das auch beim Bruch dieses Trends auswirken.

Dieser wird ebenso lang sein und in den meisten Fällen einen hohen Kursverlust bzw. Kursgewinn nach sich ziehen. Bedenken Sie dies bitte, wenn Sie das Ende eines Kursabfalls erwarten, und investieren Sie nicht zu früh. Dass eine Trendlinie, welche mehrere Konsolidierungsphasen überstanden hat, sich plötzlich umkehrt, wird immer unwahrscheinlicher, je mehr Konsolidierungsphasen es gab. Das besagt die dritte und letzte Regel über Trendlinien. Sie hat den Hintergrund, dass trotz oftmals fallender Kurse immer wieder Anleger bereit waren, neue Anteile zu kaufen und den Kurs nicht zu weit sinken zu lassen. Dies spricht eindeutig für einen soliden Trend, der sich nicht ohne Weiteres schnell wieder umkehrt.

Weitere Chart-Linien richtig nutzen

Um sich einen Überblick über die Situation eines Aktienkurses zu verschaffen und um diesen auch historisch richtig einordnen zu können, existieren drei wesentliche Hilfslinien, die auf einen Blick erkennen lassen, in welcher Lage sich der Kurs momentan befindet. Diese sind für jeden Anleger von großer Bedeutung, da auch bei Tradern nicht ausschließlich die vergangene Zeit über das Potenzial und das Risiko der Aktie aufklärt. Eine ganzheitliche Betrachtung eines ausreichend großen Zeitraums ist deshalb unausweichlich.

Die Verwendung einer sogenannten Unterstützungslinie ist zwei Mal je Aktienkurs zu empfehlen. Zum einen sollte Sie auf die vergangenen fünf bis zehn Jahre angewendet werden, um einen weitreichenden Überblick zu erhalten. Dabei werden die Tiefpunkte miteinander verbunden, welche sich auf einem ähnlichen Niveau befinden und die tiefsten Werte des Kurses abbilden. Krisen können dabei unbeachtet bleiben, da sie weder bezüglich der Zeit des Auftretens noch bezüglich des Ausmaßes vorhersagbar sind.

Die entstandene Linie markiert Ihnen nun die maximale Tiefe bis zur Trendumkehrung. An diesem Punkt steht einer Investition so gut wie nichts im Weg, da es sehr unwahrscheinlich ist, dass der Kurs noch deutlich weiter fällt. Außerdem unterstützen umso mehr Verbindungspunkte die Sicherheit der Vorhersage dieser Eigenschaft. Nun empfehle ich, diese Linie erneut anhand einer geringeren Zeitspanne zu markieren, für Daytrader empfiehlt sich ein halbes Jahr, da sie im Allgemeinen zur groben Orientierung gilt. Wem es hilft, der zeichnet sich auch noch die Unterstützungslinie des aktuellen Monats – schaden wird es Ihren Erfolgen sicher nicht.

Das Pendant zur Unterstützungslinie an den Tiefpunkten bildet die Widerstandslinie an den Hochs. Sie begrenzt das Potenzial des Aktienkurses, schränkt einen langwierigen positiven Trend jedoch nicht vollständig ein. Zu erwarten ist, dass auch bei einem Erreichen der Widerstandslinie der Trend nach einer Konsolidierungsphase fortgesetzt wird, jedoch empfehle ich nicht, dieses Risiko einzugehen. Ist die Widerstandslinie in etwa erreicht, ist das Ihr Signal, das Boot vorerst zu verlassen.

Unter der sogenannten 200-Tage-Glättung verstehen Experten den Durchschnitt des Aktienkurses der vergangenen 200 Tage. Dieser Mittelwert wird in den Chart eingezeichnet und auch von nahezu allen Brokern angeboten, damit Sie diese mithilfe eines Klicks sehen können. Sie gibt Ihnen Aufschluss darüber, ob sich der Kurs momentan überdurchschnittlich hoch oder niedrig befindet, und kann ebenso für einen längeren Zeitraum verwendet werden. Insbesondere aber die magische Grenze von 200 Tagen wurde für den Tradingbereich entwickelt, da sie für kurzfristige Investitionen am aussagekräftigsten scheint. Weitere Durchschnittswerte und Glättungen werden oftmals bereits automatisch von den Tradingplattformen angezeigt, ganz einfach, weil sie enorm wichtig für die Orientierung sind.

BEISPIELHAFTE ANWENDUNG DER CHARTFORMATIONEN UND HILFSLINIEN

Um die Ausführungen dieses Kapitels zu verdeutlichen und um Ihnen zu zeigen, wie idealtypisch sich manche Chartformationen in der Realität verhalten, möchte ich beispielhaft diesen vorliegenden Aktienchart der Tesla-Aktie analysieren. Tesla ist ein noch junges Unternehmen, welches besonders in den letzten Jahren enorm an Kurswert gewonnen hat und unumstritten einer der großen Gewinner der kürzeren Vergangenheit ist. Das für die Medien immer wieder interessante Auftreten des CEOs Elon Musk sorgte höchstwahrscheinlich für einen zusätzlichen Boom des Tech-Riesen, welcher vor allem durch das Voranbringen der E-Mobilität bekannt geworden ist. Den vorliegenden Ausschnitt habe ich zufällig ausgewählt, damit nicht wie bei den zuvor gezeigten Grafiken das Gefühl entsteht, dass sich die Realität nicht in dieser Weise abbilden lässt. Der gewählte Zeitraum befindet sich, wie es unterhalb des Charts zu erkennen ist, zwischen dem 29.09. und dem 5.10.2020.

Quelle: https://www.finanzen.net/aktien/tesla-aktie

Aufgrund der geringen Zeitspanne verzichte ich bei dieser Analyse auf das Einbeziehen der Unterstützungs- und Widerstandslinie, welche nicht ausreichend Aussagekraft hätten. Um den Chart dennoch einordnen zu können, gebe ich Ihnen die Information, dass sich der momentane Kurs auf einem primären Aufwärtstrend befindet, welcher jedoch noch nie wirklich unterbrochen wurde. Zwar existiert die Aktie bereits seit 2011, jedoch steigt der Kurs erst seit in etwa einem Jahr stetig an. Der Höchstwert von 420 Punkten ist momentan nicht erreicht und wurde Ende August 2020 bewältigt. Beginnen möchte ich mit der allgemeinen Einordnung der Formation. Deutlich zu erkennen ist eine Schulter-Kopf-Schulter-Formation mit dem Kopf bei 381 Punkten und den beiden Schultern auf einer Höhe von in etwa 367 Punkten. Mithilfe dieses Wissens ließ sich also abschätzen, dass der Kurs nach dem Erreichen des Kopfes eine Konsolidierung einnehmen wird, um wieder auf das Niveau der ersten Schulter, auf 367 Punkte, zu klettern. Schön zu erkennen ist ein absteigendes Dreieck in der Mitte des 29.09. auf einer Höhe von 357 bis 363 Punkten. Die untere Linie des Dreiecks verläuft über zwei Tiefs horizontal, während die obere Grenze eine starke Abwärtsbewegung einnimmt und sich das Dreieck auf einer Höhe von 358 zuspitzt.

Dabei hat der Chart sozusagen Anlauf genommen, um einen starken Kursverfall hinzulegen. Der darauf folgende Wimpel bis zum Anstieg bei 355 Punkten ist ebenso ausgezeichnet zu erkennen, da sich keine der beiden Außengrenzen parallel zum Diagramm verhalten, sondern beide aufeinander zugehen. Es folgt ein sehr steiler Anstieg, welcher allerdings nicht lange anhält, woran liegt das? Hoffentlich erinnern Sie sich an die Regel, welche besagt, dass, je stärker der Neigungswinkel eines Trends ist, eine Fortsetzung immer unwahrscheinlicher wird.

Dieser Fall ist hier eingetreten. Nach dem darauffolgenden Abschwung folgt ein dreitägiger sekundärer Trend, welcher letzte Woche mit Sicherheit einige Herzen von Tradern höher hat schlagen lassen. Kurz vor dem höchsten Kurs dieser Woche schleicht sich eine weitere Formation ein, welche so noch ein weiteres Mal in diesem Diagramm wiederzufinden ist. Es handelt sich um eine nahezu idealtypische Flagge, welche durch ihre sich parallel zueinander verhaltenden Begrenzungen der Hochs und Tiefs vor dem finalen Anstieg ein schönes Muster abbildet. Ebenso zu sehen ist diese zu Beginn des 05.10., welche in dem Fall verhältnismäßig lange Bestand hat. Daraus lässt sich auch ableiten, weshalb der Kurs im Folgenden um in etwa zehn Punkte steigt, denn: die Länge des Trends nimmt Einfluss auf die Höhe des gegenläufigen Trends bei einem Bruch, so, wie es hier der Fall ist. Diese Umkehrung des Negativtrends bildete übrigens gleichzeitig die zweite Schulter der Schulter-Kopf-Schulter-Formation, weshalb sich hier zwei Indizien für einen Kursanstieg miteinander verknüpfen.

Ich hoffe, meine Ausführungen haben Ihnen dabei geholfen, genauer zu verstehen, was es mit den Symbolen auf sich hat und wie Sie diese im Chart erkennen. Im nächsten Kapitel wird es nun richtig spannend, denn jetzt gehe ich darauf ein, wie Sie diese Chartformationen für sich verwenden können – wann Sie sich in die Aktie einkaufen, sie wieder abstoßen und damit Gewinne erzielen.

Daytrading erlernen: Den Aktienchart interpretieren

VERSCHIEDENE GEWINNSTRATEGIEN

Streng genommen bildet das Daytrading lediglich eine von vielen Strategien unter Tradern, weshalb ich in diesem Abschnitt auf weitere Möglichkeiten eingehe, wie Sie Trading betreiben können. Dabei soll die eine Strategie keineswegs eine andere ausschließen, sondern es sollte eine Zusammenarbeit miteinander sein. Das bedeutet, dass bei weniger erfolgreicher Anwendung des Daytradings auch mit einem Teil des Investitionskapitals eine andere Strategie verfolgt werden kann. So können Verluste aus risikoreichen Daytrading-Geschäften mithilfe anderer Trades ausgeglichen werden und Sie als Trader erlangen vielfältiges Wissen über die Chancen, welche manche Charts bieten und manche Charts eher nicht vorweisen.

<u>Daytrading</u>
Damit Sie bei den folgenden Strategien einen Vergleich mit dem Hauptthema dieses Buches, dem Daytrading, anstellen können, möchte ich dies noch einmal definieren und wichtige Eigenschaften nennen, zu denen sich andere Gewinnstrategien unterscheiden. Zum einen eröffnen und schließen Daytrader Ihre Trades innerhalb eines Tages, was bedeutet, dass Sie sich eine gegenläufige Bewegung nicht leisten können. Deshalb werden Stop-Loss-Marken auf einem vergleichsweise hohen Niveau gesetzt, um im schlechtesten Fall nur kleine Verluste zu generieren. Des Weiteren entstehen durch diese Herangehensweise auf den meisten Plattformen deutlich weniger Kosten, da Ordergebühren oft wegfallen oder sehr gering sind und keine sogenannten Übernachtfinanzierungskosten anfallen. Je nach Plattform werden diese fällig, wenn der Trade über eine etwas längere Dauer gehalten wird als geplant und die Entwicklungen des nächsten Tages genutzt werden müssen, um nicht zu hohe Verluste hinnehmen zu müssen. Dadurch, dass insbesondere schnelle Gewinne aus meist tertiären Trends generiert werden, ist die Arbeit als Daytrader ohne Unterbrechungen durchzuführen und ähnelt auch für Hobbytrader einem Minijob. Im Gegensatz zu anderen Strategien ist permanent eine hohe Konzentration nötig, sodass Verschnaufpausen innerhalb einer Session nur selten möglich sind.

Scalping

Hierbei handelt es sich um eine Unterform des Daytradings, welche sich dadurch auszeichnet, dass „Scalper" einen Trade innerhalb weniger Sekunden oder maximal Minuten abschließen. Das bedeutet, dass das Risiko für Übernachtfinanzierungskosten nicht vorhanden ist und sich lediglich auf die sehr kleinen tertiären Trends konzentriert wird. Dabei wird ein Kurs gesucht, welcher im sekundären Trend momentan sehr beständig ist und es deshalb nicht zu erwarten ist, dass eine Durchbrechung erfolgt. So wird innerhalb des sekundären Trends immer wieder während der Tiefs gekauft und zu nahezu jedem kleinen Hoch verkauft. Wichtig dabei ist außerdem eine sehr hohe Volatilität des Marktes, da die Kursschwankungen sonst zu gering sind.

Des Weiteren ist es wichtig, zu erwähnen, dass „Scalper" oft mit Kritik konfrontiert werden und das Modell hauptsächlich auf Glück basiert. Dass dies nicht der Fall ist, zeigen erfahrene Trader immer wieder, indem sie mithilfe dieser Taktik konstante Gewinne einfahren. Die Kritik bezieht sich daher insbesondere auf die Verlockung für Anfänger, ebenso diese Strategie auszuführen, doch diese können auf Dauer keinen Erfolg haben, da es sich hierbei um sehr komplexe Marktstrukturen handelt und die Trader fast ausschließlich aufgrund von Wahrscheinlichkeiten Entscheidungen treffen. Deshalb ist vor der Ausführung dieser Taktik eine Menge Erfahrung nötig und das Einsetzen von minimalen Beträgen empfohlen – am besten im Cent-Bereich. Dies dient der Übung und bereitet Sie darauf vor, später keine Panik im Umgang mit großen Summen zu bekommen.

Positions-Trading

Deutlich vom Daytrading und der weiteren Strategien dieses Abschnitts abzugrenzen ist das sogenannte Positions-Trading. Ähnlich wie beim aktiven Investieren hält der Trader sich seine Position über mehrere Tage, Wochen oder sogar Monate offen, um bei hohen Kursgewinnen zu verkaufen. Er tritt sozusagen als Beobachter auf und investiert deshalb in deutlich weniger Aktien, die er mehrmals täglich überprüft. Der Zeitaufwand ist überschaubar, da eine Überprüfung der gespeicherten Charts nicht länger als fünf Minuten in Anspruch nimmt. Somit geht der Positions-Trader, je nachdem, wie viele verschiedene Trades er mit dem verfügbaren Kapital gleichzeitig eingeht, ein recht hohes Risiko ein, da sich starke Kursverluste direkt auf sein Portfolio auswirken – dafür profitiert der Trader von hohen Gewinnen jedoch ebenfalls sehr stark. Bei der Auswahl und Einschätzung der Aktien ist es neben der technischen Chartanalyse auch nötig, Unternehmenskennzahlen und weitere Einflussfaktoren zu kennen und effektiv zu nutzen.

<u>Swing-Trading</u>
Die sogenannten „Swings“ werden als kurzfristige Kursbewegungen definiert, welche aufgrund dessen auftreten, weil der Preis der Aktie nicht an den realen Wert angepasst ist. Swing-Trader suchen sich Aktien heraus, welche sich im inneren Wert vom Marktwert unterscheiden. Innere Werte werden von Experten und Plattformen herausgegeben, die sich hauptsächlich mit Trading beschäftigen. Meist sind innere Werte und Marktwerte nahezu identisch, doch das ist nicht immer so. Ist der innere Wert höher, investiert der Swing-Trader, in der Hoffnung, dass sich der Marktwert anpasst. Während der Investition befindet sich der Kurs optimalerweise in einem Swing-Low, sodass während eines Swing-Highs, also eines Kurshochs, ausgestiegen werden kann. Zwar entwickelt sich der Kurs nicht stets so, wie der innere Wert es vorgibt, die Wahrscheinlichkeit dafür liegt allerdings bei über 50 Prozent – und das bedeutet regelmäßige Gewinne, die je nach Sekundär- oder Tertiärtrend höher oder niedriger ausfallen können. Eine explizite Dauer zwischen Erwerb und Verkauf wird nicht vorgeschrieben.

<u>Trend-Trading</u>
Diese Form des Tradings folgt im Grunde genommen der Trendfolger-Strategie, welche ich bereits im Abschnitt „Aktienstrategien“ vorgestellt hatte. Dabei konnte die Zeitspanne frei gewählt werden, wobei insbesondere längerfristige Investments im Vordergrund standen, die den primären Trend nutzen und deshalb weniger Risiko eingehen. In diesem Fall geht es vor allem um kurzfristige Trades, welche innerhalb eines sekundären Trends stattfinden und bei denen versucht wird, zum bestmöglichen Zeitpunkt vor der Konsolidierung auszusteigen. Dafür sind die im Kapitel zuvor erläuterten Chartformationen enorm wichtig, da diese Aufschluss darüber geben, wann sich der Einstieg lohnt und wann der Trader lieber die Finger vom Produkt lassen sollte.

Da sich diese Strategie bei den meisten Daytradern wiederfindet und deshalb auch einen Großteil des Daytradings ausmacht, insbesondere bei Beginnern, werde ich im Folgenden dieses Kapitels die beispielhafte Analyse des Aktiencharts unter den Prinzipien dieser Strategie durchführen. Auch Ihnen empfehle ich das Beginnen mit der Trend-Strategie, da sie durch das Traden unter der Kappe des großen Trends vergleichsweise hohe Sicherheit verspricht. Dabei ist es nicht entscheidend, ob sich der Trader auf kleine Gewinne aus tertiären Trends im Schatten des aufsteigenden Sekundärtrends konzentriert oder sich etwas längerfristig über eine Dauer von mehreren Tagen auf die Sekundärtrends konzentriert, welche unter dem Deckmantel des aufsteigenden Primärtrends stattfinden.

BEISPIELHAFTE ANWENDUNG DES TREND-TRADINGS

Aufgrund der im Abschnitt zuvor erläuterten vielfältigen Möglichkeiten, Trading zu betreiben, möchte ich mich in diesem Praxisbeispiel auf die Strategie des Trend-Tradings konzentrieren. Dafür habe ich unterschiedliche Zeitspannen ausgewählt, in denen verschiedene Trades stattgefunden haben könnten. Die einzelnen Möglichkeiten dazu werde ich nun analysieren und Ihnen Schritt für Schritt die Einstiegs- und Ausstiegszeitpunkte anhand der aktuellen Entwicklung der Volkswagen-Aktie erklären. Die Auswahl der Aktie erfolgt auch hierbei zufällig, um Ihnen einen möglichst realistischen Einblick zu geben. Des Weiteren handelt es sich um die aktuellen Entwicklungen des Aktienkurses, was beweist, dass es sich hierbei um einen beliebigen Chart handelt.

Quelle aller in diesem Abschnitt genutzten Grafiken: https://www.finanzen.net/aktien/volkswagen-aktie

Zunächst ist es essenziell, sich einen Überblick über die Gesamtsituation der Aktie zu verschaffen, um anhand dieser Informationen die Marktlage zu verstehen. Zu Beginn 2016 sank die Aktie in den Keller, weshalb sich der Kurs im Gesamten

auf einem recht niedrigen Niveau befindet. Auslöser dafür war der unter dem „Diesel-Skandal" bekanntgewordene Betrug der Abgaswerte von Neuwagen. Der Kurseinsturz zu Beginn des Aprils 2020 begründet sich eindeutig mit der Corona-Krise, weshalb dieses Rekordtief in die Interpretation der Unterstützungslinie nicht einbezogen wird. Diese zieht sich in dem betrachteten Zeitraum auf einem Niveau von in etwa 130 Punkten, was für die weiterführenden Betrachtungen durchaus noch eine Rolle spielen wird.

Ebenso lässt sich eine eindeutige Widerstandslinie erkennen, welche sich in etwa bei 180 Punkten befindet – der kleinere Ausreißer mit dem Rekordhoch zum Jahresbeginn 2018 nimmt darauf keinen wesentlichen Einfluss. Außerdem lässt sich zwischen der Mitte 2018 und dem Ende 2019 ein eindeutiger primärer Aufwärtstrend beobachten, welcher mit den zugehörigen sekundären Trends optimal für etwas langfristig gedachte Trades hätte genutzt werden können.

Insbesondere Verfolger des Swing-Tradings werden diese für sich entdeckt haben. Nach der Corona-Krise lässt sich ein eindeutiger Aufwärtstrend abzeichnen, welcher aufgrund des Trends vor der Krise noch nicht am Höchstpunkt angekommen zu sein scheint, da das Niveau der Widerstandslinie bei 180 Punkten noch nicht erreicht ist. Fazit: Es lässt sich festhalten, dass sich der Aktienkurs auf einem primären Aufwärtstrend befindet, welcher in nächster Zeit die Widerstandslinie erreichen wird. Die dafür benötigte Zeitspanne schätzen Experten auf drei bis vier Monate.

Nun wird es bereits etwas spannender für Trader, welche kurzfristige Strategien verfolgen. Die Zeitspanne beträgt nun nur noch einen Monat und das Hoch auf 160 Punkten ist hierbei ebenso wie in der vorherigen Grafik ausgezeichnet zu erkennen. Zunächst fällt auf, dass sich das Zeichnen einer weiteren Unterstützungslinie lohnt. Es ist gut zu erkennen, dass auf einem Niveau von in etwa 143 Punkten alle vier der entstandenen Tiefs enden und einen Anstieg zur Folge hatten. Leicht umzusetzen wäre daher ein Trade am 27.09. oder 4.10., als der Kurs zum erneuten Mal ein Tief erreicht hat.

Die Aktie wird auf einem Niveau von 143 erworben und nach wenigen Tagen bei 150 Punkten wieder abgestoßen. Die folgende Konsolidierung und die sich dabei bildende Flagge sind leider nur schwer berechenbar, weshalb ich von einem erneuten Einkauf zu diesem Zeitpunkt abgeraten hätte. Dies wäre die richtige Entscheidung gewesen, da der Kurs im folgenden Verlauf wieder auf ein ähnliches Niveau der Unterstützungslinie sank. Einem erneuten Einkauf steht nun nichts im Weg.

Zu sehen ist außerdem, dass ein Verkauf der Aktie auch jetzt noch nicht notwendig ist, da eine Wertsteigerung auf das Niveau der Widerstandslinie bei 150 Punkten wahrscheinlich ist. Ebenso ist im Anschluss daran eine weitere Steigung möglich, da sich die Aktie, wie im vorherigen Chart erläutert, im Aufwärtstrend befindet. Das Risiko für eine längerfristige Investition, welche bis zu mehrere Wochen umfassen kann, ist als gering einzuschätzen. Deshalb ist es für Sie als Daytrader ratsam, auf Höhe der Unterstützungslinie mit zwei Ordern einzusteigen, sodass der eine Trade bei dem Niveau von 150 beendet ist und der zweite längerfristig im Depot gehalten wird. Wie sich die Aktie nun wirklich entwickelt, kann niemand mit an Sicherheit grenzender Wahrscheinlichkeit vorhersagen, jedoch ist meine Prognose die mit Abstand am wahrscheinlichste Entwicklungsoption.

Doch lassen sich diese vorgeschlagenen Handlungen bereits dem Daytrading zuordnen? Nicht wirklich, denn die empfohlenen Trades sind eher längerfristige Spekulationen aufgrund der technischen Chartanalyse und externen Faktoren, sodass es sich hierbei zwar nicht um aktives Investment mithilfe einer Aktienstrategie handelt, allerdings um langfristiges Trend-Trading. Dennoch sind auch anhand dieses Charts eindeutig Möglichkeiten zum Daytrading zu erkennen. Ich denke, Sie haben bereits gesehen, welches Muster sich optimal eignet und noch dazu eine fast idealtypische Entwicklung genommen hat. Die Rede ist vom kurzzeitigen Hoch zwischen dem 29.09. und dem 03.10. auf einem Niveau von etwa 150 Punkten.

Daytrader zielen auf kleinere Gewinne tertiärer Trends ab, sodass diese Kursschwankungen optimal in das Schema passen. Die Konsolidierung nach dem starken Anstieg am 29.09. eignet sich einwandfrei für saubere Trades. Zum Zeitpunkt des ersten Absturzes und als der Kurs wieder andeutet, eine Flagge oder zu diesem Zeitpunkt auch ein mögliches Dreieck zu bilden, steigen Sie als Trendfolger ein. Im Anschluss erreicht der Kurs noch innerhalb eines Tages erneut das Niveau von 150 Punkten – Ihr Ausstiegssignal.

Nun wird es einfacher, da sich die Flagge ausbildet. Erneut steigen Sie auf einer Höhe von in etwa 147 Punkten ein und idealerweise bei 150 Punkten aus. Haben Sie diesen Ausstieg verpasst, weil Sie auf eine weitere Steigung spekuliert haben und das Erreichen der Marke zugegebenermaßen sehr kurzzeitig war, verfallen Sie nicht in Panik und nutzen das nächste und letzte Hoch der Flagge. Es ist sehr unwahrscheinlich, dass die Konsolidierung der Flagge bereits nach zwei Tiefs beendet ist, weshalb es kaum einen Grund gibt, nervös zu werden. Die kurze Geduld über in etwa einen Tag zahlt sich aus und Sie verkaufen Ihre Anteile zu einem Kurswert von 150 Punkten. Theoretisch hätte nun im Anschluss der Trend weiter Bestand haben können, doch das ist aufgrund des Neigungswinkels des vorausgegangenen Aufwärtstrends am 28.09. bis 29.09. recht unwahrscheinlich.

So folgt der zuvor analysierte Abschwung bis zur Höhe der Unterstützungslinie und ein weiterer, deutlich gemäßigter Trend setzt an – und Sie sind wieder mittendrin.

Mithilfe dieses letzten Charts möchte ich noch einmal die Daytrading-Möglichkeiten dieser Aktie abrunden. Sie sehen das Verhalten des Charts der vergangenen Woche und erkennen mittlerweile selbst sehr gut, wann die richtigen Einstiegs- und Ausstiegszeitpunkte beim Trend-Trading in kurzen Daytrading-Zeitspannen gewesen wären. In diesem Chart ist noch einmal detaillierter zu sehen, was ich im vorherigen Abschnitt bezüglich der Konsolidierungsphase auf dem Niveau von in etwa 150 Punkten erörtert habe. Aufgrund des immens wichtigen Wochenvergleichs ist außerdem gut zu erkennen gewesen, dass der Chart bei dem in diesem Diagramm tiefsten Kurs von 141 Punkten wieder steigen wird.

Doch diese Eigenschaft hätten Sie bei einem reinen Tages-Trade nicht gehabt. Deshalb möchte ich an Sie appellieren, insbesondere zu Beginn des Daytradings immer das große Ganze im Hinterkopf zu behalten und zu wissen, wo sich die Unterstützungs- und Widerstandslinien befinden. Ohne diese wird das kurzfristige Trading zum Glücksspiel. Des Weiteren ist sehr gut zu erkennen, dass das sogenannte Scalping mit wenig Erfahrung einem Casino-Spiel gleicht, da hierbei innerhalb weniger Minuten ein Trade abgeschlossen und sich dem nächsten zugewendet wird.

Das hat zur Folge, dass der „Scalper" permanent diverse Informationen und Hintergrundwissen bereit haben muss, um große Fehler vermeiden zu können. Viele Trader nehmen deshalb trotz des großen Erfahrungsschatzes von dieser Variante Abstand und vertrauen Ihrem längerfristigen Können, sodass auch dabei enorme Renditen generiert werden.

EINBLICK IN DEN ALLTAG EINES BERUFSTRADERS

In diesem Abschnitt möchte ich darauf eingehen, wie ein typischer Tag eines Traders aussieht, welche Mythen stimmen und nicht stimmen und inwieweit er sich vom Trading eines Hobbytraders unterscheidet.

Zunächst einmal haben viele beim Berufsbild „Daytrader" eine stets gut informierte Person mit Zeitung in der Hand vor Augen. Doch die zahlreichen Informationen, die für das Trading von Bedeutung sind, stammen nicht aus Zeitungen oder anderen Medien, die ebenso viele andere Personen lesen, welche nichts mit dem Trading am Hut haben. Vielmehr beschafft sich ein Trader seine eigenen Informationen durch Kennzahlen und durch die Beobachtung von Märkten. Dafür spielen insbesondere asiatische und US-amerikanische Märkte eine große Rolle, da sie in den einzelnen Branchen mehr oder weniger großen Einfluss auf die Entwicklungen am deutschen Markt nehmen. Aus diesen Gründen besteht eine der täglichen Hauptaufgaben eines Berufstraders in der ständigen Beobachtung von Märkten, wofür unter anderem auch Software wie sogenannte Marktscanner zum Einsatz kommen, die die vorhandenen Daten nach Auffälligkeiten und individuell eingestellten Filtern durchsuchen.

Meist wird ein Trader erst 15 bis 30 Minuten nach Marktöffnung aktiv, da die Aktienkurse in der Zeit vorher schwer einzuschätzen sind. Nach Ablauf dieser Zeit können bereits die ersten Order platziert werden, meist auf Grundlage der Erfahrung der vergangenen Tage und durch fundiertes Wissen über die betreffende Branche. Zwar entscheidet der Trader dann selbst, mit welcher Aktie gehandelt wird, jedoch wird der Trade oft von einem Computer nach vorher festgelegten Kriterien ausgeführt. Dazu gehört neben der Stop-Loss-Marke auch eine Gewinngrenze, bei welcher die Aktie spätestens verkauft werden soll. Dieses Vorgehen erhöht die Genauigkeit und wird immer öfter im Handel genutzt, da ohne den Einsatz von Computern Nachteile aufgrund der längeren Reaktionszeit des menschlichen Händlers entstehen.

Zusammenfassend lässt sich behaupten, dass Daytrader insbesondere als Beobachter und Experten betitelt werden können, welche Trades für Computer in Auftrag geben. Dass der Trader das gehandelte Finanzprodukt selbst kauft, ist zunehmend seltener geworden und nicht mehr der Standard. Das bedeutet jedoch nicht, dass diese Arbeit möglicherweise bald vollständig von Computern übernommen werden könnte. Dafür sind die verschiedenen Möglichkeiten und Hintergründe zu komplex, als dass der Computer stets die richtige Entscheidung treffen könnte. Die Programmierung einer solchen Maschine, welche mithilfe der Brute-Force-Methode die verschiedenen Märkte lernt, ist momentan noch nicht möglich. Des Weiteren sind Spekulationen und das Treffen von Entscheidungen unter Unsicherheit für den Menschen deutlich einfacher als für Computer.

Welche Zusammenhänge entstehen bezüglich der Arbeit von Hobbytradern? Die größte Gemeinsamkeit, die Sie als Daytrader mit Berufstradern haben, ist die beobachtende Komponente. Eine Ihrer Hauptaufgaben ist das permanente Lernen und Verstehen verschiedener Märkte und somit, die sich daraus ergebenden Chancen zu erkennen. Jedoch setzen Sie die Trades eigenhändig und entscheiden per Mausklick selbst, wann der Trade beendet ist. Des Weiteren schließen Hobbytrader in der Regel deutlich risikoärmere Trades ab als Berufstrader, welche im Auftrag traden und sich eine bestimmte Rendite als Ziel gesetzt haben. Im Hobbybereich ist von dieser Vorgehensweise eindeutig abzuraten.

TRADING SPEZIAL: WO ES NOCH MÖGLICH IST

Besonders am Anfang des Daytradings werden Trader vor die Frage gestellt, ob das Kapital am Aktienmarkt wirklich am sinnvollsten investiert ist. Das liegt daran, dass es heutzutage diverse Alternativen gibt, wo das in diesem Buch vermittelte Wissen ebenfalls angewendet werden kann. Zwei dieser Möglichkeiten möchte ich in diesem Abschnitt aufgreifen und Ihnen erklären, was die Unterschiede zum klassischen Trading mit Wertpapieren sind. Lohnt sich der Umstieg?

Trading am Devisenmarkt

Am Devisenmarkt wird anders als auf dem Aktienmarkt mit Währungen gehandelt. Das bedeutet im Besonderen, dass die Beziehungen von Währungen untereinander getradet werden. Viele Trader sind aufgrund folgender Eigenschaften des Devisenmarktes der Meinung, er eigne sich besser für Trading als der Aktienmarkt. Ich persönlich habe dahingehend eine zwiegespaltene Meinung, da ich sozusagen auf dem Aktienmarkt groß geworden bin und mich hier auskenne. Dennoch verschließe ich mich nicht vor den offensichtlichen Vorteilen und möchte sie nun auch Ihnen stückweise näherbringen.

Der erste Aspekt ist das deutlich vergrößerte Handelsvolumen auf dem Devisenmarkt. Experten sind sich einig, dass täglich in etwa fünf Billionen US-Dollar gehandelt werden, was weitaus mehr als die 200 Milliarden US-Dollar des Aktienmarktes sind. Dies liegt insbesondere an den beliebten Währungspaaren EUR/USD und GBP/USD. Ein hohes Volumen ist für Trader deshalb attraktiv, weil es verhindert, dass große Lücken zwischen den vorgegebenen Preisen und den tatsächlichen Preisen entstehen. So können die Trades öfter zu genau den Preisen abgeschlossen werden, wie sie der Markt vorgibt, da es eine vergrößerte Anzahl an Marktteilnehmern bzw. Anbietern und Nachfragern gibt. Mithilfe dieser Eigenschaft können Markteinstiege sowie Marktausstiege präziser gewählt und geplant werden, als es bei durchschnittlichen Aktien der Fall ist. Jedoch gibt es auch hier Märkte mit enorm hoher Volatilität, sodass dieser Vorteil insbesondere gegenüber Aktien entsteht, welche seltener als der Durchschnitt gehandelt werden.

Neben dem hohen Volumen und der sich daraus ergebenden attraktiven Liquidität fallen auf Devisenmärkten seltener Transaktionskosten an, da die Vermittlung für die Plattformen oft einfacher möglich ist. Dennoch gibt es, wie bereits im Abschnitt „Auswahl des Onlinedepots für Trader“ beschrieben, ebenso jede Menge Produkte, welche auch am Aktienmarkt kostengünstig gehandelt werden können – teilweise sogar ganz ohne Gebühren. Eine weitere Eigenschaft des Devisenmarktes ist die Tatsache, dass der Handel 24 Stunden pro Tag an fünf Tagen in der Woche möglich ist. Das liegt daran, dass der Handel nicht über herkömmliche Börsen stattfindet, sondern über den Interbank-Markt, sodass auf dem Devisenmarkt als einen Freiverkehrsmarkt dauerhaft – außer am Wochenende – gehandelt werden kann. So kann das Trading zu den unterschiedlichsten Geschäftszeiten auf der ganzen Welt stattfinden, während die einzelnen Börsen aufgrund der Zeitverschiebungen immer zu unterschiedlichen Zeiten geöffnet haben. Meiner Meinung nach liegt hier ein Vorteil vor, der mich selbst bereits des Öfteren dazu bewegt hat, die eine oder andere Order am Devisenmarkt zu platzieren, weil ich meinen Flow nicht durch die Schließzeiten der Börse unterbrechen wollte.

Auf dem Devisenmarkt herrscht wegen der geringeren Anzahl an zu handelnden Währungspaaren ein deutlich engerer Fokus, als es auf dem Aktienmarkt mit schier unendlich vielen verfügbaren Aktien der Fall ist. Einerseits sorgt der enge Fokus für eine bessere Übersicht der wirklich relevanten Fakten und Zahlen, allerdings schränkt dies auch enorm ein. Beim Börsenhandel dagegen ergeben sich aufgrund der hohen Anzahl an vorhandenen Aktien und weiteren Finanzprodukten, wie beispielsweise CFDs, diverse Möglichkeiten, Potenziale auszuschöpfen und hohe Gewinne zu erzielen.

Abschließend lässt sich zum Devisenhandel sagen, dass er insbesondere für Trader mit kurzfristigen Strategien geeignet ist, worunter auch das Daytrading zählt. Die Hauptgründe hierfür sind das hohe Marktvolumen und die geringen Kosten für die Transaktionen. Dennoch können auch mittelfristige Trading-Strategien am Devisenmarkt für Erfolg sorgen, ich persönliche bevorzuge dann jedoch lieber den Aktienmarkt. Experten empfehlen ebenfalls, ab mittelfristig langen Trades den Aktienhandel gegenüber dem Devisenmarkt vorzuziehen, da das Risiko aufgrund exakterer Vorhersagen individueller wählbar ist.

Trading mit CFDs

Weg vom Devisenmarkt, zurück zum Börsenhandel. Nun geht es um CFDs, doch was ist das eigentlich? Die Abkürzung CFD steht für „Contract for Difference". Es handelt sich hierbei also um einen sogenannten Differenzvertrag, der mit einer Gegenpartei auf die Differenz eines Kurses abgeschlossen wird. Doch diese Definition erklärt den Sachverhalt meiner Meinung nach deutlich zu umständlich. Im Grunde genommen spekulieren Sie als Trader auf die Wertentwicklung einer Aktie, erwerben diese aber nicht. Das bedeutet, dass Sie auch ohne den Besitz von echten Werten, wie einem Wertpapier oder Edelmetallen, Gewinn generieren können, indem Sie beispielsweise CFDs nutzen. Grundlegend setzt der Trader auf steigende Kurse („Long") oder fallende Kurse („Short"). Doch damit nicht genug: Zusätzlich wird eine Hebelfunktion genutzt, die erst dafür sorgt, dass das Spekulieren mit CFDs enorm risikovoll wird. Diese Hebel vervielfachen den Gewinn und ebenso den Verlust um den vorgegebenen Wert.

Einfacher zu verstehen ist das CFD-Trading meiner Meinung nach mithilfe eines einfachen Beispiels. Sie schließen einen CFD (also eine Wette) auf das Steigen (Long) des Kurses einer Aktie ABC mit einem Hebel von zehn ab. Nach dem Handelstag steht der Kurswert der Aktie ABC zwei Prozent unterhalb des Ausgangswertes, sodass sich Ihre „Wette" nicht erfüllt hat. Durch die Hebelwirkung verlieren Sie nun nicht nur zwei Prozent des eingesetzten Kapitals, sondern 20 Prozent, also das Zehnfache bei einem Hebel von 10. Ich hoffe, Sie bemerken, wie schnell dabei eine Menge Geld verloren gehen kann, vor allem, weil nur schwer vorhersagbar ist, wie weit der Kurs wirklich steigt oder fällt.

Doch dieses einfache Beispiel entspricht nicht zur Gänze der Realität. Ein wichtiger Faktor ist, dass der Hebel nicht einfach selbst bestimmt wird. Dieser wird anhand des sogenannten Margin ermittelt. Denn die Gegenpartei, mit der der CFD abgeschlossen wird, ist in den meisten Fällen der Onlinebroker. Dieser gibt für eine bestimmte Aktie eine Margin, beispielsweise von drei Prozent, vor. Sie als Trader möchten nun auf die Steigerung (Long) eines Aktienkurses spekulieren und setzen dafür beispielsweise 300 Euro ein. Der Hebel beträgt nun 33,33 und das Kapital, mit dem insgesamt gehandelt wird, steigt auf 100.000 Euro, da die eingesetzten 300 Euro lediglich drei Prozent (entspricht der Margin) davon darstellen. Geht man nun davon aus, dass der Kurs der Aktie, auf die Sie spekuliert haben, um fünf Prozent steigt, so beträgt der Wert Ihres imaginären Portfolios nun 10.500 Euro, obwohl Sie real nur 300 Euro eingesetzt haben.

Der Wert des Gewinns ergibt sich aus der fünfprozentigen Steigerung des Aktienkurses, von dem Sie Anteile im Wert von 10.000 Euro in Ihrem Portfolio haben. Obwohl sich die Aktie um lediglich fünf Prozent verbessert hat, haben Sie Ihren Einsatz fast verdoppelt und 500 Euro Gewinn generiert. Daran erkennen Sie sehr gut, wie stark die Wirkung des Hebels sein kann und dass es sich hierbei um ein Hochrisikoinvestment handelt.

Problematisch wird es jedoch, wenn der Kurswert weiter sinkt, als die Margin beträgt. Bei einer Entwicklung des Kurses gegen die Richtung Ihrer Wette verlieren Sie Geld. Beträgt der Kursverlust so viel, wie die Margin betragen hat, handelt es sich um einen Totalverlust. Doch handelt es sich um weitere

Prozentpunkte, so sind Sie aufgrund des Vertrages, den Sie durch den CFD abgeschlossen haben, dazu verpflichtet, die Differenz zu bezahlen. Ebenso kommt auch der Broker dieser Pflicht nach, falls Sie enorme Gewinne, wie im Beispiel zuvor beschrieben, einfahren. Diese sogenannte Nachschusspflicht bzw. in Fachsprache oft als „Margin Call" bezeichnet, kann dazu führen, dass Sie enorm hohe Schulden erzeugen. Börsen- und Trading-Anfänger sollten deshalb unbedingt die Finger von Finanzprodukten dieser Art lassen, wozu auch andere Derivate gehören. Ich selbst handle nicht mit CFDs, da ich trotz Trading auf Sicherheit bedacht bin. Meiner Meinung nach ist die Schuldenfalle bei einem plötzlichen Kursverfall zu risikoreich und für Hobbytrader eindeutig zu gefährlich.

Typische Trading-Fehler, die Sie unbedingt vermeiden sollten

In diesem Kapitel werde ich auf typische Fehler eingehen, die insbesondere Tradern unterlaufen, die noch über wenig Erfahrung verfügen und demnach aus Ihren eigenen Fehlern lernen müssen. Damit Sie sich bereits auf die gängigsten Fehler einstellen können und nicht unnötige Verluste hinnehmen müssen, sollten Sie sich meine Ausführungen aufmerksam durchlesen und überdenken.

Sie sind geistig nicht fit genug. Befinden Sie sich in einem Zustand, der Sie möglicherweise unzurechnungsfähig machen könnte, nehmen Sie Abstand vom Trading. Fehler und unüberlegte Entscheidungen schleichen sich so deutlich schneller ein. Gründe für fehlende geistige Fitness können Müdigkeit, Erschöpfung, Aufputschmittel oder auch Betäubungsmittel sein. Traden Sie nur, wenn Sie sich wirklich gesund fühlen!

Sie denken an vergangene Trades. Vergangene Trades sind, auch wenn Sie die Erfahrung aus ihnen für die Zukunft nutzen sollen, Geschichte. Erinnern Sie sich an einen Trade, der Ihnen Verluste beschert hat, beziehen Sie diese Gedanken auf den aktuellen Trade und sind nicht mehr objektiv. Ebenso verhält es sich mit vergangenen, besonders erfolgreichen Trades, welche ebenso nichts mit der aktuellen Entscheidung zu tun haben. Konzentrieren Sie sich auf das Hier und Jetzt und nicht auf die Vergangenheit – Sie werden auf eine negative Art und Weise beeinflusst.

Sie traden aus Langeweile. Manche Trader berichten nach ihrem Ausstieg aus dem Geschäft von einem erhöhten Suchtpotenzial des Tradings. Zwar kann ich dies so nicht bestätigen, dennoch möchte ich es an dieser Stelle an Sie weitergeben. Seien Sie sich der Gefahr bewusst, insbesondere nach einer Gewinnserie in eine Art Rausch zu verfallen, und traden Sie deshalb nicht beispielsweise aus Langeweile. Eine Session sollte gut vorbereitet und geplant sein, damit Sie stets gut informiert sind und die nötige geistige Fitness mitbringen. Ein Trade aus Langeweile wird in der Regel nicht gut gehen.

Sie erwarten zu viel vom nächsten Trade. Mit Sicherheit wird früher oder später der eine Trade dabei sein, der Ihnen einen hohen Gewinn beschert und Ihr Aushängeschild beim Prahlen vor Freunden ist – doch höchstwahrscheinlich ist es nicht der nächste. Erwarten Sie dies allerdings vom nächsten Trade, steigen

Sie nicht rechtzeitig aus und reizen Ihr Glück aus. Halten Sie sich trotz großer Wünsche an Ihre Strategie. Kleine Gewinne summieren sich ebenso.

Sie setzen sich unrealistische Ziele. Die Rede ist hierbei vom sogenannten Erwartungswert. Für die Berechnung dieses Konzeptes gibt es im Trading zwar keine konkrete Formel, jedoch kennen Sie den Markt genau und wissen um die durchschnittliche Rendite. An dieser orientieren Sie Ihren Erwartungswert und lassen zusätzlich Faktoren wie eine eindeutige Marktstellung positiv mit einfließen. So erreichen Sie, dass Sie bei einem Gewinn oberhalb der erwarteten Rendite vorsichtig werden und eine Marke haben, an der Sie die Stop-Loss-Marke erneut orientieren können, nachdem der Wert gestiegen ist.

Sie nutzen Ihre Stop-Loss-Marke nicht korrekt. Nicht immer ganz einfach ist das Setzen der Stop-Loss-Marke. Wichtig ist, dass diese realistisch gesetzt ist und sich an den Erwartungswert im negativen Sinne anpasst. Des Weiteren sollten Sie die Marke niemals innerhalb eines Trades nach unten ausweiten. Das Konzept wird sonst wertlos und Sie handeln höchstwahrscheinlich nicht mehr nach Ihrem ursprünglichen Plan. Das Setzen einer Stop-Loss-Marke ist übrigens essenziell und wird von mir bei jeder Order dringend empfohlen – insbesondere am Anfang.

Sie analysieren zu viel. Ja, ich habe Ihnen innerhalb dieses Buches eine Menge Möglichkeiten aufgezeigt, wie Aktienkurse analysiert werden können. Dazu gehört, woraus sie sich zusammensetzen, weshalb sie sich verändern und wann sie sich gut für einen Trade eignen. Neben diesen Eigenschaften gibt es vor allem im Netz allerdings noch viele weitere teils kuriose Ideen und Anmerkungen, wie ein Aktienkurs analysiert werden könnte und welche Faktoren Einfluss auf diesen nehmen. Dasselbe ist bei Trading-Strategien der Fall, welche oftmals überanalysiert werden, um bestmöglich aus den Fehlern zu lernen. Doch das ist nicht immer zielführend. Vertrauen Sie auf Ihr Wissen und konzentrieren Sie sich nach einem misslungenen Trade auf den nächsten. Verluste sind ganz natürlich und passieren jedem Trader zu Genüge. Es ist nicht notwendig, sofort sein gesamtes Konzept über den Haufen zu werfen.

Sie weichen von Ihrer Strategie ab. Beginnen Sie einen Trade mit einer klaren Strategie und ziehen Sie diese durch. Das Vermischen der Strategien ist nur in seltenen Fällen erfolgreich und nimmt oft einen negativen Einfluss auf den Trade. Seien Sie sich deshalb vor Einkauf genau darüber im Klaren, welche Pläne und Ziele Sie mit welcher Strategie verfolgen, und weichen Sie nicht sofort vom Plan ab, falls kleine Unregelmäßigkeiten auftreten.

Sie gehen unnötiges Risiko. Dies erkennen Sie oftmals daran, dass in einem Trade plötzlich mehr als 20 bis 30 Prozent des gesamten Investitionskapitals stecken und der Erfolg der Session von dem Ausgang dieses einen Trades abhängt, denn das darf nie der Fall sein. Bei allen Trades sollte in etwa ähnliches Kapital eingesetzt werden, sodass nicht einer deutlich wichtiger als die anderen werden. Ausgeglichenheit steht an oberster Stelle.

Sie dokumentieren vergangene Trades nicht. Vor allem, wenn Sie auf unterschiedlichen Plattformen traden, ist eine Übersicht der Sessions zu erstellen, welche mindestens jeweils den Gesamtgewinn und -verlust der Trades beinhaltet. Besser wäre noch eine Ergänzung um die jeweils getradeten Aktien mit Erfolgen und Misserfolgen. Das sorgt für den positiven Effekt, dass Sie nicht nach Bauchgefühl entscheiden müssen, welche Aktien Ihnen gut liegen und welche nicht. Außerdem können Sie so deutlich besser aus Fehlern lernen und nach mehreren Sessions ein Fazit ziehen. Der Aufwand lohnt sich!

Begriffsverzeichnis

In diesem Begriffsverzeichnis möchte ich auf die wichtigsten Fachbegriffe eingehen, die innerhalb dieses Buches aufgetaucht sind. Nutzen Sie diese Möglichkeit zur Wiederholung oder zum Verständnis des Buches, um optimal auf Gespräche mit Freunden vorbereitet zu sein oder um Experten verstehen zu können. Ich bin mir sicher, dass einige dieser Definitionen Ihnen dabei helfen werden, Ihr Wissen zu reaktivieren.

Aktienchart: Der Aktienchart gibt mithilfe eines Diagramms wieder, wie sich die Aktienkurse eines Wertpapiers innerhalb einer bestimmten Zeitspanne verändert haben. Dabei sind Intraday-Ansichten, also vom aktuellen Tag, genauso wie Ansichten über die gesamte Laufzeit möglich. Das moderne Daytrading begründet sich zum großen Teil anhand der technischen Chartanalyse, welche aufgrund von typischen Formationen innerhalb eines Charts Aufschluss darüber gibt, wie sich die Kurse in Zukunft entwickeln.

Börsengang: Unter einem Börsengang versteht man den Start des Verkaufs von Aktien eines Unternehmens an der Börse. Dafür werden Banken beauftragt, den Wert eines Unternehmens festzustellen, damit die Aktien im Anschluss zu einem attraktiven Preis an Großinvestoren verkauft werden können. Danach haben Privatanleger die Möglichkeit, die verfügbaren Aktien an der Börse zu erwerben. Das Unternehmen gilt nach der Vollendung des Börsengangs als börsennotiert und die Wertpapiere können nun täglich gehandelt werden.

Bullen- und Bärenmarkt: Waren Sie schon einmal in Frankfurt vor dem Börsengebäude und haben dort die Statue des Bullen und des Bären entdeckt? Diese stehen gewiss nicht zufällig an diesem Platz, denn sie sind das Zeichen für steigende bzw. fallende Kurse. Ein Bullenmarkt beschreibt einen aufsteigenden primären Trend, während der Bärenmarkt für fallende primäre Trends steht. In Gesprächen mit Börsenexperten werden Sie von diesen Umschreibungen noch oft hören.

Online-Broker: Eine alternative Bezeichnung für das Depot stellt der Online-Broker dar. Dieser verwaltet das Sondervermögen und bietet Zugang zu diversen Finanzprodukten, darunter Aktien, CFDs und ETFs. Er ersetzt sozusagen die beratende Funktion einer herkömmlichen Bank.

Diversifikation: Mithilfe der Diversifikation des Portfolios wird erreicht, dass die Performance und deshalb auch die Rendite nicht nur von einer Anlage abhängt, sondern das Risiko auf verschiedene Investitionen aufgeteilt wird. Das ist der Grund, weshalb ein gutes Portfolio niemals nur aus Daytrading-Anteilen oder ausschließlich aus einzelnen Aktien besteht. Die Mischung sichert die Rendite und kann dennoch sehr unterschiedlich gestaltet sein, da sich die Anlagen in verschiedene Risikoklassen unterteilen lassen.

Dividende: Nach Ablauf des Geschäftsjahres haben Aktieninhaber bei Jahresgewinn der Firma Anrecht auf eine Dividende, die prozentual zum Nennwert der Aktie vom Unternehmen ausgeschüttet wird. Spezielle Dividenden-Indizes listen Firmen, die besonders großzügig bei der Ausschüttung der Dividende sind.

ETF: Sogenannte „Exchange Traded Funds" bilden Aktienkurse meist von Aktienindizes ab und machen diese somit besparbar. Insbesondere zeichnen sie sich dadurch aus, dass sie nicht aktiv verwaltet, wie es beispielsweise bei Fonds-Produkten der Fall ist, sondern maschinell aktualisiert werden. Deshalb lässt sich bei einem Sparplan auf ETFs im Durchschnitt die Marktrendite erwarten, weshalb das Risiko dieser Anlagen überschaubar ist.

Gleitender Durchschnitt: Mithilfe dieses Tools lässt sich für Anleger, Trader und Daytrader auf einen Blick erkennen, inwieweit sich die aktuelle Performance einer Aktie von jener der letzten 200 Tage unterscheidet. Dafür wird meist die 200-Tage-Glättung in den Aktienchart einbezogen, wobei die Zeitspanne auch deutlich höher ausfallen kann, wenn es sich um eine längerfristige Betrachtung handelt.

Konsolidierung: Eine Konsolidierung tritt ein, wenn sich der Markt, meist nach einem starken Aufschwung oder während eines primären Trends, abkühlt. Der Aktienkurs festigt sich dann auf einem bestimmten Niveau und bietet Tradern die Möglichkeit, mithilfe sogenannter Chartformationen wie Dreiecken oder Flaggen den Verlauf und den Ausbruch aus der Konsolidierung vorherzusehen, sodass kurzfristige Trades möglich gemacht werden.

Kostenquote: Diese simple Rechnung ermöglicht Anlegern aller Art, sich einen Überblick über die Kostenstruktur der getätigten Investitionen zu verschaffen. Dabei werden die insgesamt anfallenden Gebühren einer Trading-Session durch die Preise aller getätigten Orders dieser Session geteilt. Daraus ergibt sich ein Wert, der möglicherweise auf anderen Broker-Plattformen kleiner gehalten werden könnte. Ob sich dann ein Wechsel lohnt, entscheiden Sie individuell.

Nennwert: Anhand des Nennwertes einer Aktie kann der Anleger sehen, wie viel Geld das Unternehmen ursprünglich durch die Herausgabe dieser Aktie an Eigenkapital erhalten hat. Er unterscheidet sich in den meisten Fällen vom aktuellen Kurswert, denn bei Aktien mit hoher Nachfrage befindet sich der Kurswert oft deutlich darüber.

Penny-Stock-Aktien: Diese besonderen Aktien zeichnen sich durch die Eigenschaft aus, dass sich ihr Kurswert unter einem Dollar befindet. Die Ursache dafür liegt in den meisten Fällen in starken Kursverlusten durch schwache Geschäftsjahre oder Krisen. Interessant sind diese Aktien deshalb, weil der Nennwert niemals weniger als einen Dollar beträgt, sodass hier eine Anlage unter ihrem Nennwert erworben werden kann. Bei einer Stabilisierung des Geschäfts könnte sich die Investition deshalb lohnen, jedoch ist dies sehr unwahrscheinlich. Risikoreiche Anleger investieren dennoch regelmäßig in Penny-Stock-Aktien.

Sondervermögen: Aktien und andere Wertpapiere werden generell als Sondervermögen aufgefasst, was den Effekt hat, dass sie nicht in die Bilanz der Broker-Plattform aufgenommen werden können. Das bedeutet für Sie, dass Ihre Anlagen in Finanzprodukte unabhängig von einer Insolvenz der Plattform sicher sind.

Volatilität: Volatile Anlagen zeichnen sich dadurch aus, dass sie besonders hohen Kursschwankungen unterliegen und deshalb sehr attraktiv für Trader sind. Ein Grund dafür ist unter anderem eine hohe Anzahl an Marktteilnehmern und Tradern.

Extra: Steuern sparen beim Börsenhandel

Aktiengewinne müssen versteuert werden

Bereits seit 2009 gilt die Abgeltungssteuer für die meisten Finanzprodukte, wozu neben Aktien, Fonds und ETFs auch Zertifikate, Derivate und CFDs zählen. Sie fällt unabhängig von Ihrer persönlichen Einkommenssteuer in einer Höhe von 25 Prozent auf die Gewinne an. Zusätzlich müssen noch 5,5 Prozent Solidaritätszuschlag und gegebenenfalls Kirchensteuer gezahlt werden. Diese Prozentsätze gelten jedoch wirklich nur auf den absoluten Gewinn, was bedeutet, dass Ihnen Verlustgeschäfte bezüglich der Steuer positiv zugutekommen. Investieren Sie Ihr Kapital auf herkömmliche Weise bei einer Bank, welche für Sie Aktien jeglicher Art oder beispielsweise Immobilienfonds erwirbt, können Sie auf die persönliche Beratung zurückgreifen und müssen sich nur selten selbst um die Steuer kümmern. Die Bank ist über Ihre persönliche Situation informiert und beachtet Freistellungsaufträge und vieles mehr ganz von selbst.

Investieren bzw. traden Sie jedoch über einen Onlinebroker, steht Ihnen nur selten eine persönliche Beratung zur Verfügung. Meist handelt es sich dabei nur um einen technischen Support, welcher Ihnen in inhaltlichen Fragen kaum weiterhilft. Bei Depots wird die Steuer klassischerweise direkt vom Gewinn abgezogen und somit wird der Großteil automatisch erledigt. Das ist auch gut so, denn es ermöglicht den Zugang für Anleger, welche keine Zeit dazu haben, sich speziell mit der Zahlung der Steuer auseinanderzusetzen. Dennoch gibt es einige Möglichkeiten, die Steuer zu umgehen oder sie zumindest erst ab bestimmten Summen zahlen zu müssen. Welche Tipps und Tricks es dabei gibt, erläutere ich Ihnen im nächsten Abschnitt.

Wie Sie unnötige Steuerzahlungen geschickt vermeiden

Den Sparer-Pauschbetrag effektiv nutzen. Dieser Betrag in Höhe von 801 Euro geht Hand in Hand mit dem zuvor erwähnten Freistellungsauftrag. Jede Person hat die Möglichkeit, jährlich 801 Euro steuerfreie Gewinne aus Finanzgeschäften zu erwirtschaften. Dazu kommt, dass Ehepaare gemeinsam insgesamt 1.602 Euro erzielen dürfen, unabhängig davon, ob die Geschäfte auf einen Namen laufen oder die Partner getrennte Konten besitzen. Essenziell ist es deshalb, am Anfang jeden Jahres den Freistellungsauftrag bei der jeweiligen Bank oder dem betreffenden

Broker einzureichen. Selbst, wenn Sie über mehrere Plattformen traden, können Sie den Auftrag einreichen und sozusagen splitten. Möglich ist dies bis zum Ende des Jahres, spätestens 10 Tage vorher sollten Sie ihn aber unbedingt abgeschickt haben, falls Sie langfristig Geld anlegen. Ansonsten sollte der Freistellungsauftrag stets vor dem ersten Trade vorliegen, damit bei Auszahlungen kein Steuergeld vom Gewinn abgezogen wird. Um dafür zu sorgen, dass die Steuerzahlungen auch bei Gewinnen über 801 bzw. 1.602 Euro rechtmäßig stattfinden, verpflichten Sie sich mit diesem Auftrag, die überschüssigen Gewinne korrekt zu versteuern und den zusätzlichen Betrag nach Abschluss des Jahres nachzureichen.

Den Grundfreibetrag kennen. Ebenso wie der Sparer-Pauschbetrag steht jeder Person das Recht zu, jährlich bis zu 9.000 Euro steuerfrei zu verdienen. Als Schüler, Student oder Geringverdiener zählen zu dieser Grenze ebenso die Einnahmen aus Unterhalt, Kindergeld oder weiteren Zahlungen. Wurde der Betrag nicht ausgeschöpft, kann er durch Einnahmen aus Kapitalerträgen ergänzt werden, bis die Grenze erreicht ist. Zusätzlich gilt dennoch der Sparer-Pausch-Betrag, sodass theoretisch eine vergleichsweise hohe Summe an Gewinnen aus Finanzgeschäften erwirtschaftet werden kann, ohne diese versteuern zu müssen.

Schöpfen Sie diese Freibeträge gezielt aus. Dabei beziehe ich mich auf den Sparer-Pauschbetrag und den Grundfreibetrag, welche zuvor erläutert wurden. Haben Sie noch Puffer bezüglich der Summen, zum Beispiel aus Trading-Geschäften, so könnten Sie darüber nachdenken, möglicherweise andere Finanzprodukte Ihres Portfolios noch vor Jahresende zu verkaufen, um sie im nächsten Jahr erneut einzukaufen. Beachten sollten Sie dabei jedoch die fälligen Gebühren der jeweiligen Plattform für Transaktionen und Vermittlungen. Das Ziel sollte es sein, mindestens jedes Jahr den Betrag von 801 Euro pro Person auszuschöpfen, da es sich sonst um verschenktes Potenzial handelt.

Füllen Sie gegebenenfalls eine Nichtveranlagungs-Bescheinigung aus. Diese verhindert auch über der Grenze von 801 Euro, dass der Broker Steuergelder von Ihrem Gewinn abzieht. Das wird notwendig, falls Sie sich sicher sind, dass Sie den Grundfreibetrag nicht ausschöpfen. Des Weiteren bietet er Ihnen die Möglichkeit, das gesamte Jahr mit deutlich mehr Geld zu handeln, denn die nicht abgezogenen Beträge summieren sich. Des Weiteren muss die Nachzahlung erst im nächsten Jahr erfolgen, sodass Sie auch in dieser Zeit mit Geld traden können, was Sie bald abgeben müssen. Seien Sie dabei allerdings vorsichtig und behalten Sie sich immer ein ausreichend großes Polster, um keine Schulden beim Finanzamt zu provozieren.

Verrechnen Sie Gewinne und Verluste sorgfältig. Wie eingangs bereits erwähnt, sind Sie dazu verpflichtet, die Gewinne Ihrer Kapitalerträge zu versteuern. Der Umsatz oder das eingesetzte Kapital spielen dabei keine Rolle, jedoch sind Ihre Verluste von Interesse. Es ist gestattet, Gewinne aus Trades mit Aktien mit Verlusten aus Trades mit anderen Aktien zu verrechnen. Jedoch ist es nicht erlaubt, die einen Finanzprodukte mit den anderen zu verrechnen, zum Beispiel Gewinne aus Aktienfonds mit Verlusten aus CFD-Spekulationen. Erstellen Sie sich daher insbesondere dann eine Übersicht, wenn Sie auf verschiedenen Plattformen Gewinne erwirtschaftet haben. Die einzelnen Plattformen stellen dafür Zusammenfassungen bereit, in denen Sie nach den einzelnen Produkten, Gewinnen, Verlusten, dem Datum und vielem mehr filtern bzw. sortieren können.

Die Macht alter Aktien. Da die Abgeltungssteuer erst seit 2009 für alle Gewinne zählt und zuvor lediglich die Einnahmen versteuert werden mussten, die innerhalb eines Jahres durch den Kauf und Verkauf erzielt wurden, sind Aktien, welche vor 2009 erworben wurden, als von der Steuer befreite Aktien zu betrachten. Sie müssen also keine Steuern beim Verkauf von Aktien geltend machen, wenn Sie diese vor 2009 selbst erworben oder beispielsweise von jemandem geschenkt bekommen haben. Die fällige Schenkungssteuer wurde dabei bereits bei der Übergabe beachtet.

Traden Sie bei einem ausländischen Broker? Entscheidend für die Einordnung, ob der Broker deutsch oder ausländisch ist, ist der Sitz des Unternehmens. Befindet sich dieser beispielsweise in Osteuropa, müssen Sie die Steuer generell selbst abführen. So sind Sie, ähnlich wie durch die Nichtveranlagungs-Bescheinigung, dazu verpflichtet, die Steuer in korrekter Höhe bis zum geltenden Stichtag einzureichen. Dafür benötigen Sie ebenso detaillierte Übersichten und etwas Zeitaufwand, können allerdings auch mit Geld handeln, welches Ihnen sozusagen zinsfrei geliehen wurde.

Schluss

In diesem Buch haben Sie von den Grundlagen des Investierens bis zum Daytrading mit spekulativen Produkten essenzielles Wissen erlernt, welches Ihnen einen erfolgreichen Einstieg in die Welt des Tradings ermöglicht. Dazu gehörte neben fundamentalen Fakten zu Investitionen und Aktienindizes auch eine Definition darüber, inwieweit sich aktives und passives Investieren voneinander unterscheidet. Das passive Investment zeichnet sich neben einem verlängerten Anlagehorizont auch durch das Zufriedengeben mit der Marktrendite aus. Die Erkenntnis darüber, dass Sie sich als Trader dem aktiven Teil der Aktienanleger zuordnen und es auf lange Sicht Ihr Ziel ist, die durchschnittliche Rendite am Markt zu schlagen, war der Startschuss für die darauffolgenden Kapitel, welche sich spezieller um das Trading drehten.

Die Basics des Tradings haben Ihnen vermittelt, dass Daytrader insbesondere auf sehr kurzfristige Gewinne auf Grundlage der technischen Chartanalyse hoffen, welche Sie in den beiden Hauptkapiteln erlernt haben. Die Anwendung dieser bezog sich auf Aktien verschiedener Unternehmen, wobei gezeigt werden konnte, dass auch bei zufällig ausgewählt Aktien die Theorie nahezu idealtypisch erkennbar ist und so die Bedeutung der Chartanalyse unterstrichen werden konnte. Des Weiteren habe ich Ihnen hoffentlich erfolgreich vermittelt, wie wichtig neben der technischen Analyse ebenso ein Überblick über die historischen Entwicklungen und die externen Einflussfaktoren, wie Kennzahlen oder Produkttrends, ist.

Zum Schluss des Buches hatten Sie die Möglichkeit, das Gelernte zu überdenken, indem Sie sich die möglichen Fehler verinnerlicht haben und diese deshalb nicht selbst begehen werden. Ebenso konnten Sie sich wichtige Begriffe in Ihr Gedächtnis zurückrufen und hatten die Möglichkeit, im Zusatzkapitel über die Abgeltungssteuer zu lernen, inwieweit die Abgabe der Steuer bei Aktiengewinnen eine Rolle spielt.

Zugegebenermaßen sind 25 Prozent Steuerzahlungen eine Menge, jedoch werden Sie mithilfe der Tipps hoffentlich nur einen kleinen Teil Ihrer Gesamtgewinne versteuern müssen. Ich bedanke mich sehr für Ihr Interesse und wünsche Ihnen viel Spaß bei der Umsetzung meiner Erklärungen. Vielleicht schaffen Sie es schon bald, die Marktrendite dauerhaft zu schlagen – Sie können sich sicher sein, dass ich mich mit Ihnen freuen werde.

Technische Analyse

Traden wie ein Profi

Wie Sie mit den Optionsstrategien der Super-Erfolgreichen an der Börse intelligent investieren, höchstprofitabel handeln und Ihr Risiko drastisch minimieren

Worum es in diesem Buch geht

Sie haben sich also dazu entschlossen, an die Börse zu gehen und damit Geld zu verdienen? Diese Entscheidung verlangt zunächst einmal einen gewissen Mut und ein gewisses Selbstvertrauen in Ihre eigenen Fähigkeiten. Gut, dass Sie diese Eigenschaften besitzen, denn in der Tat können Sie an der Börse eine Menge Geld verdienen, wenn Sie es richtig anstellen.

Zunächst ist es wichtig, Ihre Ziele festzulegen. Was wollen Sie mit dem Börsenhandel erreichen? Wollen Sie langfristig und nachhaltig investieren und damit tröpfchenweise kleine Gewinne erzielen oder wollen Sie innerhalb relativ kurzer Zeiträume relativ hohe Gewinne erwirtschaften? Wenn Sie ersteres bevorzugen, dann sollten Sie sich vornehmlich mit ETFs und anderen langfristigen Anlagestrategien beschäftigen, wenn Sie ein wenig mehr ins Risiko gehen, dafür aber auch die Wahrscheinlichkeit satter Gewinne erhöhen wollen, empfiehlt es sich jedoch, sich mit der technischen Analyse, auch Chartanalyse genannt, auseinanderzusetzen.

Die technische Analyse hilft Ihnen, den Zeitpunkt des Einstiegs in einen bestimmten Markt optimal zu timen und so den bestmöglichen Moment für Ihre Investition zu erwischen. Dies ist nicht unerheblich, schließlich kann der Zeitpunkt, an dem Sie mit dem Investieren beginnen, entscheidend darüber sein, wie hoch Ihre Gewinne ausfallen oder ob Sie überhaupt Gewinne erzielen können. Gehen Sie daher nicht unbedacht an die Sache heran, sondern informieren Sie sich vorher ausführlich über die Chancen und Risiken der Märkte, an denen Sie operieren möchten und lernen Sie, die Märkte entsprechend zu beobachten.

Informieren Sie sich im Internet, auf Blogs oder durch Videos, aber seien Sie äußert vorsichtig bei der Auswahl Ihrer Quellen, gerade im Netz gibt es eine Vielzahl unseriöser Anbieter, von denen Sie besser die Finger lassen sollten. Deshalb rate ich Ihnen, nicht ausschließlich auf die Recherche im Internet zu setzen, sondern sich mit einschlägiger Fachliteratur und Ratgebern auseinanderzusetzen. Einen ersten Ratgeber, der Ihnen die notwendigen Grundlagen anschaulich vermittelt, halten Sie bereits in den Händen.

In diesem Buch möchte ich Ihnen erklären, was es mit der technischen Analyse auf sich hat, wie Sie funktioniert und wie Sie mit ihrer Hilfe an der Börse erfolgreich sein können. Zunächst werden wir die börsenspezifischen Begrifflichkeiten klären, die Sie im Laufe des Buches immer wieder lesen können, damit Sie jederzeit wissen, über welche Sachverhalte wir sprechen.

Im Anschluss daran werden wir uns die Grundlagen der technischen Analyse anschauen und anhand von Beispielen verdeutlichen. Abschließend möchte ich Sie über die Chancen und Risiken dieser Methode aufklären, um am Ende ein Fazit zu ziehen. Keine Angst, auch wenn wir an manchen Stellen um die Theorie nicht herumkommen, so werden jederzeit praktische Beispiele verwendet, um das Beschriebene zu verdeutlichen. Schließlich soll es in diesem Ratgeber in erster Linie um die Praxis gehen.

Da es sehr schwer ist, die Details meiner Grafiken genau zu erkennen, habe ich Ihnen die Bildquellen jeweils unter dem Bild verlinkt. Diesen können Sie ganz einfach in der Adresszeile bei Google eingeben und dann auf Bilder klicken. Dort können Sie dann die Bildgröße nach Belieben einstellen.

Ich möchte mich von vornehinein für diese Unannehmlichkeiten entschuldigen, aber hoffe das ich Ihnen eine gute Lösung bieten konnte.

Ich wünsche Ihnen viel Spaß beim Lesen und viel Erfolg beim Einstieg in die Welt des Börsenhandels.

Haftungsausschluss

Ich möchte gleich zu Beginn unmissverständlich aufzeigen, dass ich es zwar als meine Aufgabe sehe, Ihnen möglichst viele Hinweise, Tipps und Ratschläge mit auf den Weg zu geben, um die Wahrscheinlichkeit eines erfolgreichen Starts ins Börsengeschäft signifikant zu erhöhen, ich jedoch gleichzeitig keine Garantie für Ihr Gelingen aussprechen kann. Es kann bei Börsengeschäften keine einhundertprozentige Garantie für Erfolg geben, letzten Endes vermag es niemand, ausschließlich korrekte Prognosen zu treffen. Es kann also vorkommen, dass Sie, obwohl Sie alle Ratschläge aus diesem Buch berücksichtigen, dann und wann Verluste machen.

Für diese etwaigen Verluste können weder ich persönlich noch der Verlag die Haftung übernehmen, alles, was ich garantieren kann, ist, dass ich die Informationen in diesem Buch nach bestem Wissen und Gewissen recherchiert und zusammengestellt habe, um sie anschließend möglichst verständlich und übersichtlich aufzubereiten. Dennoch kann es passieren, dass plötzlich ein unerwartetes Ereignis eintritt, das kann ein Flugzeugabsturz ebenso sein wie die Wahl einer neuen Regierung in einem marktrelevanten Staat. Solche Ereignisse können, wenn sie unerwartet geschehen, sämtliche Prognosen über den Haufen werfen.

Bei den Ratschlägen in diesem Buch handelt es sich also um Handlungsempfehlungen und nicht um absolute Wahrheiten. Gäbe es diese im Bereich der Börse und der Finanzmärkte tatsächlich, wäre es schließlich einfach, denn jeder oder jede könnte sich an die eine erfolgreiche Strategie halten und damit reich werden. Letzten Endes würde dieser Gedanke vermutlich dahin führen, dass es überhaupt keine Möglichkeit gäbe, an der Börse Geld zu verdienen, denn es kann nun einmal nicht jeder nur gewinnen. Im besten Falle kommen wir niemals in die Situation, dass eine Ihrer Anlagestrategien nicht von Erfolg gekrönt wird, dann brauchen Sie dieses kleine Kapitel nie wieder aufzuschlagen.

Ich muss es dennoch an dieser Stelle einfügen, um eventuellen rechtlichen Schwierigkeiten oder Rechtsunsicherheiten direkt vorzubeugen. Doch, wie bereits erwähnt, ist alles in diesem Buch sorgsam recherchiert und nach bestem Wissen aufgearbeitet worden. Im Normalfall sollten Ihnen diese Tipps und Hinweise dabei helfen, Ihr Geld langfristig, sicher und ohne ein zu hohes Risiko zu investieren. Viel Erfolg dabei!

Begriffserklärungen

„Erst dann, wenn der Mensch Begriffe formt,
begreift er sich“.
(Antoine de Saint-Exupéry)

Bevor wir in die Materie einsteigen, ist es zunächst unerlässlich, einige wesentliche Begriffe zu klären, von denen Sie möglicherweise schon einmal gehört haben, die Sie jedoch auf Nachfrage nicht definieren könnten. Gerade die Begriffe sind aber zentral, um jederzeit zu verstehen, worüber wir uns hier unterhalten. Daher definiere ich direkt zu Beginn einige der wichtigsten Fachausdrücke, die im weiteren Verlauf des Textes Erwähnung finden werden. Sollten Sie bei der weiteren Lektüre der nun folgenden Kapitel über unbekannte Worte stolpern, schauen Sie doch am besten direkt in diesem Kapitel nach, vielleicht wird der Ausdruck hier erklärt.

- **Aktien:** Den Begriff kennt fast jeder, doch was verbirgt sich genau hinter ihm? Eine Aktie ist ein Wertpapier, das heißt, sie hat einen bestimmten Wert, der in Geld taxiert wird. Die Aktie verbrieft einen Anteil an einer Aktiengesellschaft, also eines Unternehmens, welches an der Börse gehandelt wird (Berwanger, 2018). Der Luftfahrtkonzern Lufthansa zum Beispiel beteiligt Aktionäre an den Gewinnen und auch Verlusten des Konzerns. Wenn Sie eine Aktie der Lufthansa kaufen, erwerben Sie einen kleinen Teil an dem Unternehmen. Nach dem Gesamtwert des Unternehmens richtet sich auch der Wert Ihres Anteils, also der Aktie.

- **Anleger**: Sobald Sie eine Aktie oder auch ein anderes Finanzprodukt kaufen, sind Sie ein Anleger. Sie deponieren Ihr Geld nicht unter dem Kopfkissen, sondern legen es an den Finanzmärkten an, man spricht auch von Investitionen.

- **Broker:** Ein Broker ist ein Finanzdienstleistungsunternehmen und wird im Deutschen auch Börsenmakler genannt. Sie geben bei Ihrem Broker Transaktionen an der Börse in Auftrag, dieser führt Sie in Ihrem Sinne durch. Ein Broker ist also nicht unbedingt eine reale Person, sondern ein Finanzunternehmen. (Heldt, Gabler Wirtschaftslexikon, 2018). Broker arbeiten dabei mit einer speziellen

Software, die Ihnen den Handel von Wertpapieren oder auch Kryptowährungen binnen Sekunden ermöglicht.
• **Day-Trader:** Day-Trader kaufen Positionen an der Börse, wie etwa Aktien oder Derivate, und verkaufen diese noch am selben Tag wieder. Sie spekulieren darauf, dass sich die von ihnen erworbene Position innerhalb kürzester Zeit vorteilhaft entwickelt und sie somit Geld verdienen können (siehe auch Long Position und Short Position). Day-Trading ist äußerst spekulativ und daher mit hohem Risiko verbunden.
• **Depot:** Das Wertpapierdepot, auch Wertpapierkonto genannt, ist das Konto, über den Ihre Handlungen abgewickelt werden, das heißt der Kauf und Verkauf von Devisen, Wertpapieren etc. ... läuft über Ihr Depot. Die Wertpapierbestände werden auf dem Depot verbucht, es handelt sich im Grunde um ein gewöhnliches Konto, ähnlich einem Girokonto, nur, dass anstelle von Geldbeträgen Wertpapiere gebucht und abgebucht werden. Banken erheben üblicherweise Depotgebühren, wohingegen bei den meisten Brokern die Depotführung kostenlos ist (Heldt, Gabler Wirtschaftslexikon, 2018).
• **Derivate**: Ein Derivat ist ein Vertrag, der auf der Grundlage eines Basiswertes geschlossen wird. Entsprechend dem lateinischen Ursprung des Begriffs wird ein Derivat aus dem Basiswert *abgeleitet*. Basiswerte können beispielsweise auch Aktien sein (Heldt, Gabler Wirtschaftslexikon, 2018). Eine Aktie von Siemens würde in diesem fiktiven Beispiel 100 Euro kosten. Wenn Sie ein Derivat zum Preis von zehn Euro erwerben, bildet dieses den Wert der Aktie ab. Steigt der Wert der Siemens-Aktie auf 110 Euro, steigt der Wert Ihres Derivats ebenfalls um zehn Prozent, also auf elf Euro. Es gibt auch Derivate, die zum Beispiel doppelt so schnell steigen und fallen wie der Basiswert. Solche Derivate bieten höhere Gewinnchancen, aber natürlich auch höhere Verlustrisiken.
• **Devisen:** Devisen sind Ansprüche auf Geldzahlungen in einer fremden Währung. Devisen können zum Beispiel Guthaben bei ausländischen Banken sein. Jede Form von Guthaben in Fremdwährung ist also eine Devise (Geßner, 2018). Der Devisenmarkt gilt als idealer Markt, insbesondere für Einsteiger, da man hier bereits mit kleinen Summen handeln kann und der Markt diverse Möglichkeiten eröffnet.
• **Dividende:** Die Dividende ist ein Teil des Gewinns, den eine Aktien- oder eine Fondsgesellschaft jährlich an alle Anleger ausschüttet. Es handelt sich also um Ihren persönlichen Anteil am Gewinn der Organisation/des Unternehmens, in

welches Sie investiert haben (Böcking, 2018).

- **Hebel**: Um die Gewinnspanne zu erhöhen, bedienen sich Trader oftmals sogenannter Hebel. Dies bedeutet, dass Sie sich Geld leihen, zum Beispiel von einem Broker, um damit die Menge ihres Kapitals zu erhöhen. Sie können also zum Beispiel 20 Bitcoins von Ihrem eigenen Kapital kaufen, aber 100 weitere mit dem geliehenen Geld, also „auf Pump". Somit haben Sie eine höhere Chance auf Gewinne, tragen aber auch ein höheres Risiko, da Sie eventuell geliehenes Geld verlieren (IG.com, 2020).

- **Investmentfonds**: Ein Investmentfonds ist in erster Linie die Ansammlung von Vermögen, das heißt von Geld. Hinter diesen Fonds stehen Kapitalgesellschaften, also Unternehmen. Diese Unternehmen rufen einen Fonds mit einer bestimmten Summe ins Leben, um mit diesem Geld in Aktien, Anleihen, Rohstoffe oder Derivate (*siehe oben*) zu investieren. Manche dieser Fonds sind sogenannte offene Fonds, das heißt jeder kann sich daran beteiligen. Ein Fonds ist deswegen risikoreicher als eine einzelne Aktie, weil er in mehrere mögliche Anlagen gleichzeitig investiert. Dementsprechend höher ist aber auch die Chance auf hohe Gewinne (FAZ.net-Börsenlexikon, 2020).

- **Kapital**: Ihr Kapital ist, zusammengefasst, alle Mittel, die Ihnen zum Handeln zur Verfügung stehen. Meistens handelt es sich beim Kapital um Geld, aber auch ein Computer oder dessen Software ist eine Form des Kapitals. Kapital ist also alles, was Ihnen für die Durchsetzung Ihrer Ziele zur Verfügung steht (Pfitzer, 2018). Wenn Sie erfolgreich an der Börse handeln möchten, benötigen Sie Kapital in Form von Geld, es ist oftmals auch von Startkapital die Rede. Wenn Sie Erfolg haben und Ihr Geld durch den Börsenhandel vermehren können, erhöht sich Ihr Kapital.

- **Long Position**: (englisch für Langposition). Eine *Long Position* setzt darauf, dass die Kurse eines Wertpapiers steigen. Sie kaufen also eine gewisse Summe an digitalem Geld und hoffen darauf, dass der Wert im Laufe des Tages steigt und Sie somit am Ende des Tages einen Gewinn erzielt haben. Long Positionen sind insbesondere bei privaten Anlegern und Tradern beliebt, sie sind auch weniger risikoreich als *Short Positionen* (Kaufman, 2003).

- **Short Position**: (englisch für Kurzposition). Wenn Sie auf fallende Kurse einer Aktie oder auch einer Digitalwährung setzen möchten, sollten Sie eine *Short Position* aufbauen. Man spricht auch vom *Short Selling*. Hierbei verkaufen Sie zunächst eine Position, die Sie noch nicht besitzen zu einem bestimmten Preis. Sie

hoffen darauf, dass deren Wert im Laufe des Börsentages sinkt, später kaufen Sie diese Position dann tatsächlich, allerdings ist der Preis nun geringer als der, für den Sie sie zuvor verkauft haben. Es ist also de facto ein Leihgeschäft, man spricht auch von Leerkäufen beziehungsweise Leerverkäufen (Kaufman, 2003). Kurz gesagt: Wenn Sie der Meinung sind, dass der Kurs von Bitcoin in naher Zukunft fallen wird, sollten Sie eine *Short Position* aufbauen.
• **Transaktionen**: Eine Transaktion ist als Transfer von Geld oder von Gütern zu verstehen. Dies meint nichts anderes, als dass zum Beispiel der Verkauf oder der Kauf einer Aktie jeweils eine Transaktion darstellt. Im einen Fall geht Ihre Aktie in den Besitz eines anderen über, der Ihnen dafür eine entsprechende Summe an Geld bezahlt. Im anderen Fall geht eine Aktie vom Besitz eines anderen in Ihren Besitz über, wofür Sie wiederum Geld bezahlen (Peukert, 2018).
• **Trendlinien**: Durch eine grafische Verbindung von Hoch- und Tiefpunkten in einem Chart kann man die Trends einer Kurve bestimmen. Wenn ein Kurs zweifach oder häufiger einem bestimmten Trend folgt, spricht man von einer Trendlinie. Die Einzeichnung der Trendlinien ist ein wichtiges Element der Chartanalyse (FAZ.net, 2020).

Ihr Start an der Börse

„Der Anfang ist die Hälfte des Ganzen"

(Aristoteles)

Die Börse und die Finanzmärkte sind in hoher Regelmäßigkeit Lieferanten für große, oft reißerische Überschriften in Zeitungen, Zeitschriften oder Online-Magazinen. Spätestens seit der Finanzkrise 2008/2009 hat der Ruf der Börse massiv gelitten und die Berichterstattung fällt meist negativ aus. Aufgrund dessen haben viele Menschen Berührungsängste mit den Finanzmärkten und befürchten, sich dabei in zu unsicheres Fahrwasser zu begeben. Doch wie es Vorurteile und Mythen so an sich haben, sind sie – wenn überhaupt – eben nur teilweise wahr. Bevor wir uns also *en detail* mit der technischen Analyse beschäftigen, möchte ich Ihre möglicherweise vorhandenen Bedenken ein wenig zerstreuen und mit drei hartnäckigen Mythen rund um das Thema Börse aufräumen.

DREI MYTHEN RUND UM DIE BÖRSE – WIDERLEGT.

Mythos 1: Börsenhandel lohnt sich nur für Reiche
Ein hartnäckiges Gerücht, das sich wacker hält, allerdings nicht wirklich zutreffend ist, ist, dass Börsenhandel nur etwas für reiche Menschen sei, die sich ohnehin mit ihrem Geld erlauben könnten, was sie wollten. Allein, um die wirklich Gewinn versprechenden Aktien oder Devisen zu kaufen, brauche man eine Unmenge an Geld, so das Klischee. Kleine Anleger, die nur mit wenig Startkapital an die Börse gehen, könnten nur verlieren, im Vergleich zu all den reichen und mächtigen Akteuren. Die Großen gewinnen, die Kleinen verlieren, so zumindest die Annahme. Doch das stimmt nicht immer, allein durch diese negativen Gedanken bringen sich viele kleine Anleger um ihre Chance, an der Börse Geld zu verdienen.
In der Tat mag es Menschen geben, die aus bloßem Zeitvertreib ihr ohnehin schon vorhandenes Geld an der Börse einsetzen. Und natürlich ist die Wahrscheinlichkeit, hohe Gewinne zu erzielen, umso höher, je mehr Geld man investiert. Doch es ist definitiv falsch, dass man als Kleinanleger an der Börse keine

Chance hätte. Es gibt Finanzprodukte, die schon mit geringem Kapitalaufwand finanziert werden können, nicht alle Aktien sind so teuer wie die der DAX-Unternehmen. Es gibt kleine, börsennotierte Unternehmen, die weniger bekannt sind, dafür aber über ein großes Wachstumspotenzial verfügen und daher gute Gewinne für eine kleine Investition versprechen. Lassen Sie sich also nichts einreden! Auch mit einem kleinen Startkapital können Sie an der Börse erfolgreich sein.

Mythos 2: Börsenhandel ist wie Glücksspiel im Casino

Die Börse ist nur etwas für Zocker, heißt es dann oft, wenn dieser bekannte Börsenmythos zitiert wird. *Da geht es doch zu wie im Casino.* In der Tat gibt es etliche Filme, Dokumentationen oder Zeitungsberichte, die uns die Auswüchse des Casino-Kapitalismus vor Augen führen, die uns vor den Risiken der Zockerei an der Börse eindringlich warnen. Zur Wahrheit gehört: Sie tun es nicht zu Unrecht.

Die Börse bietet Möglichkeiten, um hemmungslos mit für Kleinanleger unfassbaren Summen zu spekulieren. Doch oftmals sind gerade diese Menschen ahnungslos, was die eigentlichen Zusammenhänge der Finanzwelt anbelangt, sie suchen das Adrenalin, die Aufregung, es geht ihnen nicht darum, eine seriöse, anständige Rendite zu erwirtschaften. Tatsächlich versuchen wir mit den Mitteln der technischen Analyse, unser Risiko zu minimieren und somit eben nicht wild zu spekulieren, sondern den bestmöglichen Zeitpunkt zum Einstieg in den Markt ausfindig zu machen. Natürlich können Sie an der Börse unseriöse und hochspekulative Geschäfte tätigen und in manchen Sparten mag es dort durchaus manchmal zugehen wie in einem Spielcasino, doch diese Sparten müssen uns schließlich nicht tangieren. Alles in allem bietet die Börse zahlreiche Möglichkeiten, sein Geld auf seriösem und relativ sicherem Weg anzulegen.

Mythos 3: Um an der Börse erfolgreich zu sein, braucht man jahrelange Erfahrung

Dieser Mythos hält sich vermutlich am härtesten von allen gängigen Vorurteilen über die Börse. Ohne ein BWL- oder VWL-Studium oder Studium der Wirtschaftswissenschaften brauche man an der Börse überhaupt nicht anzufangen, schließlich müsse man alle komplexen wirtschaftlichen Zusammenhänge begreifen, um Börsengeschäfte erfolgreich abwickeln zu können. Die ersten Erfolge stellten sich dann nach jahrelanger Erfahrung irgendwann ein. So in etwa kann man den Mythos zusammenfassen.

Allerdings stimmt auch dieses Vorurteil nicht. Selbst absolute Profis an der

Börse haben irgendwann einmal angefangen und nicht alle von ihnen hatten bereits Erfahrung, geschweige denn ein finanzwirtschaftliches Studium abgeschlossen. Jeder fängt einmal klein an, wichtig ist es, sich zuvor ausführlich mit dem Thema Börse und den richtigen Investitionsstrategien auseinanderzusetzen. Ohne jegliches Wissen sollten Sie tatsächlich nicht damit beginnen, Ihr Geld an der Börse zu investieren, die Erfahrung stellt sich mit der Zeit aber von allein an, machen Sie sich diesbezüglich keine Gedanken. Wichtig ist, dass Sie den Mut aufbringen, sich an die Börse zu wagen.

Fazit

Wie Sie sehen, sind die gängigsten Mythen, die sich rund um den Börsenhandel ranken, nicht unbedingt zutreffend. Wichtig ist, dass Sie sich im Vorfeld gut informieren und sich anschließend trauen, mit dem Investieren zu beginnen. Setzen Sie dabei niemals zu viel Geld ein, es sollten keine Summen sein, die Ihnen wirklich wehtun, sollten Sie sie verlieren.

Sie können also ohne Bedenken Geld an der Börse investieren. Bevor Sie jedoch damit beginnen, tatsächlich Transaktionen durchzuführen, sollten einige Grundvoraussetzungen geschaffen werden. Nehmen wir an, Sie wollen Brot backen. Sie haben sich intensiv darüber informiert, wie man am besten Brot backt und sind motiviert bis unter die Haarspitzen. Das sind gute Voraussetzungen, doch wenn Sie kein Mehl und keine Hefe im Haus haben, können Sie mit dem Backen nicht anfangen. Beim Investieren an der Börse verhält es sich ähnlich, Sie brauchen eine gewisse Grundausstattung, um erfolgreich starten zu können.

WAS SIE ZUM START IN DEN BÖRSENHANDEL BENÖTIGEN

Startkapital

Ohne Startkapital können Sie nicht zu investieren anfangen; das Startkapital ist die Summe an Geld, mit der Sie Ihr Depot bei einem Broker eröffnen. Rein rechtlich gesehen müssen Sie kein Mindestkapital aufwenden, um ein Depot zu eröffnen. In der Praxis empfiehlt es sich jedoch, eine gewisse Summe an Startkapital zu hinterlegen, um an der Börse bestehen zu können.

Denn ohne Geld können Sie logischerweise nicht in den Börsenhandel einsteigen. In jedem Fall sollte genügend Startkapital vorhanden sein, um sinnvolle Transaktionen an der Börse durchführen zu können. Wichtig ist, dass Sie niemals Ihr gesamtes Geld als Startkapital einsetzen sollten. Schließlich brauchen Sie vermutlich auch in Ihrem Alltag zumindest ein bisschen Geld, um Lebensmittel einzukaufen, die Miete zu bezahlen oder mit Ihren Freunden und Freundinnen auszugehen.

Bilden Sie also zunächst ausreichende Rücklagen, bevor Sie mit dem Investieren beginnen. Je nachdem, wie viel Geld Ihnen zur Verfügung steht, sollten Sie nicht mehr als die Hälfte Ihrer Rücklagen für den Börsenhandel verwenden. Sollten Sie unerwartet einmal mehr Geld übrig haben als geplant, so können Sie diesen Betrag natürlich auch vollständig investieren. Vorausgesetzt, auf Ihrem Tagesgeldkonto liegen genügend Reserven.

Die Faustformel, die für Anleger jeden Alters gilt, ist: Setzen Sie niemals Geld an der Börse ein, dass Sie in den nächsten fünf bis zehn Jahren sicher brauchen werden. Wenn Sie sich an diesen Grundsatz halten, können Sie ziemlich sicher sein, dass Sie in der näheren Zukunft nicht in eine finanzielle Schieflage geraten werden. Und das muss auch jederzeit Ihr Ziel sein. Schließlich wollen Sie mit dem Börsenhandel Geld verdienen und nicht Ihr mühsam erspartes Kapital aufs Spiel setzen.

Die Auswahl des richtigen Brokers

Ein Broker führt in Ihrem Namen Transaktionen an der Börse durch, das heißt, er arbeitet mit Ihrem Geld (*siehe Begriffserklärungen*). Sie sollten daher darauf achten, dass Sie einen vertrauenswürdigen Broker auswählen, der mit seinen Dienstleistungen und seiner Software optimal zu Ihren Vorstellungen passt. Durch die hohe Anzahl von Anbietern auf dem Markt müssen Sie vorsichtig sein und auf die Auswahl eines seriösen Brokers achten. Auf Internetbewertungen können Sie sich dabei kaum verlassen, diese sind oft sehr widersprüchlich und interessengetrieben. Es gibt jedoch eindeutige Merkmale, anhand derer Sie seriöse Anbieter erkennen können. Ein seriöser Broker wird über die zuständigen Behörden der Finanzaufsicht reguliert. Diese Regulierung ist entscheidend für die Sicherheit Ihrer Einlagen. Falls der Broker bankrottgehen sollte, ist Ihr Depot über die staatliche Einlagensicherung dennoch abgesichert, Sie verlieren also Ihr Kapital nicht, einem staatlich beaufsichtigten Broker können Sie somit problemlos vertrauen. Wenn Sie ausschließlich auf dem deutschen Aktienmarkt tätig werden wollen, können Sie sich bei der Bundesanstalt für Finanzdienstleistungsaufsicht (BaFin) über die Regulierung des Brokers erkundigen. Wenn Sie mit Devisen und ausländischen Optionen handeln, sind die zuständigen Kontoanbieter meist Broker aus dem Ausland. Informieren Sie sich bei den zuständigen ausländischen Behörden über die Regulierung des Brokers; für europäische Staaten ist die Financial Services Authority (FSA) die zuständige Aufsichts- und Kontrollbehörde (forexbroker24.com, 2019).

Als besonders streng gilt die britische Aufsichtsbehörde FCA (kurz für Financial Conduct Authority), ein Broker mit einer Zertifizierung der FCA ist als besonders vertrauenswürdig anzusehen. Die FCA ist zuständig für Broker, die ihren Hauptsitz im Vereinigten Königreich haben, in aller Regel ist der Firmensitz in London, einem der größten und wichtigsten Finanzplätze der Welt (Financial Conduct Authority, 2016).

Seriöse Broker teilen Ihnen von Anfang an offen mit, dass Gebühren für Ihre Transaktionen anfallen. Gebührenfreie Anbieter gibt es nicht, Sie sollten also skeptisch werden, wenn Ihr Broker Sie nicht über anfallende Kosten informiert. Achten Sie auf versteckte Kosten und Gebühren und schauen Sie daher regelmäßig ins Preisverzeichnis und überprüfen Sie, ob die Kosten, die Ihr Broker Ihnen berechnet, angemessen sind. Seriöse Broker sollten beispielsweise keine Depotführungskosten von Ihnen verlangen. Die meisten Broker sind sogenannte Retail-Broker. Sie führen Handelskonten mit einer geringen Mindesteinlage. Diese Broker kommen für Sie am ehesten infrage, es sei denn, Sie verfügen über eine sehr hohe Summe an Kapital, mit dem Sie handeln wollen. In diesem Fall sollten Sie sich an ECN-Broker wenden. Einige Broker bieten auch beide Kontotypen an, was den Vorteil hat, dass Sie gegebenenfalls den Kontotyp wechseln, Ihren Broker aber behalten können (forexbroker24.com, 2019). Manche Broker verlangen zusätzliche, teils recht hohe Gebühren für die Ausschüttung von Auslandsdividenden. Informieren Sie sich also im Vorfeld darüber, falls Sie eine Strategie mit ausländischen Dividenden verfolgen.

Falls es Ihnen wichtig ist, zusätzlich zum operativen Geschäft Beratungen und Serviceleistungen zu erhalten, sollten Sie sich auch darüber informieren, wie die Erreichbarkeit eines Brokers ist und welche Services grundsätzlich angeboten werden. Einen guten und anschaulichen Vergleich verschiedener Broker, der auch für Anfänger auf diesem Sektor gut verständlich ist, finden Sie auf YouTube auf dem Kanal *Finanzfluss*.

Diese Anforderungen erfüllen nicht alle Broker vollumfänglich. Einige Anbieter, die diesen hohen Standards genügen, sind unter anderem GKFX, die auch ein Büro in Frankfurt am Main haben, man kann also tatsächlich vor Ort sein Konto eröffnen. Außerdem wird man umfassend über die Risiken des Tradings informiert. GKFX ist von den deutschen und europäischen Behörden und auch von der FCA zertifiziert (GKFX, 2019).

Hinweis: Für diese Empfehlung erhalte ich kein Geld oder keine Provision des Unternehmens, die Empfehlung basiert rein auf sachlichen Betrachtungen der verschiedenen Dienstleister. Informieren Sie sich gern selbst, die Wahl Ihres Brokers steht Ihnen völlig frei. Setzen Sie sich mit den verschiedenen Dienstleistern auseinander und treffen Sie die für Sie beste Wahl.

Checkliste für die Wahl des richtigen Brokers:

❒ Ist er über die Finanzaufsicht reguliert?
❒ Hat er seinen Sitz in einem europäischen Staat?
❒ Informiert er transparent und ehrlich über anfallende Kosten?
❒ Sind die im Preisverzeichnis aufgeführten Kosten angemessen? (Unbedingt vergleichen!)
❒ Erhebt er ausschließlich sinnvolle Kosten und Gebühren?
❒ Bietet der Broker die für mich passenden Produkte an?
❒ Ist der Service gut? Kann man die zuständige Firma bei Fragen schnell erreichen?

Wenn ein Broker all diese Voraussetzungen erfüllt, können Sie sich ziemlich sicher sein, einen seriösen und für Ihre Bedürfnisse passenden Anbieter gefunden zu haben.

Wechsel des Brokers

Vielleicht stellt sich nach einiger Zeit heraus, dass Sie trotz gewissenhafter Prüfung dieser Kriterien den falschen Broker gewählt haben, oder Sie haben den Fehler gemacht und bereits einen Broker ausgewählt, bevor Sie dieses Buch gelesen haben. Das ist ärgerlich, aber kein Grund zur Sorge. Ihre Entscheidung ist nicht in Stein gemeißelt. Mittlerweile ist es nämlich sogar relativ einfach, den Broker zu wechseln.

Im Normalfall bietet jeder Broker ein vorgefertigtes Formular an, mit dem der Wechsel innerhalb kurzer Zeit vollzogen werden kann. Es findet ein Depotübertrag statt, das bedeutet, dass Ihr Depot nicht aufgelöst, sondern direkt an den neuen Broker übertragen wird. Insbesondere beim Wechsel zu einem inländischen Broker tauchen dabei keinerlei Probleme auf. Wenn Sie also von einem Broker mit Sitz in Deutschland zu einem anderen Broker mit Sitz in Deutschland wechseln, kann Ihnen im Grunde nichts passieren.

Bei einem Wechsel zu einem ausländischen Broker müssen Sie ein wenig vorsichtiger sein. Dort kann es unter Umständen Schwierigkeiten bei der Übertragung des Depots geben, weil die Datenübermittlung im Gegensatz zu einem innerdeutschen Wechsel nicht automatisiert abläuft. Achten Sie also darauf, dass Sie gegebenenfalls einen Antrag stellen müssen.

Technische Ausstattung

Sie brauchen auf alle Fälle eine gute technische Ausrüstung und eine schnelle Internetverbindung. Kurse schwanken teilweise minütlich, es kann also sein, dass Sie eine für Sie relevante Kursschwankung verpassen, wenn Ihr Computer nicht schnell genug ist und Sie sich deswegen einen Gewinn entgehen lassen oder sogar Verluste erleiden. Das sollte Ihnen auf keinen Fall passieren. Ohne eine entsprechende technische Ausrüstung sollten Sie also nicht mit dem Trading beginnen. Auch ist eine zuverlässige und schnelle Software vonnöten. Meist bekommen Sie diese über Ihren Broker zur Verfügung gestellt.

Eine nahezu perfekte Synchronisation Ihrer Software mit den Börsenkursen ist unerlässlich, insbesondere beim Derivatehandel. Dort wird meist in Echtzeit auf die Kursverläufe gewettet, Sie müssen also nahezu sekündlich reagieren können. Aufgrund der oben bereits beschriebenen Risiken empfehle ich Ihnen, zunächst einmal zu üben, bevor Sie sich auf das tatsächliche Börsenparkett wagen.

Die meisten Broker bieten dabei als Dienstleistung ein kostenloses Demonstrationskonto an, an dem Sie üben und somit die Abläufe des Tradings besser verstehen können. Sie lernen auf der einen Seite, wie die Transaktionen rein technisch funktionieren, haben aber auch die Möglichkeit, sich in verschiedene Märkte einzulesen, um Gewinnchancen und Verlustrisiken ausloten zu können.

Es ist unerlässlich, dass Sie sich mit den verschiedenen Handelsarten auskennen, also Devisenhandel, Aktienhandel, etc. ... und sich damit vertraut machen, wie Ihre Software oder Ihre App in den jeweiligen Handelskategorien genau funktioniert (Wallstreet Online). Ihre technischen Hilfsmittel sind im Grunde mehr als nur das, sie sind Ihre Überlebensgrundlage auf einem Markt mit zahlreichen Mitbewerbern. Da die Apps oder die Software in der Regel über Ihren Broker laufen, informieren Sie sich notfalls bei ihm und stellen Sie, wenn nötig, Verständnisfragen. Auch deshalb ist die Wahl des Brokers entscheidend, recherchieren Sie im Vorfeld, wie gut das Serviceangebot des Brokers ist, damit Sie ihn zur Not direkt und unkompliziert mit Ihren Fragen erreichen können. Die oben bereits erwähnte GKFX zum Beispiel bietet einen 24-Stunden-Service, Sie können sich dort jederzeit telefonisch melden.

Was bedeutet technische Analyse?

„Ich möchte gerne im Dunkel des Nicht-Analysiert-Seins verbleiben."

(Albert Einstein)

Schauen wir uns zunächst einmal an, was mit dem Begriff der technischen Analyse genau gemeint ist, wo er ursprünglich herkommt und welche Annahmen ihm zugrunde liegen. Im Anschluss daran widmen wir uns im nächsten Kapitel der Funktionsweise der technischen Analyse.

DIE DOW-THEORIE

Mittlerweile ist die Technik der Chartanalyse, wie der gesamte Börsenhandel, weitestgehend digitalisiert. Beinahe sämtliche Broker bieten Analysetools und Software an, mit deren Hilfe Sie Charts *en masse* analysieren können. Doch die theoretische Grundlage, welche der Idee der technischen Analyse zugrunde liegt, stammt noch aus der vor-digitalen Zeit. Es handelt sich um die Theorie über die Bewegung der Finanzmärkte von Charles Dow. Dessen Erkenntnisse werden heute oft zusammenfassend als Dow-Theorie bezeichnet.

Im Wesentlichen beschreibt Dow in seinen Überlegungen drei grundsätzliche Trends. Es gebe erstens einen Primärtrend, er habe die größte Bedeutung, denn er zeige an, ob ein Kurs sich grundsätzlich nach oben oder nach unten entwickelt. Innerhalb dieses Primärtrends könne es jedoch einzelne Ausschläge geben, die dem Trend entgegenlaufen. Stellen wir uns also eine Aktie vor, deren Wert im Laufe eines Jahres steigt. Wir können von Januar bis Dezember einen klaren Primärtrend feststellen: Der Kurs steigt! Im Monat Juli allerdings fällt der Kurs der Aktie kurzzeitig, da ein Zulieferer des entsprechenden Unternehmens kurzzeitig in Schwierigkeiten gerät und die Lage des Unternehmens unsicher scheint. Als die Aktionäre jedoch merken, dass es dem eigentlichen Unternehmen weiterhin gut geht, steigt der Kurs der Aktie wieder, der Primärtrend bleibt erhalten. Drittens gebe es sogenannte Tertiärtrends, die als minimale Kursschwankungen beschrieben werden und, laut Dow, vernachlässigt werden könnten (Gall, Dow-Theorie: Chartanalyse und ihre Anfänge, 2017).

Der Trend und das Meer.

Für Dow glichen die Trends in einem Chartverlauf der Bewegung des Meeres. Diese Metapher hilft, das Prinzip besser zu verstehen. Der Primärtrend entspricht den Gezeiten: Ebbe und Flut, also ob es grundsätzlich nach oben oder nach unten geht. Der sekundäre Trend ist wie eine Welle, der tertiäre Trend repräsentiert kleinste Veränderungen innerhalb einer Welle.

Diese Grafik veranschaulicht den Blickwinkel der Dow-Theorie auf ein Chart.

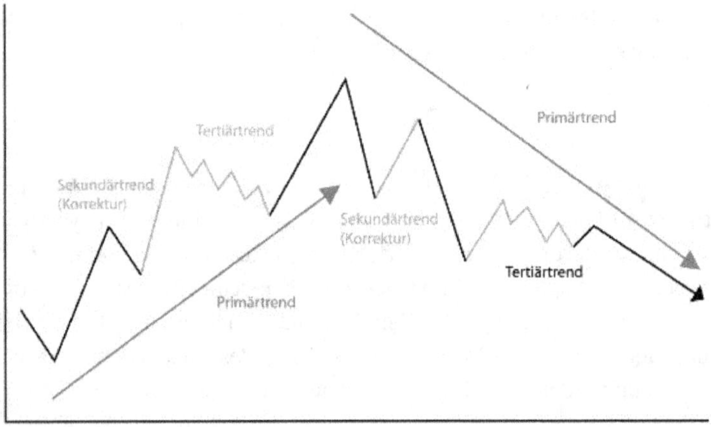

Abbildung 1 Trendbestimmungen im Chart nach der Dow-Theorie (nach testsieger-konto.de/depotkonto/strategien/dow-theorie)

Info: Charles Dow

Charles Dow war ein US-amerikanischer Journalist, der im späten neunzehnten Jahrhundert das noch heute bekannte und renommierte Wall Street Journal herausgab, zum damaligen Zeitpunkt war es die erste reine Börsenzeitung der Welt. Des Weiteren entwickelte Dow den ersten Aktienindex, mit dessen Hilfe er einen Beurteilungsrichtwert für die Schwankungen von Aktien schaffen wollte. Dieser Index ist ebenfalls noch heute bekannt und trägt darüber hinaus den Namen seines Erfinders: der **Dow Jones**. Jones ist damit also auch der Begründer der Chartanalyse. Der Pionier verstarb im Dezember 1902 in New York City, also lange bevor er den weltweiten Erfolg seines Indexes oder seiner Methode der Chartanalyse erleben konnte.

Dow selbst hatte seine Analysen und Schlussfolgerungen nie in einer zusammenhängenden Textform wie einem Buch oder einem Paper veröffentlicht. Die meisten Inhalte seiner Theorie schrieb er in Artikeln für diverse Finanzzeitungen, später vor allem seinem eigenen Wall Street Journal, nieder. Bereits ein Jahr nach seinem Tod wurden seine Artikel jedoch in einem Buch zusammengefasst und als zusammenhängendes Theoriekonstrukt veröffentlicht.

Die sechs Grundprinzipien der Dow-Theorie
1. Ein Index enthält alle notwendigen Informationen. Laut Dow sind alle relevanten Informationen, die man benötigt, um einen Markt zu verstehen, in einem Aktienkurs enthalten. Die relevanten Informationen seien nämlich die Einschätzung des Marktes durch die Marktteilnehmer. Damit hat Dow den psychologischen Aspekt der Börse sehr gut verstanden. Außerdem bilde der Markt auch unvorhergesehene Ereignisse wie Naturkatastrophen, Terroranschläge oder Unternehmenspleiten direkt ab und sei damit der Fundamentalanalyse (*siehe nächstes Kapitel*), welche den grundsätzlichen Wert eines Unternehmens festlege, überlegen.
2. Der Markt hat drei Trends. Die vielleicht wichtigste Kernaussage der Dow-Theorie habe ich bereits vorgestellt, klassischerweise wird sie als die zweite Annahme bezeichnet. Der erste Trend, der Primärtrend, sei langfristig zu betrachten, mindestens über den Zeitraum von einem Jahr hinweg. Die Sekundärtrends könnten dem Primärtrend entgegenwirken und somit auch dazu beitragen, dass der Primärtrend korrigiert werden müsse oder könne. Sekundärtrends seien in Zeiträumen von drei Wochen bis hin zu drei Monaten feststellbar. Die Tertiärtrends spielten wiederum bloß eine untergeordnete Rolle. Es handle sich um kurzfristige Auf- und Abwärtstrends, meist um Schwankungen, die innerhalb eines Tages zu beobachten seien. Diese kleinen Schwankungen seine jedoch insgesamt bedeutungslos. Innerhalb der Trends unterscheidet Dow in Aufwärtstrends und Abwärtstrends. Wenn man die Hoch- und Tiefpunkte in einem Chartverlauf verbinde, erhielte man den Kursverlauf und eine sogenannte Trendlinie.
3. Primärtrends haben drei Phasen. Keine Angst, es wird nicht unübersichtlich! Wir haben es, wie wir bereits gelernt haben, mit drei Arten von Trends zu tun, wobei der wichtigste der drei der Primärtrend ist. Innerhalb des Primärtrends gibt es jedoch verschiedene Phasen. Diese werden vom Anlageverhalten der Teilnehmer am Markt beeinflusst. Die erste Phase ist die *Akkumulationsphase*. Sie beginnt, wenn sich ein langfristiger Trend dreht, also beispielsweise ein Abwärtstrend zu einem Aufwärtstrend wird. Anleger nutzen diese frühe.

Phase häufig, um günstig Wertpapiere zu kaufen. Darauf folgt die zweite Phase, die *Phase der öffentlichen Beteiligung*. Die Trendwende wird der breiten Öffentlichkeit bekannt und ist nun kein Insiderwissen von gut informierten Anlegern mehr. Somit steigen viele Akteure in den Handel mit den entsprechenden Wertpapieren ein. Die dritte Phase bezeichnet Dow als *Distributionsphase*. Aufgrund des wirtschaftlichen Aufschwungs schlägt der Optimismus in Euphorie um. Private Anleger und Kleinaktionäre legen ihr Geld am Markt an. Für die Insider ist dies bereits das erste Signal zur Trendwende und sie stoßen ihre Positionen rechtzeitig an die Kleinanleger ab.
4. Indizes müssen einander bestätigen. In der Infobox habe ich kurz und knapp zusammengefasst, dass der Dow Jones nach Charles Dow benannt wurde. Das ist soweit richtig, tatsächlich erdachte Dow selbst jedoch zwei Indizes, die sich gegenseitig bestätigen müssten, damit man den Trend auch tatsächlich als solchen ansehen könne. Dow nannte seine beiden, sich gegenseitig kontrollierenden Indizes *Dow Jones Railroad Average* und *Dow Jones Industrial Average*. Erst, wenn beide Indizes dasselbe Signal senden würden, könne man tatsächlich von Trends sprechen.
5. Das Volumen muss den Trend bestätigen. Das Volumen bezeichnet die vorhandene Geldmenge an einem Markt. Im nächsten Kapitel werden wir noch einmal dezidierter auf das Volumen als Marktindikator eingehen. Grundsätzlich können Sie sich jetzt bereits merken: Wenn Anleger viel Geld in einen Markt investieren, steigt das Volumen, ziehen sie das Geld aus welchen Gründen auch immer aus dem Markt zurück, sinkt das Volumen. Dow sieht das Volumen als wichtigen Indikator an, um die vorhandenen Trends zu bestätigen. Bei einem Aufwärtstrend sollten also die Umsätze am Markt steigen, bei einem Abwärtstrend fallen. Ansonsten müsse man genau darauf achten, ob tatsächlich ein Trend zu erkennen ist.
6. Ein Trend gilt so lange, bis er umkehrt. Hier unternimmt der Begründer der technischen Analyse sogar einen kleinen Ausflug in die Welt der Physik, genauer gesagt nimmt er das Trägheitsgesetz unter die Lupe. Ein Trend setzt sich demnach so lange fort, bis es eindeutige Signale für eine Umkehr des Trends gibt. Oder, angewendet auf die drei Phasen eines Primärtrends: Ein bestehender Trend endet erst mit dem Beginn einer neuen Akkumulationsphase.

Dow und die technische Analyse

Mittlerweile ist das ursprüngliche Konzept Dows mehrfach ergänzt und der aktuellen Zeit angepasst worden. Dennoch ist die technische Analyse kaum ohne ihren Pionier denkbar, da von ihm die wichtigsten Anstöße und Grundannahmen stammen, mit denen Charts noch heute analysiert werden. Auch weitere Indikatoren (sogenannte technische Indikatoren) wie beispielsweise errechnete Durchschnitte in Kursverläufen, basieren auf Dows Theorie. Sein Rundumblick, der auch die berühmte Börsenpsychologie und das menschliche Anlegeverhalten nicht außer Acht ließ, machen ihn zu einer der bedeutendsten Figuren in der Geschichte des Börsenhandels (Gall, Dow-Theorie: Chartanalyse und ihre Anfänge, 2017).

Wie funktioniert die technische Analyse?

„Börse ist, Nerven dort zu behalten, wo sie andere verlieren"

(Erhard Blanck)

CHARTS LESEN LERNEN

Sicherlich kennen Sie die allabendlichen Börsennachrichten im Fernsehen oder Sie schauen sich die abgebildeten Kursverläufe der weltweiten Börsen morgens im Wirtschaftsteil Ihrer Tageszeitung an. Bei Kursverläufen haben Sie es stets mit Diagrammen zu tun, mit sogenannten Charts. Daher wird die technische Analyse auch als Chartanalyse bezeichnet.

Es liegt auf der Hand, dass Sie diese Charts verstehen sollten, wenn Sie ernsthaft Geld an der Börse investieren möchten. Betrachten Sie die Chartanalyse als Ihr Handwerkszeug, was für einen Bäcker das Mehl oder für einen Tischler das Holz ist, ist für Sie das Chart – wenn Sie es nicht lesen können, haben Sie keine Chance, Ihren Beruf (oder auch Nebenberuf, je nachdem, wie Sie Ihre Karriere an der Börse planen) erfolgreich auszuführen. Aus dem Chart können Sie die Trends herauslesen, welche die Börse in nächster Zeit sehr wahrscheinlich beeinflussen werden. Geht der Trend nach oben und, wenn ja, verhält er sich stabil oder wird der Kurs nach einem kurzen Anstieg wahrscheinlich wieder fallen? Diese Fragen sind entscheidend für Ihre Investitionsentscheidung und können anhand des Charts meistens zielsicher beantwortet werden.

WELCHE ARTEN VON CHARTS GIBT ES?

- **Linienchart**: Die wohl einfachste und auch bekannteste Form der Darstellung von Aktienkursen ist das Liniendiagramm oder auch Linienchart. Die Kurse zu verschiedenen Zeitpunkten (Intervallen) werden markiert und zwecks Anschaulichkeit der Darstellung mit einer Linie verbunden. Das Linienchart ist sehr übersichtlich, enthält aber dafür ausschließlich die basalen Informationen zu einem Kursverlauf. Andere Grafiken sind diesbezüglich informationsreicher.

• **Balkenchart**: Das Balkendiagramm oder -chart kann als die erste Weiterentwicklung des Liniencharts betrachtet werden. Die Zeitintervalle werden hierbei als Balken explizit eingezeichnet, die Darstellung geht also genauer auf die Zeitintervalle ein, anstatt lediglich ihre Endpunkte mit einer Linie zu verbinden. Die niedrigsten und höchsten Kurswerte innerhalb eines Intervalls können aus dem Balkenchart abgelesen werden.
• **Candlestick-Chart**: Auf Deutsch würde man diese Art Diagramm wohl als Kerzenchart (oder noch genauer: als Kerzendocht-Chart) bezeichnen. Es ähnelt im Wesentlichen dem Balkenchart, allerdings sind kleinere Trends und Ausschläge im Kursverlauf hier noch deutlicher zu erkennen. Mithilfe von Dreiecken wird die Spannweite zwischen dem Eröffnungs- und dem Schlusskurs eines Handelstages eingezeichnet. Wir sehen so auf einen Blick, ob der Eröffnungskurs innerhalb eines Intervalls über oder unter dem Schlusskurs liegt. Das Kerzenchart ist damit die detaillierteste Darstellungsform eines Verlaufs und eignet sich daher am besten für die Chartanalyse (Gall, Chartanalyse: Mit System zu mehr Rendite?, 2020).

Info: Charts

Unter einem Chart versteht man zunächst einmal die grafische Darstellung einer historischen Kursentwicklung eines Wertpapiers, wie zum Beispiel einer Aktie (Gall, Chartanalyse: Mit System zu mehr Rendite?, 2020). Der oder das Chart stellt also die Grundlage für die Chartanalyse dar, es gilt, die grafische Darstellung zu verstehen.

CHARTMUSTER

Es gibt verschiedene Möglichkeiten, um die günstigsten Zeitpunkte zum Ein- und Ausstieg in oder aus einem Markt, zum Kaufen oder Verkaufen von Wertpapieren ausfindig zu machen. Eine Möglichkeit ist es, Chartmuster in historischen, das heißt vergangenen, Kursverläufen zu erkennen. Wir schauen uns also die Vergangenheit an und ziehen dabei Rückschlüsse für die Zukunft.

Eine Grundannahme der technischen Analyse lautet: *Finanzmärkte verhalten sich zyklisch*! Auch diese Annahme geht im Übrigen auf den uns bereits bekannten Charles Dow zurück. Es gibt demnach Ereignisse an den Finanzmärkten, die sich in einer bestimmten Regelmäßigkeit wiederholen. Somit verlaufen auch die Kurse von Aktien oder anderen Wertpapieren in bestimmten Mustern, die sich immer wieder erkennen lassen. Ein Chartmuster entsteht, indem man markante Punkte in einem Kursverlauf, das sind meist extreme Ausschläge nach oben und nach unten, mit Linien zu einer Grafik verbindet.

Auch hier zeigt sich wieder: technische Analyse ist kein Hexenwerk und weitaus nicht so kryptisch, wie man vielleicht denken würde. Mit einfacher Markierung von bestimmten Punkten und deren Verbindung ist eine einfache, leicht verständliche Grafik generiert, die aber bereits viel über unseren Markt aussagt.

Die wichtigsten Formationen der Chartmuster

Im Wesentlichen unterscheiden wir bei der Analyse von Chartmustern zwischen Trendumkehr- und Trendfolgeformationen. Bei einer Trendfolgeformation geht man davon aus, dass ein Trend beibehalten wird, sich also nichts am Aufwärts- oder Abwärtstrend eines Verlaufs ändert. Mit Trendfolgeformationen kann man besonders gut den passenden Zeitpunkt zum Einstieg in eine Trendbewegung ausfindig machen. Bei der Trendumkehrformation kann man davon ausgehen, dass sich ein Trend nicht weiter fortsetzt.

Trendumkehrformationen

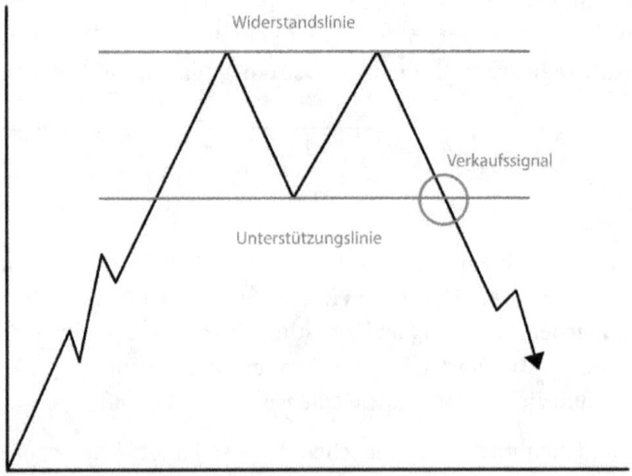

Abbildung 2 Doppel-Top-Formation

Doppel-Top: Die *Doppel-Top-* oder auch M-Formation zeichnet sich durch zwei annähernd identisch hohe Kursspitzen aus. Bei tiefen Kursspitzen spricht man im Gegenzug von einer W-Formation.

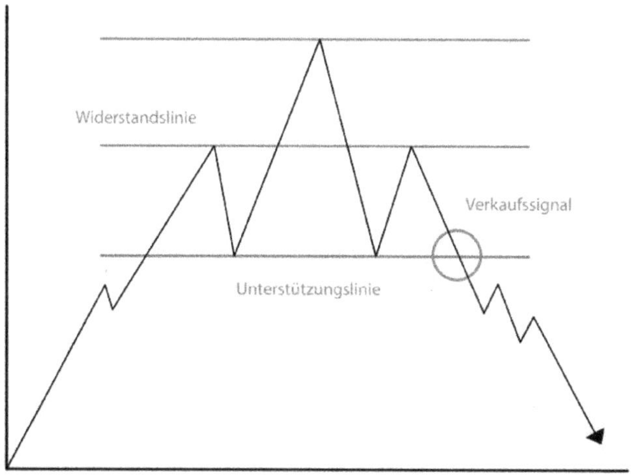

Abbildung 3 Schulter-Kopf-Schulter-Top-Formation

Als zuverlässig gilt gemeinhin die *Schulter-Kopf-Schulter-Top-Formation*. Ein schwaches Hoch (linke Schulter) wird von einem deutlichen Hoch (dem Kopf) und einem wiederum relativ schwachen Hoch (rechte Schulter) gefolgt. Die linke und die rechte Schulter sind dabei, analog zur tatsächlichen Anatomie, in etwa gleich hoch.

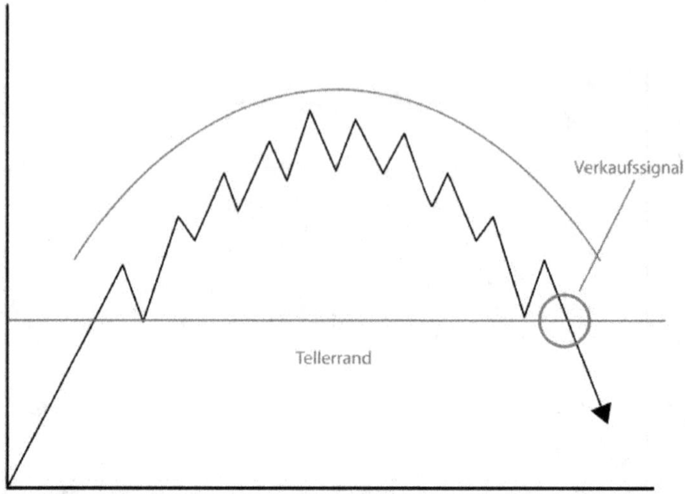

Abbildung 4 Untertasse

Die Untertasse nimmt die Form eines Rundbogens an. Sie entsteht dann, wenn Kurse langsam und allmählich fallen, dann aber ebenso langsam und gemächlich wieder ansteigen. Die umgekehrte Formation wird als umgekehrte Unterasse bezeichnet.

Trendfolgeformationen

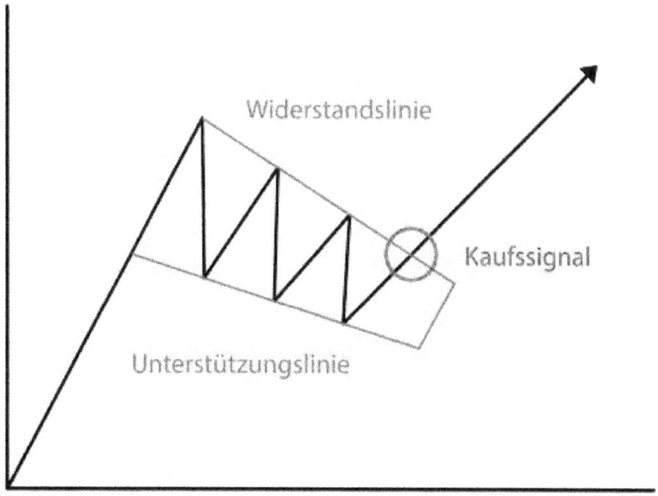

Abbildung 5 Wimpel

Der Wimpel bildet sich infolge eines starken Trends nach oben oder nach unten aus, richtet sich also gegen den übergeordneten Trend. Dadurch, dass die Kursschwankungen geringer werden, entsteht durch das Verbinden der Punkte das Wimpel-förmige Dreieck. Im Falle eines Aufwärtstrends würde der Wimpel nach oben zeigen, der hier dargestellte Wimpel modelliert einen Abwärtstrend.

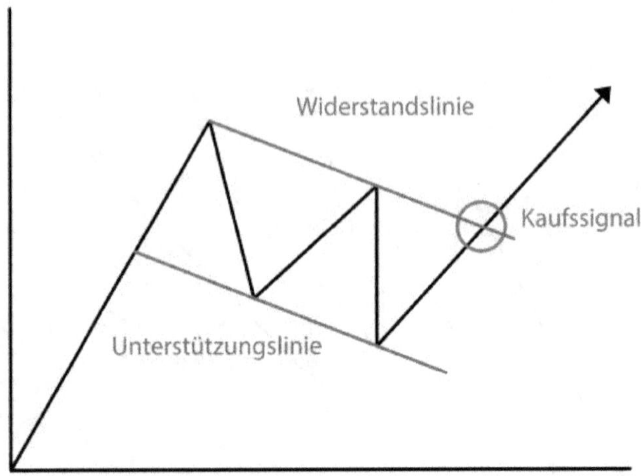

Abbildung 6 Flagge

Die Flagge wiederum entsteht durch zwei Trendlinien, die dem bestehenden Trend entgegenlaufen. Sie bilden auf diese Weise eine Art Parallelogramm. Wir haben es also nicht mit einer vollkommenen Umkehr eines Trends, sondern eher mit einer Art Pause zu tun. Klettert der Kurs über die obere oder unter die untere Trendlinie, ist die Flagge keine Flagge mehr und die Pause in unserem Trend somit beendet.

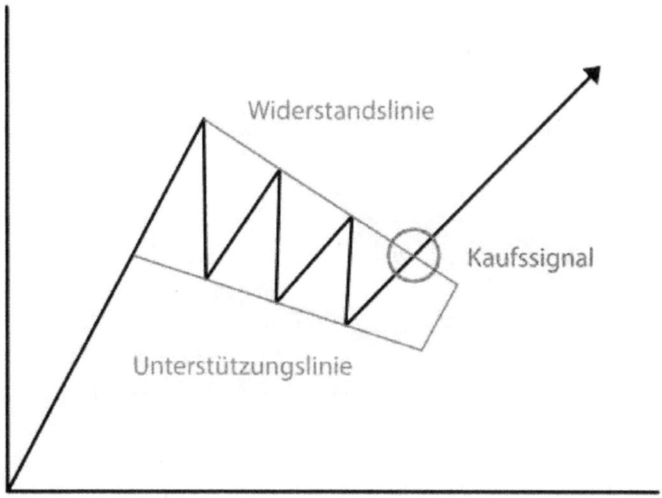

Abbildung 7 Keil

Der Keil drückt, ähnlich wie der Wimpel, eine schnell abnehmende Kursschwankung aus. Der Keil richtet sich allerdings stärker gegen den Trend als er. Je stärker die Auf- oder Abwärtsbewegung zuvor gewesen ist, desto eher neigt sich der Keil.

Chartmuster richtig analysieren

Grundlegend werden für die Chartmusteranalyse hauptsächlich Candlestick-Charts verwendet, da sie, wie wir eben gelernt haben, die detailliertesten Informationen enthalten und somit am aussagekräftigsten für uns sind. Dabei können Chartmuster über einen beliebigen Zeitraum hinweg betrachtet werden. Häufig versuchen Anleger mithilfe der technischen Analyse, Day-Trading zu betreiben, interessant sind in diesem Fall also vor allem Tagescharts. Sie können aber auch längere oder gegebenenfalls kürzere Zeiträume betrachten, es gibt mittlerweile, der Digitalisierung sei Dank, sogar Minuten- oder Sekundencharts. Zentrale Begriffe sind zudem *Widerstand* und *Unterstützung*. Wir gehen davon aus, dass ein Kurs nicht ohne einen bestimmten Grund unter ein gewisses Level fällt, er sinkt nicht unter einen bestimmten Wert. Dieser bestimmte Wert, unter den der Kurs im Regelfall nicht fällt, bezeichnet man als Unterstützungslinie, man spricht davon, dass der Kurs ab diesem Punkt Unterstützung erfährt. Ebenso gibt es auf der anderen Seite auch eine Obergrenze, über die ein Kurs unter Normalbedingungen nicht hinausschießt, er steigt nicht über einen bestimmten Wert. Die Linie, die man an diesem Hochpunkt entlang ziehen kann, ist die Widerstandslinie, der Kurs erfährt auf diesem Level Widerstand.

Über die Aussagekraft der Chartmuster

Chartmuster können eine verlässliche Möglichkeit sein, um Aussagen über die zukünftige Entwicklung von Aktienkursen zu treffen. Machen Sie dabei jedoch nie den Fehler, die Muster zu überinterpretieren. Auch sollten Sie die Kursverläufe niemals so zurechtbiegen, dass sie für Sie günstiger erscheinen, die Dinge sind, wie sie sind, die Verläufe und die Kurven sind es ebenfalls. Genau an dieser Stelle liegt aber auch schon die erste Krux bei der Interpretation von Chartmustern – nämlich, dass sie interpretationsbedürftig sind. Die oben von mir vorgestellten Formationen finden sich in reellen Charts selten in Reinform, zumeist haben wir es mit Zwischendingen zu tun. So kann ein Analyst A in ein und dasselbe Chart einen anderen Verlauf hineininterpretieren als sein Kollege B.

Es gilt also: Eine hundertprozentige Sicherheit gibt es beim Analysieren der Chartmuster nicht, doch vom Gedanken absoluter Sicherheiten haben wir uns bereits zu Beginn unserer Lektüre verabschiedet. Ein Chartmuster zeigt uns aber den wahrscheinlichsten Verlauf eines Kurses. Wir wissen nicht, ob dieser Verlauf tatsächlich eintritt, können aber mit Sicherheit sagen, welche Variante am wahrscheinlichsten ist – und auch das ist, gerade bei risikobehafteten Finanzprodukten, schon einmal etwas wert. Fakt ist jedenfalls, dass eine immer größer werdende Zahl von Tradern die technische Analyse und die Analyse von Chartmustern nutzt, um ihr Handeln am Finanzmarkt zu optimieren. Wenn Sie also eine gewisse kritische Distanz wahren und sich dessen bewusst sind, dass Sie trotz aller Wahrscheinlichkeit doch letztlich ausschließlich Wahrscheinlichkeiten und keine Sicherheiten herausarbeiten können, ist die Analyse von Chartmustern ein gutes Hilfsmittel, um die optimalen Zeitpunkte für Investitionen, für Käufe und Verkäufe zu timen.

Tipp: Autochartist

Gerade für Anfänger mögen manche Charts ein wenig verwirrend und wenig übersichtlich sein. Daher bieten die meisten Online-Broker kostenlose Software an, die Ihnen den Umgang mit den Charts erheblich erleichtert. Autochartist ist eine der bekanntesten und empfehlenswertesten Softwares, mit denen Sie arbeiten können. Das Tool wurde von der gleichnamigen Firma bereits im Jahr 2004 in den USA entwickelt und ist bei den meisten Brokern kostenlos nutzbar.

TRENDLINIEN

„The trend is your friend" ist eine alte Börsenweisheit und beschreibt eine der wesentlichen Aussage der technischen Analyse ziemlich treffend. Trendlinien sind wichtige Markierungspunkte innerhalb eines Chartverlaufs, die Ihnen dabei helfen sollen, Auf- und Abwärtstrends in einem Kursverlauf vorauszusehen.

Was sind Trendlinien?

Eine Trendlinie ist eine Gerade, die in einem Chart eingezeichnet wird. Sie verbindet die extremen Ausschläge im Kurvenverlauf nach oben oder nach unten miteinander. Wir haben bereits gelernt, dass laut der für die technische Analyse maßgeblichen Dow-Theorie eine Aufwärts- oder Abwärtsbewegung eines Indexes so lange anhält, bis eine Bewegung im Kursverlauf einen Wendepunkt andeutet. Es geht uns also darum, diesen Punkt ausfindig zu machen, an dem der aktuelle Trend kippt, sich nicht weiter fortsetzt und sich unter Umständen sogar ins Gegenteil verkehrt. Zur Wiederholung: Laut der Dow-Theorie gibt es drei Trends: aufwärts (Kurs steigt), abwärts (Kurs fällt) und seitwärts (Kurs stagniert). Um herauszufinden, in welche Richtung der Trend weist, brauchen wir die Trendlinien (Gall, Trendlinie: Kurstrends frühzeitig erkennen, 2017).

Widerstand oder Unterstützung?

Die wichtigsten beiden Trendlinien sind Widerstands- und Unterstützungslinien. Noch einmal zur Erinnerung: Der Kurs erfährt ab einer bestimmten Steigung einen Widerstand, höher wird die Kurve vermutlich nicht steigen. Ebenso erfährt er ab einer bestimmten Dauer der Abwärtsbewegung Unterstützung, der Kurs wird also nicht weiter fallen als bis zur Unterstützungslinie.

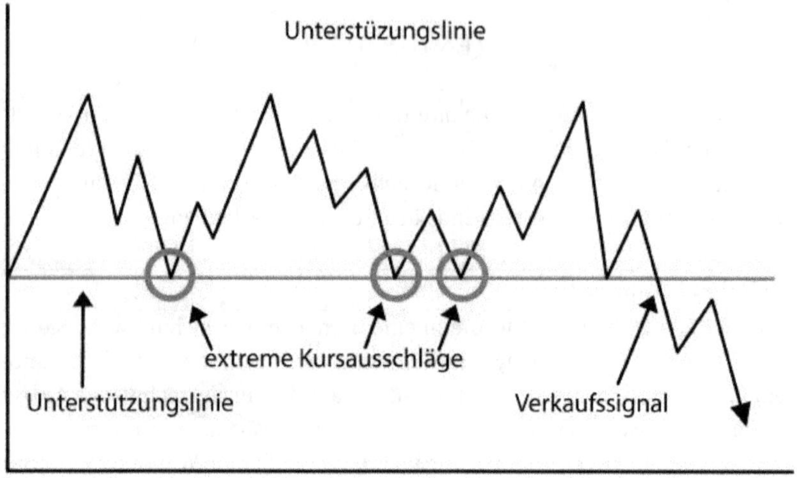

Abbildung 8 Unterstützungslinie

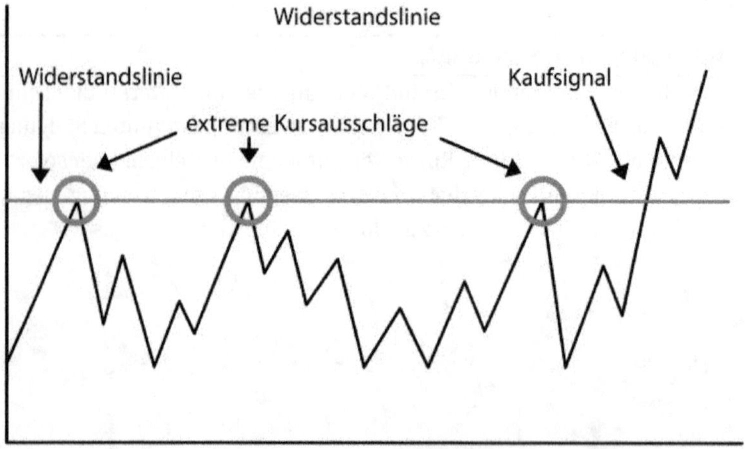

Abbildung 9 Widerstandslinie

Wir unterscheiden also zwischen zwei verschiedenen Arten von Trendlinien.

Dabei handelt es sich stets um gedachte Linien, sie sind nicht explizit in einem Chart eingezeichnet. Die Zone, die zwischen diesen beiden imaginären Trendlinien liegt, wird als Trendkanal bezeichnet. Ein Widerstand kann auch zur Unterstützung werden, wenn der Widerstand erst einmal durch einen deutlichen Kursanstieg gebrochen wurde. Dasselbe Prinzip funktioniert auch umgekehrt. Eine Unterstützung kann zum Widerstand werden, wenn die Trendlinie durch einen stark fallenden Kurs durchbrochen wird. Klingt kompliziert? Veranschaulichen wir uns das Prinzip an einem Beispiel:

Gehen wir davon aus, dass ein fiktiver Index die Kursentwicklung von Start-up-Unternehmen abbildet. Wir gehen davon aus, dass dieser Index die gedachte Marke von 5.000 Punkten nicht überschreitet, die bisherige Erfahrung mit dem Chart belegt: bei 5.000 Punkten erfährt der Kurs unseres Indexes Widerstand. Nun aber ist eines unserer Start-ups explodiert und ist innerhalb kürzester Zeit zu einem wertvollen Unternehmen geworden. Diese Entwicklung erhöht auch den Wert des Indexes, der aufgrund dieser enormen Wertsteigerung erstmals über die Widerstandslinie hinaus steigt.

Daraus ergeben sich wiederum zwei Trendlinien: Im Laufe der Zeit wird sich eine neue Widerstandslinie herauskristallisieren, sagen wir in etwa bei 8.000 Punkten. Es entsteht aber auch eine neue Unterstützungslinie, in diesem Fall bei 5.000 Punkten unserer alten Widerstandslinie. Da diese aufgrund eines konkreten Ereignisses durchbrochen worden ist, können wir davon ausgehen, dass der Kurs ohne einen triftigen Grund nicht wieder unter diese Markierung fallen wird. Die Widerstandslinie ist also zur Unterstützungslinie geworden.

Auch der umgekehrte Fall ist denkbar: Nehmen wir ein aktuelles Beispiel, um den Ablauf zu verdeutlichen. Ein Index bildet den Wert sämtlicher Unternehmen ab, die in der Veranstaltungsbranche tätig sind. Jahrelang konnten wir feststellen, dass es eine Unterstützungslinie ab dem Wert von 2.000 Punkten gab, der Kurs ist in den letzten Jahren nie unter diesen Wert gefallen. Aufgrund der aktuellen Situation, in der Veranstaltungen in großem Stil abgesagt werden und Veranstaltungen mit Tausenden von Teilnehmern undenkbar scheinen, gerät die Veranstaltungsbranche jedoch in eine handfeste Krise und der Wert unseres Indexes unterschreitet erstmals die 2000er-Marke. Auch hier ergeben sich aus diesem Vorgang zwei neue Trendlinien. Es ergibt sich eine neue Unterstützungslinie, die in diesem Fall niedriger ist als 2.000 Punkte, sagen wir zum Beispiel 500 Punkte. Aus der alten Unterstützungslinie ist nun die Widerstandslinie geworden, denn wenn sich die Situation für die Veranstaltungsunternehmen nicht verändert, wird auch der Index nicht erneut über diese Linie steigen.

Tipp: Widerstands- und Unterstützungslinien sind oftmals bei runden Zahlenwerten ausfindig zu machen. Der Mensch mag ganze Beträge, denn schließlich können wir uns unter der Zahl 5.000 mehr vorstellen als unter der Zahl 5.224,6. Auch wenn die runden Beträge nicht exakt dem Kursverlauf entsprechen, markieren Sie sehr wahrscheinlich eine Trendlinie.

Von intakten Trends und Fehlausbrüchen

Wie wir bereits gelernt haben, wird die technische Analyse in den meisten Fällen anhand von Candlestick-Charts betrieben, da diese den höchsten Gehalt an Informationen bieten. Innerhalb eines Charts sprechen wir von einem intakten Trend, wenn der Kurs dauerhaft weder die Unterstützungs- noch die Widerstandslinie durchbricht; oder mit anderen Worten: wenn sich der Kurs dauerhaft im Trendkanal bewegt.

Um festzustellen, ob ein Kurs intakt ist, ist die Abschlusskurse (*Close Kurse*) eines Handelstages maßgeblich und nicht etwa der Tageshöchst- oder Tagestiefstwert. Es kann also innerhalb eines Tages Ausbrüche geben, die über die Widerstandslinie oder unter die Unterstützungslinie hinausragen, doch wenn der Kurs am Ende des Handelstages unterhalb der Widerstandslinie oder oberhalb der Unterstützungslinie schließt, gilt er nach wie vor als intakt.

Die extremen Ausbrüche von Tageshöchst- und Tagestiefstwerten über oder unter die Trendlinien werden als Fehlausbrüche bezeichnet. Es scheint zunächst so, als würde eine Trendumkehr stattfinden, doch in Wahrheit setzt sich der Trend dennoch weiter fort. Wenn Sie also die technische Analyse betreiben möchten, sollten Sie nicht unmittelbar nach einem Trendlinienbruch traden. Warten Sie erst einmal ein wenig ab, ansonsten besteht die Gefahr, dass Sie zu schnell handeln und kaufen oder verkaufen, obwohl der Trend nur kurz unterbrochen und nicht etwa umgekehrt ist. Schauen Sie sich an, ob der Trend sich weiterhin zur Ausbruchsrichtung bewegt.

Falls Sie Day-Trading betreiben möchten, sollten Sie die auf dem Chart eingestellte Zeitperiode beachten. Bei einem 30-Minuten-Chart sollte der Ausbruch über die Trendlinien hinweg also mindestens 30 Minuten anhalten, bei einem 60-Minuten-Chart 60 Minuten und so weiter.

Kritik

Fehlausbrüche können zu Fehleinschätzungen führen. Die Analyse von Trendlinien ist, wie die Analyse der nun erklärten technischen Indikatoren, mit einer gewissen Fehleranfälligkeit behaftet. Es gibt hier stets einen

Interpretationsspielraum, im Falle der Trendlinien ist dieser ungleich größer als bei der Analyse technischer Indikatoren. Es ist ein wenig wie mit der Analyse eines Gedichts. Es gibt verschiedene Interpretationen, nur dass man bei einem Gedicht nicht wirklich von richtigen oder falschen Interpretationen sprechen kann, bei der Analyse eines Kursverlaufs allerdings schon. Untermauern Sie Ihr Wissen gegebenenfalls mit der Technik der Fundamentalanalyse und befassen Sie sich intensiv mit der Materie, bevor Sie Geld investieren.

TECHNISCHE INDIKATOREN

Mithilfe technischer Indikatoren sollen Signale zum Kauf und Verkauf von Positionen auf mathematische Art und Weise berechnet werden. Man errechnet zum Beispiel den Durchschnittskurs einer Aktie und damit den sogenannten gleitenden Durchschnitt. Dieser dient in den meisten Fällen als Grundlage für die Berechnung. Ziel ist es, die zukünftige Entwicklung eines Aktienkurses voraussagen zu können. Technische Indikatoren sollen komplizierte Charts auf wesentliche Gesichtspunkte herunterbrechen und die entscheidenden Stellen im Diagramm anzeigen. Aus dem vereinfachten Kursverlauf können Trader nun einfacher Kauf- und Verkaufssignale ablesen. Erinnern Sie sich einfach an den Mathematik-Unterricht in der Schule. Auch dort war es das Ziel, komplizierte Gleichungen zu vereinfachen, um sie anschließend besser berechnen zu können. Eine solche Vereinfachung soll durch die technischen Indikatoren gelingen. Es gibt vier wesentliche und gängige technische Indikatoren, die ich Ihnen an dieser Stelle vorstellen möchte.

1. Momentum-Indikator (MOM): Das Momentum ist ein Konzept, mit dem die Stärke von Kursbewegungen gemessen wird. Da vor allem die Verlangsamung oder die Beschleunigung der Kursbewegungen betrachtet wird, ermittelt man mithilfe des MOM die Schwäche oder die Stärke eines Trends. Zur Berechnung des Wertes des aktuellen Momentums zieht man den Abschlusskurs, zum Beispiel einer Aktie, vor einer bestimmten Periode vom aktuellen Schlusskurs ab. Der Zeitraum kann dabei von Ihnen bestimmt werden. Praktisch hieße das, dass Sie zum Beispiel den Kurs der Siemens-Aktie von vor einem Jahr betrachten und ihn mit dem tagesaktuellen Kurs der Siemens-Aktie in Relation setzen möchten. Dazu ziehen Sie den Kurs von vor einem Jahr von dem heutigen Kurs ab. Je nach Ergebnis erhalten Sie einen positiven oder einen negativen Trend, ist der Momentum-Indikator eine negative Zahl, ist auch der Trend negativ. Der in meinem Beispiel gewählte Zeitraum von einem Jahr ist groß, Sie können natürlich auch

kürzere Abschnitte wählen.
2. Moving Average Convergence / Divergence (MACD): Beim MACD wird zunächst die Differenz aus zwei gleitenden Durchschnitten berechnet. Die gleitenden Durchschnitte ergeben sich aus dem durchschnittlichen Kurs einer Aktie in einem bestimmten Zeitraum (auch hier können Sie den Zeitraum selbst bestimmen, den Sie sich betrachten möchten). Aus der Differenz der beiden Werte ergibt sich ein neuer Durchschnitt, der in Form einer Linie dargestellt wird. Diese Linie wird als schnelle Linie bezeichnet. Auf Basis der schnellen Linie wird nun ein neuer gleitender Durchschnitt berechnet, der nun langsame Linie heißt. Am Schnittpunkt der schnellen und der langsamen Linie ergeben sich Kauf- beziehungsweise Verkaufssignale.
3. Heikin-Ashi: Das Ziel des Heikin-Ashi ist es, die Kursverläufe von Wertpapieren zu harmonisieren. Sie filtern dazu im Chart kleinere, kaum einflussreiche Kursbewegungen heraus, die sich gegen die Hauptbewegung richten. Somit können Sie den Trend noch deutlich sichtbarer machen. Auch für den Heikin-Ashi verwenden Sie bestenfalls die Darstellung der Kursverläufe in Form eines Candlestick-Charts.
4. Ichimoku-Kinko-Hyo (Ichimoku): Der Ichimoku klingt ein wenig wie eine Figur aus der japanischen Kampfkunst oder dem Origami und in der Tat handelt es sich um eine recht komplexe Darstellungsform. Er besteht aus einem komplexen System von fünf Linien, die sich aus der Verbindung der Mittelwerte zwischen den Hoch- und Tiefpunkten des Kurses ergeben. Auch hier benötigen wir einen bestimmten Betrachtungszeitraum, der von Ihnen frei bestimmt werden kann. Kürzere Zeiträume sind dabei leichter zu überschauen, längere Zeiträume sind unter Umständen aufschlussreicher. Unter Zuhilfenahme des Ichimoku können Sie sich einen umfassenden Überblick über den Zustand und die Bewegungen einer Position verschaffen. Er liefert Ihnen darüber hinaus konkrete Signale für Käufe und Verkäufe (Gall, Technische Indikatoren: Zukünftige Kursverläufe berechnen, 2020).

Die Grundlage für die Berechnung ist dabei allein das jeweilige Chart, die Basiswerte, der Preis, das Volumen und die Entwicklung. Technische Indikatoren sind, wie der Name bereits verrät, rein technisch und lassen wenig Spielraum für Interpretationen, so wie man auch etwa den Satz des Pythagoras nicht interpretieren, sondern lediglich anwenden kann. Auch für die technischen Indikatoren bildet die uns bereits bestens bekannte Dow-Theorie die Grundlage. Nach ihr bilden Aktienkurse alle relevanten Daten der entsprechenden Aktie ab.

Fundamentaldaten zum Beispiel müssten für die Analyse nicht berücksichtigt werden, was auch ein großer Kritikpunkt an der Dow-Theorie ist. Doch dazu an späterer Stelle mehr. Nun sollten Sie zunächst einmal verstanden haben, was es mit den technischen Indikatoren auf sich hat.

Kann man so etwas lernen?

Vielleicht hat mein Vergleich mit der Mathematik Sie bereits abgeschreckt? Ich hoffe nicht. Denn auch, wenn Sie in der Schule, wie vermutlich die meisten von uns, hin und wieder Ihre liebe Mühe mit der Mathematik hatten, können Sie die technische Analyse problemlos lernen. Die meisten Online-Broker bieten auf ihrer Webseite kostenlose Tools an, mit denen Sie behutsam an die Analyse technischer Indikatoren herangeführt werden. Bei manchen Brokern müssen Sie noch nicht einmal Kunde sein, Sie können die Tools dennoch kostenlos benutzen. Allerdings sind diese nicht unbedingt intuitiv, da die technische Analyse auf alle Fälle komplexer ist, als es auf den ersten Blick scheint. Sie sollten sich vorher auf alle Fälle intensiv mit den Indikatoren auseinandersetzen. Eine gute Grundlage zum Verständnis dieser Tools ist allerdings auch dieses Buch. Wenn Sie die grundlegenden Elemente der Chartanalyse verstanden haben, kommen Sie automatisch besser mit den technischen Indikatoren zurecht.

Ein zusätzlicher Faktor, der die Komplexität der meisten Analysetools bedingt, ist die Tatsache, dass es nicht nur verschiedene Indikatoren, sondern auch verschiedene Einstellungsmöglichkeiten für jeden einzelnen Indikator gibt. Sie können zum Beispiel einzelne technische Indikatoren miteinander kombinieren oder verschiedene Zeiträume auswählen. Anfänger können dabei schnell einmal den Überblick verlieren, informieren Sie sich also im Vorfeld über die Eigenschaften der einzelnen Indikatoren und befassen Sie sich auf alle Fälle eingehend mit der Methode. Nutzen Sie die kostenlosen Programme, so können Sie nach dem Trial-and-Error-Prinzip vorgehen und aus Ihren Fehlern lernen. Erst, wenn Sie sich wirklich sicher auf dem Terrain fühlen, können Sie anfangen, tatsächliche Transaktionen mit echtem Geld vorzunehmen.

Trendfolge-Indikatoren und Oszillatoren

Vier wichtige Indikatoren habe ich Ihnen bereits vorgestellt, doch das sind bei Weitem nicht alle. Zudem kommen oftmals neue, zusätzliche Indikatoren hinzu oder die alten werden aufgrund neuer Erkenntnisse optimiert. Unterscheiden wir also einmal grob zwischen zwei Richtungen von Indikatoren. Auf der einen Seite gibt es Trendfolge-Indikatoren, auf der anderen Seite Oszillatoren.

Trendfolge-Indikatoren

Der Name ist in diesem Fall Programm oder *Nomen est Omen*, um es auf Latein auszudrücken. Die Analysewerkzeuge von Trendfolge-Indikatoren folgen einem vorhandenen Trend, zeigen also in dieselbe Richtung wie der Kursverlauf (nach oben, nach unten oder seitwärts). Diese Indikatoren eignen sich für die Analyse in Zeiten relativer Stabilität an den Märkten. Wenn ruckartige, gegenläufige Bewegungen der Kurse unwahrscheinlich sind, eignen sich Trendfolge-Indikatoren besonders gut. Meistens werden sie dazu verwendet, um die aktuelle Marktsituation besser verstehen zu können und auf der Basis dieses Verständnisses Transaktionen vorzunehmen, also zu kaufen oder zu verkaufen. Der gleitende Durchschnitt oder auch der MACD gehören zu den Trendfolge-Indikatoren, die an mancher Stelle auch verkürzt Trendindikatoren genannt werden.

Oszillatoren

Häufig wird bei den Trendindikatoren bemängelt, dass sie träge seien, also auf eine Trendwende (zum Beispiel von einem Abwärts- hin zu einem Aufwärtstrend) nicht schnell genug reagieren könnten. Somit könnten Trader den wirklich günstigsten und besten Zeitpunkt verpassen, um eine Transaktion vorzunehmen. Oszillatoren schwingen (oszillieren) daher zwischen der oberen und der unteren Kursbegrenzung hin und her. Durch dieses Schwingen zwischen den Extremen eines Kursverlaufs können Sie auch in Zeiten relativer Konstanz an den Börsen und in Zeiten stagnierender Kurse Extremphasen bei der Entwicklung gut prognostizieren.

Wenn der Markt die obere Extremzone erreicht, spricht man im Fachjargon von einem *überkauften* Markt. Wenn er die untere Extremzone streift, spricht man von einem *überverkauften* Markt. Erreicht ein Kurs eine Extremzone, kann man davon ausgehen, dass sich der Kursverlauf nicht weiter fortsetzt, sondern eine Trendwende kurz bevor steht. Wir hatten bereits über die Unterstützungs- und Widerstandslinien gesprochen, dasselbe Prinzip gilt auch hier an dieser Stelle.

Kritik

Absolute Sicherheiten gibt es auch hier nicht. Eine exakte Vorhersage des Kursverlaufs ist auch unter Berücksichtigung sämtlicher technischer Indikatoren nicht möglich. Wir haben bereits gelernt, dass die Bewegungen an den Märkten nicht ausschließlich durch technische Daten geleitet werden, sondern durch das (manchmal irrationale) Verhalten von Marktteilnehmern, von politischen Entscheidungen oder unvorhersehbaren Ereignissen. Eine rein mathematischtechnische Analyse der Märkte lässt also wesentliche Aspekte außer Acht. Somit gelingt es in der Praxis nicht, alle Faktoren mittels mathematischer Berechnung richtig zu gewichten und damit eine einwandfreie, perfekte Prognose zu stellen.

Die mithilfe von technischen Indikatoren ermittelten Zeitpunkte zum Kaufen und Verkaufen dienen daher als ungefähre Richtwerte und nicht etwa als absolute Zeitpunkte. Verlassen Sie sich niemals auf die technischen Indikatoren allein. Berücksichtigen Sie das Marktgeschehen, sträuben Sie sich nicht wie Dow gegen die Fundamentalanalyse und beobachten Sie die Charts mit den Mitteln der technischen Analyse, die ich Ihnen abseits der technischen Indikatoren bereits vorgestellt habe.

PROGNOSEN

„Prognosen sind schwierig, insbesondere, wenn sie die Zukunft betreffen". Dieser berühmte Satz, der wahlweise Mark Twain, Winston Churchill oder Kurt Tucholsky zugeschrieben wird, ist zwar sicherlich zugespitzt formuliert, trifft aber auf der anderen Seite auch den Kern der Sache. Weder Sie noch ich besitzen die berühmte Kristallkugel, aus der wir die Zukunft lesen können. Wir wissen schlicht nicht zu einhundert Prozent, ob die Prognosen, die wir anstellen, stimmen – und mögen sie noch so wahrscheinlich sein. Auch bei der technischen Analyse treffen Sie Prognosen. Wir müssen uns das Chart ansehen und aus der Vergangenheit, also den bisherigen Kursen, Rückschlüsse auf die Zukunft ziehen können. Eine untrügliche Sicherheit gibt es dabei nicht, selbst, wenn Sie das kleine Einmaleins der technischen Analyse perfekt beherrschen, kann es zu Irrtümern oder unerwarteten Entwicklungen kommen.

Stellen Sie sich etwa vor, Sie hätten am 10. September 2001 auf steigende Börsenkurse gesetzt, da der Trend an den Finanzmärkten eindeutig in diese Richtung gewiesen hat. Sie haben nichts falsch gemacht, Ihre Analyse war goldrichtig, doch plötzlich, einen Tag später, erschüttert der Anschlag auf die Twin Towers in New York City und das Pentagon in Washington die Welt und mit ihr die Börsenkurse, die daraufhin rapide sinken. Wer von uns hätte dieses Ereignis ernsthaft voraussehen können? Ich wähle dieses drastische Beispiel an dieser Stelle bewusst, um Ihnen aufzuzeigen, dass Katastrophen und vollkommen unvorhergesehene Ereignisse den Lauf der Welt ebenso wie den Verlauf der Börsenkurse verändern können.

Gott sei Dank treten Ereignisse von solch erschütterndem Ausmaß nicht oft auf. Deswegen funktioniert die technische Analyse in den meisten Fällen ausgesprochen gut. Sie können sich Ihre Prognose in etwa wie einen Wetterbericht vorstellen. In den allermeisten Fällen stimmt die Wetterprognose für den nächsten Tag, beziehungsweise die nächsten Tage, ziemlich genau. Wenn die Regenwahrscheinlichkeit bei unter zehn Prozent liegt, können Sie an 99 von 100 Tagen unbesorgt ohne Regenschirm aus dem Haus gehen, werden aber unter Umständen an einem einzelnen Tag doch ein wenig nass, da sich ein ungeplanter Schauer über Ihrer Stadt entleert.

Trotzdem werden Sie aufgrund dieser einen fehlerhaften Prognose nicht den Wetterbericht per se infrage stellen und ab sofort jeden Tag mit einem Regenschirm aus dem Haus gehen, auch wenn Hitze und Trockenheit für den Rest der Woche prognostiziert wurden.

Die Wahrscheinlichkeit spielt Ihnen in die Karten, bis auf wenige Ausnahmen gibt es durchaus feste Indikatoren, die Ihnen helfen können, Ihr Verlustrisiko mithilfe der technischen Analyse zu minimieren und Ihre Gewinnchancen zu erhöhen. Mit den folgenden Erklärungen lernen Sie, die Charts richtig zu lesen.

Von der Theorie zur Praxis: Anwendungsbeispiele zur technischen Analyse

„Hier liegt die scharfe Grenzlinie zwischen Intuition und Analyse.
Man erkennt das Wirkliche, das Erlebte, das Konkrete daran, dass es
die Veränderlichkeit selbst ist."

(Henri Bergson)

BEISPIEL 1

Betrachten wir uns zunächst einmal ein recht simples, leicht verständliches Beispiel, um uns der technischen Analyse langsam zu nähern.

Hier sehen Sie den Output der Software Metatrader. Metatrader ist ein Tool, welches hauptsächlich von Day-Tradern verwendet wird, die auf dem Devisenmarkt, das heißt auf dem Markt für ausländische Währungen, spekulieren. Auch wenn es hier nicht primär um Day-Trading gehen soll, werde ich im Folgenden des Öfteren Grafiken von Metatrader verwenden, da sich das Programm sehr schön für die anschauliche Darstellung von Kurvenverläufen eignet. Das hier abgebildete Chart zeigt den Verlauf des Deutschen Aktienindexes (kurz: DAX) von Juni 2016 bis März 2017.

Wir sehen auf den ersten Blick, dass die Kurve gewissen Schwankungen unterworfen ist. Sie hat Ausreißer sowohl nach oben als auch nach unten, verhält sich aber, interessanterweise über den Jahreszeitraum hinweg betrachtet, relativ stabil. Am Ende des abgebildeten Zeitraums ist die Kurve fast exakt an dem Punkt, wo sie zu Beginn unserer grafischen Darstellung bereits war; dazu später noch mehr. Interessant für die technische Analyse sind vor allem die Extrempunkte, da an ihnen die wesentlichen, richtungsweisenden Entscheidungen getroffen werden. Schauen wir uns also zunächst einmal an, welche Punkte für die technische Analyse interessant sind.

Abbildung 10 Metatrader-Output einer DAX-Kurve
Bildquelle: http://dirkvanalfen.nl/rboptions-studieren/metatrader-liste-wertentwicklung-dax-chartanalyse-heute/ (zuletzt geprüft am 24.10.2020).

Tiefpunkte

Sie sehen den mit dem ersten roten Pfeil markierten **Tiefpunkt** des Kurvenverlaufs. Dieser Punkt ist ein entscheidender, quasi ein neuralgischer Punkt in diesem Chart. An Tiefpunkten setzen viele Trader auf steigende Kurse, denn ohne einen konkreten wirtschaftlichen Grund fallen Kurse in aller Regel nicht unter ein bestimmtes Niveau. Über die Analyse wirtschaftlicher Zusammenhänge werden wir uns ebenfalls später noch einmal ausführlich unterhalten. Die Annahme, dass die Kurse nicht unter einen bestimmten Punkt fallen werden, wirkt wie eine selbsterfüllende Prophezeiung. Dadurch, dass viele Trader an dem Tiefpunkt im Chartverlauf Geld in den entsprechenden Markt (in unserem Fall in den DAX) investieren, ist mehr Volumen am Markt vorhanden. Stellen Sie sich Volumen wie einen Wind vor, der in die Segel der Kurve bläst. Je mehr Wind vorhanden ist, desto schneller bewegt sich das Segelschiff vorwärts, das heißt in unserem Fall, desto stärker bewegt sich das Chart, ob in die eine oder in die andere Richtung.

Das Volumen ist also eine entscheidende Größe, die es bei der Analyse der Börsenkurse zu beachten gibt. Grundsätzlich gilt dabei: Wenn viele Akteure in einen Markt investieren und sich somit die Geldsumme am Markt, das Volumen, erhöht, erlebt der Markt Kursschwankungen. Ihre Aufgabe im Rahmen der technischen Analyse ist es nun, diese neuralgischen Punkte zu antizipieren, also vorherzusehen. Ebenso entscheidend ist es, die richtige Richtung vorauszusehen, also ob der Kurs infolge einer Erhöhung des Volumens eher steigen oder eher sinken wird.

In dem hier veranschaulichten Beispiel setzen die Trader in großer Mehrzahl auf steigende Kurse, das Volumen erhöht sich und die Kurve verändert sich, in unserem Fall also nach oben. Allein die Annahme der meisten Trader, dass die Kurse steigen, lässt die Kurve tatsächlich nach oben gehen. Wenn Sie dies erkennen und auf steigende Kurse setzen, haben Sie bereits Ihren ersten Gewinn erzielt.

Selbsterfüllende Prophezeiung

Die selbsterfüllende Prophezeiung ist einer der entscheidenden Gründe, warum die Chartanalyse funktioniert, weil die „großen" Player am Markt sie ebenfalls anwenden. Sie als Einzelperson sind logischerweise ein recht kleiner Akteur (Player) am Markt. Ihr Einfluss ist äußert gering und vermutlich ist es auch überhaupt nicht Ihr Ziel oder Ihr Anspruch, den Markt insgesamt zu beeinflussen oder gar seine Richtung zu ändern. Ihr Ziel kann und muss zu Beginn Ihrer Börsenkarriere erst einmal sein, für sich selbst eine passende Anlage- und Investitionsstrategie zu finden und mithilfe dieser ausgewählten Strategie Gewinne zu erzielen. Doch bedenken Sie stets, dass Sie nicht allein auf dem Marktplatz sind, um die oft verwendete Metapher vom Markt einmal zu verbildlichen.

Sie befinden sich auf einem riesigen Marktplatz, auf dem Sie einen kleinen Stand gemietet haben, doch um Sie herum befinden sich, neben weiteren kleinen Büdchen, wie Sie eines besitzen, auch riesige, professionell aufgebaute Stände, die von absoluten Top-Profis betrieben werden. Dies sind die großen Akteure, die auf denselben Märkten investieren, wie Sie es tun: Investmentbanken, Fonds, Aktiengesellschaften, Versicherungen. Sie haben ein vielfach größeres Volumen zur Verfügung und können somit die Geschicke des Marktes wesentlich stärker beeinflussen, als Sie es als private Anleger tun können. Auch sind die großen Banken, Versicherungen und Investitionsgesellschaften untereinander vernetzt, haben also bessere Beziehungen und meistens enge Netzwerke, die unter Umständen sogar Absprachen ermöglichen, die Märkte in eine bestimmte Richtung zu drängen.

Sobald diese Player für Volumen am Markt sorgen, verändern sich die Kurse automatisch. Wir haben soeben gelernt, dass es Akteure auf dem Markt gibt, die mehr Macht und bessere Beziehungen haben als Sie. Doch das ist in unserem Fall nicht schlimm, im Gegenteil können Sie sich diesen Fakt sogar zunutze machen, indem Sie die Charts analysieren und erkennen, wann diese Akteure aller Voraussicht nach handeln und wie sie handeln. Denn diese großen Akteure setzen den Markt meist erst richtig in Gang. Wenn Sie deren Verhalten in der Vergangenheit lesen und deren Verhalten in der Zukunft antizipieren können, haben Sie viel gewonnen. Die zentrale Frage, die Sie sich vor den zu tätigenden Transaktionen stellen sollten, ist also: Wie agieren andere, größere Trader? Der häufig sinnvolle Tipp, nicht nach den anderen zu schauen, sondern seine eigenen Ziele zu verfolgen, stimmt in diesem Fall also gerade nicht: Schauen Sie auf die anderen! An markanten Positionen im Chart sorgen sie meist für Veränderung, sie geben Volumen in den Markt und sorgen so für sinkende oder steigende Kurse. Markieren Sie sich die Tiefpunkte im Chart, üben Sie dies mit der Demonstrationssoftware Ihres Brokers oder sogar manuell mit Diagrammen, die Sie im Internet oder in Büchern finden können.

Hochpunkte

Dasselbe Prinzip, dass wir auf Tiefpunkte anwenden können, gilt auch für Hochpunkte. Sie sehen in der oben abgebildeten Grafik, mithilfe der eingezeichneten Widerstandslinie, dass der Kurs über sein dort gelegenes Hoch nicht hinausgeht. Der Kurs erfährt Widerstand, da die Anleger nicht davon ausgehen, dass er weiter steigen wird. Der Kurs wird also ab dieser Stelle tendenziell sinken, allein dadurch, dass die meisten Anleger glauben, dass er sinken wird.

An den Punkten zu Beginn der Kursaufzeichnung ist dieser Effekt schön zu erkennen, den Verlauf nach dem Hochpunkt, der in dieser Grafik das Ende der Darstellung ist, können wir nicht sehen, entweder ein Abwärtstrend setzt ein oder der Kurs hat in diesem Fall tatsächlich den Widerstand gebrochen. Auch dies ist nicht unmöglich. Warten Sie in so einem Fall am besten noch für einen kurzen Moment ab, ob der Kurs nach dem Durchbrechen der Widerstandslinie weiter steigt oder ob es sich lediglich um einen kurzen Ausreißer handelt und der Kurs danach wieder auf sein Normalmaß zurückkehrt. Analysieren Sie auf alle Fälle einige Charts, bevor Sie erstmals auf dem Markt agieren und echtes Geld einsetzen. Hoch- und Tiefpunkte sind die entscheidenden Anzeige-punkte in einem Chart. Konzentrieren Sie sich daher auf sie und zeichnen Sie sie in Ihre Kurve ein. Betrachten wir uns ein weiteres Chart.

Merke:

- An Tiefpunkten setzen die meisten Akteure an den Finanzmärkten auf steigende Kurse. Sie gehen davon aus, dass eine Kurve ohne einen ersichtlichen Grund nicht noch weiter sinken wird. Diesen psychologischen Effekt sollten Sie sich zunutze machen, denn er wirkt wie eine selbsterfüllende Prophezeiung.
- An Hochpunkten setzten die meisten Anleger auf sinkende Kurse, es gilt der

umgekehrte Effekt.
- Grundsätzlich kann es immer passieren, dass ein Kurs die Widerstandslinien durchbricht. Warten Sie ab, ob es sich dabei um ein temporäres Extremhoch oder Extremtief handelt. Eventuell kehrt der Kurs schnell wieder in den Normalbereich zurück und es ist nicht unbedingt sinnvoll, schnell zu traden.

BEISPIEL 2

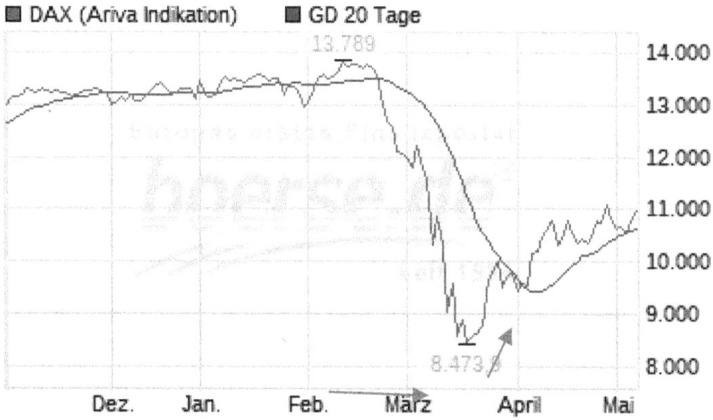

Abbildung 11 Verlaufskurve des DAX im ersten Halbjahr 2020
Quelle: https://www.boerse.de/historische-kurse/Dax/DE0008469008 (zuletzt geprüft am 24.10.2020).

Auch hier sehen Sie in der Markierung zunächst einen Tiefpunkt. Das Phänomen, welches dann folgt, haben Sie nun vermutlich durchschaut, die Preise sind niedrig, ein weiterer Abfall des Kurses scheint unwahrscheinlich, daher investieren viele Akteure, die Kurve geht nach oben. Wie lässt sich der weitere Verlauf der Kurve interpretieren?

Die Trader, die auf steigende Kurse spekuliert haben, haben dafür gesorgt, dass die Kurse tatsächlich steigen, sie haben also mit ihren Trades einen Gewinn erzielt. Nun steht die Kurve deutlich im Plus und steigt ziemlich stetig an. Auf diesem Level beginnen nun die Trader, zu überlegen, sie haben einen gewissen Gewinn erzielt, auf ewig werden sie die Kurse nicht nach oben treiben können, also ist es relativ wahrscheinlich, dass viele Trader in der nächsten Zeit ihre Positionen verkaufen werden. Die Trader haben eine Long Position aufgebaut, die im Falle eines Gewinns sehr wahrscheinlich wieder verkauft wird.

Wenn viele Trader ihre Positionen aus dem Markt zurückziehen, wird der Kurs aber wieder sinken, weshalb es an den eingezeichneten Hochpunkt sinnvoll ist, auf sinkende Kurse zu setzen. Irgendwann ist der Kurs dann wieder so niedrig, dass viele Trader erneut einsteigen und durch das Volumen die Kurve in die Höhe treiben, das Spiel beginnt von vorn. Diesen Trend können Sie bei der Chartanalyse ausmachen, Ihr zukünftiger Erfolg an der Börse hängt nun auch davon ab, wie gut Sie diese Bewegungen im Chart lesen können, wie gut Sie den Verlauf prognostizieren können.

Folgender Tipp hilft Ihnen bei der Orientierung im Chart. Oftmals sind es runde Beträge, bei denen die Trader ein- oder aussteigen. Hunderter- oder vor allem auch Tausendermarken sind dabei sehr beliebt (zum Beispiel der DAX bei 11.000 Punkten), aber auch 11.200 oder 10.700 Punkte sind Marken, an denen sich oft etwas bewegt. Der Mensch kann runde und ganze Hunderterzahlen sehr gut einschätzen, er kann sich viel eher etwas darunter vorstellen als unter krummen Beträgen, daher ist es psychologisch gesehen völlig normal, dass das meiste Volumen in den Markt gepumpt wird, wenn die Kurve einen runden Hunderterwert erreicht. Beziehen Sie dieses Wissen bei Ihrer Planung ein, es hilft Ihnen, die *Turningpoints* (Wendepunkte) besser zu antizipieren.

Manche Kurven schwanken sehr stark, sich in Ihnen zu orientieren ist nicht besonders einfach, insbesondere, wenn man sie über einen längeren Zeitraum betrachtet. Gerade das ist zu Beginn aber angeraten, Sie sollten die Charts über einen möglichst großen Zeitraum analysieren, um die Trends und die neuralgischen Punkte am besten ablesen zu können. Um das Chart nicht allzu verwirrend werden zu lassen, zeichnen Sie sich eine bestimmte Zone ein, innerhalb der Sie handeln. Somit schließen Sie die extremen Hochs und Tiefs im Kurvenverlauf aus, diese sind ohnehin meist durch wirtschaftliche oder politische Entscheidungen und weniger durch Marktmechanismen bedingt. Schauen wir uns die folgende Abbildung also noch einmal unter dem eben genannten Aspekt an:

Wir sehen hier eine Verlaufskurve mit einer extremen Kursschwankung. Die Darstellung mit einem Kurvendiagramm ist in diesem Fall anschaulicher und intuitiver, im Programm Ihres Online-Brokers sollten Sie, wie bereits erwähnt, bei einem Kerzendiagramm bleiben.

Abbildung 12 Extreme Kursschwankungen (hohe Volatilität)
Bildquelle: https://www.gevestor.de/news/fed-rede-extreme-volatilitaet-an-den-maerkten-875285.html (zuletzt geprüft am 24.10.2020).

Sie sehen hier wieder zunächst die Zone, in welcher die Kurve Unterstützung erfahren hat (blaue Pfeile). Wenn die Kurse sinken, dann aber durch die Investition von Tradern wieder zum Steigen gebracht werden, spricht man wieder davon, dass sie *Unterstützung erfährt*. Wenn die Kurve steigt und dann wieder zum Sinken gebracht wird, sagt man wieder, sie *erfährt Widerstand*. Man nennt daher die Zone zwischen den Hoch- und Tiefpunkten auch *Support-and-Resistance-Zonen*.

Diese Zonen für sich selbst zu definieren, ist ein wichtiger Grundpfeiler der Chartanalyse, außerhalb dieser Zone hat es der Kurs nämlich sehr schwer, weiterhin zu schwanken. Die rote Linie oben sei die Widerstandslinie, die grüne untere die Unterstützungslinie. Wenn Sie also nun diese Linien im Chart gezogen haben, können Sie jederzeit sehen, wenn sich der Kurs diesen Extremgrenzen annähert. Hat der Kurs eine der beiden Linien erreicht, ist es sehr wahrscheinlich, dass sich der Kurs ab jetzt in die andere Richtung entwickelt. Ist die Linie jedoch erst einmal durchbrochen, also hat der Kurs die hohe Hürde über das Normalmaß hinaus genommen, ist es wiederum sehr wahrscheinlich, dass der Kurs diesen Trend hält (Forextotal.de, 2020).

Ab einem gewissen Punkt nimmt allerdings der Verkaufsdruck auf die Trader wieder zu. Wenn der Kurs plötzlich auf einem ungeahnten Hochpunkt angelangt ist, steigen viele Trader aus, da sie vermuten, der Kurs könne nun nicht mehr weiter nach oben gehen. Ab diesem Moment sinkt der Kurs wieder rapide, solange bis die Trader wieder einsteigen.

Fazit

Merken Sie sich also folgende Prinzipien: Achten Sie auf die Hoch- und Tiefpunkte im Chart, die Ausschläge werden aufgrund der Darstellung als Kurvendiagramm auch als Kerzen bezeichnet. Definieren Sie eine Support-and-Resistance-Zone, innerhalb derer Sie sich bewegen. Handeln Sie vorausschauend und überlegen Sie, wann die meisten anderen Trader handeln. Durch Handlungen, das heißt durch Volumen, entstehen Trends. Lernen Sie, diese Trends aus dem Chartverlauf zu lesen.

BEISPIEL 3

Abbildung 13 Candlestick-Chart-Verlauf mit Unterstützungs- und Widerstandslinien

Bildquelle: youtube.com/watch?v=KLcHI3Ue9es (zuletzt geprüft am 07.11.2020).

Betrachten wir uns nun, nachdem wir zunächst anhand von Anschauungsbeispielen mit Liniendiagrammen gelernt haben, wie die technische Analyse grundsätzlich funktioniert, einmal ein Candlestick-Chart. Sie werden sehen, dass auch die Analyse eines solchen Charts kein Hexenwerk mehr ist, wenn Sie Ihr bereits erworbenes Wissen transferieren können.

Wir betrachten uns den Markt von Beginn an. Zunächst sind kaum Auffälligkeiten feststellbar, der Kursverlauf deutet mal nach oben und mal nach unten, grüne und rote Kerzen wechseln sich ab. Ich habe in diesem Fall aus Gründen der besseren Übersichtlichkeit grüne und rote anstatt weiße und schwarze Kerzen ausgewählt. Die Abbildung in Farbe finden Sie hier: https://t1p.de/9v2a. Sie können die Farbgebung bei den allermeisten Anbietern selbst bestimmen, können also genauso gut blau und gelb, grün und schwarz oder rot und weiß wählen. Grün steht in diesem Fall für steigende, rot für fallende Kurse. Grundsätzlich ist es zu empfehlen, den Markt erst einmal zu beobachten und nicht etwa direkt zu traden. Warten Sie erst einmal ab, wie sich die Kurse entwickeln, es ist noch früh am Morgen, der Handelstag hat gerade erst begonnen. Bei dem ersten Kreuz, das ich in der Grafik gesetzt habe, sehen Sie, dass der Kurs langsam einen Abwärtstrend einschlägt, dann stabilisiert er sich kurz, um im Anschluss abermals recht deutlich abzusinken. Wir sehen drei recht lange rote Kerzen in kurzer Zeit hintereinander. Trotzdem würde ich Ihnen empfehlen, an dieser Stelle erst einmal nichts zu tun und vorerst keinen Trade vorzunehmen.

Hinweis: Die folgende Analyse greift auf die Annahmen der Opening Range Break out-Strategie zurück. Im nächsten Abschnitt werde ich diese Theorie ausführlicher erläutern.

Schauen wir uns die Unterstützungslinie einmal an, die ich in Blau in das Chart eingezeichnet habe. Dreimal prallt der Kursverlauf innerhalb kürzester Zeit an diesem Widerstand ab, jedes Mal, wenn man das Gefühl hat, der Kurs will nach unten ausbrechen, erlebt er bei etwa 12.725 Punkten wieder einen kleinen Aufwärtstrend. Was sagt uns also diese Unterstützungslinie? Zunächst einmal können wir davon ausgehen, dass die Unterstützung stark ist.

Wenn diese also erst einmal durchbrochen ist, scheint es wahrscheinlich, dass die Kurse weiter sinken. Wir würden also davon ausgehen, dass der Verlauf tendenziell nach unten zeigt und dazu neigt, von sich aus immer weiter nach unten zu fallen. Nur die starke Unterstützung verhindert dies. Ist die Unterstützung einmal gebrochen, würde der Kurs also nach dieser Annahme erst einmal keine Unterstützung mehr erfahren und bis zu einem gewissen Punkt weiter sinken. In diesem Fall wäre eine *Short Order* angebracht, denn wir haben gelernt, dass *short gehen* bedeutet, auf sinkende Kurse zu spekulieren. Diese Annahme muss aber nicht zwingend zutreffen. Hier kommen wir zu einem kniffligen Punkt bei der Analyse von Charts: Es gibt nicht immer die absolute Wahrheit, manches ist interpretationsbedürftig. Es könnte genauso gut sein, dass der Kurs, nachdem er dreimal an derselben Unterstützungslinie abgeprallt ist, im Anschluss wieder steigt. Die Marktteilnehmer haben gesehen, dass sich unser Kurs nicht so schnell unterkriegen lässt, was als positives Signal gewertet wurde.

Sie setzten auf steigende Kurse, das heißt, sie investierten gegebenenfalls Geld in den Markt, das Volumen erhöhte sich und die Verlaufskurve würde steil nach oben zeigen. Wir rufen uns in Erinnerung, dass das Verhalten der anderen Marktteilnehmer für uns entscheidend ist. Wir warten also weiterhin ab. Trading bedeutet auch Geduld und Sitzfleisch, man muss unter Umständen in der Lage sein, eine unsichere Phase auszuhalten, ohne in Aktionismus zu verfallen. Bis zu dem Punkt, an dem ich das zweite rote Kreuz eingezeichnet habe, haben wir also nach wie vor nicht getradet.

Bewegen wir uns im Chart ein wenig weiter, kommen wir zu dem Punkt, an dem der Widerstand gebrochen ist, die ursprüngliche Linie wird unterschritten, das ist der Zeitpunkt, an dem der Trend relativ deutlich wird, denn er kehrt sich nicht direkt wieder um, wie wir an den roten Kerzen im Chart unschwer erkennen können. Der Kurs befindet sich nun also längerfristig unter der ursprünglichen Widerstandslinie und ist im Begriff, weiter zu fallen. An diesem Punkt sollten wir unsere Order setzen, der Widerstand ist gebrochen und plötzlich sind wir im Markt drin. Ab sofort sind wir auch nicht mehr nur Beobachter, sondern wir sind aktive Teilnehmer. Das heißt, wir sind daran interessiert, dass der Markt sich so entwickelt, wie wir es wollen, denn unser Ziel ist es nun, Geld mit dem Markt zu verdienen.

Seien Sie sich dessen bewusst – es ist ein Unterschied, ob wir einen Markt bloß beobachten oder ob wir aktiv in ihn involviert sind. Sie sollten auf alle Fälle konzentrierter und fokussierter sein, wenn Sie Teilnehmer sind, als wenn Sie Beobachter sind. Natürlich fiebern Sie auch mit einem Markt mit, den Sie lediglich beobachten, schließlich wollen Sie wissen, ob Ihre Prognosen stimmen. Aber es hat für Sie keine persönlichen Konsequenzen, wenn sich der Markt anders entwickelt. Stellen Sie sich vor, Sie schauen ein Fußballspiel. Sie finden das Spiel spannend und halten klar zu einer Mannschaft. Dennoch wird es Ihnen weniger ausmachen, wenn diese Mannschaft verliert, als wenn Sie selbst in der Mannschaft spielen und auf dem Feld stehen. Als Zuschauer können Sie sich auch kurze Phasen der Unkonzentriertheit erlauben, die als Spieler jedoch fatal sein können. Legen Sie also auch mental den Schalter um und konzentrieren Sie sich ab sofort auf Ihren Markt.

Wir sehen, dass der Kurs im Folgenden zunächst eine neue

Unterstützungslinie herausbildet. Es könnte also sein, dass der Kurs sich erholt, die Leute spekulieren auf steigende Kurse. Doch plötzlich sehen wir, der Kurs steht bei etwa 12.700 Punkten, eine riesige rote Kerze, also einen deutlich spürbaren Absturz des Kurses nach unten. Der Markt ist sich an dieser Stelle offensichtlich uneins, man ist sich nicht sicher, in welche Richtung er läuft. Diese Konstellation ist für uns als Marktteilnehmer äußerst unerfreulich, denn in dieser Gemengelage kann man nur schwer Voraussagen treffen. Doch gehen wir noch einen kleinen Schritt zurück. Wie konnte es zu dieser Situation kommen?

- Der Kurs ist zunächst in die Nähe der Unterstützungslinie gelaufen.
- Einige Trader spekulieren auf steigende Kurse.
- Andere Trader beobachten den Range Break out lediglich.
- Wiederum andere gingen *short*, sie spekulierten auf sinkende Kurse. Dadurch entwickelte sich ein Verkaufsdruck, das Momentum zeigt nach unten.

Wir sehen hier also ein Ergebnis der verschiedenen Interpretationsmöglichkeiten ein und desselben Kurses. Es kommt dann vermehrt darauf an, was die Mehrheit der Trader glaubt, wie sich der Kurs entwickelt. Wir haben es hier in der Tat mit einem recht komplizierten Chart zu tun, ich fühle mich aber durchaus in der Pflicht, auch einen solchen komplizierten Fall einmal anzusprechen und Ihnen aufzuzeigen, dass es nicht ausschließlich eindeutige Kurse gibt, sondern dass an manchen Stellen eine Mischung aus Geschick, guter Antizipationsgabe und einem Quäntchen Glück den Ausschlag geben kann.

Nach dem starken Abfall der Kurse, um auf unseren Chart zurückzukommen, wird vermehrt auf steigende Kurse spekuliert. Die ehemalige Unterstützungslinie ist nun zur Widerstandslinie geworden, denn ohne einen bestimmten Grund wird der Kurs erst einmal nicht so weit ansteigen, dass er über die ehemalige Unterstützungslinie hinausweist. Wir sehen auch, dass diese Linie sich als stabile Widerstandslinie erweist, denn der Kurs übertritt diese Linie im weiteren Tagesverlauf nicht mehr. Insgesamt sehen wir hier ein Beispiel für einen klassischen Abwärtstrend an einem Markt. Ich hoffe, ich konnte Ihnen gut verdeutlichen, welches die neuralgischen Punkte in diesem Chart sind, worauf sie achten müssen und vor allen Dingen, an welchen Stellen die Tücken in diesem Kursverlauf stecken.

Opening Range Break out

Die Opening Range Break out-Strategie (ORB) gilt als einer der absoluten Klassiker unter den Handelsstrategien. Wir betrachten uns den Hoch- sowie den

Tiefpunkt innerhalb einer gewissen Uhrzeit, also auch innerhalb eines einzelnen Handelstages. An der Stelle des Ausbruchs aus dieser Zone wird dann getradet. Diese Theorie liegt der oben angesprochenen Handlungsempfehlung zugrunde, beim Brechen der Widerstandslinie den Trade zu setzen.

Nehmen wir an, wir betrachten uns die Verlaufskurve des DAX in einem Zeitintervall von 08:00 Uhr bis 09:00 Uhr. Wenn um 09:01 Uhr ein Hochpunkt gebrochen wird, also eine Widerstandslinie überschritten, gehen wir *long*. Wird eine Unterstützungslinie überschritten, also ein Tiefpunkt gebrochen, gehen wir *short*. Dieses Prinzip ist zunächst recht simpel und zählt zu den ältesten Theorien, die sich in der technischen Analyse anwenden lassen. Mittlerweile gibt es jedoch einige Anpassungen und Weiterentwicklungen der Theorie. Sehen wir uns zur Veranschaulichung erneut eine Grafik an:

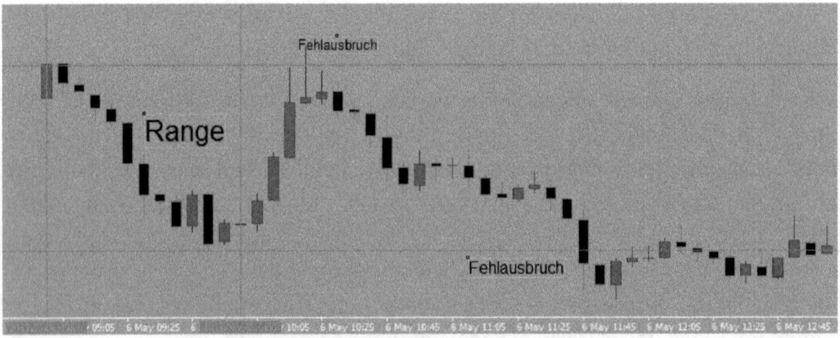

Abbildung 14 Opening Range Break out-Strategie an einer Grafik erklärt
Bildquelle: algo-camp.de/opening-range-breakout/#:~:text=Die%20Opening%20Range%20Breaktout-Stretegie,bis%2009%3A00%20Uh%20betrachtet. (zuletzt geprüft am 07.11.2020).

Wir sehen, eingezeichnet mit roten Linien, die Range, innerhalb derer sich der Kurs üblicherweise bewegt. Eingezeichnet sind aber ebenso Fehlausbrüche, das bedeutet, die Linien werden überschritten, aber der Trend als solcher kehrt nicht insgesamt um, nach einem kurzen Ausbruch fällt er wieder in die Range zurück. Ebendiese Fehlausbrüche können jedoch zum Problem werden, wenn man der klassischen ORB folgt. Schließlich würden wir dann direkt traden, wenn eine Linie durchbrochen ist, eventuell würden wir also bei Fehlausbrüchen Verluste erleiden. Daher gibt es heute einige Ergänzungen zur klassischen ORB, die auch auf hektische und volatile Märkte anwendbar sind.

- Wir betrachten eine Range nicht bloß für eine, sondern lieber für zwei Stunden. Also zum Beispiel von 08:00 Uhr bis 10:00 Uhr. So sehen wir mehr von dem Kurs und können ihn besser verstehen. Geduld ist also gefragt, bloß nichts überstürzen, bloß kein Aktionismus!

- Setzen Sie um die Range einen Abstand von fünf Punkten und traden Sie erst, wenn auch diese Marke vom Kurs gebrochen wurde. Damit vermeiden Sie, dass Fehlausbrüche zu Verlusten führen. Zwar kann es Ihnen dennoch passieren, dass Sie den weiteren Verlauf eines Kurses falsche einschätzen, allerdings haben Sie mithilfe dieser fünf Punkte eine relative Sicherheit eingebaut. Dass der Kurs Fehlausbrüche über oder unter diese Fünf-Punkte-Marke erlebt, kann als sehr unwahrscheinlich betrachtet werden.

- Setzen Sie bei einem Verlust mit erhöhtem Volumen auf einen Verlauf in die entgegengesetzte Richtung. Dies können Sie machen, wenn Sie genügend Startkapital haben, das Sie verschmerzen können; denn: Sie gehen ein höheres Risiko damit ein, auch wenn die Erfahrung zeigt, dass Sie auf diese Art und Weise in der Regel gute Gewinne erzielen können. Wie gesagt: Es gibt keine Garantien (AlgoCamp.de, 2020).

Wichtige Begriffe der Chartanalyse auf den Punkt:
- Dow-Theorie
- Chartmuster
- Trendlinie
- Technischer Indikator

WIRTSCHAFTLICHE ZUSAMMENHÄNGE

An der Börse spielt die Psychologie eine nicht unerhebliche Rolle, dennoch sind die Börsenkurse keine Hirngespinste, sondern basieren im Wesentlichen auf Wirtschaftsdaten und wirtschaftspolitischen Ereignissen. Sie sollten also grundlegende wirtschaftliche und politische Zusammenhänge verstehen, um deren Auswirkungen auf die Aktien- oder Devisenkurse zu verstehen. Die Börse ist ein Spiegelbild der Wirtschaft, so lautet eine alte Börsenweisheit. Schauen wir uns beispielsweise die Verlaufskurve des DAX an, so wird diese maßgeblich durch das Handeln der 30 DAX-Konzerne und von Impulsen aus der Wirtschaft, die diese betreffen, geleitet.

„Politik ist nur der Spielraum, den die Wirtschaft ihr lässt."

(Dieter Hildebrandt)

Vollziehen Sie unerwartete Ausbrüche von Kurven, die Sie anhand der technischen Analyse ausfindig gemacht haben, anhand von Wirtschaftsdaten oder politischen Meldungen nach. Die Recherche ist nicht besonders aufwendig, wenn Sie das entsprechende Datum, welches Sie interessiert, in eine Suchmaschine im Internet eingeben, werden Sie sehr wahrscheinlich sehr schnell zu der Nachricht gelangen, die Ihnen Aufschluss über die unerwarteten Kursschwankungen gibt.

Zum Beispiel könnte es sein, dass an einem Tag die Inflationsrate verkündet wird, sie ist niedriger als gedacht, was zu Impulsen bei den Banken und Notenbanken führt. Diese Impulse nehmen wiederum Einfluss auf den Kurvenverlauf, insbesondere im Devisenhandel. Vergleichen Sie die Impulse, die Sie aus Wirtschaft und Politik recherchiert haben, mit den Auswirkungen auf Ihr Chart. So können Sie feststellen, welche Arten von Meldungen sich auf die Börsenkurse auswirken und wie, das heißt, ob sie für fallende oder steigende Kurse sorgen.

Ein Beispiel kann die Wichtigkeit dieser Betrachtungen verdeutlichen. Es mag Ihnen vielleicht zunächst widersinnig vorkommen, dass man in einem Geschäft, welches von sekundenschnellen Entscheidungen lebt und sich im Grunde minütlich selbst überholt, auf die Historie einer Kursentwicklung achten sollte, dass man Ereignisse betrachten soll, die mehrere Jahre zurückliegen. Doch genau so handeln erfahrene Akteure, also die großen Player am Markt. Sie wissen genau, dass bestimmte Ereignisse langfristige Folgen auf Kursentwicklungen haben und somit noch Jahre später entscheidend sein können, um den Verlauf einer Kurve zu verstehen. Schauen wir uns daher folgenden Verlauf an. Die Kurve stellt den Verlauf des Forex-Marktes in Bezug auf die Währungen Euro und US-Dollar von 2016 bis Anfang 2020 dar.

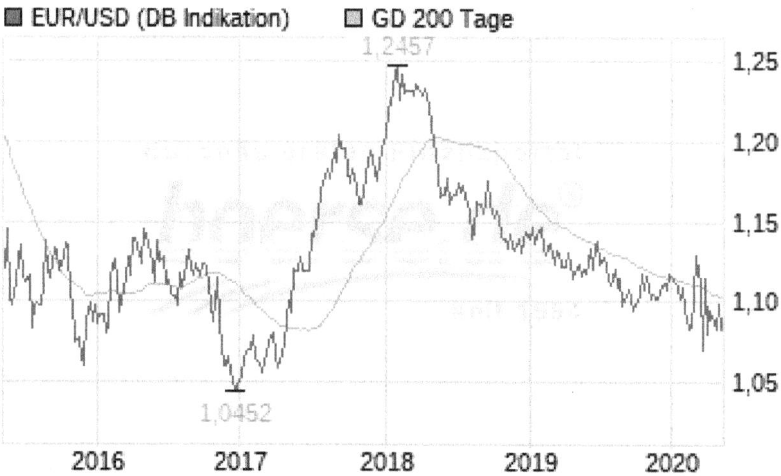

Abbildung 15 Verlaufskurve des Wertes der Währung US-Dollar im Zeitraum von 2016 bis 2020

Bildquelle: https://www.boerse.de/historische-kurse/Euro-Dollar/EU0009652759 (zuletzt geprüft am 24.10.2020).

Tabelle 1 Veränderungen des US-Dollar-Kurses innerhalb des Jahres 2016

Monat	Erster	Hoch	Tief	Schluss	Veränderung
Januar	1,0860	1,0938	1,0757	1,0837	-0,21%
Februar	1,0837	1,1314	1,0837	1,0884	0,44%
März	1,0884	1,1380	1,0867	1,1380	4,56%
April	1,1380	1,1456	1,1234	1,1456	0,67%
Mai	1,1456	1,1527	1,1115	1,1130	-2,85%
Juni	1,1130	1,1424	1,1021	1,1104	-0,23%
Juli	1,1104	1,1174	1,0976	1,1174	0,63%
August	1,1174	1,1351	1,1086	1,1158	-0,14%
September	1,1158	1,1264	1,1148	1,1242	0,75%

Monat	Erster	Hoch	Tief	Schluss	Veränderung
Oktober	1,1242	1,1212	1,0882	1,0972	-2,40%
November	1,0972	1,1148	1,0553	1,0606	-3,34%
Dezember	1,0606	1,0759	1,0390	1,0517	-0,84%

Bildquelle: https://www.boerse.de/historische-kurse/Euro-Dollar/EU0009652759 (zuletzt geprüft am 24.10.2020)

Bei dieser Grafik erkennen Sie eine Zweiteilung am Markt. Zu Beginn liegt unsere Kurve stets unter der markierten Linie, die in etwa den Durchschnitt der Kurshöhe abbildet, danach liegt die Kurve monatelang darüber und liegt die wenigste Zeit tatsächlich unter dem Durchschnitt. Wir können am hier markierten Punkt also einen Wendepunkt, beziehungsweise einen sogenannten *Kipppunkt* sehen. Es handelt sich um den 09. November 2016, den Tag der US-Präsidentschaftswahl. Man sieht, dass zu Beginn des Tages der Markt unruhig ist, die Trader sind verhalten, schließlich wissen sie noch nicht, wie die Wahl ausgehen wird.

Dann wird das Ergebnis verkündet: Donald Trump ist der neue Präsident, Hillary Clinton hat verloren. Dieser Wahlausgang war von den wenigsten erwartet worden, der Kurs geht massiv nach unten. Doch dann kommen erste Impulse aus der Wirtschaft, Trump kündigt vor allem an, die US-Wirtschaft wieder zu stärken, Wachstum ist das erklärte Ziel. Das Momentum springt um, der Kurs geht plötzlich steil nach oben. Viele Trader steigen *Long* ein, nachdem die bisher als Widerstandslinie markierte Marke von 1.300 Punkten im Index übersprungen ist, nimmt der Kurs weiterhin seinen Lauf und steigt rapide (Csizi, 2016).

Dies ist ein klassisches Beispiel für einen Zeitpunkt, an welchem der Markt unverhältnismäßig stark nach oben strebt. Das als *Momentum* beschriebene Phänomen ist wiederum nicht ausschließlich unter markt-logischen Aspekten zu betrachten, hierbei spielt, wie wir bereits gelernt haben, die Psychologie eine große Rolle. Getrieben von einem allgemeinen Aufschwung steigen immer mehr Trader in den Markt ein und fluten ihn regelrecht mit Volumen. Diese Flut kann, ähnlich wie eine reale Flutwelle, aber auch Gefahren in sich bergen, lassen Sie sich nicht von der berühmten Goldgräberstimmung anstecken, die gelegentlich auf den Märkten herrscht, bleiben Sie bei Ihrem analytischen Blick und bei den Methoden der Chartanalyse und der historischen, wirtschaftspolitischen Betrachtung. Versuchen Sie, die Kipppunkte zu deuten, aber versuchen Sie nicht, selbst eine

Trendwende einzuleiten.

Ein nächstes großes, wirtschaftspolitisches Ereignis markiert den nächsten Wendepunkt in der Kurve, nämlich die Ankündigung der Europäischen Zentralbank (EZB), die sogenannte Zinswende zu verschieben. Das bedeutet, dass die EZB die Sparer darauf vorbereitet hat, dass es auch in naher Zukunft keine Zinsen auf Einlagen und Sparbücher geben wird. Außerdem kündigte die EZB schwächere Konjunkturdaten in der Eurozone an als allgemein erwartet. Der Euro wird somit geschwächt, man braucht weniger US-Dollar, um einen Euro zu halten, die Kurse fallen und kommen interessanterweise kaum wieder nach oben. Solche Störfeuer aus Politik und Wirtschaft können jederzeit kommen, es ist wichtig, dass Sie diese verstehen und entsprechend darauf reagieren können (Mallien & Wiebe, 2019).

Um die Bedeutung politischer Entscheidungen und wirtschaftlicher Daten für die Börsenkurse noch weiter zu verdeutlichen, bleiben wir im Devisenhandel, der sich ohnehin bestens als Markt für Einsteiger eignet. Der Kurs von Euro und US-Dollar ist dabei ein beliebter Markt, schließlich sind es die zwei einflussreichsten Währungen der Welt, wenn auch nicht die stärksten Währungen. Doch ebendies spielt Ihnen in die Karten, beide Währungen sind immer auch politische Instrumente, sie reagieren auf politische und wirtschaftspolitische Ereignisse weltweit, da sie in den Welthandel stark eingebunden sind.

Der Kurs, der das Verhältnis von Euro zu US-Dollar abbildet, verändert sich also sehr regelmäßig. Anhand der Präsidentschaftswahl in den Vereinigten Staaten haben wir gesehen, wie sich Ereignisse langfristig auf Kursverläufe auswirken, nun schauen wir uns eine kurzfristige Veränderung an. Der Ölpreis ist ein entscheidender Inflationstreiber in den USA gewesen, er sinkt jedoch zu Beginn des Jahres 2020 rapide. Das heißt, Sie sollten sich am Dollarkurs *Long* orientieren. Wenn der Dollar geschwächt wird, würden wir in diesem Fall auf steigende Kurse spekulieren, schließlich brauchen wir mehr Dollars, um einen Euro zu erwerben. Dieses Verhältnis ist entscheidend, intuitiv würde man vielleicht das Gegenteil vermuten und würde auf sinkende Kurse spekulieren, wenn der Dollar schwächer wird. Doch das Gegenteil ist der Fall. Der US-Dollar wird nach wie vor als Währung in den Handelsbeziehungen benötigt, er gehört nach wie vor zu den großen Leitwährungen, in denen diverse Transaktionen abgewickelt werden. Das heißt, sie brauchen eine höhere Summe, eine höhere Anzahl an Dollar, was die Kurse zum Steigen bringt. *Steigende Dollarkurse, wenn der Dollar schwächer wird*, versuchen Sie, sich diese Formel zu merken, wobei die Währung natürlich austauschbar ist, aber das Prinzip muss Ihnen klar werden, ansonsten machen Sie schwerwiegende Fehler am Forex-Markt.

Ein weiteres Beispiel dazu ist die gesamteuropäische Lohnentwicklung. Angenommen, die Löhne in Europa steigen stärker als erwartet, wir haben schließlich gelernt, dass starke Ausreißer im Kurs immer dann zu beobachten sind, wenn Erwartungen stark über- oder untertroffen werden. Wenn die Löhne in Europa nun steigen, steigt auch die Inflation, die Teuerung. Idealerweise steigen die Löhne mindestens im selben Maß oder sogar ein wenig stärker als die Inflation. Dies würde zu einem leichten Wohlstandszuwachs führen. In der Tat ist aber zu beobachten, dass die Inflation relativ stetig steigt, auch wenn die Löhne stagnieren; auf die Erhöhung der Löhne folgt aber sehr wahrscheinlich eine Teuerung. Dieser Effekt führt dazu, dass das Preisniveau in Europa steigt, die Produkte verteuern sich. Um die Teuerung abzufedern, muss die EZB die Zinsen erhöhen, dadurch wird der Euro als Währung insgesamt attraktiver und wird vermehrt von Tradern gekauft – der Wert des Euro am Devisenmarkt steigt.

Fazit

Börsen sind politisch. Man muss sich in der Wirtschaft und in der Wirtschaftspolitik auskennen, um fundierte Prognosen treffen zu können, da wirtschaftliche Kennzahlen und politische Entscheidungen die Börsenkurse beeinflussen. Verfolgen Sie daher die Nachrichtenlage, lesen Sie Berichte und Meldungen, informieren Sie sich über Ankündigungen, zum Beispiel von Konjunkturdaten oder von Wahlen. Nur so können Sie die extremen Bewegungen der Märkte richtig einschätzen und deren weiteren Verlauf antizipieren.

PSYCHOLOGIE

Seien Sie sich dessen stets bewusst, dass sich auf dem Börsenparkett vieles nur unter psychologischen Gesichtspunkten verstehen lässt. Nicht nur Wirtschaftswissenschaftler oder gelernte Kaufleute blicken an der Börse durch, auch ein Psychologe oder eine Psychologin können Ihnen einiges über den Finanzmarkt erklären. Martin Weber lehrt an der Universität Mannheim und beschäftigt sich dort mit dem menschlichen Verhalten an der Börse. In einem Gespräch mit dem Manager Magazin erklärt er, wie sich die Menschen an der Börse oftmals verhalten.

Investoren seien oft von zwei wesentlichen Emotionen getrieben, die häufig zu Fehlverhalten führten: Angst und Gier. Diese starken Emotionen führten dazu, dass Anleger sich oft nicht rational verhielten. Dies sei aber ein großer Fehler. Diesen Fehler sollten Sie möglichst nicht begehen, lassen Sie sich nicht irritieren, lassen Sie sich nicht von Ihren Emotionen treiben. Halten Sie es auch einmal aus, wenn Ihre Position oder gar mehrere Ihrer Positionen an Wert verlieren und kurzzeitig in den Bereich der roten Zahlen abdriften. Wenn Sie eine langfristige Anlagestrategie verfolgen, wird das immer wieder vorkommen, aber auch kurzzeitige Schwankungen können sich immer wieder ausgleichen. Geraten Sie deshalb nicht in Panik, über die Dauer Ihrer Tätigkeit an der Börse werden Sie sehr wahrscheinlich gewinnen, wenn es Ihnen gelingt, an den entscheidenden Stellen die Nerven zu behalten.

Die größte Schwäche, erklärt Weber, sei die Selbstüberschätzung. Insbesondere männliche Anleger würden dazu neigen, alles besser wissen zu wollen. Hier lässt sich also die Gier feststellen, die sich bei vielen Anlegern einstellt. Sie wollten immer mehr Gewinne erzielen und das in möglichst kurzer Zeit. Selbst, wenn alle notwendigen Daten und Fakten auf dem Tisch lägen, vermuteten sie, ein besonders gutes Gespür oder besonders viel Ahnung zu haben.

Dabei empfiehlt es sich grundsätzlich immer, sich an die Faktenlage zu halten. Dies ist die grundlegende Annahme sowohl der technischen als auch der Fundamentalanalyse, die ich Ihnen in einem kleinen Exkurs am Ende dieses Kapitels noch vorstellen werde. Überstürzt zu handeln, ist oft ein großer Fehler, den die Gier verursacht. An der Börse zu investieren, bedeutet auch Geduld und ein gutes Sitzfleisch! Nachhaltiger Erfolg stellt sich nicht von heute auf morgen ein. Kurzfristiger Erfolg kann sich schnell einstellen, doch er ist genauso schnell wieder verflogen. Daher bringt es in aller Regel nichts, wild zu spekulieren. Mit dem Hintergrundwissen der technischen Analyse sind Sie zwar nicht zu einhundert Prozent auf der sicheren Seite, aber Sie haben ein fundiertes Grundlagenwissen und einige wertvolle Instrumente an der Hand, um beim Investieren an der Börse bestehen zu können.

„Glück, ein klares Konzept – und ein paar simple Verhaltensregeln“ (Lange, 2015).

Glück und ein klares Konzept brauche es also laut Weber, um an der Börse erfolgreich zu sein. Machen Sie sich also frei von Furcht und Gier! Wenn es gut läuft, sollten Sie sich darüber freuen und nicht noch mehr Geld vor Augen haben. Nehmen Sie die Gewinne dankbar entgegen und ärgeren Sie sich nicht darüber, dass sie nicht noch höher ausgefallen sind. Haben Sie im Gegenzug aber auch keine zu große Angst vor Verlusten oder davor, Chancen zu verpassen, auf dem Markt ein- oder auszusteigen. Denn auch Angst treibt Sie zu unüberlegten Handlungen.

Gerade deswegen sollten Sie immer nur mit der Summe an Geld an die Börse gehen, die Sie nicht zum Leben brauchen. Natürlich ärgert man sich trotzdem, wenn man Geld verliert, ebenso wie beim Lottospielen oder bei Sportwetten, wo man selbstredend auch lieber gewinnt als verliert. Aber es ist nicht lebensbedrohlich, wenn man einmal einen Verlust erleidet oder einen Gewinn verpasst. Wenn Sie mit dieser Einstellung an die Sache herangehen, agieren Sie automatisch viel gelassener. Dennoch sollten Sie bestenfalls kein Lotto spielen, das Geld wäre an der Börse deutlich sinnvoller investiert, wie wir gleich zu Beginn bei der Widerlegung der Börsenmythen gelernt haben.

Überlegen Sie nicht im Nachhinein, welche Chancen Sie angeblich verpasst haben oder was Sie alles hätten tun können, um jetzt noch erfolgreicher dazustehen. Wer vor sechzig Jahren Coca-Cola-Aktien gekauft hätte oder vor fünfzehn Jahren Apple-Aktien, wäre heute Milliardär. Martin Weber rückt diese Gedankenspiele im angesprochenen Interview aber wieder gerade: „Vor 50, zehn oder acht Jahren hätte man auch zahllose Aktien von Unternehmen kaufen können, die heute pleite sind" (Lange, 2015). Denken Sie immer daran: Jeder Gewinn, so klein er auch sein mag, ist ein Erfolg!

„Ja, der Chart bildet die Psychologie ab und die Psychologie ist mächtig."
(Max Otte)

Otte empfiehlt, sich nicht allein auf die technische Analyse zu verlassen, sondern als Grundlage der Entscheidungsfindung (Investieren oder nicht und wenn ja, zu welchem Zeitpunkt) die Fundamentalanalyse zu verwenden. Im Gegensatz zur Chartanalyse geht es hier weniger um den genauen Zeitpunkt eines Ein- oder Ausstiegs in oder aus einem Markt, sondern vielmehr um die grundsätzliche Bewertung von Märkten und Unternehmen. Zwar arbeitet auch die Fundamentalanalyse mit Prognosen, geht dabei aber anders vor. In der Tat ist eine Kombination aus beiden Ansätzen zu empfehlen. Bevor Sie mit der technischen Analyse anfangen, sollten Sie die Methoden der Fundamentalanalyse kennen, denn mit ihrer Hilfe können Sie realistisch einschätzen, ob es sich lohnt, in einen Markt einzusteigen und dort zu investieren. Wenn Sie diese grundsätzliche Frage geklärt haben, können Sie sich mit dem Timing befassen und sich die Charts der jeweiligen Märkte anschauen, um den optimalen Zeitpunkt zum Investieren ausfindig zu machen. Oder anders gesagt: Die Chartanalyse baut auf der Fundamentalanalyse auf. Daher möchte ich Ihnen die Grundlagen der Fundamentalanalyse an dieser Stelle näher bringen.

FUNDAMENTALANALYSE

Um den Wert von Unternehmen, beziehungsweise den Wert der von ihnen herausgegebenen Aktien, bewerten zu können, gibt es verschiedene Instrumente. Eines davon ist die Fundamentalanalyse. Insbesondere, wenn Ihr Portfolio einen großen Aktienanteil enthalten soll, ist es ratsam, den Kurs dieser Aktien zu beobachten und zu bewerten. Die Fundamentalanalyse ist dabei nicht darauf ausgelegt, einen bestimmten Zeitpunkt für den Einstieg am Markt festzulegen. Dafür gibt es die Chartanalyse, die ich Ihnen an dieser Stelle jedoch nicht näher erläutern möchte, da sie grundsätzlich eher für Day-Trader und kurzfristige Anlagen geeignet ist. Die Fundamentalanalyse dagegen ist das ideale Werkzeug, wenn Sie langfristig investieren möchten.

Wie funktioniert die Fundamentalanalyse?

Es handelt sich um eine spezielle Form der Finanzanalyse, bei der Unternehmensdaten und betriebswirtschaftliche Kennzahlen beobachtet, zusammengetragen und anschließend ausgewertet werden. Man spricht auch von Fundamentaldaten, daher auch der Name Fundamentalanalyse. Ziel dieser Auswertung ist es, den angemessenen Börsenkurs eines Wertpapiers in der Zukunft zu ermitteln, also das sogenannte Kursziel zu definieren. Oder vereinfacht ausgedrückt: Man möchte herausfinden, ob es sich lohnt, Aktien eines bestimmten Unternehmens zu kaufen oder nicht, ob die Zukunftsaussichten positiv oder negativ sind.

Welche Kennzahlen werden betrachtet?
Kurs-Gewinn-Verhältnis
Der derzeitige Kurs eines Wertpapiers wird durch den erwarteten Unternehmensgewinn geteilt. Daraus errechnet sich ein Mittelwert. Wertpapiere, meist Aktien, die unterhalb dieses Mittelwerts liegen, gelten als günstig. Aktien, die über dem Mittelwert liegen, gelten als teuer. Ziel ist es selbstverständlich, die günstigsten Aktien auszuwählen, also vermutlich die, bei denen sich eine Investition am meisten lohnt.
Kurs-Buchwert-Verhältnis
Der aktuelle Kurswert wird durch den Buchwert der Aktie geteilt. Der Buchwert wiederum ist das Eigenkapital einer Firma, dividiert durch die Anzahl der ausgegebenen Aktien. Diese Berechnung ist logisch nachvollziehbar, schließlich müsste eine Aktie, nimmt man das Herdenverhalten und die Stimmungen an der

Börse aus der Gleichung heraus, exakt so viel Wert sein, wie der Anteil an dem entsprechenden Unternehmen, das die Aktie repräsentiert. Der faire Wert der Aktie sollte also ungefähr dem Buchwert entsprechen.
Eigenkapitalquote
Die Eigenkapitalquote ist das Eigenkapital eines Unternehmens im Verhältnis zum Gesamtkapital des Unternehmens. Man teilt erstere durch letztere und multipliziere das Ergebnis mit dem Faktor hundert. Anhand dieser Zahl können die Stabilität und die Unabhängigkeit eines Unternehmens bewertet werden. Je höher der Wert, desto stabiler das Unternehmen und je selbstständiger. Schließlich ist eine hohe Eigenkapitalquote ein Zeichen dafür, dass ein Unternehmen im Zweifel nicht stark von Fremdkapital abhängig ist.
Kritik

Auch die Fundamentalanalyse ist natürlich nicht perfekt, sie ist allerdings ein zuverlässiges Instrument, um Aktien und andere Wertpapiere zu bewerten. Häufigster Kritikpunkt ist, dass sie den sogenannten Noise, also das Getuschel, die Gerüchte und Stimmungen an der Börse, die oft zu Entscheidungen von Anlegern führen, missachtet, also zu streng analytisch vorgeht und die Irrationalität der Akteure missachtet. Für diesen menschlichen Faktor gibt es allerdings keine Berechnungsmethode, wie gesagt: absolute Wahrheiten gibt es an der Börse nie.

WAS WIR IN DIESEM KAPITEL GELERNT HABEN

- Die Psychologie spielt an der Börse eine nicht zu unterschätzende Rolle. Vermeiden Sie typische Fehler wie Gier oder die Überschätzung der eigenen Fähigkeiten. Haben Sie auf der Gegenseite aber auch keine Angst vor Verlusten, Angst ist ein schlechter Ratgeber.
- Gehen Sie gut vorbereitet an Ihr Investment heran und setzen Sie dabei kein Geld aufs Spiel, welches Sie dringend benötigen.
- Als Ergänzung zur technischen Analyse gibt es die Fundamentalanalyse. Wenn möglich, versuchen Sie, beide Techniken miteinander zu kombinieren, um sich so breit wie möglich aufzustellen und Ihre Chancen auf Gewinne weiter zu erhöhen.

Methode: Candlestick-Charts analysieren

„Eine Kerze anzuzünden, ist besser,

als die Dunkelheit zu verwünschen."

(deutsches Sprichwort)

Nachdem ich nun bereits mehrfach darauf hingewiesen habe, dass für die technische Analyse zumeist Candlestick-Charts verwendet werden, möchte ich an dieser Stelle noch einmal näher erklären, wie man ein solches Chart am besten analysiert. In unserem Falle interessieren uns Finanzdiagramme, mit dem sich die Kursbewegungen von Wertpapieren, Derivaten oder Währungen darstellen lassen. Es präsentiert den Betrachtenden vier Informationen:

1. den Eröffnungskurs
2. den Schlusskurs
3. den Höchstkurs
4. den Tiefstkurs.

Diese Begriffe sind uns im bisherigen Verlauf des Buches immer wieder begegnet. Wir sehen, dass das Candlestick-Chart in der Lage ist, uns diese Informationen zu liefern. Nun müssen wir nur noch lernen, die Informationen aus dem Chart herauszulesen. Hierbei kann uns folgende Grafik helfen:

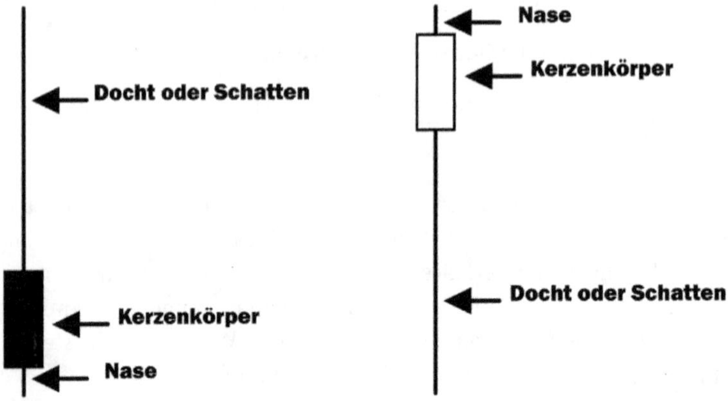

Abbildung 16 Candlestick-Charts richtig lesen (nach admiralmarkets.de/wissen/articles/forex-basics/alles-was-sie-ueber-candlesticks-wissen-muessen)

Die Standardeinstellung der meisten Programme stellt die Kerzen in Schwarz und Weiß dar. Sie können die Farbe aber nach Ihren Vorstellungen anpassen, falls Ihnen eine Darstellung mit roten und grünen Kerzen beispielsweise angenehmer vorkommt. In der hier verwendeten Darstellung steht die weiße Kerze für einen Kurs, der mit einem höheren Wert geschlossen wurde, als er eröffnete. Die schwarze Kerze ist durch einen nachlassenden Markt entstanden, wurde also zu einem niedrigeren Kurs geschlossen als eröffnet. Die schwarzen oder weißen Kästchen, die bei der grafischen Darstellung entstehen, nennt man Kerzenkörper. Die Kursbewegungen werden als Linien über- und unterhalb des Körpers dargestellt, sie heißen Docht oder manchmal auch Schatten. Ist der Docht ausgesprochen kurz, spricht man von einer Nase.

Wenn Sie ein Candlestick-Chart lesen können, verschafft Ihnen das einen Vorteil gegenüber anderen Marktteilnehmern, die nicht über dieses Methodenwissen verfügen. Sie können das Momentum, die Richtung und die Stimmung des Marktes anhand des Charts erkennen. Die Kerze kann dabei als eine Art Maßeinheit für die Abstände zwischen Hoch- und Tiefpunkten verstanden werden. Sie füllt also den Zwischenbereich zwischen Widerstands- und Unterstützungslinie dar. Je größer die Kerze, desto stärker der Widerstand oder die Unterstützung.

Betrachten wir uns folgende Grafik:

Abbildung 17 Candlestick-Chart
Bildquelle: admiralmarkets.de/wissen/articles/forex-basics/alles-was-sie-ueber-candlesticks-wissen-muessen (zuletzt geprüft am 02.11.2020)

Das Fenster, welches wir auf der linken Seite der Abbildung erkennen können, ist das sogenannte Datenfenster. Die meisten Softwares wählen diese Darstellungsform. Im Datenfenster können wir alle entscheidenden Daten aus unserem Chart ablesen. Wichtig ist es vor allem, die folgenden drei Komponenten zu beachten:

1. die Größe sowie die Länge der gesamten Kerze
2. der Schatten und dessen Verhältnis zum Körper der Kerze
3. die Korrelation zwischen Eröffnungs- und Schlusskurs.

Größe und Länge der Kerzen

Kerzen, die zu einem niedrigen Kurs eröffnen und mit einem höheren Kurs schließen, sind alltäglich. Auch ist es häufig der Fall, dass Kerzen lang sind. Wenn diese beiden Umstände jedoch über einen längeren Zeitraum hinweg zusammen auftreten, spricht vieles für eine sich andeutende Trendumkehr. So deutet zum

Beispiel ein langer Aufwärtstrend, auf den eine lange Kerze mit einem ebenfalls langen Docht folgt, eine Erschöpfung des Marktes an. Die Ressourcen dieses Marktes scheinen erschöpft, der Kurs wird daher in der nahen Zukunft aller Voraussicht nach sinken.

Schatten und dessen Verhältnis zum Körper

Der Docht oder auch Schatten steht für die Ablehnung des Marktes gegenüber der jeweiligen Unterstützungs- oder Widerstandslinie. Der Markt, das bedeutet auch der Kursverlauf, lehnt sich gegen die Annahme der Marktteilnehmer auf, dass der Kurs nicht noch weiter steigen beziehungsweise fallen könne.

Ein langer Docht nach einem lang anhaltenden Auf- oder Abwärtstrend bedeutet, wie wir eben bereits gelernt haben, dass der Trend sich erschöpft hat. Je länger der Docht dabei ist, desto wichtiger, ist es, dessen Länge mit der Länge des Körpers zu vergleichen. An der Relation von Docht und Körper können Sie erkennen, wie stark der Kursumschwung ablaufen könnte. Eine Konstellation, bei der unsere Grafik optisch an eine Reiszwecke erinnert, gibt uns ein sehr starkes Signal zur Umkehr. Schauen wir uns die Konstellation einmal an:

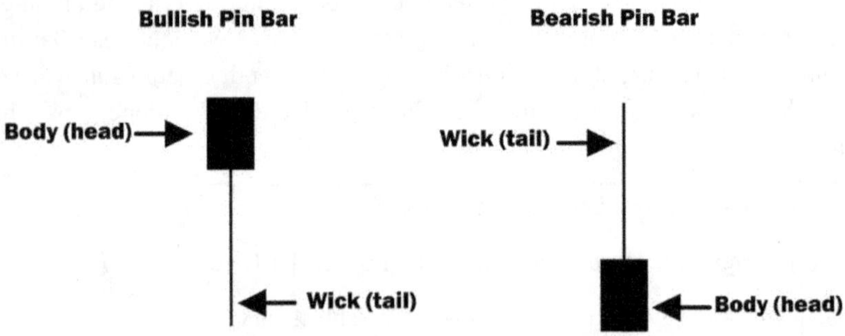

Abbildung 18 Verhältnis von Docht und Körper ergibt eine Reißzwecke (nach admiralmarkets.de/wissen/articles/forex-basics/alles-was-sie-ueber-candlesticks-wissen-muessen)

Bei einem Bullenmarkt zeigt ein langer Docht nach unten, der Kurs löst sich dabei von der Unterstützungslinie. Infolgedessen werden viele Marktteilnehmer Positionen kaufen wollen. Im Falle eines Bärenmarktes zeigt der Docht nach oben, dies visualisiert den Abstoß des Kurses von der Widerstandslinie, bevor der Kurs schließlich dadurch fällt, dass viele Teilnehmer ihre Positionen verkaufen möchten. Die stärksten Umkehrfunktionen zeigen uns einen Docht, der um ein Vielfaches länger ist als der Körper der Kerze (Admiralmarkets, 2020).

Korrelation zwischen Eröffnungs- und Schlusskurs

Eine farbige, in unserem Fall weiße Kerze symbolisiert, wie gesagt, einen steigenden Kurs, also einen Markt, der sich im Aufwind befindet. Fachleute sprechen in so einem Fall von einem Bullenmarkt (manchmal auch „bulliger" Markt). Die Länge der Kerze bei einem Bullenmarkt gibt also an, wie stark der Kurs gestiegen ist. Bei fallenden Kursen ist der Körper der Kerze wiederum schwarz, man spricht in einem solchen Fall auch von einem Bärenmarkt oder einem bärigen Markt. Bulle und Bär stehen an der Börse immer für steigende und fallende Kurse. Der Stier wird hierbei als wild und tendenziell aufstrebend dargestellt, wohingegen dem Bären das Image anhaftet, ein wenig träge zu sein. Oftmals stehen vor den Börsengebäuden dieser Welt Skulpturen von einem Bullen und einem Bären, um genau das zu symbolisieren. Die Länge der Kerze auf einem Bärenmarkt zeigt uns also, wie stark ein Kurs nach unten gegangen ist.

Eine solch detaillierte und vor allem farblich differenzierte Darstellung ist mit einem Liniendiagramm nicht möglich. Dafür benötigen wir zwingend unser Candlestick-Chart.

An dieser Stelle möchte ich dieses kleine Kapitel schon wieder schließen, auch wenn wir uns sicherlich noch nicht erschöpfend mit dem Thema Interpretation von Candlestick-Charts befasst haben. Eine noch genauere Darstellung würde aber den Rahmen an dieser Stelle sprengen. Gern können Sie, was ich Ihnen ohnehin jederzeit ans Herz legen würde, auf eigene Faust weiter recherchieren und sich mithilfe von seriösen (!) Quellen weiterbilden.

Weitere Informationen zu diesem Thema können Sie unter anderem auf der Webseite von *Admiralmarkets* finden, dort sehen Sie eine äußert detailreiche und verständlich aufbereitete Beschreibung der Eigenschaften des Candlestick-Charts sowie zahlreiche Fallbeispiele. Üben Sie die Analyse von Kerzendiagrammen unbedingt mit der Software Ihres Brokers. Wie Sie sehen, ist es überaus entscheidend, die richtigen Techniken zu beherrschen, um beim Investieren an der Börse erfolgreich zu sein.

Chancen und Risiken der technischen Analyse

„An der Börse ist alles möglich. Auch das Gegenteil“

(André Kostolany)

Wir wissen also nun, wie die technische Analyse funktioniert und wir haben auch über die Chancen dieser Methode gesprochen, genauer gesagt, warum es sinnvoll ist, sie anzuwenden. Wo Chancen sind, das muss ehrlicherweise gesagt sein, sind zumeist auch Risiken. So ist es auch bei der technischen Analyse, auch diese Methode ist zweifelsfrei nicht perfekt oder unfehlbar. In diesem Kapitel werde ich also auch auf die Kritik an der technischen Analyse eingehen und die Chancen und Risiken systematisch gegenüberstellen. Machen Sie sich selbst ein Bild, wie Sie diese Informationen gewichten, der Vollständigkeit halber, sollten Sie dieses Kapitel aber auf alle Fälle lesen, selbst wenn Sie bereits für sich entschieden haben, die technische Analyse anwenden zu wollen.

CHANCEN

Wir haben bereits über die Chancen gesprochen, die Ihnen die technische Analyse bietet. Anstatt planlos und auf gut Glück zu investieren, bietet Ihnen die technische Analyse eine Vielzahl an Möglichkeiten, den Markt, auf dem Sie sich bewegen wollen, einzuschätzen. Wie ist der Kurs in der Vergangenheit verlaufen, wie wird er sich voraussichtlich in der nächsten Zeit verhalten? Welche Zukunftschancen und welche Risiken birgt dieser Markt? All diese Fragen können Sie mithilfe der Chartanalyse beantworten. Außerdem können Sie so herausfinden, zu welchem Zeitpunkt es sich am ehesten lohnt, in den Markt einzusteigen, Sie definieren klare Linien, an denen Sie kaufen oder verkaufen möchten. Wenn Sie sich an diese Regeln halten, haben Sie ein klares Konzept, das letzten Endes Ihr Verlustrisiko bedeutend minimiert.

Flexibilität

Auch sind Sie dabei stets flexibel. Es gibt zwar festgelegte Trendlinien, die Ihnen das Chart vorgibt, was Sie jedoch damit machen, bleibt Ihnen überlassen. Übersteigt ein Kurs eine Trendlinie? Verkaufen Sie direkt oder warten Sie noch ein wenig ab (was grundsätzlich ratsamer wäre)? Wie lange warten Sie noch ab? Wie hoch ist Ihr Budget, was wollen Sie maximal investieren und wie breit wollen Sie Ihr Portfolio streuen? Wollen Sie in Währungen, das heißt am Devisenmarkt, investieren oder doch lieber ausschließlich in Aktien? Welchen Broker und welche Software wollen Sie wählen? All diese Entscheidungen obliegen allein Ihnen und sorgen dafür, dass Sie zwar auf der einen Seite ein striktes und eindeutiges Regelwerk haben, auf der anderen Seite aber auch genügend Freiheiten haben, sich individuell auszuleben.

Psychologie

Die Psychologie ist auf Ihrer Seite. Folgen Sie dem Mainstream, machen Sie die Trends mit, die Ihnen vom Markt und von dessen Teilnehmer vorgegeben werden. Es gibt mächtigere und größere Akteure als Sie auf dem Markt, diese haben mehr Erfahrung, mehr Kapital und meistens finanzkräftige Institutionen wie Banken, Versicherungen oder Fonds hinter sich. Wenn Sie antizipieren können, was diese Akteure machen, können Sie sich einfach von deren Handlungen leiten lassen. Sie müssen sich nicht selbst über die ausgefallensten Möglichkeiten den Kopf zerbrechen, der Markt wird von der Psychologie gelenkt, nutzen Sie dieses Wissen für sich aus.

Macht der Mehrheit

Die Mehrheit der Teilnehmer an den Märkten setzt mittlerweile auf die Methoden der technischen Analyse. Die Mehrheit hat nicht immer recht, können Sie einwenden und Sie liegen damit natürlich völlig richtig. Natürlich hat die Mehrheit auch bereits falsche Entscheidungen getroffen, was wir an der Finanzkrise der Jahre 2008 und 2009 beispielhaft sehen können. Doch im Regelfall muss man sagen, dass es an der Börse niemals schaden kann, die Mehrheit auf der eigenen Seite zu haben. Denn: Wir haben bereits gelernt, dass an den Finanzmärkten selbsterfüllende Prophezeiungen oftmals eine Rolle spielen.

Die Mehrheit erzeugt Trends und the Trend is your Friend – es kann also im Normalfall nicht schaden, auf eine Technik zu setzen, der erfahrene Anleger vertrauen und die von diesen angewandt wird. Tauschen Sie sich mit erfahrenen Anlegern aus, versuchen Sie, Kontakte zu knüpfen, diese sind wertvoll und können für Ihren Erfolg langfristig von großer Bedeutung sein. Fragen Sie nach deren

Tipps und Kniffen, die meisten Anleger werden Ihnen gern weiterhelfen. Schließlich sind die Märkte, auf denen wir uns bewegen, nicht unbedingt Nullsummenspiele (abgesehen vom Day-Trading). Das heißt, wenn Sie gewinnen, muss ein anderer Anleger nicht grundsätzlich verlieren, es können immer mehrere Teilnehmer vom selben Kurs profitieren.

Gute Gewinnchancen

An der Börse spekulieren kann jeder, solange nur eine gewisse Summe an Kapital vorhanden ist. Wahllos Geld auf Aktien zu setzen oder in einen ETF zu investieren, der dann jahrelang vor sich hin plätschert und im besten Fall ein paar Euro Gewinn pro Monat oder Jahr abwirft, ist eine Möglichkeit, sein Geld anzulegen. Sicherlich ist die letztgenannte Variante auch die risikoärmste, mit ETFs machen Sie wahrscheinlich keine großen Verluste, aber auch keine großen Gewinne. Die technische Analyse eröffnet Ihnen Möglichkeiten, auch in risikoreichere Bereiche der Finanzmärkte vorzudringen und trotzdem kein überhöhtes Risiko einzugehen. Wenn Sie den Markt treffend analysieren und die richtigen Zeitpunkte ermitteln, ist selbst das an sich sehr risikoreiche Day-Trading eine Option für Sie. Denn Sie kennen nun den Markt, Sie können die Charts einsehen und können diese analysieren, Sie haben die passende Software Ihres Online-Brokers. Mit Glücksspiel oder Casino-Kapitalismus hat das nichts mehr zu tun, Sie haben eine fundierte Grundlage, auf deren Basis Sie Ihre Entscheidungen treffen.

RISIKEN

Natürlich bietet die technische Analyse nicht ausschließlich Chancen, sie ist auch mit gewissen Risiken behaftet. Ich wiederhole es noch einmal, auch auf die Gefahr hin, dass Sie es nicht mehr hören können: Es gibt an den Finanzmärkten keine absoluten Sicherheiten. Selbst, wenn Sie die Technik der Chartanalyse einwandfrei beherrschen, heißt das nicht automatisch, dass Sie auch Gewinn erzielen werden.

Sie wird oft auch als eine Mischung aus „Kunst und Erfahrung" beschrieben, was im Umkehrschluss bedeutet, dass es sich bei der technischen Analyse nicht um eine eindeutige Wissenschaft handelt, wie zum Beispiel die Mathematik eine ist. In der Mathematik ist eins plus eins in unserem Dezimalsystem immer zwei und minus und minus ergibt immer plus. Diese Eindeutigkeit ist auf dem Feld der Finanzmärkte nicht gegeben. Seien Sie sich also dessen bewusst – es kann Ihnen niemand Gewinne garantieren, Sie können jedoch Ihre Chancen auf Gewinne um ein Vielfaches erhöhen, wenn Sie die Techniken der technischen Analyse beherrschen.

Sie sind nicht allein auf dem Markt

Allerdings sollten Sie die Hürden des Einstiegs nicht unterschätzen. Der Markt ist heiß umkämpft, Sie treten gegen eine große Anzahl an Akteuren an, die oftmals einen großen Erfahrungsschatz beim Börsenhandel vorweisen können und über einen fundierten Background verfügen. Je länger ein Trader an der Börse ist, desto besser seine Kontakte und sein Know-how. Es kann also sein, dass erfahrene Player über Informationen verfügen, an die Sie überhaupt nicht gelangen. Zudem beschäftigen große Banken und Konzerne oftmals eigene Trader. Diese sind besser vernetzt und können somit deutlich schneller und effizienter handeln als Sie. Sie sind es auch, die die deutlich spürbaren Marktbewegungen in Gang setzen. Daher ist es wichtig, sich niemals gegen den Trend zu positionieren, schwimmen Sie mit dem Strom, denn Sie sind als Anfänger lediglich ein kleiner Fisch in einem Haifischbecken und bekanntlich sind kleine Fische im Strom deutlich stärker und haben eine größere Chance zu überleben, selbst wenn es von Haien nur so wimmelt.

Mehr als nur ein Hobby

Der Handel an der Börse ist kein einfaches Hobby und kein reiner Zeitvertreib, man kann nicht einfach „nebenher ein wenig investieren und traden" und darauf hoffen, dass Sie quasi im Vorbeilaufen Gewinne damit erwirtschaften können. Wenn Sie also bloß ein wenig mit Ihrem Kapital spielen möchten und dabei schnelles Geld verdienen wollen, sollten Sie die Finger von der Börse lassen und vielleicht tatsächlich lieber ins Casino oder in ein Wettbüro gehen. Auf diese Weise werden Sie sehr wahrscheinlich Verluste erleiden. Mit dem Börsenhandel müssen Sie sich intensiv beschäftigen und dürfen sich durch kurzfristige Verluste nicht aus der Bahn werfen lassen. Es ist vollkommen normal, dass Sie nicht immer gewinnen können, geben Sie also nicht auf, wenn Sie einmal Geld verloren haben. Vermutlich werden Sie zu Beginn Ihrer Tätigkeit ohnehin im wahrsten Sinne des Wortes Lehrgeld bezahlen müssen. Ihr Kapital sollte also nicht zu niedrig sein und Sie sollten das Geld, welches Sie an der Börse für Ihre Transaktionen einsetzen, nicht an anderer Stelle dringend benötigen. Auch wenn Sie es nicht mehr hören können, kann ich nicht müde werden, es zu betonen:

Verwenden Sie keinesfalls Geld, welches Sie für Ihre laufenden Kredite, Ihre Miete oder Lebensmittel brauchen.

Suchtgefahr

Alle spekulativen Börsengeschäfte bergen eine Suchtgefahr, auch wenn es sich nicht um Glücksspiel handelt, werden im Falle eines Gewinns doch ähnliche Hormone ausgeschüttet. Verlieren Sie sich nicht in Ihren Transaktionen und hören Sie dringend auf zu spekulieren, sobald Ihr Kapital aufgebraucht ist. Dies ist ein klares Signal dafür, dass Sie vielleicht ein wenig zu viel spekuliert haben oder mit dem Druck, der beim Trading auf Ihnen lastet, nicht gut zurechtgekommen sind. Definieren Sie zu Beginn Ihrer Tätigkeit ein Budget, einen festen Kapitalstock. Wenn dieser aufgebraucht ist, ist Ihr Ausflug in die Welt der Finanzmärkte vorbei. Versuchen Sie es nicht weiter, investieren Sie nicht noch mehr Geld, nehmen Sie keine Kredite oder Ähnliches auf. Die Finanzmärkte sind nicht für jeden geeignet, gestehen Sie es sich ein, falls Sie für sich feststellen, dass Sie sich auf dieser Bühne nicht wohlfühlen.

Markteffizienzhypothese

Die Markteffizienzhypothese widerspricht sowohl dem Konzept der technischen Analyse als auch der Fundamentalanalyse. Anhänger dieser Theorie kritisieren, dass man anhand vergangener Kursverläufe keine Rückschlüsse für die Zukunft ziehen könne, Prognosen seien also unseriös und, wenn sie denn eintreffen würden, sei dies dem Zufall geschuldet. Dies ist zunächst eine steile Behauptung, weshalb wir uns die Markteffizienzhypothese einmal anschauen wollen. Sie geht davon aus, dass die Finanzmärkte vollkommen effizient seien, das heißt, sämtliche Informationen abbildeten. Dazu zählten sowohl historische Kursverläufe als auch die Informationen der öffentlichen und privaten Akteure an den Märkten. All diese Informationen stünden jederzeit zur Verfügung, durch das Internet könnten diese so schnell und so weitverbreitet werden, dass niemand sich einen Vorteil durch technische Analysen verschaffen könne.

Was mit Sicherheit richtig ist, ist die Annahme, wonach ein Kursverlauf nicht ausschließlich von technischen Faktoren beeinflusst wird, dass das Verhalten, das Wissen und auch die Vermutungen der Akteure am Markt einen erheblichen Einfluss auf die Kursentwicklungen haben. Doch der Vorwurf, die Chartanalyse blende diese Aspekte aus, ist nicht ganz berechtigt. Schließlich sind auch vergangene Kurse von ebendiesem Anlegerverhalten geprägt.

Außerdem ist es unter Umständen nicht einmal entscheidend, wie ein Kursverlauf im Detail zustande gekommen ist. Dies zu verstehen, hilft zwar enorm, um seine Transaktionen bestens zu timen, doch gewisse Größen, wie zum Beispiel die Trendlinien, die Unterstützungs- und Widerstandslinien oder die technischen Indikatoren, sind nicht unbedingt abhängig von der Frage, wie sie zustande gekommen sind. Es reicht, sie zu kennen, sie zu definieren und sich nach ihnen zu richten.

Auch ist es sicherlich richtig, dass die technische Analyse heutzutage kein Insiderwissen mehr ist, sondern dass beinahe jeder Akteur oder am Markt auf sie zurückgreifen kann. Doch je mehr Akteure das Spiel mitspielen, je mehr von ihnen in die eine oder in die andere Richtung gehen, desto eher verwirklichen sich die Trends, desto wahrscheinlicher wird eine Kursentwicklung im Sinne einer selbsterfüllenden Prophezeiung. Es ist also nicht einmal schlecht, sondern kann sogar von Vorteil sein, wenn viele Marktteilnehmer in dieselbe Richtung laufen. Mit dem Strom schwimmen ist in diesem Fall kein Zeichen von Schwäche, sondern vielmehr von Schwarmintelligenz.

Die Kritikpunkte der Markteffizienzhypothese an der technischen Analyse mögen in ihrem Kern nicht unbegründet sein, sind jedoch leicht zu widerlegen beziehungsweise stellen sich bei näherer Betrachtung nicht unbedingt als wirklich kritisch heraus.

Info: Markteffizienzhypothese

Die Markteffizienzhypothese oder auch kurz EMH (englisch: efficient market hypothesis) ist eine Theorie der Finanzwissenschaft. Preise von Wertpapieren, so die These, würden sämtliche vorhandenen Informationen widerspiegeln. Als Konsequenz müsste man somit formulieren: Kein Teilnehmer kann den Markt langfristig schlagen. Die EMH basiert zwar auf empirischen Untersuchungen, kann aber nur in Verbindung mit einem Risikomodell formuliert werden, für risikofreie Transaktionen funktioniert sie nicht. Auf den Annahmen der EMH basiert die passive Investitionsweise mit Indexfonds, den sogenannten ETFs (Bernau, 2014).

WAS WIR IN DIESEM KAPITEL GELERNT HABEN

- Die technische Analyse bietet auf der einen Seite viele Vorteile, sie ist aber auch mit Vorsicht zu genießen, da sie, wie beinahe alles in der Finanzwelt, mit Risiken verbunden ist.

- Seien Sie sich stets dessen bewusst, dass auch die technische Analyse Ihnen keine Zauberformel mit auf den Weg gibt. Es geht in erster Linie darum, Ihre Erfolgschancen realistischer einschätzen zu können und die bestmöglichen Voraussetzungen für ein erfolgreiches Investment zu schaffen.

Ausblick

„Die Weltkugel liegt vor ihm offen,

und wer nichts wagt, der darf nichts hoffen."

(Friedrich Schiller, Wallenstein)

Aller Anfang ist schwer, sagt der Volksmund. Doch das stimmt nicht immer. Ich hoffe, dass ich Ihnen in den vorausgegangenen Kapiteln aufzeigen konnte, dass der Einstieg in die technische Analyse gar nicht so kompliziert und die Börse gar nicht so undurchschaubar ist, wie Sie möglicherweise bisher angenommen hatten. Sie brauchen also keine Angst vor den Finanzmärkten zu haben, wenn Sie gut vorbereitet und mit einem kühlen Kopf an die Sache herangehen.

Ich habe Ihnen einige Tipps für Einsteiger mit auf den Weg gegeben, um Ihnen eine bestimmte Richtung vorzuschlagen, die es zu Beginn der Investitionstätigkeit bestenfalls einzuschlagen gilt. Diese lautet: Mit einem Demonstrationskonto ohne den Einsatz von echtem Geld anfangen, nicht zu viel Kapital auf einmal investieren, langsam, aber stetig Gewinne einfahren, ohne die Nerven zu verlieren.

Diese Strategie, wie ich sie Ihnen ans Herz gelegt habe, ist eine etwas defensivere und sicherere Strategie im Vergleich zu zweifelsohne ebenfalls möglichen Risikogeschäften. Es ging mir darum, Ihnen zunächst zu vermitteln, wie Sie das vorhandene Risiko an der Börse so klein wie möglich halten. Dennoch möchte ich Ihnen nicht grundsätzlich davon abraten, risikoreichere Geschäfte auszuprobieren. Wenn Sie ein wenig Erfahrung gesammelt und das eine oder andere Chart erfolgreich analysiert haben, spricht nichts mehr dagegen, sich auch an Day-Trading oder einen anderen Markt als den relativ sicheren Forex-Markt zu wagen. Natürlich gibt eine Vielzahl dieser anderen, risikoreicheren Varianten. Ich habe sie in diesem Buch nicht in aller Ausführlichkeit erläutert, sondern lediglich dann und wann, der Vollständigkeit halber, erwähnt.

Das heißt nicht, dass Sie diese Varianten unter keinen Umständen ausprobieren sollten! Sie dürfen, über kurz oder lang, den Weg des kleinstmöglichen Risikos verlassen und dadurch eventuell höhere Gewinne erzielen, müssen dafür aber das Risiko höherer Verluste tragen.

Womit wir wieder beim Ausgangspunkt für dieses Buch angekommen wären: Börse kann Risiko und Zockerei bedeuten, muss es aber nicht zwangsläufig. Ich hoffe, dass ich auch dies an Sie vermitteln konnte, dass wir hier seriöse Methoden anwenden. Auch wenn die technische Analyse keine eindeutige Wissenschaft wie die Mathematik oder die Physik ist, hat sie klare Regeln, sie hat Konstanten und Faktoren und ist damit deutlich mehr, als manche behaupten, die sämtliche Charttechniken als Kaffeesatzleserei abtun.

Wenn Sie den Anfang, auch mithilfe dieses Buches, erfolgreich gemeistert haben, können Sie Ihre Aktivitäten weiter ausbauen. Sie können zum Beispiel ausländische Märkte in Angriff nehmen oder weniger bekannte, dafür Gewinn versprechende Positionen. Eröffnen Sie dazu ein passendes Konto bei dem Broker Ihres Vertrauens. Es sollte Ihnen bei einer eventuellen Erweiterung möglichst darum gehen, Ihre bereits vorhandene Strategie sinnvoll zu ergänzen. Es geht nicht darum, einfach nur mehr zu investieren, sondern darum, sinnvolle Schritte einzuleiten, um Ihre Gewinnchancen sukzessive zu erhöhen. Zu keinem Zeitpunkt würde ich Ihnen raten, den sicheren Hafen völlig zu verlassen und sämtliche erlernten Methoden zur Analyse über Bord zu werfen. Falls Sie ein Stück weit mehr ins Risiko gehen möchten, nehmen Sie die risikoreicheren Anlagen lediglich als Ergänzung Ihrer bisherigen Anlagen hinzu und ersetzen Sie Ihre bisherige Strategie nicht vollends durch Risikogeschäfte.

Mein Tipp lautet an dieser Stelle: Warten Sie mindestens fünf, besser zehn Jahre ab und schauen Sie sich in der Zwischenzeit an, wie sich Ihre „Karriere" als Investor entwickelt. Finden Sie für sich heraus, ob Sie die Geduld und die Ruhe für abwartendes, cleveres Investieren aufbringen können und ob die Welt der Finanzmärkte ein Terrain ist, auf dem Sie sich wohlfühlen. Erst, wenn Sie nach diesem Zeitraum für sich zu dem Entschluss kommen, weiterhin investieren zu wollen, können Sie Ihre Strategie erweitern, Sie haben dann die nötige Erfahrung, die Ihnen hilft, auch ohne das Einzeichnen von Linien und das detaillierte Analysieren einzelner Charts die richtigen Entscheidungen zu treffen. Sollten Sie dies tun, wünsche ich Ihnen natürlich ein glückliches Händchen und viel Erfolg bei diesem Unterfangen.

Ein paar Worte zum Schluss

„Mut steht am Anfang des Handelns, Glück am Ende."

(Demokrit)

Wie Sie vielleicht sehen konnten, handelt es sich bei der technischen Analyse, wie beim Börsenhandel ganz allgemein, um das Begreifen der Regeln eines weltweiten Spiels. Spielen Sie es mit, spielen Sie niemals Ihr eigenes Spiel, spielen Sie nicht gegen das System. „*The Trend Is Your Friend*" ist in diesem Fall kein abgedroschener Lehrsatz, sondern trifft den Nagel auf den Kopf. Spielen Sie einfach das Spiel der großen Player mit und versuchen Sie, von dem System zu profitieren.

Steigen Sie behutsam in die Welt der Börseninvestitionen ein, nutzen Sie zunächst die Demo-Software Ihres Brokers und analysieren Sie zu Übungszwecken einige Charts, bevor Sie echtes Geld an real existierenden Märkten setzen. Lernen Sie, politische Ereignisse zu verstehen und deren Wirkung auf die Finanzmärkte abzuschätzen. Lesen Sie die neuralgischen Punkte aus dem Chart heraus und antizipieren Sie den weiteren Verlauf der Kurven. Versuchen Sie vor allen Dingen zu erahnen, wie die anderen, großen Player agieren und gehen Sie in dieselbe Richtung.

Ich hoffe sehr, dass dieses Buch hilfreich war, um Ihnen die Systematik, die Chancen aber auch die Risiken der technischen Analyse näherzubringen. Ich hoffe auch, dass Sie sich nun besser vorbereitet fühlen, um ins Investitionsgeschäft einzusteigen oder, falls Sie schon länger am Finanzmarkt aktiv sein sollten, dass Sie eventuelle Fehler erkennen konnten und diese in Zukunft nicht mehr machen. Zum Abschluss des Buches bleibt mir also nicht mehr zu sagen als: Viel Erfolg und natürlich auch Glück bei Ihren Trades, ich wünsche Ihnen alles Beste und allzeit gute Geschäfte.

Ihr

Robert Andrew Wilson

Anhang

BUCHTIPPS

- Stefan Salomon (2019): „Das große Lehrbuch der Chartanalyse. Wie Sie Kauf- und Verkaufssignale erkennen. Mit Bleistift und Lineal zum Erfolg“. FBV, München.
- William Lakefield (2020): „Technische Analyse. Das 1 x 1 der Trading-Psychologie & Chartanalyse: Wie Sie mit den Optionsstrategien der Supererfolgreichen zum Profi an der Börse werden, intelligent investieren und Geld verdienen“. Independent Published.
- Nicolas Schmidlin (2013): „Unternehmensbewertung und Kennzahlenanalyse“. Vahlen, München.
- Kolja Barghoorn (2017): „Der rationale Kapitalist“. Create Space Independent Publishing.
- George S. Clason (2019): „Der reichste Mann von Babylon“. Goldmann, München.

TIPPS FÜR WEBSEITEN UND ONLINE-KANÄLE

- Finanzfluss
- Tradingdusche
- Testsieger-Konto.de
- Aktien mit Kopf
- Börse Stuttgart
- Christophs Aktienkurs
- Gabler Wirtschaftslexikon Online (gabler.wirtschaftslexikon.de)
- Admiralmarkets.de

Abbildungs- und Tabellenverzeichnis

Literaturverzeichnis

Admiralmarkets. (28. Mai 2020). *So lesen und verstehen Sie ein Candlestick Chart.* Abgerufen am 03. November 2020 von Admiralmarkets.de: admiralmarkets.de/wissen/articles/forex-basics/alles-was-sie-ueber-candlesticks-wissen-muessen

Algo-Camp.de. (07. Mai 2020). *Opening Range Breakout: Aber modern.* Abgerufen am 07. November 2020 von Algo-Camp.de: algo-camp.de/opening-range-breakout/#:~:text=Die%20Opening%20Range%20Breaktout-Stretegie,bis%2009%3A00%20Uh%20betrachtet

Bernau, P. (09. August 2014). *Der Markt weiß alles.* Abgerufen am 02. November 2020 von Faz.net: faz.net/aktuell/wirtschaft/wirtschaftswissen/die-weltverbesserer/eugene-fama-hat-die-hypothese-effizienter-maerkte-aufgestellt/13077461.html

Berwanger, J. (19. Februar 2018). *Gabler Wirtschaftslexikon.* Abgerufen am 03. Mai 2020 von Aktie: https://wirtschaftslexikon.gabler.de/definition/aktie-31763/version-255314

Böcking, H.-J. (15. Februar 2018). *Dividende.* Abgerufen am 08. Juli 2020 von Gabler Wirtschaftslexikon: https://wirtschaftslexikon.gabler.de/definition/dividende-33380/version-256906

Csizi, V. (20. November 2016). *Tagesspiegel.de.* Abgerufen am 07. Mai 2020 von Börsen-Boom nach Trumps Wahl: tagesspiegel.de/wirtschaft/aktien-boersen-boom-nach-trumps-wahl/14867948.html

FAZ.net. (2020). *FAZ.net Börsenlexikon. Trendlinie.* Abgerufen am 22. Juni 2020 von FAZ.net: boersenlexikon.faz.net/definition/trendlinie/

FAZ.net-Börsenlexikon. (2020). *Investmentfonds.* Abgerufen am 29. Juni 2020 von FAZ.net: boersenlexikon.faz.net/definition/investmentfonds/

Financial Conduct Authority. (21. April 2016). Abgerufen am 06. Mai 2020 von About the FCA: https://www.fca.org.uk/about/the-fca

forexbroker24.com. (2019). Abgerufen am 04. Mai 2020 von Wie finde ich einen seriösen Broker?: forexbroker24.com/binaerer-optionshandel/wie-finde-ich-einen-serioesen-broker/

Forextotal.de. (2020). Abgerufen am 07. Mai 2020 von Support & Resistance: forextotal.de/forex-tutorial/technische-analyse/support-and-resistance/#

Gall, S. (2017). *Dow-Theorie: Chartanalyse und ihre Anfänge.* Abgerufen am 27. Oktober 2020 von Testsieger-Konto.de: https://www.testsieger-konto.de/depotkonto/strategien/dow-theorie/

Gall, S. (2017). *Trendlinie: Kurstrends frühzeitig erkennen*. Abgerufen am 01. November 2020 von Testsieger-Konto.de: testsieger-konto.de/depotkonto/strategien/trendlinie

Gall, S. (2020). *Chartanalyse: Mit System zu mehr Rendite?* Abgerufen am 25. Oktober 2020 von Testsieger-Konto.de: testsieger-konto.de/depotkonten/strategien/chartanalyse

Gall, S. (2020). *Technische Indikatoren: Zukünftige Kursverläufe berechnen*. Abgerufen am 02. November 2020 von Testsieger-Konto.de: testsieger-konto.de/depotkonto/strategien/technische-indikatoren/

Geßner, F. (19. Februar 2018). *Gabler Wirtschaftslexikon*. Abgerufen am 03. Mai 2020 von Devisen: https://wirtschaftslexikon.gabler.de/definition/devisen-29714/version-253313

GKFX. (2019). Abgerufen am 06. Mai 2020 von GKFX Your Global Trading Partner: gkfx.de

Heldt, C. (19. Februar 2018). *Gabler Wirtschaftslexikon*. Abgerufen am 03. Mai 2020 von Broker: https://wirtschaftslexikon.gabler.de/definition/broker-27861/version-251503

Heldt, C. (19. Februar 2018). *Gabler Wirtschaftslexikon*. Abgerufen am 06. Mai 2020 von Depot: https://wirtschaftslexikon.gabler.de/definition/depot-31222/version-254784

Heldt, C. (19. Februar 2018). *Gabler Wirtschaftslexikon*. Abgerufen am 03. Mai 2020 von Derivate: https://wirtschaftslexikon.gabler.de/definition/derivate-31239/version-254801

IG.com. (2020). *Hebel (Definition)*. Abgerufen am 17. Juni 2020 von IG.com: ig.com/de/trading-glossar/hebel-definition

Kaufman, P. (2003). *A Short Course in Technical Trading*. Hoboken, New Jersey: John Wiley & Sons.

Lange, K. (31. Oktober 2015). *Aktienkurse gehorchen dem Zufall*. Abgerufen am 08. Juli 2020 von manager magazin: manager-magazin.de/finanzen/artikel/borse-und-psychologie-aktienkurse-gehorchen-dem-zufall-a-634006.html

Mallien, J., & Wiebe, F. (24. Januar 2019). *Handelsblatt.com*. Abgerufen am 07. Mai 2020 von EZB bereitet die Märkte auf eine Verschiebung der Zinswende vor: handelsblatt.com/finanzen/geldpolitik/ratssitzung-ezb-bereitet-die-maerkte-auf-eine-verschiebung-der-zinswende-vor/23904300.html?ticket=ST-6248045-YtV3zcTQDI

Peukert, H. (19. Februar 2018). *Transaktion.* Abgerufen am 29. Juni 2020 von Gabler Wirtschaftslexikon: https://wirtschaftslexikon.gabler.de/definition/transaktion-47344/version-270610

Pfitzer, N. (19. Februar 2018). *Kapital.* Abgerufen am 29. Juni 2020 von Gabler Wirtschaftslexikon: https://wirtschaftslexikon.gabler.de/definition/kapital-38061/version-261487

Wallstreet Online. (kein Datum). Abgerufen am 04. Mai 2020 von Mit einigen Tipps erfolgreich Daytrading lernen: wallstreet-online.de/ratgeber/finanzen-steuern-versicherung/anlagen-und-investitionen/wissenswertes-und-allgemeines/mit-einigen-tipps-erfolgreich-daytrading-lernen

https://investmentratgeber.com/geld-investieren/

https://de.bergfuerst.com/ratgeber/1000-euro-anlegen
https://qtrade.de/tradingblog/wie-viel-prozent-macht-ein-guter-trader/
https://www.finanzen.net/index/msci-world
https://www.finanzen.net/aktien/volkswagen-aktie
https://magazin.comdirect.de/finanzwissen/anlegen-und-investieren/daytrading#die-risiken-des-daytradings
https://devisen-handeln.org/devisenhandel.html
https://www.youtube.com/watch?v=zc9hz3-ab4E
https://www.youtube.com/watch?v=qie9sxClhHM
https://www.youtube.com/watch?v=RfHRxhjTR1k
https://mein-geldanlage-vergleich.de/aktienstrategien-html/
https://derstillhalter.com/risikoklasse-fuer-den-optionshandel/
https://finanzthema.com/risikoklassen.html/
https://www.ig.com/de/trading-strategien/die-top-5-handelsstrategien-190307#information-banner-dismiss
https://www.brokerdeal.de/daytrading-der-traum-vom-schnellen-geld/daytrader-all-tag/
https://www.dailyfx.com/deutsch/trading-lernen/anfanger/devisenmarkt-oder-aktien.html
https://www.youtube.com/watch?v=81tk6loDZz0
https://aktien-kaufen-fuer-anfaenger.de/was-ist-cfd-handel-genaue-erklaerung/
https://www.investorsinside.de/john-murphys-trading-regeln-trading-fehler-richtig-traden/
https://www.rechnungswesen-verstehen.de/lexikon
▪Antonopoulos, A. M. (2017). *Mastering Bitcoin. Programming the Open Blockchain.* Sebastopol: O'Reilly Books.
▪ARD.de. (2020). *Total Expense Ratio.* Abgerufen am 08. Juli 2020 von boerse.ARD.de:

boerse.ard.de/boersenwissen/boersenlexikon/total-expense-ratio-100.html
▪Berwanger, J. (19. Februar 2018). *Gabler Wirtschaftslexikon*. Abgerufen am 03. Mai 2020 von Aktie: https://wirtschaftslexikon.gabler.de/definition/aktie-31763/version-255314
▪Bitcoinity.org. (05. August 2013). *Exchanges*. Abgerufen am 21. Juni 2020 von Bitcoinity.org: bitcoinity.org/markets/list?currency=ALL&span=30d
▪BlockchainCenter. (2020). *EOS im Überblick*. Abgerufen am 23. Juni 2020 von BlockchainCenter.net: blockchaincenter.net/eos/
▪Böcking, H.-J. (15. Februar 2018). *Dividende*. Abgerufen am 08. Juli 2020 von Gabler Wirtschaftslexikon: https://wirtschaftslexikon.gabler.de/definition/dividende-33380/version-256906
▪*boerse.de*. (2020). Abgerufen am 04. Mai 2020 von Cost of Carry: boerse.de/boersenlexikon/Cost-of-Carry
▪Börner, Y. (10. September 2018). *Was ist Fiatgeld? Einfach erklärt*. Abgerufen am 16. Juni 2020 von Focus Online: praxistipp.focus.de/was-ist-fiatgeld-einfach-erklaert_101338
▪Börse, D. (18. August 2017). *Organisation der FWB. Gemischte Struktur aus öffentlichem und privatem Recht.* Abgerufen am 06. Juli 2020 von deutsche-boerse.de: deutsche-boerse-cash-market.com/uber-uns/organisation der fwb
▪BrainYoo-Team. (05. März 2014). *Im Alter lernen wir langsamer, aber...* Abgerufen am 02. Juli 2020 von brainyoo.de: brainyoo.de/im-alter-lernen-wir-langsamer-aber/
▪Chaum, D. (1983). *Blind Signatures for untraceable Payments.* Santa Barbara, CA: University of California.
▪coin.market. (2018). *Crytocurrency Market Capitalizations*. Abgerufen am 16. Juni 2020 von coin.market: coin.market/cryptos
▪Csizi, V. (20. November 2016). *Tagesspiegel.de*. Abgerufen am 07. Mai 2020 von Börsen-Boom nach Trumps Wahl: tagesspiegel.de/wirtschaft/aktien-boersen-boom-nach-trumps-wahl/14867948.html
▪Cuthbertson, A. (29. August 2019). *Bitcoin: Self-ProclaimedCryptocurrency Creator Craig Wright ordered to pay Billions*. Abgerufen am 16. Juni 2020 von Independent.co: independent.co.uk/life-style/gadgets-and-tech/news/bitcoin-investor-satoshi-nakamoto-craig-wright-court-lawsuit-a9084146.html
▪Eisenhofer, A. (30. Oktober 2018). *Gabler Banklexikon*. Abgerufen am 03. Mai 2020 von Daytrading: https://www.gabler-banklexikon.de/definition/day-trading-56874/version-341302
▪ETFs-24. (09. August 2020). *4 ETF-Strategien nach Gerd Kommer*. Abgerufen am 21. September 2020 von ETFS-24: etfs24.de/etf-strategie-gerd-kommer/
▪ExtraETF. (2020). *Tracking Difference bei ETFs*. Abgerufen am 10. Juli 2020 von ExtraETF.de: de.extraetf.com/wissen/tracking-difference-bei-etfs
▪EZB. (15. Mai 2020). *Template on international reserves and foreign currency liquidity*. Abgerufen am 01. Juli 2020 von europa.eu: ecb.europa.eu/stats/balance_of_payments_and_external/international_reserves/templates/html/202003ecb.en.html
▪FAZ.net. (2020). *FAZ.net Börsenlexikon. Trendlinie*. Abgerufen am 22. Juni 2020 von

FAZ.net: boersenlexikon.faz.net/definition/trendlinie/
▪FAZ.net-Börsenlexikon. (2020). *Investmentfonds*. Abgerufen am 29. Juni 2020 von FAZ.net: boersenlexikon.faz.net/definition/investmentfonds/
▪Fernmeldeunion, I. (16. Juni 2012). *ITU-T Recommendations*. Abgerufen am 23. Juni 2020 von ITU. Cmooitted to connecting the world: itu.int/ITU-T/recommendations/rec.aspx?rec=y.2060
▪*Financial Conduct Authority*. (21. April 2016). Abgerufen am 06. Mai 2020 von About the FCA: https://www.fca.org.uk/about/the-fca
▪Finanzen100. (2020). *Thesaurierend oder ausschüttend - welchen ETF soll ich auswählen?* Abgerufen am 08. Juli 2020 von finanzen100.de: finanzen100.de/etf/topics/etf-thesaurierend-ausschüttend/
▪Finanzfluss. (04. April 2016). *Cost Average Effekt - einfach erklärt! Mehr Rendite beim Sparen. Finanzlexikon*. Abgerufen am 10. Juli 2020 von YouTube: youtube.com/watch?v=Mbl6wEMHmJA
▪Finanzfluss (Regisseur). (2016). *ETF Erklärung: Was sind ETFs? In nur vier Minuten erklärt! Finanzlexikon* [Kinofilm].
▪finanztreff.de. (2020). *Anleihen - Basiswissen*. Abgerufen am 12. Juli 2020 von finanztreff.de: finanztreff.de/wissen/anleihen/was-sind-staatsanleihen/5275
▪Finment.com. (2020). *Die 5 größten Mythen über die Börse*. Abgerufen am 28. Juni 2020 von Finment.com: finment.com/die-5-groessten-mythen-ueber-die-boerse/
▪*Forbes.com*. (11. Juni 2000). Abgerufen am 03. Mai 2020 von Day Trading Eldorado: forbes.com/forbes/2000/0612/6514360a.html#1cf6b26a6601
▪*forexbroker24.com*. (2019). Abgerufen am 04. Mai 2020 von Wie finde ich einen seriösen Broker?: forexbroker24.com/binaerer-optionshandel/wie-finde-ich-einen-serioesen-broker/
▪*Forextotal.de*. (2020). Abgerufen am 07. Mai 2020 von Support & Resistance: forextotal.de/forex-tutorial/technische-analyse/support-and-resistance/#
▪Geßner, F. (19. Februar 2018). *Gabler Wirtschaftslexikon*. Abgerufen am 03. Mai 2020 von Devisen: https://wirtschaftslexikon.gabler.de/definition/devisen-29714/version-253313
▪*GKFX*. (2019). Abgerufen am 06. Mai 2020 von GKFX Your Global Trading Partner: gkfx.de
▪Händel, K. (2020). *Nick Szabo - der smarte Kopf hinter den Smart Contracts*. Abgerufen am 16. Juni 2020 von Unternehmenswelt.de: unternehmenswelt.de/crypto-portraet-nick-szabo
▪Hauptfleisch, K. (14. August 2017). *So reich wären Sie heute, wenn Sie 2009 in Bitcoin investiert hätten*. Abgerufen am 23. Juni 2020 von Cancom.info: concom.info/2017/08/so-reich-waren-sie-heute-wenn-sie-2009-in-bitcoin-investiert-haetten/
▪Heldt, C. (19. Februar 2018). *Gabler Wirtschaftslexikon*. Abgerufen am 03. Mai 2020 von Broker: https://wirtschaftslexikon.gabler.de/definition/broker-27861/version-251503
▪Heldt, C. (19. Februar 2018). *Gabler Wirtschaftslexikon*. Abgerufen am 06. Mai 2020 von Depot: https://wirtschaftslexikon.gabler.de/definition/depot-31222/version-254784

▪Heldt, C. (19. Februar 2018). *Gabler Wirtschaftslexikon*. Abgerufen am 03. Mai 2020 von Derivate: https://wirtschaftslexikon.gabler.de/definition/derivate-31239/version-254801
▪Heldt, C. (19. Februar 2018). *Gabler Wirtschaftslexikon*. Abgerufen am 06. Mai 2020 von Stop Loss Order: https://wirtschaftslexikon.gabler.de/definition/stop-loss-order-44997/version-26897
▪Hull, J. (2011). *Risikomanagement: Banken, Versicherungen und andere Finanzinstitutionen*. München: Pearson Education.
▪IG.com. (2020). *Hebel (Definition)*. Abgerufen am 17. Juni 2020 von IG.com: ig.com/de/trading-glossar/hebel-definition
▪INFLA-Berlin. (29. Januar 2013). *Belege der Inflationszeit*. Abgerufen am 23. Juni 2020 von INFLA Berlin: infla-berlin.de/14_inflationsbelege/inflationsbelege.php
▪Kannenberg, A. (26. März 2014). *US-Steuerbehörde: Bitcoins sind keine Währung*. Abgerufen am 16. Juni 2020 von heise online: heise.de/newsticker/meldung/US-Steuerbehoerde-Bitcoins-sind-keine-Waehrung-2155331.html
▪Kaufman, P. (2003). *A Short Course in Technical Trading*. Hoboken, New Jersey: John Wiley & Sons.
▪Kerkmann, J. (2020). *EZB plant die Einführung einer digitalen Währung*. Abgerufen am 16. Juni 2020 von Coin Ratgeber. Werden Sie Kryptoexperte: coin-ratgeber.de/ezb-plant-die-einfuehrung-einer-digitalen-waehrung/
▪Krol, B. (15. August 2018). *Zinsen*. Abgerufen am 01. Juli 2020 von planet-wissen.de: planet-wissen.de/gesellschaft/wirtschaft/geld/pwiederpreisdesgeldes100.html
▪Lange, K. (31. Oktober 2015). *Aktienkurse gehorchen dem Zufall*. Abgerufen am 08. Juli 2020 von manager magazin: manager-magazin.de/finanzen/artikel/borse-und-psychologie-aktienkurse-gehorchen-dem-zufall-a-634006.html
▪Mallien, J., & Wiebe, F. (24. Januar 2019). *Handelsblatt.com*. Abgerufen am 07. Mai 2020 von EZB bereitet die Märkte auf eine Verschiebung der Zinswende vor: handelsblatt.com/finanzen/geldpolitik/ratssitzung-ezb-bereitet-die-maerkte-auf-eine-verschiebung-der-zinswende-vor/23904300.html?ticket=ST-6248045-YtV3zcTQDI
▪Michler, A. F. (19. Februar 2018). *Zinsen*. Abgerufen am 29. Juni 2020 von Gabler Wirtschaftslexikon: https://wirtschaftslexikon.gabler.de/definition/zinsen-47990/version-271249
▪Monero. (2020). *About Monero*. Abgerufen am 17. Juni 2020 von getomonero.org: web.getmonero.org/resources/about/
▪Nakamoto, S. (2008). *Bitcoin: A Peer-to-Peer Electronic Cash System*. Ignota Books.
▪Nickel, V. (08. Juni 2020). *Was Anleger über die Zeiten der Nullzinspolitik wissen sollten*. Abgerufen am 28. Juni 2020 von bergfuerst.de: de.bergfuerst.com/ratgeber/nullzinspolitik
▪Nigischer, C. (04. November 2019). *Deutsche bevorzugen Bitcoin gegenüber Aktien*. Abgerufen am 22. Juni 2020 von Der Bank Blog: der-bank-blog.de/geldanlage-bitcoin-aktien/trends/37658101/
▪OECD. (12. September 2018). *OECD Pensions at a Glance*. Abgerufen am 01. Juli 2020 von OECD iLibrary: oecd-ilibrary.org/social-issues-migration-health/pensions-at-a-

glance-2017-en
▪Paganini, P. (03. Juli 2017). *Severe flaws in German e-Government OSCI 1.2 Communication Library*. Abgerufen am 22. Juni 2020 von securityaffairs.co: securityaffairs.co/wordpress/60645/hacking/osci-communication-library-flaws.html
▪Palzer, K. (25. Juni 2020). *40 Jahre Arbeit, keine 1000 Euro Rente*. Abgerufen am 28. Juni 2020 von tagesschau.de: tagesschau.de/inland/rente-295.html
▪Penndorf, R. (2020). *Risiken bei Kryptowährungen*. Abgerufen am 23. Juni 2020 von Curentis: curentis.com/wp-content/uploads/2019/10/Hackerangriffe-auf-Cryptowährungen_v04.pdf
▪Peukert, H. (19. Februar 2018). *Transaktion*. Abgerufen am 29. Juni 2020 von Gabler Wirtschaftslexikon: https://wirtschaftslexikon.gabler.de/definition/transaktion-47344/version-270610
▪Pfitzer, N. (19. Februar 2018). *Kapital*. Abgerufen am 29. Juni 2020 von Gabler Wirtschaftslexikon: https://wirtschaftslexikon.gabler.de/definition/kapital-38061/version-261487
▪Rentenversicherung, D. (2019). *Die Geschichte der Deutschen Rentenversicherung*. Abgerufen am 01. Juli 2020 von deutsche-rentenversicherung.de: deutsche-rentenversicherung.de/DRV/DE/Ueber-uns-und-Presse/Historie/historie_detailseite.html
▪Rentenversicherung, D. (01. Juli 2020). *Werte der Rentenversicherung*. Abgerufen am 01. Juli 2020 von deutsche-rentenversicherung.de: deutsche-rentenversicherung.de/DRV/DE/Experten/Zahlen-und-Fakten/Werte-der-Rentenversicherung/werte-der-rentenversicherung
▪Riedl, D. (28. Mai 2020). *Geldanlage für Kinder mit ETFs*. Abgerufen am 11. Juli 2020 von justETF.com: justetf.com/de/news/etf-sparplan/geldanlage-und-sparen-fuer-kinder.html
▪Ripple.com. (2020). *Instantly Move Money to all Corners of the World*. Abgerufen am 23. Juni 2020 von Ripple.com: ripple.com
▪Rouse, M. (2016). *Node (Netzwerkknoten)*. Abgerufen am 18. Juni 2020 von ComputerWeekly.de: computerweekly.com/de/definition/Node-Netzwerkknoten
▪Scheu, R. (23. Mai 2018). *Riskiere deine Haut oder schweig*. Abgerufen am 13. Juli 2020 von Neue Zürcher Zeitung: nzz.ch/feuilleton/riskiere-deine-haut-oder-schweig-Id.1387508
▪Schiller, K. (26. Dezember 2019). *Was ist eine DApp (dezentralisierte App?)*. Abgerufen am 21. Juni 2020 von Blockchainwelt: blockchainwelt.de/dapp-dezentralisierte-app-dapps/
▪Smith, R. (03. Juli 2018). *What is delegated Proof of Stake? Exploring the Consensus Algorithm*. Abgerufen am 22. Juni 2020 von Coin Central: coincentral.com/what-is-delegated-proof-of-stake-exploring-the-consensus-algorithm
▪Spiegel-Online. (12. Januar 2018). *Darauf haben sich die GroKo-Sondierer verständigt*. Abgerufen am 01. Juli 2020 von Speigel Online: spiegel.de/politik/deutschland/cdu-csu-spd-darauf-haben-sich-die-groko-sondierer-verstaendigt-a-1187445.html
▪Treibel, C., & Schikora, C. (2015). *Scheitern bei Unternehmensgründungen*. Wiesbaden:

Springer.
▪Verbraucherzentrale. (06. November 2018). *Welche Nachteile haben ETFs?* Abgerufen am 08. Juli 2020 von verbraucherzentrale.de: verbraucherzentrale.de/wissen/geld-versicherungen/sparen-und-anlegen/welche-nachteile-haben-etfs-16604
▪Vogelsang, L. (16. April 2016). *Die Renten der Deutschen waren nie so unsicher*. Abgerufen am 28. Juni 2020 von welt.de: welt.de/finanzen/article154256401/Die-Renten-der-Deutschen-waren-noch-nie-so-unsicher.html
▪*Wayback Machine*. (11. November 2010). Abgerufen am 06. Mai 2020 von Europäische Kommission. Der EU Binnenmarkt: web.archives.org/web/20110317052506/http://ec.europa.eu/internal_market/investment/alternative_investments_de.htm
▪Weerth, C. (2019. Februar 2018). *Gabler Wirtschaftslexikon*. Abgerufen am 03. Mai 2020 von Devisenmarkt: https://wirtschaftslexikon.gabler.de/definition/devisenmarkt-30546/version-254124
▪ZEIT.de. (26. Juni 2020). *Wie sicher ist unsere Altersvorsorge?* Abgerufen am 28. Juni 2020 von ZEIT.de: zeit.de/thema/rente

https://investmentratgeber.com/geld-investieren/

https://wirtschaftslexikon.gabler.de/definition/aktie-31763

https://handeln.com/welche-arten-von-aktien-gibt-es/

https://www.youtube.com/watch?v=tedT_mOR_28&t=5s

https://der-finanzfisch.de/die-10-wichtigsten-aktienindizes-im-ueberblick/

https://www.finanzkueche.de/blog/anlageklassen

https://www.youtube.com/watch?v=3TgvUUbPVaA

https://www.youtube.com/watch?v=81tk6loDZz0&t=377s

https://www.youtube.com/watch?v=TBRhvxEMu4U&t=6s

https://www.ig.com/de/trading-strategien/groesste-boersen-der-welt-181109#information-banner-dismiss

https://www.youtube.com/watch?v=cdTdQmyb99w

https://www.youtube.com/watch?v=9rtyf5XMVAk

https://www.anleger.blog/aktien/was-beeinflusst-aktienkurse/

http://traderblatt.com/dow-theorie-klassiker-der-charrtechnik/

https://aktienrebell.de/aktienkennzahlen/

https://aktien-mit-strategie.de/strategien/

https://www.aktien-lernen.de/strategien/relative-starke/

https://www.aktien.net/fehler-aktienhandel/

https://www.youtube.com/watch?v=I7U9NxK7JBM

Wir danken Ihnen für Ihr Interesse und Ihr Vertrauen. Als Dankeschön dafür, haben wir eine besondere Überraschung. Sie interessieren sich für Investments? Dann haben wir etwas für Sie. Finden Sie heraus, warum sie so wichtig sind und was es zu beachten gibt. Das Beste: Sie erhalten diese vollkommen kostenlos. Das klingt wunderbar? Dann warten Sie nicht lange und holen Sie sich Ihr Gratis-Geschenk.

Hier geht es zu Ihrem Gratis-Geschenk:

https://forms.gle/aESYBcbhNREYXRu19

1. **Öffnen Sie die Kamera-App auf Ihrem Smartphone und richten Sie die Kamera auf den QR-Code.**
2. **Klicken Sie auf den Link, der Ihnen angezeigt wird und schon werden Sie zur Website weitergeleitet.**

Impressum

Verlag: Orbita Media Verlag GmbH & Co. KG / Ericusspitze 4 / 20457 Hamburg / Deutschland
Website: https://orbita-media.de
Cover Image: Shutterstock
ISBN: 9783989357242

Haftungsausschluss:
Die Nutzung dieses Buches und die Umsetzung der enthaltenen Informationen, Anleitungen und Strategien erfolgt auf eigenes Risiko. Der Autor kann für etwaige Schäden jeglicher Art aus keinem Rechtsgrund eine Haftung übernehmen. Haftungsansprüche gegen den Autor für Schäden materieller oder ideeller Art, die durch die Nutzung oder Nichtnutzung der Informationen bzw. durch die Nutzung fehlerhafter und/oder unvollständiger Informationen verursacht wurden, sind grundsätzlich ausgeschlossen. Rechts- und Schadenersatzansprüche sind daher ausgeschlossen. Dieses Werk wurde sorgfältig erarbeitet und niedergeschrieben. Der Autor übernimmt jedoch keinerlei Gewähr für die Aktualität, Vollständigkeit und Qualität der Informationen. Druckfehler und Falschinformationen können nicht vollständig ausgeschlossen werden. Es kann keine juristische Verantwortung sowie Haftung in irgendeiner Form für fehlerhafte Angaben vom Autor übernommen werden.

Die bereitgestellten Analysen, Vorschläge, Ideen, Meinungen, Kommentare und Texte sind ausschließlich zur Information bestimmt und können ein individuelles Beratungsgespräch nicht ersetzen. Alle Informationen dieses Buches entsprechen dem Kenntnisstand zum Zeitpunkt des Verfassens dieses Buches. Eine Haftung für mittelbare und unmittelbare Folgen aus den Informationen dieses Buches ist somit ausgeschlossen. Informieren Sie sich weitläufig aus unterschiedlichen Quellen und bedenken Sie, dass am Ende nur Sie für die Entscheidungen verantwortlich sind.

Haftung für externe Links
Unser Angebot enthält Links zu externen Websites Dritter, auf deren Inhalte wir keinen Einfluss haben. Deshalb können wir für diese fremden Inhalte auch keine Gewähr übernehmen. Für die Inhalte der verlinkten Seiten ist stets der jeweilige Anbieter oder Betreiber der Seiten verantwortlich. Die verlinkten Seiten wurden zum Zeitpunkt der Verlinkung auf mögliche Rechtsverstöße überprüft. Rechtswidrige Inhalte waren zum Zeitpunkt der Verlinkung nicht erkennbar.

Urheberrecht:
Das Werk einschließlich aller Inhalte, wie Informationen, Strategien und Tipps ist urheberrechtlich geschützt. Alle Rechte vorbehalten. Nachdruck oder Reproduktion (auch auszugsweise) in irgendeiner Form (Druck, Fotokopie oder anderes Verfahren) sowie die Einspeicherung, Verarbeitung, Vervielfältigung und Verbreitung mit Hilfe elektronischer Systeme jeglicher Art, gesamt oder auszugsweise, ist ohne ausdrückliche schriftliche Genehmigung des Autors untersagt. Die Inhalte dürfen keinesfalls veröffentlicht werden. Bei Missachtung werden rechtliche Schritte eingeleitet.

www.ingramcontent.com/pod-product-compliance
Lightning Source LLC
La Vergne TN
LVHW050839051026
849532LV00006BA/2036
* 9 7 8 3 9 8 9 3 5 7 2 4 2 *